Die moderne Welt ist in ihren Aneignungsstrukturen ein Produkt von Wissenschaft und Technik. Wissenschaft und Technik machen die Welt zu einem Artefakt, zu einer Leonardo-Welt. Diese Welt, benannt nach dem Renaissanceingenieur, Wissenschaftler und Künstler Leonardo da Vinci, erfaßt auch die Natur und den Menschen. Der Aneignung der Welt durch den Menschen folgt die Aneignung des Menschen durch die angeeignete Welt. – Gegenstand der mit diesem Band vorgelegten philosophischen und wissenschaftstheoretischen Überlegungen ist die Darstellung und die Kritik der Leonardo-Welt. In dem Maße, in dem diese Welt Wirklichkeit wird, ändern sich auch die Strukturen einer rationalen Kultur: Wissensstrukturen (Stichwort Informationsgesellschaft), Forschungsstrukturen (Stichwort Transdisziplinarität), Legitimationsstrukturen (Stichwort Akzeptanzkrise) und Verantwortungsstrukturen (Stichwort Wissenschaftsethik). Die Fähigkeit, diese Veränderungen als Aufklärungsprozesse zu begreifen bzw. sie zu solchen zu machen, wird für die Leonardo-Welt die Nagelprobe bedeuten.

Jürgen Mittelstraß, geb. am 11. Oktober 1936 in Düsseldorf, habilitierte sich 1968 in Erlangen und ist seit 1970 Professor für Philosophie an der Universität Konstanz. Veröffentlichungen u. a.: *Die Rettung der Phänomene. Ursprung und Geschichte eines antiken Forschungsprinzips* (1962); *Neuzeit und Aufklärung. Studien zur Entstehung der neuzeitlichen Wissenschaft und Philosophie* (1970); *Die Möglichkeit von Wissenschaft* (1974); (mit P. Janich und F. Kambartel) *Wissenschaftstheorie als Wissenschaftskritik* (1974); *Wissenschaft als Lebensform* (1982); (mit M. Carrier) *Geist, Gehirn, Verhalten. Das Leib-Seele-Problem und die Philosophie der Psychologie* (1989, engl. erweitert 1991); *Der Flug der Eule* (1989); (Hrsg.) *Enzyklopädie Philosophie und Wissenschaftstheorie*, I-III (1980 ff.).

Jürgen Mittelstraß

Leonardo-Welt

Über Wissenschaft, Forschung
und Verantwortung

Suhrkamp

Die Deutsche Bibliothek – CIP-Einheitsaufnahme
Mittelstraß, Jürgen:
Leonardo-Welt : über Wissenschaft, Forschung und Verantwortung / Jürgen Mittelstraß. – 2. Aufl. –
Frankfurt am Main : Suhrkamp, 1996
(Suhrkamp-Taschenbuch Wissenschaft ; 1042)
ISBN 3-518-28642-0
NE: GT

suhrkamp taschenbuch wissenschaft 1042
Erste Auflage 1992

Satz und Druck: Wagner GmbH, Nördlingen
Printed in Germany
Umschlag nach Entwürfen von
Willy Fleckhaus und Rolf Staudt

2 3 4 5 6 7 – 01 00 99 98 97 96

Inhalt

Für Nicholas Rescher, den universalen Gelehrten
und Freund

Vorwort

Philosophische Betrachtungen sollen die Welt verständlich machen. Diese Aufgabe teilen sie, wenn auch auf eine besondere, nämlich kritische, nicht fachgebundene, nicht empirische, nicht allein analytische Weise mit den Wissenschaften. Daß philosophische Betrachtungen häufig gerade die Unverständlichkeiten der Welt mehren, ist kein Einwand gegen die Philosophie, sondern gegen die Art und Weise, wie wir in philosophischer und wissenschaftlicher Form praktische Probleme zu theoretischen machen und theoretische Entwürfe (Theorien, Systeme, wissenschaftliche Paradigmen) als Antworten auf praktische Fragen ausgeben. Darüber hilft auch eine Vervielfachung der Welten nicht hinweg. Daß wir in vielen Welten leben, darunter auch solchen, die das Resultat philosophischer und wissenschaftlicher Arbeit sind, bedeutet nicht, daß die Welt nicht eine ist und daß die Idee der Vernunft, welcher Philosophie und Wissenschaft ihre Existenz verdanken, nicht eine ist. Gegeneinander isolierte Welten und auseinanderlaufende Rationalitäten verlieren ihre Orientierungskraft; sie nehmen an jener Partikularisierung aller Lebensformen teil, der die moderne Welt einen großen Teil ihrer Probleme verdankt. Auch dagegen ist die philosophische Anstrengung gerichtet, wenn diese ihrer ursprünglichen Orientierung an den Ideen der Einheit der Welt und der Vernunft nahebleibt.
Die mit diesem Band vorgelegten Überlegungen dienen der Geltendmachung einer derartigen Aufgabe. Ihr Gegenstand ist die moderne Welt, mit der sie sich im Medium von Wissenschaft, Forschung und Verantwortung auseinandersetzen. Diese Welt, die das Werk des modernen Menschen ist und zugleich eine Welt, in der sich der Mensch in seinem eigenen Werk begegnet und Teil seines eigenen Werkes wird, trägt einen Namen: Leonardo-Welt, benannt nach dem großartigen Renaissancebaumeister, Künstler, Wissenschaftler und Ingenieur Leonardo da Vinci, dem in der Einheit von Forscher, Erfinder und Künstler ersten der Modernen. Es ist eine Welt, die sich vor allem Wissenschaft und Technik verdankt und die doch gleichzeitig beginnt, sich an die Stelle des Menschen zu setzen. Wohin gehen Wissenschaft, Forschung und Technik? – das heißt daher auch: Wohin geht die Leonardo-Welt?

Darstellung und Kritik der Leonardo-Welt in ihren Wissensstrukturen, Forschungsstrukturen, Legitimationsstrukturen und Verantwortungsstrukturen bilden den Gegenstand der einzelnen Beiträge, die sich unterschiedlichen Anlässen verdanken. Gelegentliche Wiederholungen wurden um der Geschlossenheit und Verständlichkeit der jeweiligen Darstellung willen beibehalten, weshalb auch die Beiträge in ihrer Anordnung keine Lesereihenfolge festlegen. Sie betreffen vor allem die Explikation des Begriffs der Leonardo-Welt selbst, ferner den Begriff einer Kultur-Natur und Unterscheidungen zwischen Grundlagenforschung und anderen Forschungsformen, Forschungsgebot und Ethikgebot, Vernunftethik und Naturethik (oder Umweltethik). Diese Begriffe und Unterscheidungen stehen im Zentrum der modernen Wissenschafts- und Kulturkritik, sofern diese philosophischen und wissenschaftstheoretischen Perspektiven folgt. Ziel ist wiederum, wie schon in drei vorausgegangenen Bänden (Die Möglichkeit von Wissenschaft, 1974; Wissenschaft als Lebensform, 1982; Der Flug der Eule, 1989), Wissenschaft und moderne Welt wieder zu einem philosophischen Thema und Philosophie wieder zu einem Element wissenschaftlicher Forschung und der Theoriebildung in einer Leonardo-Welt zu machen.

Dank schulde ich in mannigfacher Weise meinen Konstanzer Freunden und Kollegen Martin Carrier (vor allem hinsichtlich der Teile I 3 und I 4), André Fuhrmann (III 1), Peter Schroeder-Heister (III 1), der jetzt in Tübingen lehrt, und Gereon Wolters (II 2). Sie alle haben durch Rat und Kritik das philosophische und wissenschaftstheoretische Profil dieses Bandes wesentlich mitgeformt.

Konstanz, im Mai 1992 Jürgen Mittelstraß

I
Homo Faber und die Zukunft der Wissenschaft

Die Leonardo-Welt
Technologischer Fortschritt und Umwelt

1. Vorbemerkung

Der Philosoph und der Historiker sind es gewohnt, ihre Zeit in Gedanken und Signaturen zu fassen. In Gedanken findet die Zeit zu ihrem Selbstbewußtsein, Signaturen bestimmen ihr unverwechselbares Profil. Zu diesen Signaturen gehören heute technologischer Fortschritt und Umwelt. Unsere Zeit hört auf den technologischen Fortschritt und sie entdeckt die Umwelt als eine selbst der Zeit unterliegende, keineswegs statische Wirklichkeit. Die Dinge, die menschlichen und die natürlichen, sind in Bewegung geraten; was einmal einfach schien, Fortschritt und eine natürliche Umwelt, löst sich in immer komplexere Strukturen auf. Dazu gehört auch, daß technologischer Fortschritt und Umwelt in den Verdacht geraten sind, Gegensätze zu sein: Technologischer Fortschritt ist unabdingbar, aber er verbraucht Umwelt; Umwelt muß vor dem technologischen Fortschritt, der sie verbraucht, geschützt werden. Daher formieren sich auch auf der Seite des technologischen Fortschritts diejenigen, die die Zukunft unserer Welt in der unbehinderten Dynamik von Wissenschaft und Technik sehen, auf der Seite der Umwelt diejenigen, die in dieser Dynamik das bevorstehende Ende der Zukunft sehen. Dem Ideal einer uneingeschränkten technischen Kultur wird das Ideal eines ›Friedens mit der Natur‹ entgegengehalten, der zu einer technologischen ›Abrüstung‹ zwingt. Zwischen beiden Seiten, der Seite der Fortschrittsfreunde und der Seite der Umweltfreunde, wird die Kluft immer größer, die gemeinsame Welt immer kleiner. Die moderne Welt wird sich ihrer selbst unsicher. Von dieser Unsicherheit zeugen die Stichworte ›technologischer Fortschritt‹ und ›Umwelt‹, aber auch Träume von einer post-modernen Welt, in der sich die Züge der Moderne allmählich aufzulösen beginnen. Wohin geht die moderne Welt? Auf welches Stichwort wird sie in Zukunft hören?

2. Die moderne Welt als Leonardo-Welt

Die moderne Welt, unsere Welt, hat eine *technische Form,* ihr Motor ist der wissenschaftliche und technologische Fortschritt. In dieser Feststellung sind sich die Fortschrittsfreunde und die Fortschrittsgegner einig. In ihrer technischen Form bildet die moderne Welt ein *Können* aus, dem ihre Rationalitäten folgen, aber auch ein *Wissen,* das in Wissenschaftsform diesem Können seine dauerhafte Überlegenheit verleiht. Rationale Kulturen, wie sie die modernen, entwickelten Industriegesellschaften heute darstellen, sind wissenschaftsgestützte technische Kulturen und als solche sind sie das Produkt des *epistemischen* und des *technischen* Wesens des Menschen.

Mit epistemischem Wesen meine ich, daß der Mensch das Wesen ist, das sich *Wissen* schafft und in seiner Lebensform auf Wissen angewiesen ist. Wissensbildungsprozesse sind dem Menschen nicht äußerlich und nicht zufällig. Sie sind vielmehr die Weise, in der sich der Mensch *orientiert* – in Alltagsform wie in Wissenschaftsform. Wissen und Tun hängen zusammen, in Theorie und Praxis. Das heißt: der Mensch orientiert sich nicht nur theoretisch, sondern auch praktisch im Wissen und durch das Wissen. Wo das (eigene) Wissen fehlt, wird der Mensch orientierungslos oder von fremdem Wissen abhängig. Er gehört in diesem Falle nicht sich selbst, weil ihm seine Orientierungen nicht gehören. Orientierungen sind dabei nicht nur der sich auskennende Umgang mit Gegenständen und deren Beziehungen untereinander, sondern auch deren deutende und erklärende Aneignung: in Form eines Wahrnehmungs-, eines Erfahrungs- und eines Regelwissens und in Form eines wissenschaftlichen Wissens. Sie alle sind Formen der Orientierung und der Aneignung, auch wenn erst im wissenschaftlichen Wissen Orientierung und Aneignung zu ihrer wesentlichen rationalen Form finden. Was man gemeinhin als Neugierde beschreibt, die der Anfang und der Motor allen Wissens sei, ist mehr: es ist die Begründung der Rationalität im epistemischen Wesen des Menschen.

Neben das epistemische Wesen des Menschen tritt sein technisches Wesen. Der Mensch ist nicht nur das Wesen, das sich Wissen schafft und in seiner Lebensform auf Wissen angewiesen ist, sondern auch das Wesen, das sich *Werkzeuge* schafft und auf Werkzeuge angewiesen ist. Schon der griechische Naturphilosoph Anaxagoras sagte, daß der Mensch das klügste Wesen ist, »weil er Hände hat«[1] – ein Satz, der von Aristoteles zugunsten des epistemischen Wesens des Menschen umgekehrt wird: es ist die Klugheit des Menschen, der er seine Hände verdankt.[2] Beide haben recht. Hände hat nur ein kluges Wesen, und in den Händen liegt ein gut Stück Klugheit des Menschen. Gemeint ist seine technische Klugheit, seine technische Rationalität. In seiner technischen Rationalität erweitert der Mensch seine Organe, über die er mit der Welt interagiert, um weitere, ›künstliche‹ Organe. Die Hand, selbst ein Werkzeug, schafft weitere Werkzeuge. Technik ist ein Teil des Menschen, mit dem dieser aus der nicht-menschlichen Natur heraustritt. Ein für allemal. Ein Zurück gibt es nicht mehr, wie wir noch sehen werden. Dabei macht Technik nicht nur wett, was fehlt, indem sie die Natur des Menschen ›vervollständigt‹. Sie bildet auch eigene Gesetze aus, gewinnt eine eigene Rationalität, erzeugt eine neue Natur. Das gesellschaftliche Produkt dieser konstruktiven Kraft, ebenso wie der zuvor genannten epistemischen Kraft, ist die moderne Welt.

Dabei gibt es eine eigentümliche Dialektik beider Kräfte, die sich schon in der kleinen Meinungsverschiedenheit zwischen Anaxagoras und Aristoteles über die Hände spiegelt: Liegt im Wissen das Wesen der Technik oder in der Technik das Wesen des Wissens? Schlichter – und ganz undialektisch – gefragt: Was war zuerst da – das epistemische oder das technische Wesen des Menschen? Diese Frage aber macht keinen rechten Sinn. Sie sucht homo sapiens (den ›vernünftigen‹ Menschen) gegen homo faber (den ›technischen‹ Menschen) auszuspielen und übersieht, daß wir es hier mit einem eigentümlichen Doppelaspekt zu tun haben, in dem sich die Rationalität des Menschen und seiner Welt systematisch und geschichtlich entfaltet. Die Dialektik beider konstruktiver Kräfte liegt in dem Gebrauch, den der Mensch von seinem epistemischen und seinem technischen Wesen macht, nicht in den Begriffen des Epistemischen und Technischen selbst. So mag z. B. Bergson mit seiner Behauptung recht haben, daß der homo sapiens »aus der Reflexion des homo faber über seine Fabrikation entspringt«[3]. Nur muß das nicht bedeuten, daß, wie es

1 Arist., de part. an. Δ 10.687a7-9.
2 Arist., de part. an. Δ 10.687a9-10.
3 H. L. Bergson, La pensée et le mouvant. Essais et conférences, Paris

Nietzsche einmal ausgedrückt hat, auch die Vernunft »nur ein Werkzeug« ist[4]. Hier wird der Gebrauch – in diesem Falle der Gebrauch der Vernunft als Werkzeug – mit seinem Gegenstand verwechselt. Daß Vernunft *technische* Vernunft sein kann (so gebraucht wird), bedeutet nicht, daß Technik das (alleinige) Wesen der Vernunft ist.

Sie ist deswegen nicht das Andere der Vernunft, ihr dunkles Wesen. Wenn die eigentümliche Rationalität des Menschen in seinem epistemischen und seinem technischen Wesen liegt, dann läßt sich auch das eine nicht auf das andere reduzieren. Jeder Reduktionismus, der den Menschen einfach macht, ist falsch; also auch dieser. Nicht homo sapiens oder homo faber ist der wahre Mensch. Der Mensch ist vielmehr beides, homo sapiens und homo faber – wenn er seinem Wesen verbunden bleibt.

Das gleiche gilt von der Welt des Menschen. Die moderne Welt, die eine wissenschaftsgestützte technische Welt ist, ist kein kontingentes Resultat der Geschichte des Menschen, sondern ein konsequentes Resultat seines entwickelten Wesens. Wissenschaftliche und technische Rationalitäten machen den Menschen zu einem *rationalen Subjekt* und seine Welt zu einer *rationalen Welt.* Zugleich liegt in der anthropologischen Deutung des Menschen als eines epistemischen und technischen Wesens die Legitimation der modernen Welt beschlossen. Wohin wir in dieser Welt auch gehen, der erkennende, der wirtschaftende, der bauende und der verwaltende Verstand war immer schon da. In ihren ›technischen‹ Strukturen gibt sich die Welt als das Produkt, als das Werk des Menschen zu erkennen. Eine solche Welt nenne ich die *Leonardo-Welt,* benannt nach dem großen Ingenieur, Baumeister, Wissenschaftler und Künstler Leonardo da Vinci. Es ist eine Welt, in der sich das epistemische und das technische Wesen des Menschen, in der sich die Verfügungsgewalt des Menschen, gestützt auf den wissenschaftlichen und den technologischen Verstand, eindrucksvoll zum Ausdruck bringen. Der moderne Mensch macht sich seine Welt.

[2]1946, 92 (dt. Denken und schöpferisches Werden. Aufsätze und Vorträge, Meisenheim 1948, 102).

4 F. Nietzsche, Jenseits von Gut und Böse. Vorspiel einer Philosophie der Zukunft [1886], 191, in: Werke. Kritische Gesamtausgabe (ed. G. Colli/M. Montinari) VI/2, Berlin 1968, 115.

3. Kleine Geschichte der Leonardo-Welt

Die Grundlagen dieser Welt werden in der beginnenden Neuzeit gelegt. Das über das epistemische und das technische Wesen des Menschen im Blick auf seine Welt Gesagte läßt sich auch auf eine historische Weise zeigen. Eine ›neue Wissenschaft‹ konstituiert, beginnend mit der Physik Galileis zu Beginn des 17. Jahrhunderts, eine neue Welt. Das Neuartige dieser Wissenschaft liegt dabei nicht, wie es häufig bei Philosophen und Wissenschaftshistorikern mißverständlich heißt, in neuen wissenschaftlichen Resultaten (z. B. in der Formulierung des Fallgesetzes) oder in einem additiven Gewicht derartiger Resultate, auch nicht in einer ›Mathematisierung‹ der Natur und der Naturwissenschaft. Es liegt vielmehr in einer fundamentalen methodischen Neuorientierung, die zwei bisher getrennt verlaufene Traditionen zusammenführt: die (akademische) Tradition der *Schulen* und die Tradition der *Werkstätten,* die Wissenschaft im klassischen Sinne und die Technik im klassischen Sinne.

Repräsentanten der Schultradition sind unter anderen Aristoteles, Archimedes und Euklid. Wo sie gelesen werden, beschäftigt sich die Gelehrsamkeit mit sich selbst; Gesichtspunkte der Anwendung akademischer Theorie in der Praxis gibt es nicht. Derartige Gesichtspunkte gelten als unwissenschaftlich, sie passen nicht zu einem Wissenschaftsbegriff, zu dessen Elementen die Existenz von Autoritäten und Klassikern gehört. Ganz anders die Werkstättentradition. Zu ihren Renaissance-Vertretern gehört z. B. der Baumeister und Bildhauer Brunelleschi, der Bildhauer Ghiberti, der Humanist, Baumeister und Kunsttheoretiker Alberti, der schon genannte universale Gelehrte und Künstler Leonardo da Vinci und der Mathematiker und Ingenieur Tartaglia. Das Wissen dieser Leute liegt nicht in einer akademischen Gelehrsamkeit, sondern in einem *technischen Können,* das die Welt schon damals verändert – und sei es durch so zweifelhafte Dinge wie Kanonen- und Festungsbau. Es ist dann Galileis, des Physikers Konzeption einer um empirische Teile erweiterten physikalischen Theorie, die beide Traditionen zusammenführt, indem sie eine methodische Verbindung von technischem Können und theoretischer Vernunft schafft. Diese Verbindung, in die Formel von *Vernunft und Erfahrung* gefaßt, bleibt seither für jede Form von Naturwissenschaft, desgleichen für die Beziehung zwischen Naturwissenschaft und Technik konstitutiv.[5]

Erläutern läßt sich die Bedeutung eines derartigen Anschlusses der akademischen Theorie an ein technisches Können anhand der Geschichte der Mechanik. Bis hin zu Galilei galt diese, d.h. die Bewältigung mechanischer Probleme, nicht als Wissenschaft, sondern als ›Kunst‹, d.h. als ein Können, mit dessen Hilfe sich die Natur ›überlisten‹ läßt. In Form von Werkzeug- und Maschinenkunde galt Mechanik daher auch nicht als eine *Anwendung* von Naturgesetzen, sondern als ein Weg, der an den Naturgesetzen vorbeiführte. Ihr Gegenstand waren ›naturwidrige‹ Bewegungen, d.h. Bewegungen, die sich etwa mit Hilfe einfacher Maschinen wie Hebel, Rad und Flaschenzug produzieren ließen. Noch bei Guidobaldo del Monte, einem Zeitgenossen Galileis, läßt sich in einem Mechaniklehrbuch nachlesen, daß das, was von Zimmerleuten, Baumeistern und Lastenträgern *wider die Gesetze der Natur* geleistet werde, zur Mechanik gehört.[6] Damit war Mechanik auch nicht Teil der Physik oder eine besondere Wissenschaft, sondern eben ein handwerkliches Wissen und Können, das abseits der akademischen Schulen und abseits der akademischen Theorie bei den Instrumentenmachern, den Schiffsbauern und den Geschützgießern tradiert wurde. Erst bei Galilei wird die Mechanik zur Naturwissenschaft; zugleich werden die Grundlagen für eine Verbindung von Naturwissenschaft und Technik gelegt.

Erkenntnistheoretisch vollzieht sich diese für die Entstehung der modernen Welt entscheidende Veränderung im Rahmen eines neuen Begriffs der *Erfahrung*. An die Stelle des älteren, *phänomenalen* oder Alltagsbegriffs der Erfahrung, wie ihn die Aristotelische Physik repräsentiert, tritt ein neuer, ein *instrumentaler* Begriff der Erfahrung.[7] Während innerhalb der aristotelisch-scho-

5 Die Geschichte der Schulen und der Werkstätten im Umfeld der Entstehung der neuzeitlichen Naturwissenschaft hat L. Olschki geschrieben (Geschichte der neusprachlichen wissenschaftlichen Literatur, I-III, Heidelberg/Halle 1919-1927). Zur methodologischen Bedeutung der Verbindung beider Traditionen innerhalb der Galileischen Physik vgl. J. Mittelstraß, Neuzeit und Aufklärung. Studien zur Entstehung der neuzeitlichen Wissenschaft und Philosophie, Berlin/New York 1970, 167ff.

6 Mechanicorum libri VI, Pesaro 1577, Praefatio.

7 Dazu J. Mittelstraß, Metaphysik der Natur in der Methodologie der

lastischen Physikkonzeption bereits die alltägliche Erfahrung theoretische Sätze dieser Physik zu bestätigen (und im methodischen Aufbau dieser Physik auch zu begründen) scheint, ist es innerhalb der Galileischen und damit der neuzeitlichen Physik eine überhaupt erst *hergestellte,* insofern instrumentelle Erfahrung, die diese Rolle übernimmt. Erfahrung (im Rahmen von Naturwissenschaft und Technik) wird zur *Konstruktion*; das theoretische Wissen der Schulen (z. B. im Rahmen der Geometrie und der Statik) verbindet sich mit dem technischen Wissen der Werkstätten im Medium dieser Konstruktion zur ›neuen Wissenschaft‹. Deren Konsequenz ist dann die moderne Welt, die Leonardo-Welt in Form von wissenschaftsgestützten technischen Kulturen.
Noch einmal in der zuvor verwendeten Terminologie formuliert: homo sapiens und homo faber finden in der ›neuen Wissenschaft‹ und ihrer Welt zusammen. Zuvor waren ihre Wege getrennt verlaufen: Der eine gehörte der Tradition der Schulen, der andere der Tradition der Werkstätten an; eine gemeinsame Welt beider gab es nicht. Entsprechend gehörten auch (theoretische) *Vernunft* und (technische) *Erfahrung* verschiedenen Welten an. Jetzt werden diese Welten zu einer Welt. Die verschiedenen Rationalitäten dieser Welten, die Rationalität des homo sapiens und die Rationalität des homo faber, verbinden sich zu einer Rationalität – der Leonardo-Welt.

4. Technischer Verstand und praktische Vernunft

Daß die Leonardo-Welt das Produkt, das Werk des epistemischen und des technischen Wesens des Menschen ist, und daß sie eine rationale Geschichte hat, die, wie dargestellt, mit der Verbindung der akademischen und der Werkstättentradition beginnt, bedeutet nicht, daß sie ohne Probleme ist. Rationalität ist nicht in jedem Falle die Lösung von Problemen; Rationalität schafft auch Probleme. So rühren denn die Probleme der Leonardo-Welt vor allem daher, daß es zu den Eigentümlichkeiten dieser Welt gehört, daß sie im Unterschied zu vergangenen Welten, etwa der griechischen

Naturwissenschaften. Zur Rolle phänomenaler (Aristotelischer) und instrumentaler (Galileischer) Erfahrungsbegriffe in der Physik, in: K. Hübner/A. Menne (Eds.), Natur und Geschichte (x. Deutscher Kongreß für Philosophie, Kiel 8.-12. Oktober 1972), Hamburg 1973, 63-87.

Welt oder der christlichen Welt des Mittelalters, deren kulturelle Formen stark waren, ihre Orientierung vor allem in ihrer *technischen Form* sucht. Technische Rationalitäten verselbständigen sich gegenüber nicht-technischen, ›kulturellen‹ Rationalitäten. Für die einen stehen die Natur- und Ingenieurwissenschaften mit ihrem Programm einer *Aneignung der Zukunft*, für die anderen die Geisteswissenschaften mit ihrer Beschränkung auf eine *Aneignung der Vergangenheit.* Die moderne Welt hat ein Janusgesicht: mit ihrem technischen Gesicht blickt sie nach vorne, mit ihrem kulturellen Gesicht blickt sie zurück.

Probleme entstehen aber nicht nur durch die Verselbständigung technischer Rationalitäten, sondern auch dadurch, daß der moderne Mensch mit seinen wissenschaftlich-technischen Rationalitäten nicht nur der Urheber der modernen Welt ist. Er gehört seiner Welt auch. Der Aneignung der alten Welt durch den Menschen und seinem Programm einer Aneignung der Zukunft folgt die *Aneignung des Menschen durch die moderne Welt.* Aus dem Subjekt des Fortschritts wird (zumindest partiell) ein Objekt des Fortschritts. Einerseits aus dem schon genannten Grunde: Rationalitäten, die der Mensch in Gang gesetzt hat, indem er sich selbst zum rationalen Subjekt machte, verselbständigen sich. Andererseits tritt sich der Mensch in diesen Rationalitäten nur um so mächtiger selbst gegenüber. Die Welt, als wissenschaftlich-technische Welt ein Produkt, ein Artefakt des Menschen, nimmt selbst produktive Züge an. Sie arbeitet am Menschen, verändert seine Umwelt, verändert ihn.

Das läßt sich auch wie folgt ausdrücken: Wissenschaft und Technik, die beide dominanter Ausdruck der Herrschaft des Menschen über seine Umwelt sind, führen nicht nur in humane, sondern auch in inhumane Welten, d. h. in Welten, in denen Zerstörungspotentiale wachsen. Das hat schon Galilei kommen sehen, allerdings nicht der historische, sondern Bertolt Brechts Galilei. Dieser ist ein hellsichtiger Mann. Er hat seine Grundlagen der Mechanik einem Schüler zugesteckt, der sie nach Holland bringen wird, und gerät ins Sinnieren: »Ich halte dafür, daß das einzige Ziel der Wissenschaft darin besteht, die Mühseligkeit der menschlichen Existenz zu erleichtern. Wenn Wissenschaftler (...) sich damit begnügen, Wissen um des Wissens willen aufzuhäufen, kann die Wissenschaft zum Krüppel gemacht werden, und eure neuen Maschinen mögen nur neue Drangsale bedeuten. Ihr mögt mit der Zeit alles entdecken, was es zu entdecken gibt, und euer Fortschritt wird doch nur ein Fortschreiten von der Menschheit weg sein. Die Kluft zwischen euch und ihr kann eines Tages so groß werden, daß euer Jubelschrei über irgendeine neue Errungenschaft von einem universalen Entsetzensschrei beantwortet werden könnte.«[8] Der Entdecker als Seher? Der Schritt in die Neuzeit ein Fehltritt, der der Menschheit teuer zu stehen kommt?

Heute macht sich eine derartige Entwicklung z. B. in der Gefährdung der Biosphäre durch die Vermüllung der Erde und durch Schadstoffbelastungen vielfältiger Art geltend. Die Akkumulation langlebiger, umweltschädigender Abfallprodukte industrieller Produktion wird zum kaum mehr überschaubaren Problem; Reparaturkosten, die ein sorgloser und imperialer Umgang mit der natürlichen Umwelt mit sich bringt, drohen ins Unermeßliche zu steigen. Die Umwelt gerät aus dem Lot; die Frage, ob diejenigen Kräfte, die dafür verantwortlich sind – unter ihnen wiederum Wissenschaft und Technik –, sie auch wieder ins Lot bringen können, ist offen. Zudem entdecken Wissenschaft und Technologie die Natur des Menschen selbst als potentielle neue Leonardo-Welt. Der Mensch scheint ebenso veränderbar zu werden wie die Umwelt, in der er lebt (Stichwort Gentechnologie). Hoffnungen verbinden sich hier mit der Vorstellung, daß es für alle wissenschaftlich und technisch verursachten Probleme stets eine wissenschaftliche und technische Lösung gibt; Sorgen verbinden sich mit der Vorstellung, daß in dieser Entwicklung der Mensch der Leonardo-Welt auf längere Sicht der Verlierer sein könnte. Sollte Brechts Galilei recht behalten?

Und mehr noch. Wie es heute aussieht, ist der technische Verstand an die Stelle der praktischen (ethischen und politischen) Vernunft getreten. Dabei drückt sich in der Dominanz des technischen (und wissenschaftlichen) Verstandes und damit in der Wirklichkeit einer Leonardo-Welt eine Entwicklung aus, die jünger ist, als man gemeinhin annehmen mag. Bis weit in die Neuzeit hinein bestimmten – auch das machte unsere kleine Geschichte der Leonardo-Welt deutlich – nicht angewandte Forschung und technische Entwicklung die gesellschaftlichen Rationalitäten, sondern reine Theorie und praktische Vernunft. Der technische Verstand

8 B. Brecht, Leben des Galilei, in: B. Brecht, Gesammelte Werke, I-VIII, Frankfurt 1967, III, 1340.

(historisch: die Werkstättentradition) war dem theoretischen Verstand und der praktischen Vernunft untergeordnet, Technologie hatte im Rahmen der Werkstättentradition eine eigene Geschichte, historisch und systematisch isoliert von der Geschichte der Wissenschaft und des Denkens, das im wesentlichen Grundlage der gesellschaftlichen Entwicklung war. Auch das wird erst in der Neuzeit anders, als sich im Rahmen der Physik der wissenschaftliche Verstand mit dem technischen Verstand zu verbinden beginnt. Was hier aus methodologischen Gründen erfolgt (Entstehung einer experimentellen Naturwissenschaft), verselbständigt sich dann in der weiteren Entwicklung, verbunden mit dem Entstehen der bürgerlichen Gesellschaft, zur paradigmatischen Dominanz des technischen Verstandes. Heute wird dies vor allem in einer technologischen Revolution deutlich, die durch die modernen Informationstechnologien gekennzeichnet ist. Zugleich setzt im modernen Ideal des Expertentums der technische Verstand seinen Siegeszug fort. Auch sein Produkt ist die Leonardo-Welt.
Die Leonardo-Welt ist damit sowohl durch die Ambivalenz wissenschaftlich-technischer Entwicklungen als auch durch den Primat des technischen Verstandes gegenüber der praktischen Vernunft gekennzeichnet. Der technische Verstand ist groß und stark, die praktische Vernunft ist schwach und verzagt. Auch das gehört zu den Signaturen unserer Zeit.

5. Verlust der Natur?

Ausdruck einer Gefährdung der Leonardo-Welt ist, wie wir gesehen haben, vor allem die Gefährdung der Natur, der Umwelt, wie man heute sagt. Dabei herrscht vielfach noch immer die Vorstellung, der geschichtliche Mensch lebe in einer geschichtslosen Natur, und diese gelte es wieder herzustellen, wo sie Schaden genommen habe. Natur erscheint hier, zumal auf der ökologischen Seite, als das, was man zum Wohle des Menschen nur gewähren lassen müsse, als ein heiles Ganzes, das nur durch den Menschen gestört und in der Aneignung durch den Menschen zerstört wird. Wo dieser Zerstörung Einhalt geboten wird, wäre die Natur die Hoffnung des Menschen, auch des modernen.
Die Geistesgeschichte kennt diesen Naturbegriff; er gibt eine uralte Vorstellung wieder. Es ist die Vorstellung einer wirkenden

und handelnden Natur, einer Natur, die sich wie ein handelndes Subjekt von vernünftigen und ökonomischen Gesichtspunkten leiten läßt, die den Menschen ernährt und ihn lehrt, ihr Können und ihre vermeintliche Weisheit nachahmend in seiner Welt zu bestehen. Es ist der Aristotelische Naturbegriff. Noch zu Beginn der Neuzeit macht er sich bei Galilei in dem, wie er sagt, ›sicheren Bewußtsein‹ geltend, »daß Gott und Natur sich um die Lenkung menschlicher Dinge kümmern«.[9] An dieser Naturvorstellung läßt dann die weitere Entwicklung kein gutes Haar mehr; sie hat nur noch einen metaphorischen Charakter. So schafft ein Rekurs auf Natur strenggenommen weder in theoretischer Absicht (wie in der Geschichte des Aristotelischen Naturbegriffs) noch in praktischer Absicht (wie in der Neuzeit etwa bei Rousseau und Kant) irgendwelche Legitimationsstrukturen. Das gleiche gilt in ökologischen Dingen. Dazu muß man sich nur deutlich machen, daß der moderne Mensch als Angehöriger einer Leonardo-Welt bereits Schwierigkeiten hat, genau zu sagen, was und wo Natur ist. Natur erscheint vor allem als eine Rohstoffressource oder als der Boden, auf dem technische Kulturen bauen und in den sie ihre Abfälle stecken; sie erscheint als ein Freizeitszenarium, das die Touristikindustrie mit ihren falschen Träumen besetzt. Natur, mit anderen Worten, ist längst ein Teil der Leonardo-Welt geworden, darum auch Umwelt, nicht Natur im ursprünglichen Sinne, ein Teil des ›Raumschiffs Erde‹ – in der konsequenten Sprache einer technischen Kultur. Um eine bereits benutzte Formulierung noch einmal aufzugreifen: Wohin man ›in der Natur‹ auch kommt, der erkennende, der bauende, der wirtschaftende und der zerstörende Verstand war immer schon da.

Und das war im Grunde immer so. Natur und Kultur hängen zusammen. Die Menschwerdung des Menschen war von Anfang an auch *Kulturwerdung* der Natur. Wo sich der Mensch seine kulturelle Umwelt schuf, veränderte er auch die Natur, eignete er sie sich durch seine Arbeit an. Das gilt selbst für die Zeit der Sammler und Jäger. Auch sie war eine Kulturzeit, in der sich der sammelnde und jagende, schließlich seßhaft werdende Mensch die Natur auf seine Weise aneignete. ›Unberührte‹ Natur hat es in

9 G. Galilei, Dialogo sopra i due massimi sistemi del mondo [1632] III, in: Le Opere di Galileo Galilei, Edizione Nazionale, I-XX, Florenz 1890-1909, VII, 394.

diesem Sinne in der Umwelt des Menschen nie gegeben. Rodend, brennend, jagend, Furchen ziehend, Wasser umlenkend, die Erde nach Bodenschätzen durchwühlend, Müll produzierend, also natürliche Ressourcen verbrauchend, verändernd und substituierend eignete sich der Mensch von Anfang an die Natur an, machte sie zu seiner Umwelt. Seine Kultur schuf immer schon eine *Kultur-Natur*, im guten wie im bösen.

Wenn in diesem Sinne hier von Umwelt die Rede ist, dann ist klar, daß damit nicht – in der Terminologie des Biologen Jakob von Uexküll – eine ›Merk- und Wirkwelt‹ gemeint ist, die für eine jeweilige Art spezifisch ist und ihr eine natürliche Orientierungs- und Verhaltensgrenze setzt (man spricht in diesem Falle von einer Anpassung von System und Umwelt). Umwelt, auf den Menschen bezogen, besagt vielmehr eine in Veränderung und Bewahrung liegende Aufgabe, die nicht nur natürliche, sondern auch kulturelle, d. h. vom Menschen selbst hergestellte, Ordnungen (›Umweltordnungen‹) einschließt. In diesem Sinne ist die Umwelt keine natürliche Grenze des Menschen, sie ist für ihn vielmehr Haus, Lebensmittel, Bühne, Werkstatt, Selbstverwirklichung zugleich. Das bedeutet allerdings nicht, daß der Mensch in einem absoluten Sinne Herrscher seiner Umwelten wäre. So ist eine noch immer natürliche Umwelt Bedingung auch des menschlichen Lebens. Der Mensch kann Umwelten, auch die anderer Lebewesen, verändern, sie seinen Zwecken anpassen, partiell zerstören – ohne sie auszukommen bzw. sie durch eine rein artifizielle Umwelt zu ersetzen, vermag er nicht. Am eigenen Schopf, wie Münchhausen, kann sich kein Leben, auch nicht das menschliche, aus dem Wasser ziehen.

Der ökologische Erfolg des Menschen liegt denn nicht zuletzt auch gerade darin beschlossen, daß er seine eigene ›natürliche‹ Natur, seine Naturwüchsigkeit gegen andere Naturen konsequent, aber eben auch mit zerstörerischen Konsequenzen, ausgespielt hat. In den Worten des Biologen Markl: Wenn uns der »grandiose ökologische Erfolg unserer Art (...) zunehmend mehr Probleme bereitet und zugleich aller Natur um uns herum, so nicht, weil wir den Pfad natürlicher Tugend verlassen hätten, sondern weil wir ihn bisher geradezu besinnungslos konsequent verfolgten«[10]. Der Hinweis auf eine natürliche Ökologie oder gar die

10 H. Markl, Natur als Kulturaufgabe. Über die Beziehung des Menschen zur lebendigen Natur, Stuttgart 1986, 358.

Weisheit der Natur wäre demnach ganz und gar ungeeignet, den Menschen wieder auf den Pfad einer natürlichen Tugend zurückzuführen. Biologisch bzw. ökologisch hätte sich der Mensch bisher gerade nicht unnatürlich, sondern höchst natürlich verhalten. Die von ihm erzeugte ökologische Krise hätte selbst ökologische, d. h. die ökologische Natur des Menschen betreffende Gründe.
Im übrigen gibt es die Natur als ein unveränderlich Natürliches, als das große Wesen hinter allen Wesen, die zu unserer Welt gehören, gar nicht. Auch die Natur kommt und geht; sie ist stets eine andere, wenn man sie über große Zeiträume betrachtet. Weder die Natur des Altpaläolithikum, die den Präneandertalern eine mühsame Ernährungsbasis bot, noch die Natur des Jungpaläolithikum, in der homo sapiens die Naturbühne betrat, ist im strengen Sinne *unsere* Natur. Unsere Natur ist vielmehr eine moderne Kultur-Natur, nicht in einzelnen Aspekten, sondern durchgängig. ›Natürlich‹ ist nur der Mensch sich selbst und die von ihm genutzte, verbrauchte, gepflegte, gepriesene, gefürchtete Welt, die nie die ›reine Welt‹ der Natur, sondern stets seine Welt ist. Mit anderen Worten: Wir wissen nicht viel, wenn wir dem Kulturellen das Natürliche entgegensetzen, jedenfalls dann nicht, wenn wir meinen, das Natürliche sei das Ursprüngliche, Zeitlose, das Maß aller Dinge, auch der menschlichen.
Es ist womöglich im Gegenteil, wo es sich in einer Leonardo-Welt bemerkbar macht, das Bedrohliche. Wir beklagen die fehlende grüne Welt vor unseren Fenstern, aber wir fürchten uns (mit Recht) davor, daß die normale biologische Evolution, begünstigt durch den ökologischen Erfolg des Menschen, weitergeht. Eine Sechs-Milliarden-, bald Sieben- oder Acht-Milliarden-Menschenpopulation bietet glänzende Voraussetzungen und Entfaltungsmöglichkeiten für ihre biologischen Konkurrenten, im Agrarbereich, der mit uns wächst, ebenso wie im parasitären und Virusbereich, dessen Einfallstore in eine zunehmend kompakter und mobiler werdende, in Sachen Promiskuität nicht zimperliche Menschheit immer offener werden. Das AIDS-Virus ist womöglich nur der Anfang immer neuer Bedrohungen aus der normalen Evolution, denen viel Unkenntnis und Mangel therapeutischer Mittel gegenübersteht. Kultur-Natur bedeutet von daher gesehen nicht Überwindung, sondern *Verdichtung* unserer Evolutionsgemeinschaft mit allen anderen Wesen und Unwesen, Viren eingeschlossen. Dabei liegt auch das Wesen jener Natur, mit der wir uns

im Medium einer Kultur-Natur verbinden, nicht in der Beibehaltung von irgendwelchen Gleichgewichtszuständen, die dann vermeintlich ›die‹ Natur definierten, sondern in ihrer *dynamischen Erneuerung.* Chemische Gleichgewichte wären das Ende allen Lebens. So kann es aber auch gar nicht darum gehen, Natur und damit die Umwelt des Menschen im gegenwärtigen Zustand um jeden Preis und auf Dauer zu erhalten. Eine ›standardisierte‹, d. h. durch einmal festgelegte Umweltstandards eindeutig definierte Umwelt wäre eine absurde Vorstellung. Die Natur – wenn man nun doch noch so sagen will – experimentiert seit Hunderten von Millionen Jahren, und dies 24 Stunden am Tag. Ihr Labor ist überall, auch in unseren Laboren. Ihr Vorsprung ist uneinholbar und wird dies wohl auch, trotz des zuvor über die Kultur-Natur Gesagten, bleiben. Das Schicksal des Menschen wird nicht vom einen, nämlich Natur, oder vom anderen, nämlich Kultur, abhängen, sondern ineins davon, wie der Mensch in Zukunft, hoffentlich vernünftiger als bisher, mit einer Kultur-Natur umgehen wird. Viel Zeit, das wissen wir alle angesichts wachsender Umweltprobleme, bleibt da nicht.

6. Technikfolgenabschätzung

In einer Situation, in der der Mensch seine ökologischen Grenzen immer weiter vor sich herschiebt, gleichzeitig aber seine Welt zu einer schadstoffreichen Abfallwelt macht und evolutionäre Entwicklungen gegen sich lenkt, kommt es also auf die Bewahrung einer Kultur-Natur an, die schließlich auch zu den Bedingungen einer dauerhaften Leonardo-Welt gehört. Dem dienen heute *Umweltstandards.* Umweltstandards regeln den Umgang des Menschen mit seiner natürlichen Umwelt, ohne daß sie sich dieser unmittelbar entnehmen ließen. Die Frage, wie die natürliche Umwelt des Menschen sein soll, beantwortet nicht die Natur, sondern der Mensch selbst. Umweltstandards sind keine Naturgesetze, sondern *Konventionen,* zu deren Voraussetzungen sowohl ein verläßliches naturwissenschaftliches Wissen als auch gesellschaftliche bzw. kulturelle Rationalitäten gehören. Umweltstandards dienen dem Stoffwechsel des Menschen mit seiner Umwelt. Sie sind dabei das Resultat eines vieldimensionalen Forschungs-, Beurteilungs- und Entscheidungsprozesses, der selbst zu keinen ein für allemal gesicherten Standards führt. Mit anderen Worten: in Sachen Umwelt gibt es nur suboptimale Lösungen. Das gleiche gilt etwa auch im Bereich von Gesundheitsstandards. Auch die Medizin kann nicht sagen, wie gesund wir leben sollen, sondern nur, wie wir leben sollen, wenn wir schon wissen, wie gesund wir sein wollen.

Wo der technologische Fortschritt im Vordergrund steht, wird heute unter dem Gesichtspunkt, ihn wieder stärker mit begründeten und verantworteten Entwicklungen zu verbinden, von Technikfolgenabschätzung und Technikfolgenforschung gesprochen. Unter Technikfolgenabschätzung ist hier die systematische Beurteilung der Auswirkungen technischer Entwicklungen und darüber hinaus die Beurteilung der Interdependenzen zwischen technischen, ökonomischen, ökologischen und gesellschaftlichen Entwicklungen verstanden, unter Technikfolgenforschung die methodische Erforschung dieser Auswirkungen bzw. dieser Interdependenzen. In diesem Sinne setzt Technikfolgenabschätzung Technikfolgenforschung voraus; ohne Technikfolgenforschung gibt es keine solide und verläßliche Technikfolgenabschätzung.

In Technikfolgenforschung und Technikfolgenabschätzung, die wegen der Interdependenz von wissenschaftlicher und technischer Entwicklung immer auch Elemente einer Wissenschaftsfolgenforschung und einer Wissenschaftsfolgenabschätzung einschließen, erforschen und beurteilen sich Wissenschaft und Technik selbst. Dies geschieht sowohl hinsichtlich derjenigen Probleme, die vor allem der technische Fortschritt löst, als auch derjenigen Probleme, die der technische Fortschritt schafft. Auch hier ist von vornherein klar: Es gibt in der modernen Welt, die eine Leonardo-Welt ist, keine eindimensionalen Entwicklungen mehr – mit entsprechender Prognosesicherheit. Mit dem wissenschaftlichen und technischen Fortschritt wächst auch die Komplexität der wissenschaftlich-technischen Welt und ihrer Probleme.

Die Selbsterforschung von Wissenschaft und Technik ist wichtig, aber sie ist, auch unter Umweltgesichtspunkten, nicht genug. Technikfolgenabschätzung ist nämlich keine allein *wissenschaftliche* Aufgabe. Sie setzt wie im Falle der Etablierung von Umweltstandards zwar wissenschaftliches Wissen voraus und soll sich in ihren Resultaten auch wissenschaftlich ausweisen können, doch stellt sie zugleich eine *gesellschaftliche* Aufgabe dar. Das bedeutet, daß im Falle der Technikfolgenabschätzung eine wissenschaftlich orientierte Analyse durch institutionalisierte Formen eines gesellschaftlichen Diskurses ergänzt werden muß. Dieser Diskurs hätte alle gesellschaftlichen Kräfte und Institutionen einzuschließen. Tut er das nicht, d. h., bliebe es bei einer allein wissenschaftlichen Erforschung von Technikfolgen, wäre nicht nur die Technikfolgenabschätzung, sondern auch die Technikfolgenforschung ein gesellschaftlich weitgehend unverbindliches Element einer Selbsterforschung von Technik und Wissenschaft.

Und noch etwas kommt hinzu. Während Technikfolgenforschung und Technikfolgenabschätzung bisher im wesentlichen vom sogenannten Stand der Forschung ausgingen, indem sie dessen Folgen erforschten und beurteilten, wird es schon jetzt immer wichtiger, von Lösungserfordernissen bestehender, durch Wissenschaft und Technik selbst mitverursachter Probleme auszugehen. Im ersten Fall spricht man von einem *technikinduzierten* Ansatz, im zweiten Fall von einem *probleminduzierten* Ansatz. Während der technikinduzierte Ansatz produktorientiert an Technikfamilien anknüpft und deren Folgen analysiert und beurteilt, knüpft der probleminduzierte Ansatz an bestehende und absehbare Probleme und Technikdefizite an. Dabei ist im Unterschied zum technikinduzierten Ansatz der probleminduzierte Ansatz nicht reaktiv; es geht nicht allein um technikinduzierte Probleme. Ferner läßt nur der probleminduzierte Ansatz Probleme erkennen, bevor sie der Gesellschaft auf den Nägeln brennen, und Problemlösungsmöglichkeiten ins Auge fassen, bevor Fehlentwicklungen die Problemlage bestimmen.

Allein ein problembezogener, um Elemente eines gesellschaftlichen Diskurses ergänzter Analyseansatz wird denn auch in der Lage sein, die Erwartungen, die sich heute, und dies nicht nur im Umweltbereich, an Technikfolgenforschung und Technikfolgenabschätzung knüpfen, zu erfüllen. Technikfolgenforschung verhilft der Technikfolgenabschätzung zu wissenschaftlicher Objektivität; der gesellschaftliche Diskurs um Technikfolgen verschafft ihr die nötige gesellschaftliche Verbindlichkeit. Das eine ergänzt das andere. Dabei geht es im übrigen nicht nur um Probleme, die sich mit bereits eingeführten Technologien oder absehbaren Technologieentwicklungen verbinden. Technikfolgenabschätzung muß sich vielmehr auch mit den Folgen unterlassener oder nicht rechtzeitig begonnener Forschung und Entwicklung im Technikbereich auseinandersetzen. Das heißt auch, daß mögliche Nachteile der Einführung einer Technologie gegen die möglichen Nachteile einer Nicht-Einführung abzuwägen sind. Wesentlich ist, daß dabei nicht allein mögliche ökonomische Nachteile berücksichtigt werden. Vielmehr müssen auch allgemeine politische und ethische, Momente einer Langzeitverantwortung einschließende Vorstellungen Berücksichtigung finden. Schließlich geht es auch hier um den Erhalt und um die begründete Weiterentwicklung der Handlungsfähigkeiten einer Leonardo-Welt. Nicht nur die Umwelt, auch der Mensch selbst muß vor den ungewollten und schädlichen Nebenfolgen des technologischen Fortschritts bewahrt, und die Wege in eine unversehrte, humane Zukunft der Leonardo-Welt müssen offengehalten werden.

7. Der technologische und der ethische Imperativ

Zu dieser Zukunft gehört vor allem, daß sich der Hiat zwischen technischem Verstand und praktischer Vernunft, von dem zuvor die Rede war, wieder schließt, daß zumindest der Abstand zwischen beiden rationalen Vermögen des Menschen geringer wird. Wissenschaft und Technik sind keine Zwecke an sich; sie sind das Mittel der Verwandlung der alten Welt in die moderne. In diesem ihrem Mittelcharakter sind sie sowohl zum Aufbau der Leonardo-Welt als auch zu ihrer Zerstörung einsetzbar. Darüber hilft auch der Wunsch nach einer nicht mehr zerstörerischen Wissenschaft und einer nicht mehr zerstörerischen Technik nicht hinweg. Ein derartiger Wunsch ist angesichts des Wesens von ›Werkzeugen‹ ohnehin eine Illusion, allerdings eine Illusion, die einen moralischen Anspruch auch gegenüber der Entwicklung und Perfektion von Fertigkeiten (Wissen und Können) wachhält. »Das Übel«, so noch einmal Markl, »kommt nicht aus der Einsicht in die Wirklichkeit – der Frucht vom Baume der Erkenntnis – und nicht durch die Verfügbarkeit neuer Technologien. Das Übel kommt durch die Begründung unseres Handelns auf falschen Fundamenten.«[11]

11 H. Markl, Der Wandel des naturwissenschaftlich-technischen Weltbildes in den letzten 30 Jahren als Faktor für die Zukunft aus der Sicht des

Technische Kulturen neigen dazu, derartige Vorstellungen, die Wissenschaft und Technik mit Instanzen der Rechtfertigung und der Begründung in Verbindung bringen, verkümmern zu lassen (unter Hinweis auf deren vermeintliche ›Irrationalität‹). Sie übersehen dabei aber, daß dem auch ein wesentliches Stück Aufklärung zum Opfer fällt. Aufklärung nämlich darüber, daß eine Verwissenschaftlichung und Technisierung unserer Verhältnisse nicht auch schon deren Humanisierung bedeutet. Sie führen im Gegenteil, wenn sie alle Bereiche des gesellschaftlichen und privaten Lebens erfassen und dabei beanspruchen, selbst geeignete ›Fundamente‹ des Handelns zu sein, in die Aneignung des Menschen durch die moderne Welt. Humanisierung ergibt sich dagegen auch in technischen Kulturen aus der Verbindung von Können und Sollen, nämlich wissenschaftlich-technischen Potentialen und Orientierungspotentialen. Auch in dieser Verbindung bleibt der Mittelcharakter von Wissenschaft und Technik gewahrt, d. h., diejenigen Orientierungen, die Wissenschaft und Technik selbst vermitteln können, bleiben instrumenteller Art. Wer diese Instrumente führt, muß wissen, *wozu* und *wie* er sie führt. Instrumente wissen das von sich aus nicht.

Nun will ich damit nicht denjenigen das Wort reden, die meinen, Wissenschaft und Technik müßten am kurzen Zügel der *Politik* geführt werden. Erstens ist diese in ihrer chronischen tagespolitischen Kurzatmigkeit auf eine solche Aufgabe gar nicht vorbereitet. Zweitens handelt es sich hier um Aufgaben, deren Lösung selbst einen wissenschaftlichen Sachverstand voraussetzt, jedenfalls nicht ohne diesen Sachverstand möglich ist. Die Aufgaben sind im übrigen vielfältiger Art. Sie schließen Wissenschafts- und Technikkritik – Kritik hier im positiven Kantischen, nämlich konstruktive Wege theoretischer und institutioneller Reorganisation einschließenden Sinne – ebenso ein wie Analysen über *Wissenschafts-* und *Technikfolgen*. Diese Analysen können wiederum sehr grundsätzlicher, eine Kritik der Moderne einschließender Art sein, aber im Sinne des über Technikfolgenabschätzung Gesagten auch sehr problemfeldbezogener konkreter Art. Beispiele

Biologen, in: Der Wandel des naturwissenschaftlich-technischen Weltbildes in den letzten 30 Jahren als Faktor für die Zukunft. Ergebnisse der Jahresversammlung 1980 des Deutschen Verbands technisch-wissenschaftlicher Vereine DVT, Düsseldorf 1980 (DVT-Schriften Nr. 12), 38.

wären Analysen zur Wissenschafts- und Technikentwicklung im Hinblick auf die Planung und Steuerung gesellschaftlicher Formen der Bedürfnisbefriedigung (unter Beachtung von Rückkopplungseffekten für beide Bereiche), Analysen zur wachsenden Interdependenz von wissenschaftlicher und Technologieentwicklung, die Entwicklung von Heuristiken zur Beurteilung von Technikgenesen und Technikfolgen und – Stichwort Wissenschafts- und Technikkritik – Klärungen der Belastbarkeit und der Grenzen einer technischen Vernunft.
Was den letzten Punkt betrifft, so stehen wir zwar nicht mehr am Anfang, aber doch in Entwicklungen, die in eine ganz andere Richtung zu weisen scheinen. Indiz dafür ist die schon genannte Entwicklung des Expertenwesens (die Umbildung technischer Kulturen zu Expertokratien), aber etwa auch die ›öffentliche‹ Sprache technischer Kulturen. Man denke nur an den inflationären Gebrauch der Wörter ›Philosophie‹ und ›Vernunft‹. Da hat heute jedes Gewerbe seine Philosophie, einschließlich des Küchenbaus und des professionellen Fußballs, und jedes Erzeugnis, wenn es nur aufwendig und teuer ist, seine Vernunft. In diesem Zusammenhang zitiere ich gerne aus der Werbung der Automobilindustrie. Da ist ›Luxus eine Sache der Vernunft‹ (General Motors), da ›fällt Vernunft auf‹ (Saab), ›setzt sich Vernunft durch‹ (Peugeot), wird die ›hohe Schule der Vernunft‹ (Mercedes) und ›Vernunft-Garantie‹ (Ford) geboten. Um ›auf Vernunft umzusteigen‹ (Peugeot), bedarf es keiner großen Mühe, das ›Auto der Vernunft‹ (Audi) steht schon bereit, ›aufregend vernünftig‹ (VW) und dabei die Vernunft von einer ganz neuen Seite zeigend: wer hier mitmacht, als guter Käufer, hat das ›Abenteuer der Vernunft‹ (BMW) entdeckt.
So ein Unsinn. Was hat denn ein Auto wirklich mit Vernunft zu tun? Soviel wie Vernunft mit Autos zu tun hat, nämlich gar nichts. Es gibt keine vernünftigen und unvernünftigen Autos, sondern nur gute und schlechte Autos. Über gut und schlecht entscheidet dabei der Zweck, für den sie gemacht sind, und der Gebrauch, den man von ihnen macht. Und hier ist es eher schon so, daß Autos sehr viel mehr mit Unvernunft als mit Vernunft zu tun haben, jedenfalls dann, wenn man mit ihnen auch gleich noch den Individualverkehr statt öffentlicher Verkehrssysteme fördert und zugleich Naturverbrauch, Umweltbelastung und hohe Kosten an Menschenleben in Kauf nimmt – das alles am Ende auch noch

unter einer so törichten bundesrepublikanischen (wahlkampf-) politischen Parole wie ›freie Fahrt für freie Bürger‹. Das Vernünftige – das lehren gerade diese Beispiele – ist allemal etwas, das *zugemutet* werden muß, nicht etwas, das einem das Ausleben seiner individuellen Interessen, rücksichtslos und als lebten wir in einer Welt unbegrenzter Ressourcen und Belastbarkeiten, erlaubt. Also ist Vernunft auch nichts, was individuelle Bedürfnisse, aber auch kollektive, so wie sie sind oder wie sie sich der Markt wünscht, legitimiert, sondern etwas, das derartige Bedürfnisse *einschränkt*, sie einer Beurteilung unterwirft, deren Maß z. B. Gesichtspunkte des Zuträglichen, des Verallgemeinerbaren, der Verantwortung auch gegenüber zukünftigen Generationen sind.

Damit wir uns nicht mißverstehen: Ich rede hier nicht einer Auffassung das Wort, die das Werden der Leonardo-Welt als einen Irrweg und die Zukunft in ihrer Abschaffung sieht. Technische Kulturen, wie sie die Leonardo-Welt bilden, sind (noch einmal) kein kontingentes Resultat der Geschichte des Menschen, sondern ein konsequentes Resultat seines entwickelten Wesens. Was die Leonardo-Welt braucht, ist weder science fiction (von ihren unkritischen Freunden propagiert) noch betuliche Phantasien vom einfachen Leben (denen ihre Gegner nachhängen). Was sie vielmehr braucht, ist eine besonnene Entwicklung derjenigen Rationalitäten, denen sie ihr eigentümliches Wesen verdankt. Und dies sind eben wissenschaftlich informierte und technisch stabilisierte Rationalitäten.

Daß diese ihre eigenen Probleme, vor allem in Form von unerwünschten Nebenfolgen haben, ist unbestreitbar. Nur lautet die Lösung hier: nicht weniger technischer Verstand, sondern, allerdings in den Grenzen einer praktischen Vernunft, in vielen Fällen sogar Steigerung des technischen Verstandes. Das gilt z. B. nach wie vor für den Energiesektor. Was die Leonardo-Welt, was technische Kulturen hier brauchen, sind neue Technologien, die nicht die Ausbeutung und Verschwendung knapper natürlicher Ressourcen fortsetzen, sondern diese (jedenfalls für die Zwecke der Energiegewinnung) überflüssig machen. Diese Technologien sind wiederum ohne Pionierarbeiten der Naturwissenschaften unmöglich. Auch das hat Folgen: Die Naturwissenschaften wandeln sich nämlich dabei gleichzeitig von einem ›reinen‹, allein auf Wahrheit und Theoriebildung bedachten Wissen zu einem *technikermöglichenden* Wissen. Das waren sie in ihrer neuzeitlichen Entwicklung zwar immer schon, doch überwogen bisher auch hier die klassischen Ideale ›reiner‹ Forschung. Dieses Verhältnis wird sich in Zukunft noch stärker ändern: Zu erkennen, was die Welt im Innersten zusammenhält, ist sicher auch heute noch ein hohes Ziel, sie zusammenzuhalten wohl kein geringeres.

Neben den so formulierten *technologischen Imperativ* tritt in bezug auf das über die praktische Vernunft und ihre notorische Unterentwicklung Gesagte ein *ethischer Imperativ.* Für die Aufrechterhaltung der modernen Welt in ihrer Form als Leonardo-Welt ist nicht nur der Fortgang von Wissenschaft, Forschung und Entwicklung unabdingbar; das gleiche gilt auch für ethische Orientierungen, die diesen Fortgang unter Verantwortungspostulate stellen. In der neueren Diskussion dient dem die Forderung nach einer Wissenschaftsethik.

In einer Situation, in der sich die moderne Welt, wohl auf Dauer, im Dilemma von Fortschritt und dessen Folgen, darunter ungewollte und schädliche Folgen, einrichten muß, gibt es allerdings keine ethischen Patentrezepte, die nur noch politisch durchgesetzt werden müßten, sondern nur die ständige Aufgabe, den wissenschaftlichen und technologischen Verstand wieder mit einer verantwortungsorientierten praktischen Vernunft zu verbinden. Die Zukunft der modernen Welt, die Zukunft einer Leonardo-Welt, wird davon abhängen, ob diese Verbindung gelingt, d. h., ob technischer Verstand und praktische Vernunft wieder zu einer Einheit finden. Mit anderen Worten: Es geht nicht um die Frage, ob technologischer Fortschritt in einer gefährdeten Umwelt sein soll oder nicht, sondern allein um die Frage, wie sich ein verantworteter technologischer Fortschritt und eine Kultur-Natur, die die Umwelt des Menschen ausmacht, zur Zukunft des Menschen zusammenschließen. Der Mensch ist das auf Zukunft angelegte Wesen. Er allein hat es in der Hand, sein Wesen auch zu verwirklichen.

Zur wissenschaftlichen Rationalität technischer Kulturen

»Das Denken gehört zu den größten Vergnügungen der menschlichen Rasse«, läßt Bertolt Brecht den Physiker Galilei sagen[1], in wissenschaftlicher Form, d. h. in wissenschaftlichen Institutionen betrieben, mittlerweile auch zu den Existenzbedingungen von Industriegesellschaften. Aus ›Vergnügungen‹ ist längst Arbeit geworden, Arbeit um des Erhaltes und der Weiterentwicklung moderner Gesellschaften willen. Diese Arbeit ist zugleich mehr als eine bloße Transformation von ›Vergnügungen‹. Was sich, im Rahmen der Arbeitsformen moderner Gesellschaften, in der Wissenschaft dokumentiert, ist nicht etwa nur ein unverzichtbar und erwachsen gewordenes Vergnügen, sondern, durch alle Entwicklungen identifizierbar geblieben, das epistemische Wesen des Menschen – das Suchen und Finden, Wissen und Zweifeln, Begründen und Bestreiten, das zu unserem Wesen gehört und mit Vergnügen oder etwa auch Neugierde viel zu oberflächlich umschrieben wird. Wir sind nicht unter anderem auch ›vergnügliche‹ und neugierige Lebewesen und treiben darum Wissenschaft und machen darum Technik, sondern wir sind Wesen, zu deren Natur das Wissenwollen und Wissenkönnen gehört. Dies hat übrigens schon Aristoteles mit großer Klarheit ausgesprochen: ›alle Menschen streben von Natur aus nach Wissen‹[2]; und dieser Satz ist nicht etwa eine empirische Feststellung (durch eine frühe Allensbach-Umfrage in Athen erhoben) oder eine idealistische Festsetzung (von einem griechischen Philosophen dekretiert), sondern das Ergebnis einer philosophischen Analyse. In dieser Analyse (z. B. in der Aristotelischen Analyse selbst, die diesem Satz folgt) ›zeigt sich‹ die den Menschen definierende Einheit von Leben und Wissen.

Die moderne Form dieser Einheit, zugleich Ursprung und Motor moderner Gesellschaften, ist die Verbindung von homo sapiens und homo faber. Das ist nicht Sokrates auf der einen Seite und

1 B. Brecht, Leben des Galilei, in: ders., Versuche 12-15, Frankfurt 1977, 296.

2 Met. A1.980a21.

Leonardo da Vinci auf der anderen Seite, homo sapiens und homo faber stellen vielmehr die historische Identität des europäischen Menschen dar. Der Wille nämlich, Kontemplativität in Tätigkeit umzusetzen und Tätigkeiten unter Rationalitätsansprüche zu stellen, ist der Schlüssel zur europäischen Rationalität und Kultur, in deren Entwicklung hin zu einer Weltkultur die Physik eine maßgebliche Rolle spielt. Das wiederum hat z. B. schon Gottfried Wilhelm Leibniz, der Aristoteles der Neuzeit, gewußt. Leibniz unterscheidet in einem Entwurf zu einem physikalischen Lehrbuch zwischen einer ›physica rationalis‹, d. h. der Erforschung der Zwecke und Ursachen der Dinge, die der ›Vollkommenheit Gottes‹ und der ›Verehrung Gottes‹ dienen soll, und einer ›physica empirica‹, d. h. der Erforschung der physikalischen Welt im engeren Sinne, die für das menschliche Leben nützlich sei und vom Staat gefördert werden müsse.[3] Unter dieser Nützlichkeitserwartung haben die modernen Wissenschaften, allen voran wieder die Physik, Gottes vieldeutigen Auftrag an den Menschen, sich die Welt untertan zu machen, zweifellos gründlicher erledigt als andere gesellschaftliche Instanzen – bislang im wesentlichen damit beschäftigt, einander untertan zu machen. Noch immer pflegt man dabei die Annehmlichkeiten, die wir Wissenschaft und Technik verdanken, in frommer Leibnizscher Metaphorik als Segnungen zu bezeichnen, mittlerweile allerdings dauerhaft verbunden mit einem besorgten Blick auf Krisen und Probleme, die wissenschaftsgestützte technische Kulturen, eben die Industriegesellschaften, ineins mit diesen Segnungen zunehmend erzeugen. Dazu gehören 1. Orientierungsprobleme technischer Kulturen, 2. Schwierigkeiten im Umgang mit der Natur und 3. Fragen einer wissenschaftlichen Ethik.

1. Orientierungsprobleme technischer Kulturen

In Wissenschaft und (wissenschaftsgestützter) Technik bildet die Gesellschaft ein *positives* Wissen aus, d. h. ein Wissen um Ursachen, Wirkungen und Mittel. Positives Wissen allein löst jedoch noch keine Probleme. Zum positiven Wissen muß vielmehr ein

3 G. W. Leibniz, Schöpferische Vernunft. Schriften aus den Jahren 1668-1686, ed. W. v. Engelhardt, Münster/Köln ²1955, 305 ff.

handlungsleitendes Wissen oder *Orientierungswissen* hinzutreten, das eine Antwort auf die Frage, nicht was wir tun *können,* sondern was wir tun *sollen,* ist. Ohne ein derartiges handlungsleitendes Wissen entstehen Orientierungsdefizite, d.h. das Können wird orientierungslos. Daß dieser Umstand häufig verborgen bleibt, liegt wiederum an der eigentümlichen Art und Weise, in der moderne Gesellschaften Probleme ›technisch‹ zu lösen suchen. Technische Problemlösungen sind Antworten auf technische Fragen. In der Tat muß ein Problem, das ›technisch gelöst‹ werden soll, selbst erst in die Form eines technischen Problems gebracht, d.h. ›technisch gemacht‹ werden. Andernfalls gäbe es keine methodisch einsichtigen Wege zwischen Problem und (angestrebter) Lösung. Es charakterisiert moderne entwickelte Gesellschaften in Form von Industriegesellschaften, diese Transformation zu leisten, z.B. in der Weise eines allgegenwärtigen *Expertenwesens.* Eben darum bilden diese Gesellschaften auch eine *technische Kultur* aus bzw. sind selbst als technische Kultur beschreibbar.
Der Umstand, daß es zum Wesen technischer Kulturen gehört, nicht nur ein technisches Problemlösungswissen zu produzieren, sondern, dem vorausgehend, auch Probleme in technische Probleme zu transformieren, suggeriert nun häufig, daß eine derartige Transformation nicht nur überall möglich ist, sondern daß auch alle Probleme vollständig in technische Probleme überführbar sind – was wiederum die Ausbildung eines besonderen Orientierungswissens überflüssig zu machen scheint. Das aber ist ein Irrtum. Ein glückliches Leben z.B. ist weder ›technisch herstellbar‹ (etwa unter Mitwirkung eines Experten für glückliche Lebensformen), noch ist die Frage nach einem glücklichen Leben als ›technische‹ Frage überhaupt formulierbar (etwa im Sinne der Frage: wie viele Glückseinheiten machen ein glückliches Leben?). Wo eine derartige Transformation dennoch versucht wird, mißversteht sich der Mensch selbst und mißverstehen sich moderne Gesellschaften – mit dem Resultat einer eigentümlichen Deformation (wie diese Deformation aussehen kann, führen uns Abend für Abend ›glückliche‹ Hausfrauen in der Waschmittelwerbung im Fernsehen vor). In vielen Fällen ist es eben so: nicht die Probleme deformieren, sondern daß wir die Probleme nicht *aushalten,* als Elemente des Menschseins akzeptieren, und statt dessen voreilig nach Wegen suchen, sie zum Verschwinden zu bringen. Natürlich

hat das alles mit Wissenschaft im engeren Sinne nichts zu tun, weit eher mit irregeleiteten gesellschaftlichen Erwartungen. Allerdings kann auch die Wissenschaft zur Klarheit beitragen, indem sie nicht nur sagt, was sie, in der Form von Problemlösungswissen, *kann,* sondern auch sagt, was sie *nicht kann.*

Neben der Art und Weise, wie die Wissenschaft Fragen stellt und diese löst, ist es vor allem das Maß des Erfolges, das Orientierungsdefizite weitgehend verborgen hält. Daß etwa die Physik so erfolgreich ist, daß sie die Grenzen des Erforschbaren und des Wissens immer weiter hinausgeschoben hat (z. B. im Übergang von anorganischen in organische Bereiche), führt unter Laien, auch und gerade unter gebildeten Laien, zu der irrtümlichen Vorstellung, die Physik wisse alles oder sei jedenfalls auf dem besten Wege zur Einlösung einer Faustischen Vision. Ich denke, daß hier die Naturwissenschaftler, etwa die Physiker, klüger sind als viele ihrer gesellschaftlichen Anhänger und ihrer gesellschaftlichen Kritiker (die in erster Linie ohnehin Kritiker ihrer Anhänger sind). Der besonnene Naturwissenschaftler (wie übrigens auch der besonnene Philosoph) weiß, daß sein Wissen nur einen Aspekt des Ganzen, das die Natur und wir Menschen zusammen sind, darstellt. Er weiß auch, daß sich dieses Wissen nicht an die Stelle des Ganzen zu setzen vermag, schon aus einem sehr schlichten Grund: er selbst müßte sich dann ja wohl (zumindest im Prinzip) mit seinem Wissen selbst herstellen und (vollständig) orientieren können. Das aber geht natürlich nicht – und schon die hier gewählte Ausdrucksweise zeigt, daß mit derartigen Vorstellungen der Bereich der Wissenschaft weit überschritten ist. Es ist deshalb häufig auch nicht akademische Arroganz oder fachliche Borniertheit, die den Fachwissenschaftler zur Verweigerung von Orientierungsantworten führt, sondern die methodische Einsicht in die *Perspektivität der Welt* und in die unterschiedliche Grammatik von Können und Sollen, Mittel und Zweck. Dazu später mehr unter dem Thema wissenschaftliche Ethik.

Maß des wissenschaftlichen Erfolges ist der wissenschaftliche *Fortschritt.* Und auch hier gilt das über das Wesen des Orientierungswissens Gesagte. Statt den wissenschaftlichen Fortschritt als ein *Mittel* zu begreifen und über begründete Zwecke und Orientierungen nachzudenken, in deren Rahmen Wissenschaft und Technik selbst ihren gerechtfertigten Platz einnehmen können, neigen moderne entwickelte Gesellschaften zumindest in Teilen dazu, sich entweder mit ihm als einem *Garanten gesellschaftlichen Glücks* zu identifizieren oder ihn als Verhängnis und *Symbol gesellschaftlichen Unglücks* zu negieren. In beiden Fällen fehlt das richtige gesellschaftliche Augenmaß. Einerseits können sich Wissenschaft und Technik nicht an die Stelle begründeter Orientierungen setzen, und das heißt auch: sie sind nicht Zwecke an sich oder Selbstzwecke, andererseits sind in technischen Kulturen, wie sie die Industriegesellschaften darstellen, begründete Orientierungen ohne den Rekurs auf Wissenschaft und Technik nicht möglich. Letzteres ginge nur um den Preis der Identität und der ›Lebensform‹ technischer Kulturen.

Zur ›Lebensform‹ technischer Kulturen gehört die Ausbildung einer wissenschaftsgestützten *technischen* Vernunft. Diese technische Vernunft ist mit der Konstruktion und der Bedienung einer *gesellschaftlichen Maschine,* nämlich dem, was an der Gesellschaft bzw. ihren Organisationsformen technisch ist, befaßt. Insofern es zum Wesen technischer Kulturen gehört, in diesem Sinne selbst Strukturen einer Maschine zu besitzen, ist diese Form der Vernunft im Rahmen ihrer Zuständigkeiten unverzichtbar, d. h., an die Stelle einer wissenschaftsgestützten technischen Vernunft kann in technischen Kulturen, also in modernen Industriegesellschaften, nicht einfach eine ›andere‹ Vernunft gesetzt werden. Das bedeutet unter anderem auch, daß technikorientierte Rationalitäten ohne wissenschaftliche und technische Eliten nicht in Gang gehalten werden können. Die Annahme wäre grotesk, die technische Evolution (in dem hier verwendeten weiteren, nämlich auch gesellschaftlichen Sinne) sei ohne Experten und darüber hinaus, nämlich im Sinne einer kreativen Beeinflussung dieser Evolution, ohne derartige Eliten zu beherrschen.

Das heißt allerdings nicht, daß die gesellschaftliche Maschine *überall* sein sollte. Nicht nur ein radikaldemokratisches Modell der Gesellschaft, wie es etwa manche Bürgerinitiativen an die Stelle institutionalisierter Entscheidungsstrukturen zu setzen suchen, sondern auch ein systemtheoretisches Modell, das die Gesellschaft in Form eines großen Regelverbundsystems ›durchzurationalisieren‹ sucht, ist ungeeignet, die Wirklichkeit entwickelter Gesellschaften zu erfassen bzw. zu reformieren. Also kommt es auch nicht darauf an, sich zwischen der (unsinnigen) Alternative zu entscheiden, ob die gesellschaftliche Maschine überall sein soll oder nirgends, sondern darauf, die Frage zu beantworten, *welche*

Maschine wir brauchen und *wo* wir sie brauchen. Das läßt sich natürlich in der eher gewohnten Weise auch wieder so formulieren, daß auch in technischen Kulturen der Mensch im Mittelpunkt der gesamtgesellschaftlichen Organisation bleiben muß. Systemtheoretische Modelle drängen ihn in die Nischen des Systems, radikaldemokratische Modelle, in der hier unterstellten Negation technischer Vernunft, entziehen ihm die notwendigen Organisationsformen.

Was technische Kulturen also brauchen, ist weder science fiction (wozu ihre unkritischen Freunde tendieren) noch betuliche Phantasien vom einfachen Leben (denen ihre Gegner nachhängen), vielmehr eine besonnene Entwicklung derjenigen Rationalitäten, denen sie ihr eigentümliches Wesen verdanken. Und dies sind *wissenschaftlich informierte* und *technisch stabilisierte* Rationalitäten. Daß diese ihr eigenen Probleme, vor allem in Form von unerwünschten Nebenfolgen, haben, ist unbestreitbar. Genau deshalb aber bedarf es, wenn Phantasien vom einfachen Leben keine für die Gesellschaft insgesamt gesehen gangbaren Wege sind, im einzelnen auch statt weniger einer Steigerung technischer Vernunft. Das gilt z. B. nach wie vor für den Energiesektor. Was technische Kulturen hier brauchen, sind neue Technologien, die nicht die Ausbeutung und Verschwendung knapper natürlicher Ressourcen fortsetzen, sondern diese (jedenfalls für die Zwecke der Energiegewinnung) überflüssig machen. Diese Technologien sind wiederum ohne Pionierarbeiten der Physik unmöglich. Auch das hat Folgen: Die Physik wandelt sich nämlich dabei gleichzeitig von einem ›reinen‹, allein auf Wahrheit und Theoriebildung bedachten Wissen zu einem *technikermöglichenden* Wissen. Das war die Physik in ihrer neuzeitlichen Entwicklung zwar immer schon, doch überwogen bisher die klassischen Ideale ›reiner‹ Forschung. Dieses Verhältnis wird sich in Zukunft wahrscheinlich noch stärker ändern: Zu erkennen, was die Welt im Innersten zusammenhält, ist sicher auch heute noch ein hohes Ziel, sie zusammenzuhalten wohl kein geringeres.

Wissenschaft und Technik machen, wenn sie alle Formen der materiellen Produktion erfassen, nicht nur eine neue Gesellschaft, hier als technische Kultur bezeichnet, sondern auch eine *neue Welt.*[4] Die kompromißlose Verwissenschaftlichung und Technisierung der Verhältnisse erfaßt nicht nur den Menschen – eine neue Kultur *und* eine neue Natur sind ihr Resultat. Das aber bedeutet, daß Orientierungsprobleme moderner Gesellschaften nicht nur daher rühren, daß diese Gesellschaften technische Kulturen ausbilden, die nur in Teilen an die Orientierungsleistungen früherer Kulturen anschließen können, sondern auch daher, daß das Werden technischer Kulturen mit dem Verlust ehemals über die Natur vermittelter Orientierungen einhergeht. Dazu einige kurze wissenschaftshistorische Bemerkungen.

Daß am Anfang der Entwicklung rationaler Kulturen die Geschichte der Technik und die Geschichte der Natur getrennte Wege gingen, liegt nicht etwa daran, daß es keine Technik gab, sondern daran, daß in der antiken Tradition die Mechanik eine Technik, darin aber gerade keine *Natur*wissenschaft war. In Aristotelischer Terminologie ist die ›mechanische Kunst‹ (μηχανικὴ τέχνη), ist die antike Mechanik keine Theorie natürlicher Körper, sondern eine Theorie von *Artefakten,* dazu entwickelt, das zu leisten, was die Natur nicht vermag, z. B. das Heben von Lasten. Darum bedeutet ›Mechanik‹ im Griechischen auch ursprünglich soviel wie ›Kunstgriff‹ oder ›List‹, dann auch die geschickte Anwendung von Werkzeugen bzw. die Lehre dieser Werkzeuge. ›Mechanik‹, mit anderen Worten, erklärt in der Antike nicht Natur, sondern Menschenwerk. Das wird erst in der beginnenden Neuzeit (bei Galilei) anders, wo Mechanik als Theorie der Bewegung von Körpern unter dem Einfluß äußerer Kräfte erstmals zur *Natur*wissenschaft wird.[5]

4 Vgl. H. Marcuse, One-Dimensional Man. Studies in the Ideology of Advanced Industrial Society, Boston 1964, 154 (dt. Der eindimensionale Mensch. Studien zur Ideologie der fortgeschrittenen Industriegesellschaft, Neuwied/Berlin 1967, 169).

5 Vgl. J. Mittelstraß, Technik und Vernunft. Orientierungsprobleme in der Industriegesellschaft, in: ders., Wissenschaft als Lebensform. Reden über philosophische Orientierungen in Wissenschaft und Universität, Frankfurt 1982 (suhrkamp taschenbuch wissenschaft 376), 45 ff.

Mit dem neuen Verständnis von Mechanik ändert sich natürlich auch das Verständnis von ›Natur‹. Für die Griechen etwa ist Natur einfach das, was der Mensch nicht gemacht hat, dann aber auch derjenige Teil der Welt, dessen Ordnung und dessen ›Leben‹, unabhängig von irgendwelchen Eingriffen des Menschen, aus sich selbst heraus einsichtig sind. Nach Aristoteles, dessen Physik Theorie dieses vorneuzeitlichen Naturbegriffs ist, wird Natur gerade dadurch begreifbar, daß sie selbst als ein System von Produktionsvorgängen angesehen werden kann. Natur ist dieser Vorstellung entsprechend ein Ensemble natürlicher Agenten, d. h. natürlicher Dinge, die – so die Aristotelische Formel – ein Prinzip der Bewegung in sich selbst haben. Mensch und Natur haben die gleiche, nämlich eine Handlungsstruktur. Das kommt dann später vor allem in der astronomischen Vorstellung zum Ausdruck, daß die Natur bzw. der Kosmos eine Maschine sei (machina mundi), allerdings eine belebte Maschine, nicht etwa ein toter Mechanismus. Und die Astronomie ist es auch, in deren Rahmen sich diese gemeinsame Handlungsstruktur von Natur und Mensch allmählich zugunsten des Menschen (als homo faber) zu verschieben beginnt, z. B. – nunmehr schon auf dem Boden einer nicht mehr Aristotelischen Physik – in Keplers Beschreibung seines Planetenmodells (1596): »Wir sehen hier, wie Gott gleich einem menschlichen Baumeister, der Ordnung und Regel gemäß, an die Grundlegung der Welt herangetreten ist und jegliches so ausgemessen hat, daß man meinen könnte, nicht die Kunst nehme sich die Natur zum Vorbild, sondern Gott selber habe bei der Schöpfung auf die Bauweise des kommenden Menschen geschaut.«[6] Ohne daß Kepler dies auch nur ahnen konnte, kündigt sich hier das *Technikparadigma* der neuzeitlichen Physik an.

Mit Technikparadigma ist im Anschluß an das über den technikermöglichenden Charakter der modernen Physik Gesagte gemeint, daß die modernen Naturwissenschaften in der Weise von Laborwissenschaften ihre Gegenstände weitgehend selbst ›herstellen‹, um sie dann, nach oder im Zuge ihrer Herstellung, zu erforschen, daß sich, mit anderen Worten, naturwissenschaftliche ›Entdek-

6 J. Kepler, Prodromus dissertationum cosmographicarum, continens Mysterium cosmographicum [1596] II, in: ders., Gesammelte Werke, ed. W. v. Dyck/M. Caspar/F. Hammer, München 1937 ff., I, 6 (= Ausgabe 1621, Gesammelte Werke VIII, 17).

kungen‹ heute wesentlich den Bedingungen einer technischen Praxis verdanken. Daher wird im Hinblick auf Disziplinen, die nicht, wie etwa die Astronomie oder die Meteorologie, individuelle ›natürliche‹ Gegenstände, z. B. Planeten und Kaltluftfronten, erforschen, von Technikwissenschaften gesprochen, deren Aufgabe die Technikermöglichung ist.[7] Ob damit nicht auch wieder eine Unterscheidung zwischen ›theoretischer‹ und ›angewandter‹ Naturwissenschaft verwischt wird, sei hier dahingestellt, entscheidend in unserem Zusammenhang ist, daß im Gegensatz zur antiken Physik, die vornehmlich ein *Orientierungswissen in der Natur* auszubilden suchte, die moderne Physik im wesentlichen ein *Verfügungswissen über die Natur* ausbildet bzw. zu einem solchen Verfügungswissen die wissenschaftlichen Voraussetzungen liefert. Anders ausgedrückt: Im ›kosmologischen‹ Paradigma der antiken Physik sind Natur und Leben noch ineinandergearbeitet, im Technikparadigma der modernen Physik fallen sie (in dem genannten Orientierungssinne) auseinander. Eine Fortschrittsgeschichte, nämlich der allmähliche Übergang von einem ›kosmologischen‹ zu einem ›technischen‹ Paradigma der Naturforschung, weist damit Elemente auch einer Verlustgeschichte auf: Technische Kulturen, die im Zuge dieses Übergangs entstehen, tun sich bekanntlich schwer, mit ihrem Überangebot an Verfügungswissen und ihrem Unterangebot an Orientierungswissen ›vernünftig‹ auch mit der Natur zu leben.

Daß es in Zukunft wesentlich auf die Wiedergewinnung eines solchen ›vernünftigen‹ Lebens mit der Natur ankommen wird, ist heute klar. Schon aus Überlebensgründen. Solange wir mit der Natur umgehen wie mit einer unerschöpflichen, sich immer wieder selbst ergänzenden Ressource oder einem jederzeit durch andere Güter ersetzbaren Gut, verschlechtern sich die Überlebenschancen zukünftiger Generationen von lebenden Organismenarten, einschließlich unserer eigenen, dramatisch (derzeit stirbt pro Tag mindestens eine Art aus, möglicherweise sogar bis zu zehn Arten; vor dem Auftreten des Menschen war es höchstens eine Art pro Jahr, bei gleichzeitigem Neuentstehen einer weiteren Art).[8] Doch nicht nur darum geht es, ›ökonomischer‹ mit der

7 Vgl. P. Janich, Zweck und Methode der Physik aus philosophischer Sicht, Konstanz 1973, 17.

8 Vgl. H. Markl, Untergang oder Übergang – Natur als Kulturaufgabe, in:

knappen Ressource Natur umzugehen und die Natur zu ›schützen‹, wie man Denkmäler schützt. Entscheidend ist, daß der Mensch wieder lernt, daß er selbst – und davor schützt ihn auch die Mitgliedschaft in einer technischen Kultur nicht – *Teil der Natur* und diese *Inbegriff des Lebens* ist.
Insofern wäre aber auch die griechische Idee einer Einheit von Natur und Leben, in der Orientierungen des Lebens auch über die Natur vermittelt werden, nicht so archaisch und abgelegt, wie dies technischen Kulturen auf den ersten Blick erscheinen mag. Gewiß können wir nicht mehr wie noch Galilei, der Begründer der neuzeitlichen Physik, sagen, »daß Gott und Natur sich um die Lenkung menschlicher Dinge kümmern«[9]; das schließt aber nicht aus, daß wir wieder lernen müssen, Natur als Inbegriff auch dessen anzusehen, *was wir sind*. Diese Sicht wird durch einen allein haushälterischen Umgang mit der Natur oder durch die Vorstellung, daß Natur an uns lediglich das ist, was wir als Bedürfniswesen nicht beherrschen können, verstellt; sie ist jedoch für ein Verständnis unseres Lebens im ganzen unverzichtbar. Wissenschaftshistorisch bedeutet dies, daß das neuzeitliche Ideal einer ›Herrschaft über die Natur‹ dem älteren Ideal eines ›Lebens mit der Natur‹ wieder weichen muß. Aristotelisch gesprochen besteht die Alternative zu den bisherigen Formen der Aneignung und der Ausbeutung der Natur in technischen Kulturen in der Wiederherstellung zumindest eines Teils der ursprünglichen Selbständigkeit der Natur – aus anthropologischer und wissenschaftlicher Einsicht.

3. Wissenschaftliches Ethos

In ihrem Mittelcharakter sind Wissenschaft und Technik sowohl zum Aufbau als auch zur Zerstörung einsetzbar. Darüber hilft auch der Wunsch nach einer nicht mehr zerstörerischen Wissenschaft und einer nicht mehr zerstörerischen Technik nicht hinweg. Dieser Wunsch ist angesichts des Wesens von ›Werkzeugen‹ eine

Mannheimer Forum 82/83. Ein Panorama der Wissenschaften, ed. H. v. Ditfurth, Mannheim (Boehringer Mannheim GmbH) 1983, 61-98.

9 G. Galilei, Dialogo sopra i due massimi sistemi del mondo [1632] III, in: ders., Le Opere. Edizione Nazionale, I-XX, Florenz 1890-1909, VII, 394.

Illusion, allerdings eine Illusion, die ein moralisches Postulat auch gegenüber der Entwicklung und Perfektion von Fertigkeiten (Wissen und Können) wachhält. Technische Kulturen neigen dazu, derartige Wünsche verkümmern zu lassen (unter Hinweis auf deren vermeintliche ›Irrationalität‹), übersehen dabei aber, daß dem ein wesentliches Stück Aufklärung zum Opfer fällt. Aufklärung nämlich darüber, daß Verwissenschaftlichung und Technisierung der Verhältnisse nicht auch schon deren Humanisierung bedeutet, Humanisierung sich vielmehr (in technischen Kulturen) aus der Verbindung von Können und Sollen, nämlich wissenschaftlich-technischen Potentialen und Orientierungspotentialen, ergibt. Auch in dieser Verbindung bleibt der Mittelcharakter von Wissenschaft und Technik gewahrt, d. h., diejenigen Orientierungen, die Wissenschaft und Technik selbst vermitteln können, bleiben *instrumenteller* Art. Wer diese Instrumente führt, muß wissen, *wozu* und *wie* er sie führt; Instrumente wissen dies von sich aus nicht.

Unbeschadet dieser Feststellung bleibt richtig, was Carl Friedrich v. Weizsäcker einmal über das Doppelgesicht des wissenschaftlich-technischen Fortschritts bzw. über die Ambivalenz von Aufbau- und Zerstörungspotentialen gesagt hat: »Man kann die negative Seite dieser Ambivalenz ein gutes Stück weit erklären durch den illusionären Charakter der angeblichen Wertneutralität von Wissenschaft und Technik. Was sich selbst als neutral gegen bestehende Werte versteht, kann in jeden Dienst gestellt werden und wird in dem Dienste wirken, der sein Wachstum faktisch ermöglicht hat; die Ideologie der Wertneutralität schafft eine künstlich behütete Blindheit gegen die eigenen Konsequenzen.«[10] Wertneutralität – das ist nämlich keine mögliche Eigenschaft von Sachen, hier Wissenschaft und Technik, sondern von Individuen und Kollektiven. Diese verstehen sich häufig so, als sei ihre Arbeit unabhängig von gesellschaftlichen Orientierungen und stehe für wissenschaftliche und technische Zusammenhänge ein Rationalitätsbegriff zur Verfügung, der es ohne Rekurs auf normative Teile erlaube, zu definieren, was Wissenschaft und Technik sind. Eben dies, die mit dem Schlagwort Wertneutralität gemeinte Unabhängigkeitserklärung des Wissenschaftlers von Werten und Normen,

10 C. F. v. Weizsäcker, Der Garten des Menschlichen. Beiträge zu einer geschichtlichen Anthropologie, München/Wien 1977, 65.

geht nicht – wer sie dennoch vertritt, ordnet die seinem eigenen Tun zugrundeliegenden Zwecke und Motive selbst als irrational ein (Rationalität wird in diesem Falle schlicht mit wissenschaftlicher Rationalität identifiziert) und verhält sich gegenüber den eigenen Konsequenzen, wie Weizsäcker dies beschreibt.
Hier rührt sich denn auch, nicht erst heute, das Gewissen des Wissenschaftlers. Max Born hat das einmal wie folgt formuliert: »Als ich jung war, konnte man noch ein reiner Wissenschaftler sein, ohne sich um die Anwendungen, die Technik, viel zu kümmern. Heute ist das nicht mehr möglich. Denn die Naturforschung ist mit dem sozialen und politischen Leben unentwirrbar verstrickt. (...) Jeder Naturforscher (ist) heute ein Glied des technischen und industriellen Systems, in dem er lebt. Damit hat er auch einen Teil der Verantwortung zu tragen für den vernünftigen Gebrauch seiner Ergebnisse.«[11] Daß hierfür eindeutige Kriterien nicht immer zur Verfügung stehen, ist Born klar. Konsequenterweise fordert er daher, »die ethischen Grenzen unseres Weltbildes genauso sorgfältig zu untersuchen wie die physikalischen«[12] – natürlich nicht in der Rolle des ›Experimentators‹, sondern in der Rolle des Mitverantwortlichen, d. h. eines gesellschaftlichen Subjekts. Daher ist wohl auch nicht allzuviel von Albert Einsteins Vorstellungen zu halten, der jungen Wissenschaftlern den ungestörten, weil vom gesellschaftlichen Alltag befreiten Dienst auf Leuchttürmen oder Feuerschiffen empfahl.[13] Abstinenz von den gesellschaftlichen Nöten und Zwängen ist in Borns Sinne sicher ein ungeeigneter Schritt, an der Lösung gesellschaftlicher Probleme mitzuwirken. Andererseits hat Einstein wohl mit folgender pessimistischer Feststellung recht: »Die Tragik des modernen Menschen liegt – allgemein gesehen – darin: er hat für sich selber Daseinsbedingungen geschaffen, denen er auf Grund seiner phylogenetischen Entwicklung nicht gewachsen ist«[14]; gemeint ist, daß die Antriebe des Stammhirns stärker sind als die Kontrolle durch das Großhirn.
Neben die Mängel der phylogenetischen Entwicklung (Einstein selbst nennt Furcht, Haß, Streitsucht und Habgier, die unter den

11 M. Born, Physik und Politik, Göttingen 1960, 45.
12 A.a.O., 46.
13 A. Einstein, Aus meinen späten Jahren, Stuttgart 1952, 156.
14 A. Einstein, Über den Frieden. Weltordnung oder Weltuntergang?, ed. O. Nathan/H. Norden, Bern 1975, 494.

entwickelten Bedingungen moderner Gesellschaften auf Selbstzerstörung zielen) treten die der moralischen oder politischen Entwicklung. Auch diese hält mit der wissenschaftlichen (und technischen) Entwicklung vielfach nicht Schritt. Daß z. B. die sogenannte zivilisierte Gesellschaft in den letzten Jahrzehnten insbesondere damit beschäftigt war, zur Vernichtung jedes einzelnen Menschen hinreichend viel Vernichtungspotential bereitzustellen (etwa 4000 kg TNT pro Mensch entsprechend), ist nicht so sehr Indiz für eine Perversion von Wissenschaft und Technik, sondern für die Blindheit und Borniertheit politischer Systeme (in diesem ›militärtechnischen‹ Falle mit feudalen Idealen der Stärke und einer plumpen Abschreckungsideologie).

Und weil das so ist, weil es technischen Kulturen und ihren politischen Systemen offenbar immer weniger gelingt, von wissenschaftlichem und technischem Wissen und Können einen besonnenen Gebrauch zu machen, werden Wissenschaft und Technik auf einmal selbst zu Adressaten eines Rechtfertigungspostulats von (gesellschaftlichen) Zielen und Zwecken. Wo ein *Orientierungswissen* nicht mehr ausreicht bzw. in der Lage ist, Grenzen des Einsatzes wissenschaftlichen und technischen Wissens, mithin Grenzen eines *Verfügungswissens*, zu bestimmen und allgemein durchzusetzen, fällt diese Aufgabe an die Ausbildung von Verfügungswissen selbst, vor allem an die wissenschaftliche Grundlagenforschung, zurück. Das über den instrumentellen Charakter von Wissenschaft und Technik Gesagte erscheint revisionsbedürftig; die Rede von ›Grenzen der Forschung‹ gewinnt neben einem epistemischen und einem ökonomischen auch einen moralischen Sinn. Grenzen der Forschung liegen, wie es nunmehr heißt, auch dort, wo Forschung (in Wissenschaft und Technik), statt die Lebensbedingungen zu verbessern, den Menschen bedroht und deformiert. Deformation des Menschen ist dort gegeben, wo der Mensch (nach Immanuel Kant) nicht mehr als Selbstzweck, sondern als Mittel (unter den Bedingungen einer allgegenwärtigen gesellschaftlichen Maschine) gesehen wird. Neben der Physik gehört dann die Aufmerksamkeit in diesem Punkte vor allem der Biologie. Eingriffsmöglichkeiten in das menschliche Leben und in die menschliche Identität über Genmanipulationen sind in den Bereich des Realisierbaren gerückt; an ihrer ›industriellen‹ Nutzung wird gearbeitet. Es stellt sich die Frage nach einer Ethik der Wissenschaft (und der Technik).

Eine Ethik der Wissenschaft, die heute vielfach von Wissenschaftlern und Nicht-Wissenschaftlern gefordert wird, soll angesichts der geschilderten Situation die Frage ›was darf Wissenschaft?‹ beantworten. So gestellt, ist die Frage jedoch unbeantwortbar, weil ›die Wissenschaft‹, ebensowenig wie ›die Gesellschaft‹, ein Subjekt ist, an das man eine derartige Frage richten könnte. Gerichtet werden kann sie nur an die Subjekte der wissenschaftlichen Wissensbildung, d. h. an die Wissenschaftler in ihrer forschenden und mit Resultaten der Forschung umgehenden Praxis. Auch der einzelne Wissenschaftler jedoch ist außerstande, diese Frage zu beantworten. Zu ihrer Beantwortung müßte er sich auf eine besondere Gesellschaftsform der Wissenschaften berufen können, die diese von den übrigen Formen der Gesellschaft unterschiede. Nun bilden die Wissenschaften zwar gegenüber der Gesellschaft eine besondere *Wissensform* aus, nicht aber (jedenfalls nicht unter den Perspektiven einer Ethik) eine besondere *Gesellschaftsform.* Anders ausgedrückt: Subjekt ethischer Ansprüche ist der Wissenschaftler nicht als Wissenschaftler, sondern, wie jeder andere, als Bürger. Das aber bedeutet, daß es im Sinne der bisherigen Entwicklung moderner Gesellschaften eine besondere Ethik der Wissenschaft nicht gibt und auch gar nicht geben kann. Ethik im Sinne dieser Entwicklung ist immer *Bürgerethik,* sie läßt sich nicht gesellschaftlich teilen – hier in eine Wissenschaftler- und eine Nicht-Wissenschaftlerethik.

Natürlich ist die Frage möglicher moralischer Grenzen der Forschung mit dieser – für einige sicher befremdlich klingenden – Feststellung noch nicht beantwortet. Daß sich eine gesonderte Ethik der Wissenschaft aus den genannten Gründen nicht formulieren läßt, bedeutet ja nicht schon, daß die wissenschaftliche Forschung als eine Tätigkeit wie jede andere angesehen werden soll, ununterscheidbar von anderen Tätigkeiten auch hinsichtlich ihrer ethischen Standards. Dagegen spricht nicht nur das, was zu Beginn über das epistemische Wesen des Menschen gesagt wurde, sondern auch Max Borns Hinweis auf die Verantwortung des Wissenschaftlers. Die Wahrnehmung dieser Verantwortung macht in der Tat, wenn nicht eine gesonderte Ethik, so doch ein besonderes *wissenschaftliches Ethos,* also die lebendige Form, in der sich der einzelne, hier der Wissenschaftler, gegenüber ›objektiven‹ ethischen Normen ›subjektiv‹ verhält, erforderlich. Genauer gesagt beruht dieses Erfordernis auf der Ausbildung besonderer Kompetenzen, z. B. Reflexionskompetenzen, theoretischen Kompetenzen, Problemlösungs- und Beurteilungskompetenzen. Insofern auch diese Kompetenzen Teile einer allgemeinen Bürgerkompetenz sind, gilt zunächst auch hier die Feststellung, daß die Ethik des Wissenschaftlers die allgemeine Bürgerethik ist. Nur sind wegen der prinzipiellen Unkontrollierbarkeit des wissenschaftlichen Verstandes durch den außerwissenschaftlichen Verstand und wegen der Abhängigkeit technischer Kulturen von den Kompetenzen des wissenschaftlichen Verstandes eben seine Verantwortlichkeiten von besonderer Art. Sie sind es, die die Ausbildung eines besonderen Ethos, dessen Paradigma in der Wissenschaftsgeschichte der Hippokratische Eid ist, zur unverzichtbaren Tugend machen.

Tatsächlich setzt Wissenschaftsfreiheit, und mit ihr die Freiheit der Forschung, als eine Verfassungsmaxime voraus, daß das wissenschaftliche Ethos, d. h. die *moralische Form*, unter die auch die wissenschaftliche Arbeit tritt, intakt ist. Wo dies nicht der Fall ist, drohen zwei komplementäre Gefahren. Die eine läßt sich durch den Zauberlehrlingseffekt beschreiben: Wissenschaft, die im genannten Sinne ihre moralische Form verliert, gerät aus dem gesellschaftlichen Ruder, die Bürgerethik greift nicht mehr (gleiches gilt für Technologien, die die gesellschaftliche Maschine übermächtig werden lassen). Die andere Gefahr besteht darin, daß sich die gesellschaftliche Praxis der Wissenschaft bemächtigt, wobei das Schlagwort von der ›gesellschaftlichen Relevanz‹ zur Zauber- und Herrschaftsformel der Gesellschaft über die Wissenschaft wird. Elemente der einen hat Fritz Lang in »Metropolis« (1926) dargestellt, die Wirklichkeit der anderen bezeugt das Prinzip der Parteilichkeit der Wissenschaft in marxistischen Gesellschaften.

Die Wirksamkeit des wissenschaftlichen Ethos stellt damit eine der wichtigsten Voraussetzungen dar, die in technischen Kulturen das Prinzip Hoffnung begründen. Gemeint ist die Hoffnung, daß technische Kulturen nicht nur diejenigen wissenschaftlich informierten und technisch stabilisierten Rationalitäten ausbilden, ohne die sie nicht existieren können, sondern daß diese Rationalitäten auch unter eine moralische Form treten. Unter dieser Form könnte dann Wissenschaft über ihre Rolle als Produktionsfaktor hinaus auch wieder zu einem Orientierungsfaktor im Leben technischer Kulturen werden.

Zukunft Forschung

Perspektiven der Hochschulforschung in einer Leonardo-Welt

Von der Wissenschaft sollte man nichts Endgültiges erwarten, wie gleich noch deutlich werden wird. Bitte erwarten Sie auch von der Philosophie, die mein Fach ist, nichts Endgültiges. Das versprechen zwar viele Philosophen, aber gehalten hat dieses Versprechen noch niemand (auch Hegel nicht). Und das ist auch gut so. Denn könnte ein Philosoph halten, was er an Endgültigem verspricht, wäre es auch mit der Philosophie zu Ende. Sie kehrte dorthin zurück, woher sie nach Philosophenmeinung kam: zum absoluten Geist. Dort wäre sie gut aufgehoben – und könnte auch keinen Schaden mehr anrichten. Auch nicht in Forschungsfragen.

Wohin geht die Forschung? Ich bin kein Seher und kein Intimus des absoluten Geistes, und auch in diesem Sinne für Endgültiges nicht zuständig. Eine derartige Frage zielt aber auch gar nicht auf ein wissenschaftliches Walhalla, sondern auf etwas sehr Weltliches, Praktisches, ja Politisches. Sie hat eine wissenschaftstheoretische, eine wissenschaftsethische und eine institutionelle Seite. Wissenschaftstheoretisch geht es um die Darstellbarkeit von Forschungstrends und die Bestimmbarkeit von Forschungsentwicklungen, wissenschaftsethisch um die Verwicklungen der Forschung mit dem Leben, institutionell um die Organisationsformen wissenschaftlicher Forschung. Von diesen Dingen, nicht von endgültigen Einsichten, soll hier die Rede sein, und zwar unter den Gesichtspunkten *Überschaubarkeit der Forschung* (wieweit ist sie gegeben? wie weit kann sie gehen?), *Freiheit der Forschung* (wie weit reicht sie noch? wie weit darf sie gehen?), *Verantwortung der Forschung* (was kann Forschung verantworten? was hat Forschung zu verantworten?), *Grundlagenforschung versus angewandte Forschung* (wie weit trägt diese Unterscheidung noch? Gegensatz oder Komplementarität?), *Forschungsstandort Hochschule* (inwieweit ist er unbestritten? was steckt hinter der Rede von einem Auswandern der Forschung aus der Hochschule?), *Forschungsgebot und Ethikgebot* (was macht Forschung unverzichtbar und Ethik unvermeidbar?).

Den Rahmen bildet nicht eine idyllische Forschungsvorstellung, sondern die Forschung, wie sie ist, insbesondere an unseren Hochschulen, und auch nicht irgendeine Welt, z. B. die Aristotelische Welt oder science fiction, sondern die moderne Welt. Ich nenne sie die *Leonardo-Welt,* weil sie nicht nur eine Welt ist, auf die der Mensch als Entdecker seinen Fuß setzt, also *Kolumbus-Welt,* und nicht nur eine Welt, mit der der Mensch über seine Deutungen verbunden ist (diese Welt nenne ich die *Leibniz-Welt*), sondern eine Welt, die der Mensch *gemacht* hat, die sein *Werk* ist, orientiert nicht so sehr an dem intelligenten Bedürfnis, zu erkennen, was die Welt im Innersten zusammenhält, sondern an der nicht geringeren und immer dringlicheren Aufgabe, die Welt zusammenzuhalten.

Ferner gehört es zu dieser Leonardo-Welt, daß sie, obgleich sie das eigentliche Werk des Menschen ist, die Tendenz hat, sich gegen den Menschen zu wenden, d. h., sich den Menschen anzueignen. Der Aneignung der Welt durch den Menschen folgt wie ein immer größer werdender Schatten die Aneignung des Menschen durch die (angeeignete) Welt. Leonardo-Welt, benannt nach Leonardo da Vinci, dem Renaissancebaumeister, Künstler, Wissenschaftler und Ingenieur, d. h. die moderne Welt, die sich Wissenschaft und Technik verdankt und gleichzeitig beginnt, sich an die Stelle des Menschen zu setzen. Wohin geht die Forschung? – das heißt daher auch: wohin geht die Leonardo-Welt?

1. Überschaubarkeit und Unüberschaubarkeit der Forschung

Mit der Frage ›wohin geht die Forschung?‹ ist es wie mit der Frage ›wohin geht die Wissenschaft?‹[1] Die Antwort scheint klar: Wir wissen es nicht. Um diese Fragen anders zu beantworten, müßten wir jetzt schon wissen, was wir noch nicht wissen, was nur der

1 Vgl. J. Mittelstraß, Wohin geht die Wissenschaft? Über Disziplinarität, Transdisziplinarität und das Wissen in einer Leibniz-Welt, Konstanzer Blätter für Hochschulfragen (Sonderheft Symposium: Wird die Wissenschaft unüberschaubar? Das disziplinäre System der Wissenschaft und die Aufgabe der Wissenschaftspolitik) 26 (1989), H. 1-2 (98-99), 97-115, ferner in: ders., Der Flug der Eule. Von der Vernunft der Wissenschaft

wissenschaftliche Fortschritt oder sein Ausbleiben zeigen könnten. Das Woher ist klar, auch in der Forschung, das Wohin nicht. Hinter dieser Feststellung steht die wissenschaftliche Erfahrung, daß eine langfristige Extrapolation des Forschungsstandes einer Wissenschaft nicht möglich ist. Die Wissenschaftsgeschichte lehrt uns, daß sich wissenschaftlicher Fortschritt vor allem mit Umbrüchen, mit ›kopernikanischen Wenden‹ in allen Bereichen, nicht mit kontinuierlicher Programmtreue verbindet. Unüberschaubarkeit bestimmt (weitgehend) nicht nur die Gegenwart der Wissenschaft (wer weiß heute schon, was wissenschaftlich alles der Fall ist?), sondern auch die Zukunft der Wissenschaft. Wir wissen nicht, was die Physik, was die Biologie, was die Soziologie und was die Philosophie im Jahre 2050 wissen. Deshalb kann aber auch die gegenwärtige Wissenschaft nicht für die zukünftige Wissenschaft sprechen: »Die immanente Nicht-Vorhersagbarkeit zukünftiger wissenschaftlicher Entwicklungen – die Tatsache, daß man von einem Stand der Wissenschaft keine sicheren Schlüsse auf einen anderen ziehen kann – hat wichtige Implikationen für das Problem der Grenzen der Wissenschaft. Sie bedeutet, daß *die gegenwärtige Wissenschaft nicht für die zukünftige sprechen kann*: Es ist grundsätzlich unmöglich, irgendwelche sicheren Schlüsse von der Gestalt der Wissenschaft zu einer Zeit auf ihre Gestalt zu einer wesentlich anderen Zeit zu ziehen. Die Aussicht auf zukünftige wissenschaftliche Revolutionen kann niemals ausgeschlossen werden.«[2]

Mit anderen Worten: Daß Wissenschaft, daß wissenschaftliche Forschung über sich selbst so wenig wissen, vor allem hinsichtlich ihrer zukünftigen Entwicklung, ist weniger ein behebbarer epistemischer Defekt oder ein bedauerliches Versäumnis der Wissenschaft, dem heute die sogenannte Wissenschaftsforschung schon aufhelfen wird, sondern weit eher Ausdruck ihrer eigenen *innovativen Kraft*. Sie weiß nicht, wohin sie geht, weil sie selbst ein ungeheures Maß an Erfindungsreichtum, an produktiven Fragen, konstruktiver Unruhe besitzt. Wer schon zu wissen vorgibt, wohin die wissenschaftliche Reise geht, der gibt nur zu erkennen,

und der Aufgabe der Philosophie, Frankfurt 1989 (suhrkamp taschenbuch wissenschaft 796), 60-88.

2 N. Rescher, Die Grenzen der Wissenschaft, Stuttgart 1985, 187 (engl. The Limits of Science, Berkeley/Los Angeles/London 1984, 102).

daß er über seinen eigenen Forschungszaun nicht hinwegzusehen vermag.

Das bedeutet nicht, daß wir überhaupt nichts über das wissenschaftliche Heute hinaus sagen können (DFG und Wissenschaftsministerien würden mit Recht verzweifeln). Die Schwierigkeit, die Zukunft der Forschung ins (wissenschaftliche und wissenschaftspolitische) Auge zu fassen, schließt Aussagen über *Forschungstendenzen* und die Beurteilung von *Forschungsprogrammen* nicht aus. Beispiel Naturwissenschaften. Hier zeichnen sich gegenwärtig unter anderem drei Forschungstendenzen ab, die wohl auch die nächsten Jahre und Jahrzehnte maßgeblich bestimmen werden:

1. Die Idee der *Vereinheitlichung von Kräften oder Wechselwirkungen.* Dies ist zugleich eine alte Idee. Sie tritt schon bei Newtons klassischer Identifizierung der Anziehungskräfte im Sonnensystem mit der irdischen Schwere auf. In die gleiche Richtung weisen Maxwells Vereinigung von Elektrizität und Magnetismus und die sich daraus ableitende Identifizierung des Lichts mit elektromagnetischer Strahlung. Heute steht die theoretische Vereinheitlichung der vier Fundamentalkräfte der Natur, nämlich der starken, der schwachen und der elektromagnetischen Wechselwirkung sowie der Gravitation auf der wissenschaftlichen Tagesordnung. Vor einigen Jahren gelang eine einheitliche theoretische Beschreibung der schwachen Wechselwirkung, die für bestimmte Kernreaktionen (wie den radioaktiven β-Zerfall) verantwortlich ist, und der elektromagnetischen Wechselwirkung. Man spricht von der Vereinigung der schwachen und der elektromagnetischen Kraft zur elektroschwachen Kraft. Ebenso gibt es vielversprechende Ansätze dafür, auch die Theorie der starken Kraft (das sogenannte Quark-Modell) in die Vereinheitlichung einzubeziehen (›Große Vereinheitlichte Theorie‹). Dagegen sind bislang die Versuche, auch die Gravitation unter diesem umfassenden theoretischen Dach zu versammeln, weniger erfolgreich. Gleichwohl besteht die Erwartung, daß binnen kurzem (sagen wir in zwei Jahrzehnten) eine Quantentheorie der Gravitation verfügbar ist, die sich in den theoretischen Rahmen der übrigen Wechselwirkungen einfügt. Die Idee der *Einheit* bestimmt das Forschungsprogramm.

2. In eine ganz andere Richtung weisen Bestrebungen, die sich unter dem Stichwort *Synergetik* zusammenfassen lassen. Dabei

handelt es sich um die Prinzipien der Selbstorganisation, d. h. um die Entstehung geordneter Strukturen aus ungeordneten oder chaotischen Systemen. Charakteristisch für Ordnungsstrukturen dieser Art ist, daß sie durch Energieaustausch der entsprechenden Systeme mit ihrer Umgebung zustande kommen und aufrechterhalten werden (dynamische Ordnung). Im Mittelpunkt neuerer Forschungen steht dabei das Phänomen des *deterministischen Chaos.* Hier geht es um den eigentümlichen Umstand, daß die zukünftige Entwicklung eines Systems nicht vorhersagbar ist, obwohl die für dieses System gültigen Gesetzmäßigkeiten vollständig bekannt und von deterministischer Natur sind. Der Grund für die fehlende Prognostizierbarkeit besteht in einer besonderen Empfindlichkeit der Systementwicklung gegen kleine Schwankungen in den Randbedingungen. Beispiel ist etwa ein auf der Spitze balancierender Kegel: Winzige und vielleicht unmeßbar kleine Luftbewegungen, z. B. der Flügelschlag eines Schmetterlings, legen fest, in welche Richtung der Kegel fällt. Sehr kleine Ursachen haben beträchtliche Wirkungen. Die von der Synergetik behandelten Phänomene sind dann zwar wesentlich komplexer, stimmen jedoch in diesem Aspekt mit dem Kegelbeispiel überein: Winzige Schwankungen der Anfangsbedingungen führen jeweils zu deutlich unterschiedlichen Wirkungen. Neben den meteorologischen Vorgängen und ihrer notorischen Unprognostizierbarkeit sind hier vor allem chemische und biologische Phänomene einschlägig. In vielen dieser Fälle ist zwar eine einheitliche und umfassende theoretische Beschreibung verfügbar, gleichwohl bleibt die künftige Entwicklung unbestimmt. *Singularitäten* bestimmen, im Gegensatz zu der zuerst genannten Forschungstendenz, das Forschungsprogramm.

3. Eine weitere Forschungstendenz betrifft die *Nachbildung neurologischer Funktionen* durch elektronische Modelle. Frühere Versuche einer solchen Nachbildung orientierten sich am Vorbild des seriell arbeitenden Digitalcomputers, also eines Computers, in dem zu jeder Zeit nur ein einziger Zweierschritt abläuft. Dabei stellte sich heraus, daß sich die Vielfalt kognitiver Leistungen aus einem solchen, gleichsam ›einfältigen‹ Ansatz nicht begreifen läßt. So ist z. B. die für uns alltägliche Aufgabe der Mustererkennung und Mustervervollständigung auf der Grundlage seriell-digital arbeitender Systeme nur sehr unvollkommen und überaus zeitaufwendig durchführbar. Entsprechend konzentriert sich die mo-

derne Forschung auf komplexere Modelle wie parallele, also gleichzeitige Verarbeitung mehrerer Informationen oder auf sogenannte Assoziativspeicher, in denen Korrelationen zwischen Musterbestandteilen abgespeichert werden. Während sich also die Forschung früher im Rahmen simpler Grundoperationen bewegte und im Extremfall alle kognitiven Leistungen auf das einfache Grundmodell der sogenannten Turing-Maschinen (das sind quasi ideelle Konstruktionspläne für materielle Rechner) zurückführen wollte, ist die neuere Entwicklung in der KI-Forschung, der Forschung zur künstlichen Intelligenz, durch den Einsatz komplexer Mittel zur Beschreibung komplexer Phänomene und Prozesse gekennzeichnet. Die Wege von der *Vielfalt* zur *Einheit* und von der *Einheit* zur *Vielfalt* in den beiden ersten Forschungsprogrammen werden hier durch Wege von der *Einfalt* zur *Vielfalt* ergänzt.[3] Die Zukunft der Forschung auf diesen Feldern ist offen, aber durch erfolgversprechende Programme bestimmt.

Gegen die prinzipielle Offenheit der Forschung spricht auch nicht der Gesichtspunkt prinzipieller *Grenzen* der Forschung. Diesen Gesichtspunkt diskutiert die moderne Wissenschaftstheorie, meist wiederum bezogen auf die Naturwissenschaften, in Form zweier Thesen[4]:

1. Die These von der vollständigen oder asymptotischen *Ausschöpfung der Natur*. Nach dieser These wäre die Geschichte der Wissenschaft entweder absolut endlich oder ginge irgendwann einmal in eine asymptotische Annäherung an das, was man überhaupt wissen kann, über. An die Stelle von Innovationen träten Ausarbeitungen und Präzisierungen. Wissenschaft hätte irgendwann keine Zukunft mehr, weil alles entdeckt wäre, was es zu entdecken gibt, und alles erklärt wäre, was wissenschaftlicher Erklärung bedarf. Die Wissenschaft wäre nur noch mit ›Aufräumungsarbeiten‹ befaßt. Entsprechend hat sich die »National Academy of Sciences« in den USA 1972 zur Physikentwicklung geäußert: »Von der Grundlagenphysik läßt sich denken, daß sie

3 Dieses Wortspiel verdanke ich M. Carrier (Konstanz).

4 Vgl. N. Rescher, Scientific Progress. A Philosophical Essay on the Economics of Research in Natural Science, Oxford 1978, 6 ff. (dt. Wissenschaftlicher Fortschritt. Eine Studie über die Ökonomie der Forschung, Berlin/New York 1982, 7 ff.). Ferner J. Mittelstraß, Fortschritt und Eliten. Analysen zur Rationalität der Industriegesellschaft, Konstanz 1984 (Konstanzer Universitätsreden 150), 41 ff.

einmal vollendet sein wird. Es gibt nur ein Universum zu erforschen, und die Physik kann, anders als die Mathematik, nicht allein durch Erfindungen des Geistes fortgesponnen werden.«[5]

2. Die These von der vollständigen oder asymptotischen *Ausschöpfung der Informationskapazitäten.* Hier wäre die Geschichte der wissenschaftlichen Informationsmöglichkeiten entweder absolut endlich oder ginge irgendwann einmal in eine asymptotische Annäherung an absolute Informationsgrenzen über. An die Stelle von Innovationen träten auch hier ›Aufräumungsarbeiten‹. Wissenschaft hätte ihre Forschungs- und Artikulationsmöglichkeiten ausgeschöpft; zwischen ihr und einer möglicherweise nicht ausgeschöpften Natur läge eine unüberwindliche Informationsbarriere. »Wie können wir sicher sein«, fragt ein Historiker, »ob der Fortschritt nicht eines Tages bei einem toten Punkt anlangt, nicht weil sich das Wissen erschöpft hat, sondern weil unsere Untersuchungsressourcen erschöpft sind – weil z. B. die wissenschaftlichen Instrumente die Grenzen der Perfektion erreicht haben, jenseits derer es nachweislich unmöglich ist, weitere Verbesserungen vorzunehmen, oder weil wir es (wie im Falle der Astronomie) mit Kräften zu tun haben, von denen wir – im Gegensatz zur Gravitation – keine irdische Erfahrung besitzen?«[6]

Beide Thesen machen deutlich, daß etwa die Frage ›hat der wissenschaftliche Fortschritt noch eine Zukunft?‹ nur vermeintlich paradox ist. Sie ist allerdings in den Grenzen beider Thesen, wenn man dabei ökonomische und ethische Grenzen außer acht läßt, unbeantwortbar. Das macht nicht nur der Hinweis auf die fortschrittsgenerierende Kraft wissenschaftlicher Umbrüche (›kopernikanischer Wenden‹), sondern auch der Umstand deutlich, daß Forschung nicht allein durch den jeweils erreichten Forschungsstand (den Stand der Wissenschaft), sondern in der Regel auch durch die mit ihr verbundenen (internen und externen) *Zwecke* bestimmt ist. Die Rede von Grenzen der Forschung im Sinne der beiden angeführten Thesen schlösse dann nicht nur die Behauptung ein, ›wir wissen alles, was wir wissen können‹, sondern auch die Behauptung, ›wir kennen alle Zwecke, die wir haben können‹. Deren Zahl aber ist unbegrenzt; und wie sollte der (historische)

5 D. A. Bromley u. a., Physics in Perspective 1, Washington 1972, 80.

6 J. B. Bury, The Idea of Progress. An Inquiry into Its Origin and Growth, New York 1932, 1955, 3 f.

Mensch auch einen Überblick über alle seine möglichen Zwecke, darunter die durch Forschung zu realisierenden Zwecke, gewinnen können? Mit der Frage ›Hat der wissenschaftliche Fortschritt noch eine Zukunft?‹ ist es also wie mit der Frage ›Wohin geht die Forschung?‹ Um sie beantworten zu können, müßten wir schon wissen, was wir nicht wissen, was nur der wissenschaftliche Fortschritt selbst oder sein Ausbleiben zeigen könnten.

Mit anderen Worten: Es kann keine (wissenschaftliche) Theorie oder eine begründete Prognose über den zukünftigen Gang der Forschung – abgesehen von der Konstatierung gewisser Forschungstrends – geben. Dagegen ist klar: Was wir heute *tun* und was wir heute *lassen,* wird den Gang der Forschung bestimmen. Theorien über die Zukunft der Forschung und der Wissenschaft suchen ihre Legitimation dort, wo die Forschung, wo die Wissenschaft selber gerade sind (in der Regel suchen sie im philosophischen oder wissenschaftstheoretischen Nebel); Prognosen über den zukünftigen Gang der Forschung und der Wissenschaft unterstellen einen quasi selbstgesetzlich ablaufenden Prozeß, den man aus einer Beobachterposition, der Position des Unbeteiligten, wahrzunehmen vermeint. Übersehen wird dabei, daß wir alle Akteure sind, Akteure im *Forschungsprozeß Wissenschaft.*

Vielleicht doch nicht alle. Manche sind längst ausgestiegen, haben es sich – zwischen Routinevorlesung und einem forschungsfernen Privatleben – bequem gemacht. Doch auf diese, die freiwilligen und unfreiwilligen Fußkranken der Wissenschaft, kommt es auch gar nicht an, wenn wir von Forschung sprechen. Forschung – das ist die Praxis der stillen Leidenschaftlichen (selten der Melancholiker), der Entsagungsvollen (nicht jenseits von Eden, aber jenseits aller Tarifpolitik), der Hartnäckigen, die um jeden Preis ein Experiment ›zum Laufen‹ bringen, einen Beweis führen, einem Gedanken zur Klarheit verhelfen wollen. Ihre Wirklichkeit, die eigentliche Forschungswirklichkeit, ist das, was den Forschungsprozeß Wissenschaft weiterträgt, was den Keim der Zukunft in sich trägt – vorbei an Theorie und Prognose der Zukunft der Wissenschaft, die, hier hat der Dichter recht, allemal grau sind, während die Forschung ewig jung bleibt.

2. Freiheit der Forschung

In den Debatten der 60er und 70er Jahre über den gesellschaftlichen Ort der Wissenschaft war viel von *gesellschaftlicher Relevanz* die Rede. Mit ihr zog man gegen die Freiheit der Wissenschaft, ihre vermeintliche Elfenbeinturmexistenz, zu Felde. Was sich in der Forschung nicht unmittelbar mit gesellschaftlichen Zwecken verbinden ließ, sollte auf dem Altar der Revolte wider die ›bürgerliche Wissenschaft‹ geopfert werden. Was unsterblich schien, sollte sterblich werden. In den neueren Debatten ist es vor allem die Rede vom *gesellschaftlichen Schaden* der Wissenschaft, die an ihre Stelle getreten ist, bestimmt durch Probleme und Ängste, die sich mit dem wissenschaftlichen Fortschritt, zumal dem der physikalischen, der chemischen und der biologischen Forschung, verbinden. Und wieder gerät die Freiheit der Wissenschaft in ein schiefes Licht. Wohin, so fragt sich der besorgte Bürger, führt diese forschende Freiheit? Verantwortet sie noch, was sie tut und was sie bewirkt? Hat sie ihre Folgen noch im Griff? Hat sie sich selbst noch im Griff? In dieser Situation ist es gut, sich erneut über den Begriff der Wissenschafts- und Forschungsfreiheit ein wenig Klarheit zu verschaffen.[7]

Wissenschaftsfreiheit besagt Freiheit der Forschung und Freiheit der Lehre. Das steht in den Programmen der Aufklärung und im Grundgesetz der Bundesrepublik Deutschland (Art. 5 Abs. 2). Insofern ist mit dem (individuellen und gesellschaftlichen) Gut der Wissenschaftsfreiheit alles klar. Wenn, nach Hegel, die ›reine Wissenschaft‹ die ›freie vernünftige Welt des Geistes‹ ist, dann ist diese Welt in unserer Gesellschaft, in unseren Hochschulen wirklich geworden. So scheint es.

Skepsis betrifft hier weniger den gegenwärtigen Zustand von Forschung und Lehre (auch diese ist in vieler Hinsicht berechtigt und geboten), sondern eine eigentümliche Doppeldeutigkeit des Aus-

7 Im Folgenden greife ich einige, bereits früher an anderer Stelle angestellte Überlegungen auf: Forschungsplanung aus wissenschaftstheoretischer Sicht, Konstanzer Blätter für Hochschulfragen (Sonderheft Symposium: Forschung an Universitäten. Aufgaben Ziele Planung) 16 (1978), H. 1, 114-125 (wiederabgedruckt in: J. Mittelstraß, Wissenschaft als Lebensform. Reden über philosophische Orientierungen in Wissenschaft und Universität, Frankfurt 1982 [suhrkamp taschenbuch wissenschaft 376], 85-100).

drucks Wissenschaftsfreiheit. Wissenschaftsfreiheit besagt nämlich zum einen Freiheit des *Wissenschaftlers,* zum anderen Freiheit der *Institution Wissenschaft.* In der öffentlichen Rhetorik rechtfertigt jeweils das eine das andere: Weil, so sagen die einen (die Wissenschaftler), die Institution Wissenschaft zunehmend ihre Freiheit an die staatlichen Verwaltungen verliert, muß die Freiheit des Wissenschaftlers um so uneingeschränkter sein. Weil, so sagen die anderen (die staatlichen Bürokratien), die Freiheit des Wissenschaftlers als eine völlig uneingeschränkte Freiheit reklamiert und wahrgenommen wird, bedarf es des korrektiven institutionellen Eingriffs des Staates. Das aber bedeutet: Beides, Freiheit des Wissenschaftlers und Freiheit der Institution Wissenschaft, scheint nicht mehr zu gehen.

Hier könnte ein doppeltes Mißverständnis vorliegen, in dessen Rahmen der Begriff der Freiheit, wissenschafts- und forschungsbezogen, seinen Sinn zu verlieren beginnt. Gemeint ist das Folgende: Auch Freiheiten stehen, wie jeder Bürger weiß (wissen sollte), unter rechtfertigungsbedürftigen Zwecken. Freiheit ohne eine derartige Bedingung ist Willkür. Eben das wird häufig übersehen, wenn im Wissenschaftssektor unter Hinweis auf einen Verlust institutioneller Freiheit Freiheit als subjektives Recht des Wissenschaftlers, zu tun, was ihm wissenschaftlich beliebt, verstanden wird. Hier gerät das gesellschaftliche Gut der Wissenschaftsfreiheit zur bloßen Neigung wissenschaftlicher Subjekte, für die dann, nicht weiter überraschend, die auch sonst Freiheiten regelnden Begriffe wie ›Rechtfertigung‹ und ›(gesellschaftliche) Verantwortung‹ schon zum Vokabular der Unfreiheit zu gehören scheinen. Die Berufung auf Wahrheit ersetzt häufig derartige Orientierungen, in denen nur noch gesellschaftliche Zwänge gesehen werden. Wahrheit bzw. die Erforschung der Wahrheit bedarf schließlich, so etwa heißt es dann, keiner Rechtfertigung. Und wer verhält sich verantwortungsvoller als derjenige, dessen proklamiertes Ziel die Wahrheit ist?

Aber darum, um eine derartige Wissenschaftsfreiheitsrhetorik, geht es nicht. Es ist der *Gebrauch,* der hier von Freiheit gemacht wird und Wissenschaft nunmehr als ein bloß *subjektives Gut* einzelner erscheinen läßt, der in Frage steht. Dieser Gebrauch mißversteht Freiheit der Forschung und der Wissenschaft als Ermächtigung zur forschenden Beliebigkeit, ohne Rechtfertigungspflicht und häufig auch ohne Ethikgebote (von denen gleich noch die

Rede sein wird). Das gewünschte Wachstum und der gewünschte Fortschritt der Wissenschaft werden als offenbar gottgegebenes Resultat dieser subjektiven und schrankenlosen Beliebigkeit erwartet.

An dieser gelegentlich auch im Rahmen von Pluralismuskonzepten wissenschaftstheoretisch abgesegneten Vorstellung von Wissenschaft und Wissenschaftsfreiheit stimmt etwas nicht. Nicht weil hier, wie man ja auch (richtig) sagen könnte, viele Wege zur Wahrheit führen, sondern weil die Autonomie der Wissenschaft allein in *subjektiven* Kategorien der Freiheit ausgemessen werden soll. Gegen diese für den Wissenschaftler bequeme Auffassung steht aber unser Wissen, daß auch die wissenschaftliche Arbeit wie jede andere menschliche Arbeit unter vielfältigen historischen Bedingungen einer Abweichung von der Idee einer vernünftigen Praxis steht. Weder das Vertrauen auf das freie Spiel wissenschaftlicher Subjektivität noch die alte These, daß Wissenschaft um ihrer selbst willen, d. h. als Selbstzweck, betrieben wird, helfen darüber hinweg. Es ist vielmehr so, daß Wissenschaft in einem anspruchsvollen, d.h. eine vernünftige Praxis intendierenden, Sinne stets das Erfordernis einer *Aufklärung* der Wissenschaft über sich selbst, auch über ihre Zwecke und Folgen, einschließt.

Es geht, mit anderen Worten, darum, das sich allein auf subjektive Ideale der Wissenschaftsorganisation stützende idealistische Vertrauen in die Selbstbestimmung der Wissenschaft durch eine methodisch und ethisch aufgeklärte Kritik wissenschaftlicher Verhältnisse, ja durch die Institutionalisierung dieser Kritik im Rahmen einer Selbstreflexion der Wissenschaften – z. B. in Wissenschaftstheorieform, die eine Wissenschaftsethik einschließt – zu ersetzen. Wissenschaftsfreiheit als schrankenlose subjektive Freiheit des Wissenschaftlers geht nicht, weil sich das alte Humboldtsche Ideal der Forschung in ›Einsamkeit und Freiheit‹ nicht wirksam genug gegen die Mißverständnisse uneingeschränkter wissenschaftlicher Subjektivität abgrenzen läßt. Auch Genialität, die im übrigen auch in wissenschaftlichen Verhältnissen recht selten ist, bedeutet noch keine Rechtfertigung derjenigen Verhältnisse, in denen sie sich uneingeschränkt auszubreiten vermag. Das gilt auch für die Wissenschaft.

Eine begründete Forderung nach Freiheit der Forschung zielt also nicht auf Privilegien und die Herrschaft individueller, subjektiver Neigungen des Wissenschaftlers. Sie versteht vielmehr Freiheit in den Grenzen einer *praktischen Vernunft* und zieht im übrigen auch aus der Einsicht in die Notwendigkeit der Forschung die notwendigen, leistungssteigernden Konsequenzen. Diese berühren dann wiederum auch Gesichtspunkte einer Freiheit *von* der Gesellschaft. Gemeint ist das Folgende: Forschung am Gängelband vordergründiger gesellschaftlicher und politischer Bedürfnisse, Bedürfnisse, die kommen und gehen, würde gerade in ihrem eigentlichen Wesen, ihrer innovativen Kraft, schwach. Eben auf diese Kraft aber ist eine Welt, die moderne Welt, angewiesen, insofern diese ihre Zukunft nur sich selbst, und d. h. hier vor allem: der wissenschaftlichen Bewältigung unübersehbarer Probleme, verdanken wird.

Das setzt natürlich auf seiten der Gesellschaft Vertrauen in die wissenschaftliche Forschung voraus, auch Vertrauen, das enttäuscht werden kann. Nur gibt es hier, neben der genannten Institutionalisierung einer Wissenschaftskritik, d. h. eines vernünftigen Gewissens der Wissenschaft, kaum eine Alternative: »Wer der Wissenschaft (...) das Vertrauen entzieht, entmachtet sie nicht etwa nur, wie sich dies wohl so mancher wünscht, er bemächtigt sich ihrer Mittel auch nur scheinbar, indem er sie seinen Zwecken unterzuordnen sucht: Er beseitigt vielmehr gerade die Voraussetzungen ihrer schöpferischen Kräfte und bringt die Quelle zum Versiegen, indem er ihren Strom mit Zwang dorthin zu lenken sucht, wo er so gern bewässern möchte.«[8] In diesem Sinne ist Freiheit der Forschung nebenbei auch ein heilsames Korrektiv gesellschaftlicher Unfreiheit.

3. Verantwortung der Forschung

Zu den Voraussetzungen eines in diesem Sinne aufgeklärten Forschungs- und Wissenschaftssystems gehört – noch einmal mit anderen Worten –, daß sich Forschung und Wissenschaft wieder stärker als ein die eigenen Verhältnisse verantwortungsvoll regelndes und planendes Subjekt, die Hochschule sich als seine wesentliche institutionelle Form begreifen. Autonomie, die individuelle

8 H. Markl, Vertrauen in die Wissenschaft, in: ders., Wissenschaft: Zur Rede gestellt. Über die Verantwortung der Forschung, München/Zürich 1989, 180.

wie die institutionelle, ist nichts, das sich jenseits von Rechtfertigung und Verantwortung, auch gegenüber den Folgen wissenschaftlichen, forschenden Tuns, definieren läßt. Im Gegenteil. Wo immer Autonomie, hier in Form von individueller (subjektiver) und institutioneller Wissenschaftsfreiheit, beansprucht wird, muß diese sich auf *Verantwortungsstrukturen* beziehen lassen. Vor allem institutionelle Autonomie läßt sich weder gesellschaftlich noch methodisch allein begründen. Methodische Argumente verhalten sich nämlich gegenüber Autonomievorstellungen neutral, gesellschaftliche Argumente sprechen (meistens) gegen sie. Das aber bedeutet in unserem Zusammenhang, daß sich auch die Formel ›Freiheit der Forschung (und der Lehre)‹, die Wissenschaftsfreiheit definiert, in Wahrheit auf etwas anderes, auf eine *moralische Idee* von Wissenschaft beziehen muß.

Damit ist gemeint, daß Wissenschaft in der (geläufigen) Unterscheidung zwischen Wissenschaft als *Institution* und Wissenschaft als besonderer *Form der Wissensbildung*, eben der wissenschaftlichen Wissensbildung, nicht vollständig beschrieben ist. So machen etwa schon wissenschaftliche Arbeit regelnde Normen wie Universalität und Objektivität der Geltungsansprüche, Kritisierbarkeit wissenschaftlicher Methoden und Resultate, rationale Begründung deutlich, daß nicht nur *theoretische* Gesichtspunkte, sondern auch (ethisch-)*praktische* Gesichtspunkte, Gesichtspunkte, die auf eine Überwindung bloßer Subjektivität zielen, für wissenschaftliche Verhältnisse konstitutiv sind. Wissenschaftliche Verhältnisse sind *transsubjektive* Verhältnisse. Nicht in dem Sinne, daß in ihnen die wissenschaftlichen Subjekte verschwinden, sondern so, daß sie durch eine auch moralisch (oder ethisch) bestimmte Allgemeinheit wissenschaftlicher Normen, z. B. Kritikgebot, Verständigungsgebot, Folgenbeurteilungsgebot, ausgezeichnet sind. Mit anderen Worten: Wissenschaft im anspruchsvolleren Sinne hat nicht nur etwas mit einer Differenzierung und Stabilisierung der gesellschaftlichen Organisation von Bedürfnissen zu tun, sie ist auch nicht nur Prototyp einer methodisch verfahrenden Rationalität, sondern ebenso, ihrer bis in die griechische Philosophie zurückführenden Idee nach, derjenige Ort, an dem sich der Mensch zum *Vernunftwesen* macht – gemeint ist: derjenige Ort, an dem er aus seiner ersten Natur, als Bedürfniswesen, in seine zweite Natur, als Vernunftwesen, tritt.

So weit, so gut. Aber berührt das hier über die transsubjektive oder ethische Form der Wissenschaft bzw. der wissenschaftlichen Forschung Gesagte überhaupt noch die Wirklichkeit von Wissenschaft und Forschung? Haben diese nicht längst mit ihrer gesellschaftlichen Jungfräulichkeit auch ihre philosophische verloren? Ist die Rede von Freiheit, Aufklärung und Verantwortung – auch gegenüber den Folgen wissenschaftlicher Forschung – am Ende reine Wolkenschieberei? Hat nicht die gesellschaftliche Wirklichkeit, eine sehr unphilosophische Wirklichkeit, Wissenschaft und Forschung längst eingeholt? Ist es wirklich die *Vernunft*, sind es Wissenschaft und Philosophie, die die Welt schließlich doch noch zu einem Paradies machen, das sie einmal, unter den Bedingungen einer Zwei-Personen-Bevölkerung, war? Oder ist es nicht gerade Vernunft, sind es nicht Philosophie und Wissenschaft, die uns immer weiter von dieser Utopie entfernen und im Gegensatz zu ihren Verheißungen die Welt immer unbewohnbarer machen?

Viele Fragen, zu viele Fragen. Zumindest im Rahmen eines Beitrags, in dem es in erster Linie um die Überschaubarkeit der Forschung, um Forschungsentwicklung und Forschungsorganisation gehen soll. Aber auch hier stellt sich nach dem Gesagten die Frage: Geht das über Freiheit und Verantwortung Ausgeführte heute überhaupt noch, z. B. angesichts der problematisch gewordenen Unterscheidung zwischen Grundlagenforschung und angewandter Forschung? Und ist die Hochschulforschung überhaupt noch das eigentliche (institutionelle) Paradigma der Forschung, z. B. angesichts des vielbeschworenen ›Auswanderns‹ der Forschung aus den Hochschulen? Es sind diese beiden Fragen, denen jetzt weiter nachgegangen werden soll.

4. Grundlagenforschung versus angewandte Forschung

Noch heute scheinen für viele die Dinge klar und harmonisch geordnet. Hochschulforschung ist *Grundlagenforschung*, frei von dem, was aus Hochschulperspektive, häufig abschätzig, Anwendung heißt. Wer Grundlagenforschung betreibt, hat Wahrheit und reine Erkenntnis zum Nachbarn, wer angewandte Forschung betreibt, den undurchsichtigen Alltag derer, die egoistische, wirtschaftliche Zwecke verfolgen und mit Forschung viel Geld verdienen.

Aber die Dinge sind weder klar noch harmonisch geordnet, jedenfalls nicht mehr auf dem Entwicklungsniveau moderner Industriegesellschaften, in denen ohne Forschung, in der Hochschule und anderswo, nichts mehr geht. Lapidar stellt der Wissenschaftsrat in seinen Empfehlungen zu den Perspektiven der Hochschulen in den 90er Jahren fest: »Hochschulforschung ist nicht länger durch Grundlagenforschung allein definierbar«[9], »das zur Charakterisierung der Hochschulforschung früher häufig verwendete Gegensatzpaar aus Grundlagenforschung einerseits und angewandter Forschung andererseits (trifft) die Verhältnisse immer weniger«[10]. Mehr noch: »Angewandte Forschung und Grundlagenforschung (...) bedingen sich in nahezu allen Fällen geradezu.«[11] »Zudem haben sich die Zeiträume zwischen Entdeckung und Anwendung verkürzt. Es gibt nicht nur den ›spin-off‹ von der Grundlagenforschung zur Anwendung, die Impulse können auch in umgekehrter Richtung gehen. Zumindest für einzelne Teile der Industrieforschung gilt, daß sie sich von engen Anwendungsvorgaben löst, während sich andererseits die Hochschulforschung Fragen öffnet, die in der Technologieentwicklung auftauchen. In einigen Fächern (Mikroelektronik, Elektrotechnik, Physik, Chemie, Pharmazie) sind Industrielabors zu anerkannten Stätten leistungsfähiger grundlagenorientierter Forschung geworden.«[12]

Das ist in der Tat so und hat dann auch etwas mit dem Stichwort ›Auswandern‹ der Forschung zu tun. Doch noch einmal zu den Stichworten ›Grundlagenforschung‹ und ›angewandte Forschung‹. Was der Wissenschaftsrat in sehr allgemeinen Worten formuliert, läßt sich genauer durch weitere Unterscheidungen (und konkrete Beispiele) belegen. Wenn die Abgrenzung zwischen Grundlagenforschung und angewandter Forschung nicht mehr stimmt, dann stimmen auch die bisherigen Unterscheidungen nicht mehr. Entsprechend soll hier im Folgenden der Vorschlag gemacht werden, statt zwischen Grundlagenforschung und angewandter Forschung zwischen *reiner Grundlagenforschung*, *anwendungsorientierter Grundlagenforschung* und *produktorientierter Anwendungsforschung* zu unterscheiden.

1. *Reine Grundlagenforschung*. Es gibt sie in der Tat noch immer.

9 Empfehlungen des Wissenschaftsrates zu den Perspektiven der Hochschulen in den 90er Jahren, Köln 1988, 32.
10 Ebd.
11 A.a.O., 76.
12 A.a.O., 34.

Dabei handelt es sich um Forschung, deren Ergebnisse keine praktische Anwendung erwarten lassen. Typische Forschungsfelder für diesen Forschungstyp sind heute Elementarteilchenphysik und Kosmologie. Als Beispiele seien genannt: (1) Die schon unter den erkennbaren Forschungstrends erwähnte Entwicklung einer einheitlichen Theorie für alle Teilchenwechselwirkungen außer der Gravitation (die sogenannte ›Große Vereinheitlichte Theorie‹). Eine der Vorhersagen der bisherigen, provisorischen Fassungen dieser Theorie ist der Zerfall des Protons. Diese Prognose wird gegenwärtig experimentell geprüft. (2) Die ebenfalls bereits angedeutete Verbindung der Elementarteilchentheorie mit der Theorie der Gravitation. Einen Teil dieses Forschungsprogramms bildet (a) die Entwicklung des Modells des sogenannten inflationären Universums, demzufolge innerhalb der ersten Sekunde nach dem Urknall ein abruptes ›Aufblähen‹ der Raum-Zeit stattfand. Dieses Modell erklärt viele Züge des gegenwärtig vorfindbaren Universums, z. B. dessen Homogenität und Isotropie. Ein weiteres Ergebnis des Studiums von Teilchenreaktionen in der stark gekrümmten Raum-Zeit des frühen Universums (also des Universums in der ersten Sekunde nach dem Urknall) ist (b) die Prognose von sogenannten ›kosmischen Strings‹, von ausgedehnten energiereichen Strukturen fadenartiger Gestalt, die Überbleibsel des Raum-Zeit-Gefüges dieses frühen Universums darstellen. In allen genannten Fällen macht der Begriff der Anwendung keinen Sinn, auch keinen prognostischen (wenn man nicht zu science fiction greifen will). Die so charakterisierte Forschung ist *reine* Grundlagenforschung.

2. *Anwendungsorientierte Grundlagenforschung.* Damit ist ein Forschungstyp gemeint, von dessen Ergebnissen Anwendungen zwar langfristig erhofft werden. Doch sind diese nicht derart, daß sie direkte Umsetzungen in marktfähige Produkte in den für Industrieunternehmen typischen Planungszeiträumen erwarten lassen. Auch dazu wieder einige Beispiele: (1) Hochtemperatursupraleitung. Mit diesem Stichwort ist das Studium derjenigen (sogenannten ›oxidkeramischen‹) Substanzen gemeint, deren Sprungtemperatur (bei der Supraleitung auftritt) deutlich oberhalb der langjährigen Höchstmarke von 25 K (ca. −250 °C) liegt. Derartige Substanzen wurden von Müller/Bednorz im Frühjahr 1986 entdeckt (Nobelpreis im gleichen Jahr). Inzwischen liegt die Rekordsprungtemperatur bei 125 K (ca. −150 °C). Einer Anwen-

dung der Hochtemperatursupraleitung stehen allerdings beträchtliche Schwierigkeiten entgegen, die in den ungünstigen Materialeigenschaften der Oxidkeramiken (nämlich ihrer Sprödigkeit und Brüchigkeit) wurzeln. (2) Synergetik (oder nicht-lineare Dynamik). Hierunter ist das Studium von Prozessen zu verstehen, die durch nicht-lineare Differentialgleichungen beschrieben werden. Bei derartigen Prozessen besteht, wie schon erwähnt, ein sehr komplexer Zusammenhang zwischen Ursache und Wirkung, so daß kleine Veränderungen in den Anfangsbedingungen beträchtliche Auswirkungen auf den weiteren Prozeßablauf haben können. Die Theorie dieser Prozesse erlaubt unter anderem ein besseres Verständnis einiger chemischer Reaktionen oder der Verlaufsgesetzmäßigkeiten von biologischen Prozessen wie Epidemien oder Insektenplagen. (3) Grundlagen der Informatik. Hier sei noch einmal das Studium von alternativen Computerkonzeptionen erwähnt, z. B. von optischen Rechnern, die teilweise mit Laserstrahlen und nicht mehr durchgängig mit elektrischen Strömen arbeiten, oder von Parallelrechnern, die nicht einen einzelnen Zentralprozessor, sondern mehrere gleichzeitig arbeitende (parallele) Prozessoren benutzen, oder von sogenannten Kollektivschaltkreisen, deren Bauweise Neuronennetzwerken nachempfunden ist. In diesen Zusammenhang gehört ferner die angeführte Entwicklung von Assoziativspeichern, die die Charakteristika der menschlichen Erinnerungsfunktionen nachbilden sollen.

In allen genannten Fällen ist Anwendung intendiert, auch wenn die Wege zwischen Forschung und Anwendung unübersichtlich und, wenn sie gangbar werden sollten, ihrerseits noch einmal forschungsintensiv sind. Dabei ließe sich unter diesen Fällen im Grundsatz natürlich auch die Grundlagenforschung zur Kerntechnik anführen. So wäre z. B. die Bindungstheorie von Atomkernen als wissenschaftliche Grundlage der Kernspaltungstechnik aufzufassen. Entsprechend könnte man das Studium von Plasmen in Magnetfeldern als physikalische Basis des Fusionsreaktors betrachten. Allerdings hat dieses Beispiel anwendungsorientierter Grundlagenforschung derzeit sein High-Tech-Image ein wenig verloren. Der Fusionsreaktor wird bis tief in das 21. Jahrhundert aus der Experimentierphase nicht herauskommen. Die anderen genannten Beispiele sind aktueller.

3. *Produktorientierte Anwendungsforschung.* Gemeint ist Forschung, die entweder bereits mit Blick auf besondere Anwendung

stattfindet oder solche Anwendungen kurzfristig erwarten läßt. Beispiele: (1) Materialforschung. Hier handelt es sich um die Entwicklung besonderer Materialien für Produkte, deren Marktreife kurz bevorsteht oder bereits erreicht wurde. Dies ist etwa bei der Entwicklung von Substanzen der Fall, die hohe Wirkungsgrade für Sonnenzellen erlauben (Photovoltaik), oder bei der Entwicklung des Galliumarsenid-Transistors, der sich durch besonders hohe Schaltgeschwindigkeiten auszeichnet. (2) Umweltforschung. Sie ist auch dem Alltagsverstand mittlerweile vertraut, etwa in Form der Erforschung des Ozonlochs über der Antarktis, der Entwicklung von Ersatzstoffen für die (für dieses Loch verantwortlichen) Fluorchlorkohlenwasserstoffe (FCKWs), ferner in Form der Untersuchung des Schadstoffeintrags in die Nordsee oder der biologischen Mechanismen, die das Waldsterben verursachen. (3) Verbraucherschutz, etwa – um wieder ein aktuelles Beispiel zu nehmen – die Entwicklung von Analyseverfahren zum Nachweis auch geringer Hormonrückstände im Fleisch von Schlachtvieh, und (4) Medizinforschung, z. B. die Erforschung von Struktur und Funktion des HIV-Virus. In allen hier genannten Fällen sind die Wege zwischen Forschung und Anwendung kurz und in den Forschungsprogrammen – anders als im Falle der reinen und der anwendungsorientierten Grundlagenforschung – bereits konkret angelegt.

Fazit also: Wer die Hochschulforschung als Grundlagenforschung, abgesetzt von sogenannter angewandter Forschung, definieren möchte, übersieht, daß diese als *reine* Grundlagenforschung nur noch in sehr speziellen Forschungsfeldern existiert, und dabei nicht ohne Grund, wo sie auch noch ungeheuer teuer ist, einem erheblichen Legitimationsdruck ausgesetzt ist. Außerdem rücken, wie ebenfalls schon unter Hinweis auf die Rolle von Singularitäten im Forschungsprozeß hervorgekehrt, selbst alltägliche Phänomene, damit auch Anwendungsgesichtspunkte, wieder stärker in den Blick. Dazu R. Thom, der Begründer der modernen Chaostheorie: »Die Auswahl derjenigen Phänomene, die man als wissenschaftlich interessant betrachtet, (ist) ohne Zweifel weithin willkürlich. Die gegenwärtige Physik konstruiert riesige Apparate, um Zustände zu veranschaulichen, deren Lebensdauer nicht mehr als 10^{-23} Sekunden beträgt. Es ist durchaus gerechtfertigt, wenn man unter Einsatz aller technisch verfügbaren Mittel eine Bestandsaufnahme sämtlicher experimentell zugänglichen

Zustände vornehmen möchte. Dennoch ist die folgende Feststellung legitim: Eine Menge vertrauter Erscheinungen (so vertraut, daß sie gar nicht mehr beachtet werden) erweist sich in der Theorie als schwierig; z. B. die Spalten einer alten Mauer, die Form einer Wolke, das Trudeln eines abgestorbenen Blattes, die Schaumkrone auf einem Glas Bier... Wer weiß, ob eine etwas gründlichere mathematische Reflexion über derartige kleine Erscheinungen sich letztlich nicht als vorteilhafter für die Wissenschaft erweisen würde?«[13] Vorteilhafter im doppelten Sinne: im Erkenntnissinn und im Anwendungssinn.

Mit anderen Worten: Den Normalfall der Hochschulforschung bildet heute die anwendungsorientierte Grundlagenforschung. Oder anders ausgedrückt: Das Besondere an der Grundlagenforschung ist nicht länger ihre Abgrenzung gegenüber der Anwendung, sondern ihre Unabhängigkeit von direkten *Verwertungsinteressen.* Diese – nicht eine längst obsolet gewordene wissenschaftssystematische Unterscheidung – sollte (auch im Blick auf das zuvor über Freiheit und Verantwortung Gesagte) unbedingt als das eigentliche Unterscheidungsmerkmal der Hochschulforschung gewahrt bleiben. So auch, in deskriptiven Worten, der Wissenschaftsrat: »Hochschulforschung fragt nicht in erster Linie nach unmittelbarer oder mittelbarer Nutzanwendung. Der Zweck der Forschung ist zunächst einmal das Wissen selbst, die Wissenserweiterung, nicht seine Anwendung. Maßstäbe der Hochschulforschung sind Erkenntnisfortschritt, Originalität und Kontrollierbarkeit der Methoden und Ergebnisse. Die für die angewandte Forschung charakteristischen Maßstäbe der technologischen und wirtschaftlichen Nutzbarkeit, die Kosten-Nutzen-Relation und die Termingebundenheit sind für die Hochschulforschung eher untypisch.«[14] In diesem Sinne läuft die Grenze nicht mehr zwischen Grundlagenforschung und angewandter Forschung, sondern zwischen reiner Grundlagenforschung und anwendungsorientierter Grundlagenforschung auf der einen Seite und produktorientierter Anwendungsforschung auf der anderen. Die archaische Einfachheit (und Einfalt?) der Hochschulverhältnisse in Forschungsdingen ist einem komplizierten Ineinander von interdependenten Forschungsorientierungen gewichen.

13 R. Thom, Stabilité structurelle et morphogenèse, Paris 1972, 26.
14 A.a.O., 32.

Allerdings ist sie auch einer neuen Außenansicht der Hochschulverhältnisse gewichen. Die Gesellschaft, so scheint es, hat ihre Hochschulen als Wohlstandsmotoren entdeckt und ihre Förderungspraxis entsprechend umgestellt. Wieder in den Worten des Wissenschaftsrates: »In der Entwicklung der letzten Jahrzehnte haben sich die Ziele und Instrumente staatlicher Forschungsförderung verändert. In allen Industriegesellschaften läßt sich beobachten, wie neben dem traditionellen Ziel des Erkenntnisgewinns technologiepolitische Ziele, die die Forschung instrumentalisieren und primär als Mittel zur Wohlstandssteigerung im weitesten Sinne ansehen, an Gewicht gewonnen haben. Mit dem Hinweis allein auf die Bedeutung der Grundlagenforschung und die Autonomie der Forschung gelingt es den Hochschulen immer weniger, ihrer Forschung die notwendigen öffentlichen Ressourcen zu sichern. Der mittel- und längerfristige Anwendungsbezug der Forschung wird von der Politik und der Wirtschaft stärker betont, und Forschungsgebiete mit nachgewiesener oder vermuteter Relevanz für technologische und wirtschaftliche Entwicklungen werden verstärkt gefördert. Die staatliche Technologiepolitik wirkt auch in die Forschungspolitik hinein. Diese Akzentverlagerungen der Hochschul- und Technologiepolitik bedeuten eine Herausforderung für Hochschulen, deren Stärken traditionell in der ›zweckfreien‹ Grundlagenforschung lagen und liegen.«[15] Die Zukunft der Hochschulforschung liegt wohl in der besonderen Art und Weise, wie sie dieser Herausforderung begegnet – und in der Konkurrenz mit außerhochschulischen Forschungseinrichtungen, die zu großen Teilen längst ihren Frieden mit der produktorientierten Anwendungsforschung gemacht haben.

5. Forschungsstandort Hochschule

Wer heute vom Forschungsstandort Hochschule spricht, der spricht auch von einem (drohenden oder wirklichen) Auswandern der Forschung aus den Hochschulen. Was ist gemeint? Gemeint könnte beides sein: das Auswandern der anwendungsorientierten Grundlagenforschung in anwendungsorientierte Einrichtungen (wo auch die produktorientierte Anwendungsforschung stattfin-

15 A.a.O., 33.

det) und das Auswandern der reinen Grundlagenforschung in andere, zumal von den ›Unbilden‹ der Lehre freie Institute. Beispielhaft gesprochen: die Institute der Fraunhofer-Gesellschaft und die Institute der Max-Planck-Gesellschaft könnten zum unglücklichen Schicksal der Hochschulforschung werden. Sind wir bereits so weit?

Ich glaube nicht. Zunächst einmal gehören außerhochschulische Forschungseinrichtungen seit langem zum gewohnten Bild einer sonst auf die Hochschulen konzentrierten Forschungslandschaft. Schon im 18. und 19. Jahrhundert wurden zahlreiche selbständige Forschungsinstitute gegründet, z. B. 1763 das Senckenbergische Stift Frankfurt (1817 mit der Senckenbergischen Naturforschenden Gesellschaft vereinigt), 1829 das Deutsche Archäologische Institut in Rom, 1875 die Deutsche Seewarte in Hamburg, 1891 das Preußische Institut für Infektionskrankheiten in Berlin, 1898 die Göttinger Vereinigung zur Förderung der angewandten Physik und Mathematik (finanziert durch Industrie und Staat, gegen den Widerstand der Universität Göttingen), 1898 das Institut für Experimentelle Therapie in Marburg (finanziert durch die Farbwerke Hoechst), 1905 die Biologische Reichsanstalt für Land- und Forstwirtschaft in Berlin-Dahlem, 1911 schließlich die Kaiser-Wilhelm-Gesellschaft zur Förderung der Wissenschaften (die heutige Max-Planck-Gesellschaft). Um die Jahrhundertwende gab es ferner bereits eine intensive Debatte um die Leistungsfähigkeit bzw. die Auszehrung der Hochschulforschung und den Ruf nach einem außerhochschulischen ›Großbetrieb‹ Wissenschaft (Harnack), unabhängig von der Universität (wie im Falle Berlins) oder in Verbindung mit der Universität (wie im Falle des Königlich Sächsischen Instituts für Kultur- und Universalgeschichte *bei* der Universität Leipzig). Außerhochschulische und ›An‹-Institute sind keine Erfindung unserer Zeit.

Ihre derzeitige Förderung stellt gleichwohl, längerfristig betrachtet, eine Gefährdung des Forschungsstandorts Hochschule dar. Auch das wird in den Analysen des Wissenschaftsrates deutlich. So sinkt der Anteil der Hochschulen am Forschungsbudget seit Mitte der 70er Jahre kontinuierlich. Er beträgt derzeit 12,5% von jährlich rund 57 Milliarden Mark (der Anteil der Wirtschaft 71%, außerhochschulischer öffentlicher Forschung 13,5%, internationaler Forschungseinrichtungen 3%). Die Forschungsausgaben im Hochschulbereich stagnieren real, die Forschungsausgaben im

Bereich der außerhochschulischen Forschungseinrichtungen und der Wirtschaft steigen. Allein zwischen 1975 und 1986 ergibt sich dabei für die außerhochschulischen Forschungseinrichtungen insgesamt ein realer Anstieg um 37,4%, zwischen 1980 und 1986 noch um 16,4%. Die stärksten Zuwächse seit 1980 wiesen dabei auf: Fraunhofer-Institute (stark produktentwicklungsorientiert) +87%, sonstige Institute (darunter z. B. die große Gruppe der An-Institute, ferner die Akademien) +43%, Max-Planck-Institute +17%, Großforschungseinrichtungen +16%.[16]
Soweit die Finanzstatistik. Sie ist womöglich nicht so aussagekräftig, wie es auf den ersten Blick erscheint. Schließlich besagt die Entwicklung des Ausgabenvolumens, d. h. des inputs, nur bedingt etwas über die tatsächliche Forschungsleistung (den output) und damit über den Ruf und den Einfluß, den eine Forschungsinstitution besitzt. Trotzdem hieße es, die forschungspolitischen Augen verschließen, wenn man nicht sieht, daß sich die Position außerhochschulischer Forschungseinrichtungen tatsächlich erheblich verstärkt hat, und dies gerade in Bereichen, die zuvor als produktorientierte Anwendungsforschung bezeichnet wurden. Sie vor allem beginnen, der Hochschulforschung das Wasser abzugraben.
In diese Entwicklung geraten dann auch reine und anwendungsorientierte Grundlagenforschung. Die zumal in den 80er Jahren gegründeten außerhochschulischen Einrichtungen, so die Formulierungen des Wissenschaftsrates, »wurden vielfach aus technologiepolitischen Gründen errichtet, was auch daraus erkennbar ist, daß mehrere der außeruniversitären Institute von den Wirtschaftsministerien der Länder gegründet wurden. Als Gründe für die außeruniversitäre Ansiedlung der Institute werden besondere Aufgaben (Auftragsforschung auf anwendungsbezogenen Fachgebieten), intensive Kooperationen mit der Wirtschaft und die Überzeugung genannt, außeruniversitäre Institute hätten eine im Vergleich mit Hochschulinstituten effizientere Organisation (Haushalts- und Tarifrecht, Mitbestimmung universitärer Gremien, Mitbestimmung von Mitarbeitervertretungen), die eine höhere Flexibilität und raschere Entscheidungen erlaubt«[17]. Als Beispiele werden unter anderen genannt: das Wissenschaftskolleg zu Berlin, das Laser-Institut an der TU Berlin, das Laser-Medizin-

16 Vgl. Empfehlungen des Wissenschaftsrates (...), 55 ff.
17 A.a.O., 61.

Zentrum an der FU Berlin, das Deutsche Institut für Lebensmitteltechnik in Quakenbrück, das Institut für Mikroelektronik in Braunschweig, das Institut für Marinegeowissenschaften (GEOMAR) in Kiel, das Zentrum für medizinische Laser-Technologie an der Medizinischen Universität Lübeck, das Forschungsinstitut Informatik an der Universität Karlsruhe, das Naturwissenschaftliche und Medizinische Institut an der Universität Tübingen in Reutlingen, das Institut für Mikroelektronik Stuttgart und das Institut für Laser-Technologie in der Medizin an der Universität Ulm. Was kostbar und teuer ist, so muß es erscheinen, wird heute außerhalb der Hochschule, allenfalls als An-Institut, gegründet.

Der Wissenschaftsrat hat diese Entwicklung bedauert und sich für eine Umkehr des Trends ausgesprochen. Forschungsinstitute sollten wieder verstärkt innerhalb der Hochschule errichtet bzw. in diese zurückgeführt werden. Dafür gibt es eine Reihe guter Gründe, unter denen vor allem die *personelle Dynamik* der Hochschulforschung besondere Beachtung verdient. Hochschulen bilden den wissenschaftlichen Nachwuchs aus. Nicht nur für sich selbst, sondern auch für die außerhochschulischen Forschungseinrichtungen und andere gesellschaftliche Bereiche. Zugleich trägt der wissenschaftliche Nachwuchs einen wesentlichen Teil der Forschung selbst und bestimmt, durch seine personelle Dynamik, die Forschungsdynamik in zentraler Weise. Während andernorts die Forschung häufig mit ihren Forschern alt wird, weil personeller Wechsel nur in geringem Maße möglich ist, bleibt die Hochschulforschung mit dem wissenschaftlichen Nachwuchs jung. Er ist, innerhalb der Hochschulen, auch für den etablierten (›professoralen‹) Forschungsapparat eine ständige Herausforderung. Mit ihm hält die Hochschulforschung leichter als die Forschung in außerhochschulischen Einrichtungen mit der Forschungsentwicklung Schritt, bestimmt sie, verschafft ihr in allen Aspekten, in der reinen Grundlagenforschung ebenso wie in der anwendungsorientierten Grundlagenforschung und in der produktorientierten Anwendungsforschung, die ihr eigentümliche Dynamik.

Andere Stärken, aber auch die Schwächen der Hochschulforschung sind in den Wissenschaftsratsempfehlungen näher beschrieben. Sie sollen hier nicht weiter ausgeführt werden. Nur so viel noch: *Forschungs*dynamik setzt auch *institutionelle* Dynamik voraus. Es wäre schade, und für die Hochschulforschung und für ihre Zukunft abträglich, wenn sie nur im außerhochschulischen Bereich zu finden wäre. Darum müssen sich auch die Hochschulen etwas einfallen lassen, etwas, das von der Flexibilisierung ihrer institutionellen Strukturen bis hin zu vielfältigen Kooperationsformen mit außerhochschulischer Forschung reicht. Wer hier stur auf der angestammten Freiheit der Forschung beharrt und damit nur die Möglichkeit meint, ungestört weiterforschen zu können wie bisher oder im Märchen von den Elfenbeintürmen der Forschung, der hat die Zeichen der Zeit und der Forschungsentwicklung selbst nicht verstanden.

Dabei ist das Bestehen auf alten disziplinären oder institutionellen Ordnungen und der Trennung von Grundlagenforschung und angewandter Forschung ebenso naiv wie etwa das Bestehen auf Wertfreiheitspostulaten und dergleichen Relikten aus früheren ideologischen Gefechten. Auch Forschung und Wissenschaft lassen sich nicht aus der Dynamik unserer Welt heraushalten oder in die Kammern eines ideologischen Bewußtseins, und sei es noch so an hehren wissenschaftlichen Idealen orientiert, einsperren. Wir leben in einer Leonardo-Welt, in einer Welt, die Forschung und Wissenschaft gemacht haben und deren Teil sie nun geworden sind. Die Conditio humana hat sich, ob wir es wollen oder nicht, verändert; und sie verändert sich, nicht zuletzt unter dem Einfluß der Forschung, weiterhin.

6. Forschungsgebot und Ethikgebot

Was hier gesagt wurde, bedeutet nicht, daß Freiheit, Aufklärung und Verantwortung keine bestimmenden Momente dieser Veränderung mehr sein sollten. Im Gegenteil. Gerade wenn Freiheit der Forschung nicht als Ermächtigung zur forschenden Beliebigkeit verstanden wird, sondern als partielle Entlastung von Anwendungs- und Verwertungsinteressen, bleibt im Sinne des zuvor Gesagten methodisch und ethisch aufgeklärte Kritik wissenschaftlicher Verhältnisse eine unabdingbare Voraussetzung dieser Freiheit.

Ihre Wahrnehmung ist allerdings weder in allen Fällen klar noch einfach. Das macht bereits ein Blick auf die hier getroffene Unterscheidung zwischen reiner Grundlagenforschung, anwendungsorientierter Grundlagenforschung und produktorientierter

Anwendungsforschung deutlich. So ist vor einem Verantwortungsgebot *reine* Grundlagenforschung gerade durch ›Folgenlosigkeit‹ im Sinne auch nur erwartbarer Anwendungen definiert; und *anwendungsorientierte* Grundlagenforschung ist in der Regel von direkten Umsetzungen in marktfähige Produkte weit entfernt. Allein in einer *produktorientierten Anwendungsforschung* gewinnt das Verantwortungsgebot unter Gesichtspunkten der Folgenverantwortung sein volles forschungsbezogenes Gewicht.

Von all dem bleibt ein *Forschungsgebot* im prinzipiellen Sinne unberührt. Wo Forschung vernachlässigt wird, wo etwa Hochschulen nur noch als Schulen, als Ausbildungsanstalten für den beruflichen Normalbedarf angesehen werden, gerät die moderne Welt in einen Zustand der Handlungs- und Reaktionsunfähigkeit. Die Probleme dieser Welt, einer durch Wissenschaft und Technik geprägten Leonardo-Welt, lassen – um den Preis ihrer, und d.h. unserer Zukunft und der Zukunft unserer Kinder – ein Ausruhen im schon Geleisteten nicht zu. Auf Raketen und Tiefflieger können wir, zumal in einer Welt, die sich aus ihrer Ost-West-Verkrampfung gelöst hat, gut verzichten, auf Forschung nicht. Dabei gibt es zu der modernen Welt keine Alternative. Wege zurück in eine Prä-Moderne – wozu auch viele Formen einer derzeit so modischen und schicken Post-Moderne gehören – sind nicht empfehlenswert.

Allerdings ist es wohl so, daß wir uns auch in Zukunft im Dilemma von Fortschritt und seinen Folgen, darunter vielen ungewollten Folgen, einzurichten haben. Patentrezepte gibt es nicht, weder wissenschaftliche noch politische. Technikfolgenabschätzung, die manchem heute als die große Heilsbringerin erscheinen mag, ist eine Kunst ohne Meister. Was möglich ist, wird häufig viel zu unentschlossen, unter dem Schlangenblick von Wählergunst und Karriereplänen, realisiert – z. B. alternative, umweltfreundliche Technologien, vor allem Energie- und Abfalltechnologien, andere Konsumgewohnheiten, wirksamere Geburtenbeschränkung. Hier versuchen wir häufig noch immer mit den Ideologien von gestern ein Morgen zu beschwören, in dem es dann für ein Umdenken wohl zu spät sein wird.

Im übrigen ist, nunmehr aus der Sicht des Wissenschaftlers selbst gesprochen, Forschung etwas Großartiges. Sie ist ein problemvernarrtes, rätselliebendes, ergebniskritisches, irrtumsungläubiges, fehlerallergisches Kind der Vernunft. Sie stellt – wie Achill, der Urenkel des Zeus, Sohn des Myrmidonenkönigs Peleus und der Nereide Thetis, auf anderem Felde – die ewige Jugend dieser Vernunft oder des wissenschaftlichen Geistes dar. Was sie altern ließe, ihre Achilles-Ferse (um im Bild zu bleiben), sind allein (wissenschaftlicher) Dogmatismus und eine Welt, die in ihrer innovativen Kraft müde wird, die zu ihren Mythen zurückzukehren sucht, die ihre Klassiker mehr liebt als ihre verlorenen Söhne. Und das gilt nicht nur von den Naturwissenschaften, sondern auch von den Geistes- und Sozialwissenschaften. Auch die Sozialwissenschaften sind nicht mit der Gegenwart, die sie empirisch zu buchstabieren suchen, und auch die Geisteswissenschaften sind nicht mit der Vergangenheit, die sie zu deuten suchen, verheiratet. Sie müssen sich ebenfalls etwas Neues einfallen lassen; auch von ihnen sollte man (wie Snow von den Naturwissenschaften[18]) sagen können, daß sie die Zukunft im Blut haben. Ist da nur flüchtige Gegenwart und das milde Abendlicht der Vergangenheit, wird der Abstand zwischen den Natur- und Technikwissenschaften, die auf immer neue Weise das Neue besetzen, und den Geistes- und Sozialwissenschaften nur noch größer werden. Verlierer werden sie und unsere Leonardo-Welt sein.

Und noch etwas. Ein Forschungsgebot, d. h. ein *wissenschaftlicher Imperativ*, schließt nach dem Gesagten ein Verantwortungs- oder *Ethikgebot*, d. h. einen *ethischen Imperativ* ein. Ein unüberschaubarer wissenschaftlicher Fortschritt führt auch in unüberschaubare Verantwortungsfelder. Das gilt nicht nur für den Bereich einer produktorientierten Anwendungsforschung, sondern auch von reiner und anwendungsorientierter Grundlagenforschung, sofern diese etwa in der Genbiologie und der entsprechenden medizinischen Forschung unmittelbar in ethisch relevante Probleme führen kann. Ein Beispiel wäre hier die Fötusforschung beim Menschen, wenn diese die Grenzen zum Experiment mit dem menschlichen Leben, etwa im Falle der Erzeugung oder auch nur der Verwendung von Embryonen zu Forschungs-

18 C. P. Snow, The Two Cultures and a Second Look. An Expanded Version of the Two Cultures and the Scientific Revolution, Cambridge ²1964, 10 (dt. Die zwei Kulturen. Literarische und naturwissenschaftliche Intelligenz, Stuttgart 1967, 17). Zur Kritik der Snowschen Zwei-Kulturen-Theorie vgl. J. Mittelstraß, Glanz und Elend der Geisteswissenschaften, Oldenburg 1989 (Oldenburger Universitätsreden 27).

zwecken überschreitet.[19] Dabei ist, unter dem Gesichtspunkt eines Ethikgebots, übrigens ein vielgefürchteter *Wertewandel* kein Defekt, der nicht sein soll, und der sich (nach konservativer Ansicht) heilen ließe, sondern, im Gegenteil, ein konsequentes Element einer auf dynamische Entwicklungen setzenden modernen Gesellschaft. Eine sich verändernde, vor allem durch Wissenschaft und Technik verändernde Welt hat keine ethischen Reservate, traditionale Nischen, in die wir als Mönche oder Indianer zurückkehren, wenn die Labore und Fabriken der Zukunft schließen. Mit den unveränderten moralischen und ethischen Vorstellungen von gestern werden wir in keinen Situationen zurechtkommen, die in eine andere Welt führen.

Das bedeutet: Fortschritt ist auch innerhalb der Grenzen der *praktischen* Vernunft eine unendliche Aufgabe. Das hat schon der alte Kant in voller Klarheit gesehen: »Daß die Welt im Ganzen immer zum Bessern fortschreite, dies anzunehmen berechtiget ihn [den Menschen] keine Theorie, aber wohl die reine praktische Vernunft, welche nach einer solchen Hypothese zu handeln dogmatisch [d. i. systematisch] gebietet.«[20] Oder anders formuliert: Nicht nur das Forschungsgebot, auch das Ethikgebot impliziert ein *Fortschrittsgebot.* Ein Stehenbleiben oder auch nur ein Erlahmen wären nicht nur eine zivilisatorische, sondern auch eine moralische Katastrophe: Beides würde die Welt in ihrem gegenwärtigen Zustand der Ungeschiedenheit von Vernunft und Unvernunft belassen, das Raumschiff Erde, wie es in der konsequenten Sprache einer Leonardo-Welt heißt, auf Kollisionskurs mit der Zukunft halten.

19 Vgl. hierzu J. Mittelstraß, Umwelt und Gesundheit. Von der Schwierigkeit, sich mit Umwelt- und Gesundheitsstandards in einer Kultur-Natur zurechtzufinden, Wiener klinische Wochenschrift 101 (1989), 563-571; in diesem Band: 174-194.

20 I. Kant, Welches sind die wirklichen Fortschritte, die die Metaphysik seit Leibnizens und Wolf's Zeiten in Deutschland gemacht hat? (1804, 2. Handschrift), in: I. Kant, Werke in sechs Bänden, ed. W. Weischedel, Frankfurt/Darmstadt 1956-1964, III, 647.

Die Wissenschaften und das Neue

Kolumbus, Kolumbus! überall
G. Ch. Lichtenberg

Wenn die Wissenschaft über das Neue redet, steht zu befürchten, daß ihr selbst nichts Neues mehr einfällt. Wer das Neue zu seinen Aufgaben zählt, der tut es, er redet nicht darüber. Schon gar nicht im allgemeinen, wie es mein Thema, die Wissenschaften und das Neue, verspricht. Ich hoffe, Sie ziehen daraus nicht den Schluß, daß auch ich zu denjenigen Wissenschaftlern (und die gibt es ja tatsächlich) gehöre, deren Einsichten gezählt sind, denen nichts neues Eigenes mehr einfällt und die darum über das Neue der anderen reden.
Nun will ich hier auch gar nicht vom Neuen, das die Wissenschaften hervorgebracht haben und tagtäglich hervorbringen, erzählen. Das hieße nur, magere Eulen nach Athen bringen. Ich will vielmehr einige Bedingungen, darunter durchaus auch Alltäglichkeiten des Forschungsgeschehens, ins wissenschaftstheoretische Auge fassen, unter denen das Neue entsteht oder ausbleibt, willkommen oder unwillkommen ist. In gewisser Weise ist dabei die Frage nach der *Entstehung des Neuen*, so ein bekannter Titel des Wissenschaftstheoretikers Thomas S. Kuhn[1], das eigentliche Thema der Wissenschaftstheorie, auch wenn diese das manchmal in ihrer allzu affirmativen Gebundenheit an das, was die Wissenschaft längst weiß, selbst vergißt. Wissenschaftstheorie soll nicht nachbuchstabieren, was die Wissenschaften schon hinter sich gelassen haben, was längst zu ihrem Lehrbuchwissen gehört, sondern in ein konstruktives Verhältnis zu den Wissenschaften treten, vor allem dann, wenn sie ihre *philosophische* Herkunft noch nicht vergessen hat. Das schließt Fragen der wissenschaftlichen Theoriebildung ebenso ein wie Fragen einer methodischen Forschungspraxis.
Doch von diesen soll hier nicht in erster Linie die Rede sein. Meine Überlegungen bewegen sich vielmehr im Grenzgebiet zwi-

1 Th. S. Kuhn, Die Entstehung des Neuen. Studien zur Struktur der Wissenschaftsgeschichte, ed. L. Krüger, Frankfurt 1977.

schen Wissenschaftstheorie, Wissenschaftspolitik und Wissenschaftsethik. Das macht meine Aufgabe nicht leichter, aber vielleicht verständlicher. Schließlich gehört die Wissenschaftstheorie häufig auch zu den (dann eher überflüssigen) Anstrengungen, das, was die Wissenschaftler in ihrer Sprache sagen, noch einmal, nur unverständlicher, zu sagen. Das soll mir hier nicht passieren. So werde ich von der besonderen Wissensform der Orientierungen des Menschen, seinem *epistemischen Wesen,* sprechen, dann, in exemplarischer Weise, von der Form wissenschaftlicher *Entdekkungen.* Ich werde das Wissen und das *Nichtwissen* miteinander in Beziehung setzen, zur *Ordnung* des Wissens etwas sagen und schließlich der Verbindung des Neuen mit dem *Schrecklichen* ein wenig nachgehen.

1. Das epistemische Wesen

Der Mensch ist das Wesen, das sich im Wissen und durch das Wissen bzw. im Denken und durch das Denken orientiert. Das wußte schon Aristoteles. Der berühmte Anfangssatz der »Metaphysik« (»alle Menschen streben von Natur aus nach Wissen«[2]) bringt dies auf großartige Weise zum Ausdruck. Dieser Satz ist nicht das Ergebnis einer frühen Allensbach-Umfrage im alten Athen, auch keine Erläuterung, die der Definition des Menschen als eines vernünftigen Lebewesens unter die Arme greifen soll. Mit ihm formuliert Aristoteles vielmehr das Ergebnis einer (erkenntnistheoretischen) Analyse, die in diesem Falle dem (vorweggenommenen) Ergebnis folgt. Das Wesen des Menschen, sein eigentümliches Orientierungswesen, ist weder das, was man dazu erklärt, noch das, was empirisch gegeben ist, sondern das, was sich in einer philosophischen Analyse ›zeigt‹.
Im einzelnen geschieht das, indem Aristoteles unterschiedliche Stufen der Wissensbildung, angefangen mit dem Wahrnehmungswissen, über das Erfahrungswissen und das Techne-Wissen bis hin zum Theoria-Wissen beschreibt. Das Wahrnehmungswissen erweist sich dabei als ein *Unterscheidungswissen.* Der Mensch orientiert sich, indem er (zunächst im Wahrnehmungsraum) unterscheidet. Was ihm dabei schon in einfachen Wahrnehmungs-

2 Met. A1.980a21.

und Unterscheidungsprozessen zur Verfügung steht, ist stets mehr, als er in konkreten Situationen wirklich braucht. Aristoteles konstatiert hier die *Überschüssigkeit* des Wahrnehmungs- bzw. Unterscheidungswissens und zieht daraus gleich einen anthropologischen Schluß: Abgesehen vom Nutzen werden die Sinneswahrnehmungen »um ihrer selbst willen geliebt«[3]. Das heißt: Die faktische Überschüssigkeit des Wahrnehmungswissens, der Umstand, daß der Mensch in Orientierungssituationen stets mehr ›weiß‹, und zwar in Wahrnehmungs- und Unterscheidungsform weiß, als er tatsächlich benötigt, führt Aristoteles zu einer Selbstzweckvermutung. Wissensbildungsprozesse, selbst elementarer Art, haben ihre eigene Legitimation, sie machen die besondere Orientierungsform des Menschen, sein *epistemisches Wesen* aus. Die anderen Stufen des Wissens, die dieser ersten Stufe folgen, sind dann über den Begriff des Mehr-Wissens (μᾶλλον εἰδέναι[4]) geordnet. Das Wahrnehmungswissen in seiner begrifflichen Form als Unterscheidungswissen führt über ein Erinnerungswissen, das die erste Wissensstufe stabilisiert, gemeint ist einfach: auch situationsunabhängig zur Verfügung hält, zum *Erfahrungswissen.* Erfahrung gilt Aristoteles als ein *Wissen des Besonderen,* gemeint ist ein ›Erkennen der Einzelfälle‹[5], das zugleich eine *Wahrnehmung des Allgemeinen*[6] einschließt. Daher ist Erfahrung, als erfahrungsstabilisiertes Unterscheidungswissen aufgefaßt, nach Aristoteles bereits ›vernünftig‹ bzw. vernunftgeleitet, sie stellt ein auf konkrete (›sinnliche‹) Unterscheidungen gestütztes allgemeines (›begriffliches‹) Wissen dar. Die nächste Stufe, das Techne-Wissen, bedeutet dann schon ein *Wissen des Allgemeinen,* im Unterschied zur Wahrnehmung des Allgemeinen, durch die das Erfahrungswissen gekennzeichnet ist. Unter ihm versteht Aristoteles nicht nur ein Wissen, *daß* (ὅτι) etwas der Fall ist, sondern ein Wissen, *warum* (διότι) etwas der Fall ist, also ein Gründewissen. Es zeichnet im Sinne eines begründungsstabilisierten Erfahrungswissens das wissenschaftliche und das ›technische‹ Wissen, gemeint ist das in den artes, den ›Künsten‹, gebildete Wissen, aus. Als letzte Stufe folgt das Theoria-Wissen, d. h. ein reines Begründungswissen, ein

3 Met. A1.980a23.
4 Met. A1.981a31.
5 Met. A1.981a15-16.
6 Vgl. An. post. B19.100a16ff.

Wissen um die ›ersten‹ Gründe und Ursachen, das dann auch das wissenschaftliche Wissen im höheren, eigentlichen Sinne ist. In ihm, so der Traum des Aristoteles, sei nicht nur die höchste Wissensform, sondern auch die höchste Lebensform des Menschen erreicht. Theoria stellt die höchste Form der Praxis dar.[7]

Aristoteles hat damit nachgewiesen, daß ein Wissen-Wollen und ein Wissen-Können nicht nur, im Sinne der schon Sokratisch-Platonischen Definition des Menschen als animal rationale, die Vernunftnatur des Menschen ausmachen, sondern daß beides bereits Teil ›erster‹, elementarer Orientierungen in Form eines Wahrnehmungs- und Unterscheidungswissens ist. Die folgenden Stufen sind Ausarbeitungen bzw. ›Entwicklungen‹ der ersten Stufe. Wissen treibt Wissen hervor. Wissen ist das eigentliche und ursprüngliche Medium, in dem sich der Mensch orientiert. Dies ist, wie ich meine, eine großartige anthropologische Fundierung des Wissens, auch und gerade in Wissenschaftsform. Mit ihr hat Aristoteles gleichzeitig seine eigene Leidenschaft zum Wesen des Menschen gemacht, besser: im Wesen des Menschen, wie es seine Analyse zutage fördert, wiederentdeckt. Es ist – so Aristoteles, und die Wahrheit dieses Satzes gilt uneingeschränkt auch heute noch – die Eigentümlichkeit des Menschen, seine Orientierungen in Wissensform zu bilden, sich im Wissen und durch das Wissen zu orientieren.

Natürlich fehlt in diesem Zusammenhang auch bei Aristoteles nicht der Hinweis auf die wissensgenerierende Kraft der *Neugierde*: »Weil sie sich wunderten, haben die Menschen zuerst wie jetzt noch zu philosophieren begonnen; sie wunderten sich anfangs über das Unerklärliche, das ihnen entgegentrat. Allmählich machten sie auf diese Weise Fortschritte und stellten sich über Größeres Fragen, etwa über die Affektionen des Mondes und die von Sonne und Sternen und über die Entstehung des Alls.«[8] Das Unerklärliche ist schon ein Element des Wahrnehmungs- bzw. Unterscheidungswissens (angelegt in dessen Überschüssigkeit); es tritt auf allen Wissensstufen auf und führt nach Aristoteles über die Erfahrung der Ratlosigkeit und Unwissenheit zum Nachdenken und zum Wissen.[9] Auch Neugierde treibt in diesem Sinne die

7 Eth. Nic. K7.1177a12 ff.
8 Met. A2.982b12-17.
9 Met. A2.982b17-21.

Wissensbildung voran, lenkt die Wahrnehmung und die Erfahrung ebenso wie die Wissenschaft. Sie bildet sich von einer *naiven* Neugierde, die sich die Nase am Fenster des alltäglich Neuen drückt, zur *reflektierten* Neugierde, die um ihre wissenschafts- und weltbildende Kraft weiß. Auch die moderne Welt ist in diesem Sinne, einschließlich der Wissenschaft, die ihr eigentlicher Motor ist, das Produkt einer selbstbewußten reflektierten Neugierde.[10] Daß diese Neugierde keine Sache von Anlagen und Instinkten ist (auch die Katze ist ›neugierig‹), sondern im epistemischen Wesen des Menschen begründet liegt, hat niemand anders als der alte Aristoteles schon erkannt.

2. Entdeckungen

Über das Neue sollte man nicht spekulieren, sondern es dort aufsuchen, wo es ist. Das gilt auch für das Neue in den Wissenschaften, d. h. für die Entstehung des wissenschaftlich Neuen. Hätten wir eine Vorstellung davon, wie man es erzeugen könnte, wäre das Neue bald das Alltägliche und das Ausbleiben des Neuen das Besondere. Aber so ist es nicht. Auch die Wissenschaft hat kein Abonnement auf das Neue und keine Strategie, wie man es findet. Viele Wege führen nicht nur nach Rom, sondern auch zu neuen wissenschaftlichen Einsichten – und viele natürlich auch an ihnen vorbei. Das sind dann die Holzwege. Die hören irgendwo auf und lassen den, der sie geht, alt erscheinen. Drei Wege, die keine Holzwege sind, auf denen vielmehr Neues entdeckt wurde, seien hier anhand von Beispielen aus den Naturwissenschaften[11] ein wenig

10 Vgl. H. Blumenberg, Die Legitimität der Neuzeit, Frankfurt 1966, 201 ff.; ferner ders., Der Prozeß der theoretischen Neugierde, Frankfurt 1973 (erweiterte und überarbeitete Fassung des dritten Teils von »Die Legitimität der Neuzeit«).

11 Daß sich die Beispiele auf den Bereich der Naturwissenschaften beschränken, bedeutet nicht, daß es in der im Folgenden unterschiedenen Weise das Neue nicht auch in den Geistes- und Sozialwissenschaften gibt. Auch deren Geschichte besteht auf weite Strecken hin aus *Entdeckungsgeschichten*, nur sind diese häufig stärker an konzeptionelle, auch disziplinäre Besonderheiten gebunden und bleiben oft selbst dann noch kontrovers, wenn sie für die ›Entdecker‹ längst zur Grundlage ausgearbeiteter Konzeptionen geworden sind. Ausdruck dieses

näher beschrieben: (1) Entdeckungen, die für die Wissenschaft und für den Entdecker selbst überraschend waren, (2) Entdeckungen, die vom Entdecker selbst und von der Wissenschaft in ihren Grundzügen erwartet wurden, aber im Detail neuartig waren, (3) Entdeckungen, die vom Entdecker erwartet wurden, für die Wissenschaft aber völlig überraschend waren.

Zunächst zu den Entdeckungen, die für die Wissenschaft und den Entdecker selbst überraschend waren, also etwas völlig unerwartet Neues darstellten. Drei Beispiele: (1) Priestleys *Entdeckung des Sauerstoffs,* die als klassischer Fall einer Zufallsentdeckung gelten darf. Priestley befaßte sich im Frühjahr 1775 mit den Eigenschaften unterschiedlicher Gase. Dabei entdeckte er, daß das aus Quecksilberoxid (HgO, so die Bezeichnung der Substanz heute) freigesetzte Gas die Verbrennung besser unterhielt als gewöhnliche Luft. Er schreibt selbst: »Ich will meinen Leser nicht mit der häufigen Wiederholung des Wortes ›Überraschung‹ ermüden (...); aber ich muß in diesem Stil (...) fortfahren. Denn am nächsten Tag war ich mehr überrascht, als ich es vorher jemals gewesen war. Ich fand nämlich, daß in dem oben erwähnten [Gas] (...) eine Kerze brannte, und dies sogar besser als in gewöhnlicher Luft. Ich kann mich bei der inzwischen vergangenen Zeit nicht mehr daran erinnern, was ich mit diesem Experiment im Blick hatte; aber ich weiß, daß ich seinen tatsächlichen Ausgang nicht erwartet hatte. (...) Wenn ich nicht zufällig, zu irgendeinem anderen Zweck, eine brennende Kerze bei der Hand gehabt hätte, hätte ich den Versuch wahrscheinlich niemals durchgeführt: und alle meine künftigen Experimente mit dieser Art von Luft wären verhindert worden.«[12] Priestley hat also erkennbar nicht damit gerechnet, in seinem Experiment auf

Umstandes ist die Existenz von ›Positionen‹, die meist keine gemeinsame wissenschaftliche Sprache haben und daher auch keine Sprache, in der sich gemeinsame ›Entdeckungen‹ ausdrücken ließen. In diesem Sinne hat v. Wright die sozialwissenschaftliche Theoriebildung einmal als eine wissenschaftliche Praxis bezeichnet, die (in der Terminologie Th. S. Kuhns) im Gegensatz zu den Naturwissenschaften einer *universellen* Paradigmenbildung prinzipiell unzugänglich sei. Vgl. G. H. v. Wright, Erklären und Verstehen, Frankfurt 1974, 177.

12 Zitiert nach J. B. Conant, The Overthrow of the Phlogiston Theory. The Chemical Revolution of 1775-1789, Cambridge Mass. 1966 (Harvard Case Histories in Experimental Science 2), 43.

eine neue Luftart, also ein neues Gas, zu stoßen. Hätte er nicht zufällig eine Kerze dabeigehabt, wäre die Wissenschaftsgeschichte wohl anders verlaufen.

(2) Ein bekanntes Beispiel: die *Entdeckung der Röntgenstrahlen.* Am 8. November 1895 experimentierte Röntgen mit einer Gasentladungsröhre, also einem Gerät, bei dem Elektronen (etwa aus einem erhitzten Draht) freigesetzt und durch eine Spannung beschleunigt werden; die Röhre ist evakuiert, zumindest ist der Gasdruck beträchtlich erniedrigt. Dabei umwickelte er die Röhre mit Karton, um zu sehen, inwieweit dieser noch Licht durchließ, und stellte dabei fest, daß einige zufällig auf seinem Arbeitstisch liegengebliebene Kristalle zu fluoreszieren begannen. Röntgen erkannte, daß diese Fluoreszenz durch eine neue Art von Strahlen hervorgerufen sein mußte, die aus der Gasentladungsröhre entwichen waren und anscheinend eine beträchtliche Reichweite besaßen. Diese auffällig durchdringenden Strahlen waren die uns heute wohlbekannten Röntgenstrahlen.

(3) Rutherfords *Entdeckung des Atomkerns.* Im Jahre 1909 führte Rutherford ein Experiment zur Untersuchung der Struktur der Atome durch, das nach militärischen Grundsätzen konzipiert war: Wenn man nicht weiß, was man vor sich hat, schießt man am besten drauf.[13] Rutherford benutzte ein radioaktives Präparat als Strahlenkanone und schoß einen schmalen Strahl von Alpha-Teilchen auf eine dünne Metallfolie. Hinter der Folie war ein Fluoreszenzschirm angebracht, auf dem sich ein auftreffendes Alpha-Teilchen durch einen mikroskopisch kleinen Lichtblitz dokumentierte. Die große Überraschung bestand nun darin, daß diese auftreffenden Alpha-Teilchen nicht nur bei kleinen Ablenkwinkeln beobachtet wurden, sondern gelegentlich auch große Ablenkungen aufwiesen. Einige Teilchen wurden sogar von der Folie zurückgeschleudert, als wären sie gegen eine feste Wand geprallt. Rutherford bemerkte dazu später: »Es war bestimmt das unglaublichste Ereignis, das mir in meinem Leben widerfuhr. Es war fast so unglaublich, wie wenn jemand eine 15-Zoll-Granate auf ein Stück Seidenpapier abgefeuert hätte und diese zurückgekommen wäre und ihn getroffen hätte.«[14] Diesem ›unglaublichen Ereignis‹

13 Vgl. R. U. Sexl, Was die Welt zusammenhält. Physik auf der Suche nach dem Bauplan der Natur, Frankfurt/Berlin/Wien 1984, 145.

14 Zitiert nach R. U. Sexl, ebd.

suchte Rutherford dann durch die Konzeption des Atomkerns gerecht zu werden. Einige der (positiv geladenen) Alpha-Teilchen waren frontal auf die (ebenfalls positiv geladenen) Atomkerne zugelaufen und daher von diesen in die Ausgangsrichtung zurückgestoßen worden.
Soweit die Beispiele für völlig unerwartete Entdeckungen, für das völlig unerwartet Neue. Als Beispiele für Entdeckungen, die vom Entdecker selbst und von der Wissenschaft in Grundzügen erwartet wurden, aber im Detail neuartig waren, seien die beiden folgenden angeführt: (1) Lavoisiers *Entdeckung der zusammengesetzten Natur des Wassers.* Lavoisier suchte ab 1778 nach dem Oxid (also der Sauerstoffverbindung) des 1766 von Cavendish entdeckten Wasserstoffs, hatte jedoch zunächst keinen greifbaren Erfolg. Erst als wiederum Cavendish 1781 bemerkte (und Lavoisier davon 1783 Kenntnis erhielt), daß bei der Knallgasexplosion Wasserstoff und Sauerstoff vollständig in ihr Eigengewicht Wasser umgewandelt werden können, schloß Lavoisier, daß es sich bei dem langgesuchten Wasserstoffoxid um Wasser handelte, und daß Wasser daher keine elementare Substanz, sondern eine Verbindung ist. Nicht überraschend war hier also die Existenz eines Wasserstoffoxids; völlig überraschend war die Erkenntnis, daß es sich bei diesem Oxid um die altvertraute Substanz Wasser handelt.
(2) Örstedts *Entdeckung des Elektromagnetismus.* In der romantischen Naturphilosophie wurden alle Naturkräfte als Ausdruck einer einzigen, grundlegenden Kraft betrachtet und dies führte zu der Erwartung, daß die Naturkräfte ineinander umwandelbar sein müßten. Insbesondere galt dies für Elektrizität und Magnetismus. Unter dem Eindruck dieser Vorstellung suchte Örstedt nach einer solchen Umwandlung und entdeckte schließlich 1820 zufällig anläßlich einer Vorlesung, daß eine Magnetnadel durch einen stromführenden Draht abgelenkt wurde. Damit war die Verbindung zwischen Elektrizität und Magnetismus entdeckt. Das Neuartige und Unerwartete dieses Effekts bestand darin, daß der Strom eine Drehung der Magnetnadel herbeiführte. Gesucht hatte man nach einer direkten Anziehung oder Abstoßung zwischen elektrischen Ladungen und Magnetpolen. Was man nicht erwartet hatte, war ein kreisförmiges Magnetfeld um den stromdurchflossenen Leiter. Eine falsche Hintergrundannahme hatte also die Entdeckung des

Elektromagnetismus zunächst verhindert; der Zufall mußte zu Hilfe kommen, um auf die richtige Spur zu führen.[15]

Schließlich zwei Beispiele für Entdeckungen, die vom Entdecker erwartet wurden, für die Wissenschaft aber völlig überraschend waren. (1) Der *Poissonsche Fleck.* Etwa 1830 legte Fresnel die erste ausgearbeitete Fassung einer Wellentheorie des Lichts vor. Der Kern dieser Theorie bestand in der Annahme, daß die Lichtschwingungen transversaler Natur sind (also senkrecht zur Fortpflanzungsrichtung erfolgen). Diese Theorie hielt Poisson für gänzlich absurd, und um dies zu beweisen, leitete er aus der Theorie eine augenfällig unsinnige Konsequenz ab. Nach Fresnels Theorie müßte nämlich in der Mitte des von einer punktförmigen Lichtquelle erzeugten Schattenbilds einer kreisförmigen Scheibe ein heller Fleck entstehen (›Poissonscher Fleck‹). Arago machte sich dann tatsächlich die (allem Anschein nach überflüssige) Mühe, die Falschheit dieser Konsequenz auch experimentell zu demonstrieren. Zur allgemeinen Überraschung fand er jedoch wirklich den vorhergesagten Fleck. Obwohl es folglich nicht der Urheber der Theorie war, der den neuartigen Effekt vorausgesagt hatte, hätte er ihn doch voraussagen können, wenn er sich die Mühe der Deduktion gemacht hätte. In derartigen Fällen der theoretischen Prognose eines neuartigen Effekts überrascht dessen empirischer Aufweis zwar das Publikum, nicht aber den Theoretiker.

(2) Einsteins *Prognose der Lichtablenkung im Gravitationsfeld.* Einstein hatte aus der Allgemeinen Relativitätstheorie die Konsequenz abgeleitet, daß Licht im Gravitationsfeld um einen bestimmten Winkel aus seiner ursprünglichen Bahn abgelenkt wird. 1919 untersuchte Eddington daher die Position von Sternen, deren Licht sehr nahe an der Sonne vorbeilief. Diese Positionen verglich er mit den Positionen derselben Sterne zu Zeiten, in denen diese weit von der Sonne entfernt waren. Tatsächlich fand sich die erwartete Verschiebung im erwarteten Ausmaß. Diese erfolgreiche theoretische Prognose wurde von den Uneingeweihten mit großer Überraschung aufgenommen. Zugleich wird der Prozeß

15 Vgl. R. U. Sexl, a.a.O., 61-62. Eine abweichende Darstellung findet sich bei J. Agassi, Towards an Historiography of Science, The Hague 1963, 67-74. Agassi nimmt an, daß die Entdeckung weniger zufällig als traditionell unterstellt war.

der Prüfung der Allgemeinen Relativitätstheorie mit dem katho[lischen] schen Verfahren der Heiligsprechung verglichen (»November 6, 1919, the day on which Einstein was canonized«[16]). Die erfolgreiche Prognose der Lichtablenkung war eines der dafür erforderlichen Wunder.

Man sieht, daß es keinen einfachen Weg zum Neuen in der Wissenschaft gibt und daß die unterschiedlichen Wege zum Neuen nicht einfach sind. Sie verdanken sich zudem nur selten einer strikten Programmtreue, weshalb auch die Rede von wissenschaftlichen Revolutionen, die mit Kuhns Arbeiten in der Wissenschaftsgeschichte wieder populär geworden ist, so falsch nicht ist. Zwar unterscheiden sich wissenschaftliche Revolutionen von politischen und gesellschaftlichen Revolutionen dadurch, daß sie in ihren Veränderungspotentialen weitaus vielfältiger, darüber hinaus in der Regel auch weit weniger verlustreich als diese sind, doch ist das schließlich kein Nachteil und nichts Unsympathisches. Auch sterben Theorien in der Wissenschaft manchmal aufrechter als auf der politischen oder ideologischen Bühne. Dort finden sie meist erst mit dem biologischen Ende ihrer Anhänger selbst ein Ende – ein in der Wissenschaft allerdings auch nicht gänzlich unbekanntes Phänomen.[17]

3. Das Wissen und das Nichtwissen

Das Neue ist der Alltag, nicht der Sonntag der Wissenschaft, auch wenn es nicht alltäglich in dem Sinne ist, daß es sich jederzeit einstellt. Die Programme und das Selbstverständnis der Wissenschaft haben das Neue stets im Kalkül, rechnen mit ihm, suchen nach ihm. Die Wissenschaft kann enttäuscht, aber nicht aufgehalten werden. Darum ist aber auch eine langfristige Extrapolation des Forschungsstandes einer Wissenschaft nicht möglich, und

16 A. Pais, ›Subtle is the Lord ...‹. The Science and the Life of Albert Einstein, Oxford/New York 1982, 305.

17 Vgl. M. Planck, Wissenschaftliche Selbstbiographie, Leipzig 1948, 22 (»Eine neue wissenschaftliche Wahrheit pflegt sich nicht in der Weise durchzusetzen, daß ihre Gegner überzeugt werden und sich als belehrt erklären, sondern vielmehr dadurch, daß die Gegner allmählich aussterben und daß die heranwachsende Generation von vornherein mit der Wahrheit vertraut gemacht ist«).

um kann auch die gegenwärtige Wissenschaft nicht für die zukünftige sprechen.[18] Wir wissen nicht, was wir nicht wissen. Und deswegen wissen wir auch nicht, was wir in Zukunft wissen werden. Wir wissen nicht einmal, was wir in Zukunft wissen können oder nicht zu wissen brauchen (womit sich dann unter anderem viel Geld sparen ließe). Auch dieses – zu wissen, was wir nicht zu wissen brauchen – würde ja bedeuten, daß zumindest die Wege der Forschung extrapolierbar klar und eventuelle Wissensgrenzen der Forschung bekannt wären.

Über derartige Grenzen hat sich die Wissenschaft oft genug den Kopf zerbrochen, wenn sie über Grenzen der Ausschöpfbarkeit der Natur und Grenzen der Ausschöpfbarkeit der Informationskapazitäten nachgedacht hat.[19] In beiden Fällen geht man von der Annahme aus, die Geschichte der Wissenschaft sei entweder absolut endlich oder ginge irgendwann einmal in eine asymptotische Annäherung an das, was man überhaupt wissen kann, über. Doch eine solche Annahme ist selbst spekulativ. Sie unterschätzt nicht nur die fortschrittsgenerierende Kraft wissenschaftlicher Revolutionen oder ›kopernikanischer Wenden‹, sie übersieht auch, daß wissenschaftliche Forschungsprogramme mit (internen und externen) *Zwecken*, darunter auch der vielbeschworene Zweck, ohne Zwecke zu sein, verbunden sind. Auch diese Zwecke müßten wir alle kennen, wenn wir annehmen wollten, Wissenschaft hätte irgendwann ihre Aufgabe erfüllt und hätte dann selbst keine Zukunft mehr. Alle möglichen Zwecke zu kennen, aber ist nun wirklich absurd. Deren Zahl ist unbegrenzt und unbegrenzbar. Deshalb stellt sich aber auch eine Frage wie die, ob der wissenschaftliche Fortschritt noch eine Zukunft hat, jetzt nicht und auch in Zukunft nicht. Um sie zu beantworten, müßten wir ja wiederum schon wissen, was wir nicht wissen, was nur der wissenschaftliche Fortschritt selbst oder sein Ausbleiben zeigen könnten.

Mit anderen Worten: wir müssen nicht befürchten, daß das, was

18 Vgl. N. Rescher, The Limits of Science, Berkeley/Los Angeles/London 1984, 102 (dt. Die Grenzen der Wissenschaft, Stuttgart 1985, 187).

19 Vgl. auch dazu N. Rescher, Scientific Progress. A Philosophical Essay on the Economics of Research in Natural Science, Oxford 1978, 6ff. (dt. Wissenschaftlicher Fortschritt. Eine Studie über die Ökonomie der Forschung, Berlin/New York 1982, 7ff.). Ferner J. Mittelstraß, Fortschritt und Eliten. Analysen zur Rationalität der Industriegesellschaft, Konstanz 1984 (Konstanzer Universitätsreden 150), 41ff.

die Wissenschaft treibt, nämlich alles zu wissen, irgendwann . sächlich einmal eintritt, daß der Wissenschaft eines Tages die wis senschaftlichen Probleme ausgehen, alle wissenschaftlichen Fragen beantwortet, alle Rätsel gelöst, alle Lehrbücher geschrieben, die letzten Nobelpreise vergeben, die letzten Philosophen, denen noch etwas eingefallen ist, emeritiert sind, Walhalla, das wissenschaftliche, geschlossen ist. Alle diese Befürchtungen sind unbegründbar, aus den genannten Gründen, und weil in Wahrheit das Nichtwissen dem Wissen ständig auf den Fersen bleibt. Hinter jedem gelösten Problem stehen neue Probleme, hinter jeder gewonnenen Einsicht stehen neue Fragen. Mit einem schon bei Pascal auftretenden Bild des Biologen Hubert Markl gesprochen: Das Wissen ist eine Kugel, die im All des Nichtwissens schwimmt und beständig größer wird.[20] Mit dem Wachsen dieser Wissenskugel vergrößert sich ihre Oberfläche und mit dieser vermehren sich auch ihre Berührungspunkte mit dem Nichtwissen.

Dieses Bild läßt im übrigen zwei Deutungen zu, deren eine man als pessimistische und deren andere man als optimistische Deutung bezeichnen könnte. Die pessimistische lautet: Wenn es der *Radius* der Kugel ist, der das Wissen repräsentiert, dann wächst bei Vergrößerung der Kugel die Oberfläche schneller als der Radius, nämlich mit der 2. Potenz. Also wächst das Nichtwissen schneller als das Wissen. Die Forschung produziert, so paradox das auch klingen mag, ein schnelleres Wachstum des Nichtwissens als des Wissens. In der optimistischen Deutung wäre es dann nicht der Radius, sondern das *Volumen* der Kugel, das das Wissen repräsentiert. Wenn die Kugel wächst, dann wächst ihr Volumen schneller als ihre Oberfläche, nämlich mit der 3. Potenz des Radius. In diesem Falle produzierte die Forschung zwar ebenfalls immer mehr Nichtwissen, aber das Wissen wüchse trotzdem schneller als das Nichtwissen.

Für welche Deutung unserer Wissenskugel man sich auch entscheidet, eines ist jedenfalls klar: Das wachsende Wissen macht die Welt des noch nicht Gewußten, des noch nicht Erforschten nicht kleiner, sondern größer. Die Forschungsaufgaben wachsen mit dem (wachsenden) Wissen; dem Nichtwissen und damit auch dem Neuen, das die Wissenschaft erforscht, sind keine Grenzen gesetzt.

20 H. Markl, Das akademische Ökosystem, Konstanz 1987 (Konstanzer Universitätsreden 159), 22.

Das bedeutet nicht, daß der Wissenschaft das Neue in den Schoß fällt. Wer das Neue will, muß sich auch in der Wissenschaft auf das Unplanbare, Unvorhersehbare, auf Umwege und Holzwege, auf viele Enttäuschungen einlassen. Er muß lange Wege gehen, und die Gesellschaft muß bereit sein, lange Wege zu finanzieren. Dazu gehören auch die Wege der sogenannten *Grundlagenforschung*. Diese ist keine listige Erfindung der Wissenschaften, um in Fröhlichkeit den eigenen, meist teuren wissenschaftlichen Neigungen nachzugehen. Sie ist vielmehr der Humus, in dem die Blume Einsicht blüht. Wer es an seiner Stelle mit billiger Schnellkost versucht, wird enttäuscht werden. Legebatterien und Mastviehhaltung sind keine Modelle erfolgreicher Wissenschaft, eher schon die Arbeit des Forstwirts oder der Versuch, einen englischen Rasen anzulegen. Auch die Frage »forschen wir nicht nur richtig, sondern auch das Richtige?«[21] ist im Grunde unbeantwortbar, auch wenn sie angesichts knapper Mittel und Themen wie das Lächeln bei Molière oder die Erotik der Griechen immer wieder einmal gestellt werden muß. Die Freiheit der Forschung, am nachdrücklichsten stets für die Grundlagenforschung reklamiert, ist auch ihre Last – und manchmal ihr schlechtes Gewissen.

Nun ist aber auch die übliche Unterscheidung zwischen Grundlagenforschung und angewandter Forschung längst brüchig geworden. Mochte es früher so scheinen, daß Wissenschaft überhaupt Grundlagenforschung und als solche durch die reinen Zwecke der Wahrheit und der Erkenntnis von vornherein gerechtfertigt sei, während angewandte Forschung den Marktinteressen der Wirtschaft folgt, sehen die Dinge heute ganz anders aus. Entdeckung, Erfindung und Entwicklung sind zusammengerückt, die Grenzen zwischen dem, was man Grundlagenforschung nennt, und dem, was man angewandte Forschung nennt (und damit oft schon Wirtschaft meint), sind blaß geworden. Reine Grundlagenforschung gibt es nur noch in wenigen Bereichen, nicht nur in außeruniversitären Forschungseinrichtungen, sondern auch in den Universitäten selbst. Andere, wissenschaftsnähere Unterscheidungen sind angezeigt. So habe ich in diesem Zusammenhang vorgeschlagen, zwischen reiner Grundlagenforschung, an-

21 H. Markl, Auftrag und Grenzen der Wissenschaft im Wandel unserer Zeit, in: ders., Wissenschaft: Zur Rede gestellt. Über die Verantwortung der Forschung, München/Zürich 1989, 15.

wendungsorientierter Grundlagenforschung und produktortierter Anwendungsforschung zu unterscheiden.[22]
Reine Grundlagenforschung ist nach dieser Unterscheidung Forschung, deren Ergebnisse keine praktischen Anwendungen erwarten lassen. Typische Forschungsfelder dieses Forschungstyps sind heute Elementarteilchenphysik und Kosmologie. Als Beispiele mögen die Entwicklung einer einheitlichen Theorie für alle Teilchenwechselwirkungen außer der Gravitation (die sogenannte ›Große Vereinheitlichte Theorie‹) und die Verbindung der Elementarteilchentheorie mit der Theorie der Gravitation dienen. *Anwendungsorientierte Grundlagenforschung* ist Forschung, von deren Ergebnissen Anwendungen zwar erhofft werden, doch nicht so, daß diese direkte Umsetzungen in marktfähige Produkte innerhalb der für Industrieunternehmen typischen Planungszeiträume erwarten lassen. Beispiele für diesen Forschungstyp sind etwa Hochtemperatursupraleitung, Synergetik (oder nicht-lineare Dynamik), Informatik im Grundlagenbereich. Unter *produktorientierter Anwendungsforschung* ist schließlich Forschung verstanden, die entweder bereits im Blick auf besondere Anwendungen stattfindet oder solche Anwendungen kurzfristig erwarten läßt. Beispiele dafür sind Materialforschung, Umweltforschung und Medizinforschung. Während im Falle der reinen Grundlagenforschung der Begriff der Anwendung keinen Sinn, auch keinen prognostischen, macht und im Falle der anwendungsorientierten Grundlagenforschung Anwendung zwar intendiert ist, aber die Wege zwischen Forschung und Anwendung unübersichtlich und selbst noch einmal forschungsintensiv sind, sind im Falle der produktorientierten Anwendungsforschung die Wege zwischen Forschung und Anwendung kurz und in den Forschungsprogrammen auch entsprechend konkret angelegt.
Beides, das Spiel des Wissens mit dem Nichtwissen auf unserer Wissenskugel und die Differenzierung der Forschungsprofile unter den Gesichtspunkten von Grundlagenwissen und Anwendungswissen, macht noch einmal deutlich, daß Wissenschaft nicht, oder doch nur in wenigen Bereichen, wirklich planbar ist.

22 J. Mittelstraß, Zukunft Forschung. Perspektiven der Hochschulforschung in einer Leonardo-Welt, in: Essener Hochschulblätter. Ausgewählte Reden im Studienjahr 1988/89, Essen (Universität GH Essen) 1990, 15-41, hier 28-33; in diesem Band: 47-73, hier 60-66.

Zwar ist ihr Weg mit Forschungsprogrammen, Projekten und Entdeckungsstrategien gepflastert, zwar besteht jede Wissenschaftsförderung auf konkreten und in ihren Versprechungen realistischen Arbeitsabläufen, doch weiß im Grunde jeder, jeder Wissenschaftler und jeder Wissenschaftsförderer, daß sich wissenschaftliche Ergebnisse nicht erzwingen lassen, daß Wissenschaft der verqueren Logik von Fünfjahresplänen ebensowenig folgt wie eine erfolgreiche Volkswirtschaft, daß gerade in ihrer mangelnden Determiniertheit ihre innovative Kraft liegt.
Dabei gibt es natürlich – auch das sei noch einmal betont – kein Abonnement auf Innovation, auf die Entdeckung des Neuen. Viele Forschungsprogramme sind langweilig und bleiben auch in ihren Ergebnissen langweilig, viele Ziele erweisen sich letztlich als Ressourcenfallen, als Ziele ohne Wege, als voreilige Verheißungen, die nur Enttäuschungen folgen lassen. Wer Wissenschaft fördern will – und das sollten angesichts der Wissenschaftsabhängigkeit der modernen Welt alle sein –, sollte mißtrauisch sein, wenn man ihm schnelle Erfolge verspricht. Wissenschaft ist, noch einmal, kein Produkt, das sich den ökonomischen Zwängen von Entwicklung, Produktion und Marketing beugt. Das gilt z. B. für die Informatik und die Fusionsforschung als Beispiele für eine anwendungsorientierte Grundlagenforschung ebenso wie für die Krebsforschung. Vor deren Erfolg, für den viele unserer besten Forscher arbeiten, sind viel wissenschaftlicher Schweiß und Langmut gesetzt. Ohne ein immer besseres Wissen über die Genetik und die Molekularbiologie der Zelle geht hier nichts. Wer etwas anderes erwartet, kennt sich nicht aus. Das Neue hat Zeit, viel Zeit.

4. Zur Ordnung des Wissens

Das Neue hat nicht nur viel Zeit, es tut sich auch in einer sich disziplinär immer stärker verändernden Forschungslandschaft schwer. Diese Landschaft wird immer unübersichtlicher. Kein einzelner weiß mehr, was die Wissenschaft weiß, und kein einzelner weiß mehr, wo die Fronten der disziplinären Forschung liegen, wo die Berührung mit dem Neuen stattfindet. Da nimmt es nicht wunder, daß die Antwort der Wissenschaft auf diese ihre eigene Unübersichtlichkeit der *Spezialist* ist. Wissenschaft schränkt sich in ihren Subjekten ein, macht diese zu Experten, entlastet sie von dem Zwang, Sachverstand in unbegrenzten reichen zu sein. Als Experte droht der Wissenschaftler zuglei zum Symbol der modernen Welt und ihrer Probleme zu werden. Wissenschaft ist ansteckend, auch in ihren Organisationsformen.

Dabei ist es in der Wissenschaft schön und angesehen, Spezialist zu sein, und es ist irgendwie, wenn man nicht zum unfruchtbaren Konsumenten fremden Wissens werden will, auch unvermeidlich. Und doch ist reines Spezialistentum eher ein Schwächezeichen der Wissenschaft als Ausdruck ihrer Stärke. Schließlich schafft die Wissenschaft mit der Glorifizierung des Spezialistentums selbst ein zusätzliches Stück Unübersichtlichkeit. Sie zerlegt sich über Gebühr in immer kleinere Segmente, in denen der Spezialist wie der Maulwurf, der die Welt der anderen längst aus dem (fast blinden) Auge verloren hat, seine Gänge zieht. Der Spezialist ist nicht so sehr zum Symbol des Wissens als vielmehr zum Symbol des Nichtwissens geworden.

Allerdings ist – entgegen einer anderen Tendenz des Zeitgeistes – auch der *Generalist* wohl nicht die richtige Antwort auf die (wünschenswerte) Unzufriedenheit mit dem Spezialisten. Mit dem Generalisten, der heute vor allem zur Hoffnung des Politikers angesichts der für ihn unerreichbaren Welten des Sachverstandes geworden ist, wird nur ein Wissen, das alles von immer weniger weiß, mit einem Wissen, das immer weniger von allem weiß, getauscht. Wissen aber, das sich in dieser Weise in das Wissen des Generalisten und in das Wissen des Spezialisten zerlegt, ist im Grunde unfähig, die Welt zu begreifen und unsere Probleme, darunter wiederum wissenschaftliche Probleme, auch. Die Dinge müssen wieder anders gesehen werden: Es gibt nicht etwa zu viele Spezialisten und zu wenige Generalisten, sondern zu wenige Spezialisten mit generellen Kompetenzen und zu viele Generalisten ohne spezielle Kompetenzen. Der Spezialist, der nichts anderes als Spezialist ist, ist auch in der Wissenschaft ein armer Wicht. Das gleiche gilt für den Generalisten, der nichts wirklich genau weiß. Was die Wissenschaft in einer Welt wachsenden Wissens und Nichtwissens, desgleichen in einer Welt wachsender Probleme braucht, sind daher auch disziplinäre *Grenzgänger*, d. h. Wissenschaftler, die die Grenzen ihrer Disziplin mehr lieben als die ausgetretenen disziplinären Pfade, die *transdisziplinär* denken und forschen. Wer in der Wissenschaft nur die Wege der anderen geht,

. den Fortschritt und das Neue verfehlen – und die mit ihnen lösenden Probleme auch.

Heute ist in diesem Zusammenhang viel von *Interdisziplinarität* die Rede. Doch Interdisziplinarität ist nicht genug. In interdisziplinären Forschungskontexten rücken die Disziplinen auf Zeit zusammen (weit häufiger übrigens auch nur in gehobenen Studium-Generale-Veranstaltungen, also außerhalb eines eigentlichen Forschungskontextes). Die Disziplinen bleiben in diesem Falle, wie sie sind, zumal es auch keine interdisziplinären Kompetenzen gibt, die disziplinäre Kompetenzen ersetzen könnten. Anders im Falle einer *Transdisziplinarität.*[23] Mit ihr ist Forschung gemeint, die sich selbst aus ihren disziplinären Grenzen löst, die ihre Probleme disziplinenunabhängig definiert und disziplinenunabhängig löst. Das hat bedeutende Forschung im übrigen immer schon getan. Disziplinäre Zuordnungen kommen meistens zu spät, sie erklären die eigentliche Leistung nicht. War, so ließe sich z. B. fragen, Robert Boyle ein Physiker oder ein Chemiker, Max Weber ein Historiker oder ein Soziologe, Gottlob Frege ein Mathematiker oder ein Philosoph, Max Delbrück ein Biologe oder ein Physiker? Mit anderen Worten: Disziplinarität ist eine Voraussetzung für wissenschaftliche Leistungen, aber nicht schon das letzte institutionelle Wort. Dieses lautet in Forschungszusammenhängen Transdisziplinarität. Disziplinäre Kompetenzen müssen sich in einem im strengen Sinne nicht mehr disziplinär organisierten Forschungsfeld bewähren. Lehre wäre auch in Zukunft disziplinär definiert, Forschung transdisziplinär.

Keine Frage, daß dem das herrschende institutionelle Wissenschaftsverständnis nicht entspricht. Die weitgehende Zerlegung großer Fakultäten in immer kleinere Fakultäten bis hin zu Ein-Fach-Fakultäten (mit oder ohne Bindestrich), d. h. die Zerlegung einer wissenschaftsfördernden institutionellen Interdisziplinarität in disziplinäre, ja einzelfachliche Partikularitäten beherrscht die

23 Zu diesem Begriff und dem Gedanken einer Neuordnung der Disziplinaritäten vgl. J. Mittelstraß, Wohin geht die Wissenschaft? Über Disziplinarität, Transdisziplinarität und das Wissen in einer Leibniz-Welt, in: Konstanzer Blätter für Hochschulfragen 26 (1989), H. 1-2 (98-99), 101 ff. Ferner in: ders., Der Flug der Eule. Von der Vernunft der Wissenschaft und der Aufgabe der Philosophie, Frankfurt 1989 (suhrkamp taschenbuch wissenschaft 796), 67 ff. Vgl. in diesem Band: 101.

Wirklichkeit unserer Universitäten. Institutionelle Subjektivität herrscht, wo institutionelle Objektivität herrschen sollte. Der Wissenschaft werden die institutionellen Beine schwach, die Universität verliert ihre Idee.

Doch nicht dies soll hier im Vordergrund stehen, sondern der Umstand, daß die Entdeckung des Neuen in der Wissenschaft auch ein institutionelles Moment hat. Es liegt im disziplinären und im transdisziplinären Charakter der Wissenschaft beschlossen, aber auch noch in vielen anderen Bereichen. Neben das Lob der Transdisziplinarität tritt z. B. das Lob der Unauffälligkeit und des Nachwuchswissenschaftlers. Mit dem Lob der Unauffälligkeit meine ich, daß es zwar immer noch einzelne, große einzelne sind, die den nächsten wissenschaftlichen Schritt tun (Boyle, Weber, Frege, Delbrück hatte ich genannt), doch tun sie ihn zumindest heute nicht alleine. In dem Maße, in dem sich in der Wissenschaft das Arbeitsgruppenprinzip durchsetzt, verteilen sich auch die Anteile an der Entdeckung des Neuen. Das weiß jeder, der es gewohnt ist, in dieser Form zu arbeiten, und der z. B. den Schatten kennt, den das Licht der Nobelpreise auf die nicht Preisgekrönten und dennoch Beteiligten wirft. Wissenschaft ist kein Industriebetrieb, aber auch keine faustische Veranstaltung mehr. Das Neue bzw. seine Entdeckung ist – nur noch nicht immer in der richtigen Weise bemerkt – demokratischer geworden.

Und da ist zweitens das Lob des Nachwuchswissenschaftlers. Das Neue und die Jungen gehören zusammen. Das soll nicht heißen, daß den Alten nichts mehr einfällt – die Wissenschaftsgeschichte ist voller Beispiele für Glanzleistungen selbst im hohen Wissenschaftleralter –, nur gibt es bei diesen auch viele Dinge, die sich zunehmend als hinderlich auf dem Wege zum Neuen erweisen: z. B. die Liebe und Anhänglichkeit gegenüber früheren Einsichten (eigenen natürlich), die Identifikation mit Positionen, die autoritätsverheißend sind, die forschungsbehindernde und forschungsvermeidende Verstrickung im Ämterunwesen. Auch der ältere Wissenschaftler ist eben nur ein Mensch. Das sind zwar die Jungen auch, nur müssen die sich ihren Platz in einer unter Spezialisten aufgeteilten Welt erst suchen. Und diese Suche kann, wissenschaftlich gesehen, äußerst erfolgreich sein. Darum sind übrigens in diesem Punkte die Universitäten, die den wissenschaftlichen Nachwuchs ausbilden, den außeruniversitären Forschungseinrichtungen, die dies nicht tun, häufig noch immer überlegen: ihnen sitzt mit den Jungen der Stachel der wissenschaftlichen Zukunft im institutionellen Fleisch.

5. Das Neue und das Schreckliche

Auf das Neue in der Wissenschaft fällt in der modernen Welt ein Schatten. Der alte Galilei, allerdings erst Brechts Galilei, hat ihn kommen sehen. Er steckt die Grundlagen seiner Mechanik einem Schüler zu, der sie sicher nach Holland bringen wird, und gerät ins Sinnieren: »Ich halte dafür, daß das einzige Ziel der Wissenschaft darin besteht, die Mühseligkeit der menschlichen Existenz zu erleichtern. Wenn Wissenschaftler (...) sich damit begnügen, Wissen um des Wissens willen anzuhäufen, kann die Wissenschaft zum Krüppel gemacht werden, und eure neuen Maschinen mögen nur neue Drangsale bedeuten. Ihr mögt mit der Zeit alles entdekken, was es zu entdecken gibt, und euer Fortschritt wird doch nur ein Fortschreiten von der Menschheit weg sein. Die Kluft zwischen euch und ihr kann eines Tages so groß werden, daß euer Jubelschrei über irgendeine neue Errungenschaft von einem universalen Entsetzensschrei beantwortet werden könnte.«[24] Das Neue als das Schreckliche? Als das, was nicht die Zukunft ist, sondern am Ende der Zukunft steht, was der Menschheit teuer zu stehen kommt? Waren Wissenschaft und Technik am Ende zu erfolgreich? Für viele sieht das heute so aus. An die Stelle der Rede von der *gesellschaftlichen Relevanz* der Wissenschaft, die die Diskussionen in den 60er und 70er Jahren bestimmte, ist die Rede vom *gesellschaftlichen Schaden* der Wissenschaft getreten. Die Angst geht um, daß nicht die Wissenschaft der Welt, sondern die Welt der Wissenschaft gehört.

Diese Angst oder besser die Sorge, die sich in ihr dokumentiert, ist nicht unbegründet. Wissenschaft und Technik haben mit ihren Entdeckungen und Entwicklungen die Welt verändert, und dies in einer Weise, die manchmal auch bei weniger Ängstlichen den Eindruck aufkommen läßt, die Welt und die Wissenschaft, die sie lenkt, seien von allen guten Geistern verlassen. Bereits heute ist z. B. die Akkumulation langlebiger umweltschädigender Abfall-

24 B. Brecht, Leben des Galilei, in: ders., Gesammelte Werke, I-VIII, Frankfurt 1967, III, 1340. Vgl. in diesem Band: 18f.

produkte industrieller Produktion, deren Motor wiederum die Wissenschaft ist, ein nahezu unlösbares Problem. Reparaturkosten, die ein ebenso imperialer wie sorgloser Umgang mit der natürlichen Umwelt mit sich bringt, drohen ins Unermeßliche zu steigen. Die Welt ist ein Artefakt geworden, aber ein solches, das seinem Schöpfer droht. Zugleich wird in der Medizin, in der Biologie und der Chemie die Natur des Menschen selbst als etwas entdeckt, das sich ebenso verändern läßt wie die physische und die soziale Welt. Schritt für Schritt beginnt sich die moderne Welt an die Stelle des Menschen zu setzen. Und die Wissenschaft ist immer dabei.

Dennoch wäre es falsch, zu meinen, ohne Wissenschaft und Technik, ohne das Neue, das sie entdecken und entwickeln, wären die Dinge einfacher und die Welt humaner. Die Naivität zu verlieren, die lange Zeit den Gang der Wissenschaft und der Technik begleitete und diesen mit dem Werden einer schönen neuen Welt identifizierte, ist eine Sache, sie durch eine grenzenlose Untergangsstimmung zu ersetzen, die in der Wissenschaft den Ruin einer menschenwürdigen Welt, ihren Führer in die Unterwelt sieht, ist eine andere. Außerdem wird dabei übersehen, daß sich unsere Probleme, auch diejenigen unter ihnen, die sich gerade unserem wissenschaftlichen Wissen und unserem technischen Können verdanken, ohne Wissenschaft und Technik gewiß nicht bewältigen lassen. Ohne Wissenschaft und Technik, ohne deren innovative Kraft, geriete die moderne Welt alsbald in einen Zustand der Handlungs- und Reaktionsunfähigkeit. Also gibt es auch zur Wissenschaft und Technik, wie zur modernen Welt selbst, angesichts der von ihr selbst erzeugten Probleme (wie Ressourcenknappheit, Schadstoffbelastung, Abfallnotstand, Überbevölkerung) keine wirkliche Alternative. Wege aus der modernen, wissenschaftsgestützten Welt führen nur in eine andere moderne Welt – oder in die Katastrophe.

Es ist ein Element der derzeitigen Skepsis gegenüber der Wissenschaft bzw. der sogenannten Akzeptanzkrise, in der sich die Wissenschaft befinden soll, daß man vor allem gebannt auf das starrt, was man aus ethischen und anderen Gründen als *Grenzen* der Wissenschaft bezeichnet. Diese Grenzen bestehen in der Tat, z. B. im Problembereich der Reproduktionsmedizin und der Gentechnologie. Es sind keine wissenschaftlichen Grenzen, sondern *ethische* Grenzen. Sie einzuhalten, wird ein wesentliches Element des

Schicksals der modernen Welt sein. Doch gerät eben unter dem Eindruck dieser Grenzen und der Ängste, mit denen wir sie schon überschritten sehen, manchmal in Vergessenheit, daß wir, gerade in Ansehung der Probleme unserer Welt, noch viel zu wenig wissen. Wir wissen zu wenig, um mit Krankheiten wie Krebs und AIDS fertigzuwerden; wir wissen zu wenig, um Probleme zu lösen, die damit zusammenhängen, daß die Tragekapazität der Erde schon jetzt bei weitem überschritten ist; wir wissen zu wenig, um der Zerstörung der Biosphäre erfolgreich entgegentreten zu können. Mit einem kleinen Bauernhof, einem Kohlekraftwerk und der Änderung mancher liebgewonnener Konsumgewohnheiten ist es da nicht getan.

Deswegen ist es aber auch kein guter Rat (Jonas folgend[25]), bleiben zu lassen, was möglicherweise Gefahren birgt und in seinen Folgen unüberschaubar ist. Ein solches Verhalten könnte allzu leicht zu der schon erwähnten Situation führen, daß wir am Ende zu wenig wissen und zu wenig können, um mit den Problemen fertigzuwerden, die die Welt hat und die sie noch bringen wird. Die Probleme bleiben nicht stehen, wenn wir stehenbleiben. Im Gegenteil, sie werden übermächtig werden. Dabei ist es im übrigen so – und auch dies wird häufig übersehen –, daß die Wissenschaft im Streit um die Zukunft der Welt selbst weder parteiisch noch einäugig ist. Sie arbeitet an dieser Zukunft, aber sie tritt ihr auch in ihren Analysen kritisch gegenüber. Oder anders ausgedrückt: Wissenschaft ist immer da – wenn es weitergehen soll oder Halt geboten ist, wenn die Welt nach vorne drängt und wenn sie an ihre Grenzen stößt. Sie ist unverzichtbar, obgleich auch sie nicht zaubern kann, gemeint ist: obgleich auch sie aus dem Dilemma von Fortschritt und dessen Folgen nicht herausführen kann.

In diesem Dilemma wird sich die moderne Welt noch lange, wenn nicht auf Dauer, einzurichten haben. Und mit ihr die Wissenschaft selbst, deren Seele die Entdeckung des Neuen ist, und die doch ebensowenig wie jede andere Seele dagegen gefeit ist, daß sie Schaden nimmt bzw. Schaden bringt. Wenig tröstlich ist da im übrigen auch Lichtenbergs in seinen »Sudelbüchern« notierte Vermutung: »Warum sollte es nicht Stufen von Geistern bis hin zu

25 Vgl. H. Jonas, Das Prinzip Verantwortung. Versuch einer Ethik für die technologische Zivilisation, Frankfurt 1984.

Gott hinauf geben, und unsere Welt das Werk von einem sein können, der die Sache noch nicht recht verstand, ein Versuch?«[26] Die Verantwortung für diese Welt läßt sich nicht auf einen Anfängergott abwälzen. Richtig ist vielmehr, daß die moderne Welt das Werk des Menschen, darunter auch des Wissenschaftlers, ist, und dieser seine Sache noch nicht recht verstand.

Im übrigen – und damit zum Schluß zurück vom drohenden Schrecklichen zum lockenden Neuen – ist Wissenschaft nicht nur Arbeit, die die Sache des Menschen doch noch besser zu machen sucht, sondern im Sinne der anfangs beschriebenen Aristotelischen Analyse stets auch die Verwirklichung des epistemischen Wesens des Menschen und eines der letzten Abenteuer, die dem Menschen auf einer immer enger werdenden und immer dichter mit Altvertrautem besetzten Erde geblieben sind. Wissenschaft ist ein erkenntnisvernarrtes, fehlerallergisches, wahrheitskritisches, nicht zur Ruhe zu bringendes Kind des epistemischen Wesens des Menschen. Wissenschaft heißt, den Fuß auf unbekanntes Land setzen, hindenken, wohin noch niemand gedacht hat, hinter dem Vertrauten das Unbegriffene suchen, die Wirklichkeit des Zukünftigen entdecken, sich auf den Wettbewerb um Probleme einlassen, Kultur verändern, ihre Dynamik lenken.

Dabei gibt es für die Entdeckung des Neuen in der Wissenschaft keine treffsichere Prognose und kein sicheres Geländer einer Methode. Das Neue ist unberechenbar, wankelmütig und erstaunlich demokratisch: Es beglückt die Ordentlichen unter den Forschern, am Schreibtisch, im Labor, nach vielen zerkauten Bleistiften und verbrauchtem Helium, ebenso wie die Unordentlichen unter ihnen, z. B. beim Rasieren, beim Joggen und Kaffeekochen. Das Neue kommt, wie die zuvor angeführten Beispiele wissenschaftlicher Entdeckungen zeigen sollten, als das Unerwartete, als das ganz Andere, als das Glück des Unverzagten. Und es bleibt viel zu oft aus. Eben darin aber liegt die eigentliche, andauernde Herausforderung des Wissenschaftlers, seine Narrheit, die die Wahrheit von morgen ist.

26 G. Ch. Lichtenberg, Sudelbücher K 69, in: ders., Schriften und Briefe, I-IV, ed. W. Promies, München/Darmstadt 1967-1974, II, 410.

Die Stunde der Interdisziplinarität?

In den Wissenschaften schreitet die Spezialisierung und mit ihr die Entstehung neuer, immer kleinerer Fächer zunehmend voran. Der Fächerkatalog des Hochschulverbandes zählt über 4000 Fächer. Auch wenn sich dabei manches vergängliche Forschungsthema zum Fach geadelt sieht und die Suche nach Synonyma nicht ohne Erfolg bleibt – eine beängstigende, für Unübersichtlichkeit im Wissenschafts- und Hochschulbereich sorgende Zahl. Die damit gegebene Atomisierung der Fächer setzt sich zudem auf der Ebene der Fachbereiche und der Fakultäten fort. Selbst die Philosophie, die einmal der Teile der Naturwissenschaften umfassenden großen Philosophischen Fakultät ihren Namen gab, bildet schon (in Tübingen) als Fach eine Fakultät für sich. Da nimmt es nicht wunder, wenn auf einmal Interdisziplinarität zur großen Organisationsformel zu werden beginnt.

Mehr noch. Der Ruf nach Interdisziplinarität setzt voraus, (1) daß die Grenzen der Disziplinen zu *Erkenntnisgrenzen* zu werden drohen, (2) daß es – auch dafür ist die Atomisierung der Fächer ein Indiz – so etwas wie die *Einheit der Wissenschaft* oder die Einheit der wissenschaftlichen Rationalität nicht mehr gibt. Im einen Falle ist Interdisziplinarität ein Reparaturphänomen zur Aufhebung erkenntnisbegrenzender Disziplinarität, im anderen Falle ein Kompensationsphänomen zur Wiedergutmachung gegenüber einer Idee, die etwa für Leibniz noch das Selbstverständliche war, für uns hingegen nur noch eine Erinnerung an unentwickelte wissenschaftliche Verhältnisse oder eine Utopie ist. Das aber macht bereits deutlich: Interdisziplinarität ist keineswegs etwas Normales oder die wissenschaftliche Ordnung schlechthin. Sie korrigiert vielmehr disziplinäre Entwicklungen und wird dort zur Tugend, wo etwas, wie es scheint unwiderruflich, verlorengegangen ist. Statt Einheit der Wissenschaft ›Integration der Wissenschaften‹, wie Schelsky sagt und Interdisziplinarität meint.[1] Weil der Wissenschaftler nur noch ganz wenig ganz genau weiß, ruft er nach denjenigen, die auf dieselbe Weise anderes wissen. Daraus

1 H. Schelsky, Einsamkeit und Freiheit. Idee und Gestalt der deutschen Universität und ihrer Reformen, Düsseldorf ²1971, 208.

soll dann wieder ein Ganzes entstehen, oder ein größerer Teil desselben, und damit etwas, das vor der ›Entdeckung‹ der Interdisziplinarität der wissenschaftliche und gebildete Normalfall war.

Auf diesem Hintergrund eine kleine Geschichte und sieben Thesen. Da der Autor selbst der Zunft der Philosophen angehört, wird sein Augenmerk dabei mehr auf eine ›Philosophie der Interdisziplinarität‹ (Krüger) als auf Erfahrungen mit der Interdisziplinarität gerichtet sein.

Die Geschichte: Eine Fakultät sucht in einem Habilitationsverfahren Gutachter in den eigenen Reihen. Die Gefragten lehnen bedauernd ab; sie arbeiten, wie sie sagen, nicht auf ganz gleichem Felde. Die Fakultät akzeptiert diese Hinweise als begründete, jedenfalls respektable Ahnungslosigkeit. Wehe dem, der da anderer Meinung ist. Er hat, so wird ihm klargemacht, den parzellierten Fortschritt, der viele kleine Herren (und Damen) schafft, nicht begriffen. Die Kollegen wenden sich wieder ihren Spezialitäten zu; die Fakultät sucht weiter.

Soweit die (natürlich erfundene) Geschichte, die nicht weiter erläutert werden muß. Und nun die Thesen:

1. Disziplinen sind nichts Naturgegebenes, sondern etwas durch die Wissenschaftsgeschichte Gegebenes. Ihre Grenzen sind in erster Linie nicht theoretische Grenzen, sondern *historische Grenzen*. Zu dem, was die historische Identität einer Disziplin oder eines Faches ausmacht, gehören bestimmte Forschungsgegenstände, Methoden, Theorien, Forschungszwecke. Diese stellen die wesentlichen Gesichtspunkte einer Organisation von Disziplinen dar. Krüger spricht daher auch, zu Recht, von den Disziplinen als ›historischen Einheiten‹[2] und Kaufmann, zu Recht, davon, daß die Unterscheidung zwischen disziplinärer und interdisziplinärer Forschung »als eine graduelle, nicht als eine kategoriale gesehen werden« muß[3]. Krügers Analyse der genannten Gesichtspunkte macht darüber hinaus deutlich, daß sich diese häufig gar nicht zu disziplinären Definitionen ergänzen, vielmehr interdisziplinär interferieren. Der Grund ist nicht nur ein *wissenschaftssystemati-*

2 L. Krüger, Einheit der Welt – Vielheit der Wissenschaft, in: J. Kocka (Ed.), Interdisziplinarität. Praxis – Herausforderung – Ideologie, Frankfurt 1987, 116.

3 F.-X. Kaufmann, Interdisziplinäre Wissenschaftspraxis, in: J. Kocka (Ed.), Interdisziplinarität, 68.

scher, die Organisation eines Systems der Wissenschaft betreffend, oder ein *historischer*, die Genese der Disziplinen betreffend, sondern auch ein *erkenntnistheoretischer*: Wie wir die Welt ansehen, so sieht sie uns an. Eine einfache Vernunft der Tatsachen, der dann auch die Organisation der Disziplinen folgen könnte, gibt es nicht.

2. *Spezialisierung* entbindet nicht von fach- und fächerübergreifenden Kompetenzerfordernissen. Nicht nur wegen des historischen und daher kontingenten Charakters disziplinärer Grenzen, sondern auch aus folgendem Grund: Wo sich die wissenschaftlichen Subjekte in *disziplinäre Partikularitäten* – respektlos formuliert: in disziplinäre Hobbys – zurückziehen, verliert die Wissenschaft ihr Subjekt, nehmen wissenschaftliche Entwicklungen die Gestalt anonymer Prozesse an. Im Historismus der neueren Wissenschaftstheorie wird diesem Umstand selbst zu einem wissenschaftlichen Schein verholfen.[4] Es kommt aber nicht darauf an, über den wissenschaftlichen Verhältnissen unter einer historischen Perspektive ein wissenschaftstheoretisches Amen zu sprechen, sondern sie unter einer Vernunftperspektive zu beurteilen und, falls erforderlich, zu ändern. Spezialisierung in disziplinären Grenzen ist dazu außerstande.

3. Um *disziplinäre Engführungen* zu überwinden, die den Spezialisten zum alleinigen Repräsentanten der Wissenschaft machen, bedarf es auf dem Hintergrund der modernen Wissenschaftsentwicklung der Interdisziplinarität. Nicht in Form eines neuen Rituals, das die wissenschaftlichen Dinge in Wahrheit unverändert läßt, sondern in Form einer Reorganisation der wissenschaftlichen Praxis und des wissenschaftlichen Bewußtseins. In diesem Sinne spricht Schelsky davon, daß »mit jedem Schritt der Spezialisierung, der erzwungen wird, eine Gegenmaßnahme der Integration« erfolgen müsse[5], und Voßkamp von einem (möglichen) ›Modellcharakter‹ einer interdisziplinären Forschungsgruppe für die

4 Zum Begriff des Historismus in diesem wissenschaftstheoretischen Zusammenhang vgl. J. Mittelstraß, Historismus in der neueren Wissenschaftstheorie, in: Die Bedeutung der Wissenschaftsgeschichte für die Wissenschaftstheorie (Symposion der Leibniz-Gesellschaft Hannover, 29. und 30. November 1974), Wiesbaden 1977 (Studia Leibnitiana, Sonderheft 6), 43-56.

5 H. Schelsky, ebd.

Wissenschaftsentwicklung[6]. Hinzugefügt sei, daß Interdisziplinarität dabei häufig nichts anderes als die Wiederherstellung der alten *Disziplinarität* bedeutet. Man lerne: Gegensatz zu Interdisziplinarität ist nicht in allen Fällen Disziplinarität, sondern Spezialisierung um jeden Preis. Im übrigen gibt es auch keine interdisziplinäre Kompetenz, die disziplinäre Kompetenzen ersetzen könnte: interdisziplinäre Kompetenz setzt disziplinäre Kompetenzen voraus. Ohne diese würde Interdisziplinarität zur bloßen wissenschaftspolitischen Rhetorik.

4. Spezialisierung um jeden Preis löst nicht nur die Wissenschaft in wissenschaftliche Partikularitäten auf, sie ist auch *wirklichkeitsfremd*. Gemeint ist: Probleme, die technische Kulturen, d. h. die modernen Industriegesellschaften, heute im überreichen Maße haben, tun uns nicht den Gefallen, sich als Probleme für disziplinäre Spezialisten zu definieren. Als Stichworte seien genannt: Umwelt, Energie, Technologiefolgen. Es gibt eine Asymmetrie von Problementwicklung und disziplinärer Entwicklung, und diese wächst in dem Maße, in dem die disziplinäre Entwicklung durch zunehmende Spezialisierung bestimmt ist. Kaufmann drückt dies durch einen Hinweis auf die ›unterschiedliche Ordnung‹ der alltäglichen Erfahrungswelt und des Wissenschaftssystems aus[7], Krüger durch Hinweis auf Probleme, »deren Disziplin wir noch nicht gefunden haben«[8]. Beispiel einer neuen ›Disziplin‹, die ihr Entstehen disziplinübergreifenden Fragestellungen verdankt, ist in Immelmanns Vorlage die Psychobiologie.[9] Eines ist allerdings gerade im Hinblick auf das hier gegebene Beispiel und im Blick auf die unterschiedliche Ordnung von Disziplinarität und Interdisziplinarität zu beachten: Es gibt in der Regel *keine additiven Lösungen*, etwa nach dem Motto ›wenn jeder nur das Seine tut, wird das Ganze schon gelingen‹. Interdisziplinarität als wissenschaftstheoretisches Konzept bedeutet mehr als eine bloße Zusammenstellung disziplinärer Partikularitäten. An einem derartigen Mißverständnis krankt z. B. noch immer die disziplinäre

6 W. Voßkamp, »Utopieforschung«. Zur Konstituierung eines interdisziplinären Diskurses, in: J. Kocka (Ed.), Interdisziplinarität, 92.

7 F.-X. Kaufmann, a.a.O., 68.

8 L. Krüger, a.a.O., 119.

9 K. Immelmann, Interdisziplinarität zwischen Natur- und Geisteswissenschaften – Utopie und Wirklichkeit, in: J. Kocka (Ed.), Interdisziplinarität, 86.

Konzeption der Wissenschaftsforschung, wo diese sich nämlich als ›multidisziplinäre Aggregatwissenschaft‹ versteht.[10]

5. Interdisziplinarität im nicht bloß additiven Sinne sollte nicht nur als eine *Reparaturinitiative* begriffen werden, die erforderlich wird, wenn Probleme über ein disziplinäres Maß hinauswachsen. Interdisziplinarität dient vielmehr, recht verstanden, auch der Rückgewinnung wissenschaftlicher *Wahrnehmungsfähigkeiten*, die nicht zuletzt auch Probleme und Problementwicklungen erkennbar machen, bevor sie da sind, d. h., bevor sie uns auf den Nägeln zu brennen beginnen (Stichwort noch einmal: Technologiefolgen). Auch hier hat Krüger recht: »unsere Fragen müssen nicht viel mit den Ordnungen ihrer Gegenstände zu tun haben«[11]. Die Hauptsache ist, derartige Fragen überhaupt zu haben. Wer immer nur auf Gegenstände blickt, wie häufig in einer Disziplin üblich, übersieht allzu leicht, daß wir nicht nur in einer Welt der Gegenstände, sondern auch in einer Welt der Bedürfnisse und schwächer werdender Orientierungsleistungen leben. Was Krüger als »Diskrepanz zwischen Sachorientierung und Fragenorientierung«, die die Ausbildung eines Paradigmas der Forschung behindert[12], methodologisch beschreibt, ist eine Diskrepanz, die auch die Lebenswelt erfaßt – und in der vorausgegangenen These unter dem Stichwort der Asymmetrie von Problementwicklung und disziplinärer Entwicklung erwähnt wurde.

6. Wissenschaft hat nicht nur die Aufgabe, unser *Verfügungswissen* in – besser: über – Natur und Gesellschaft zu vermehren. Zur Rückgewinnung wissenschaftlicher Wahrnehmungsfähigkeiten, die durch disziplinäre Eigenentwicklungen eher behindert als gefördert werden, gehört vielmehr auch die Wahrnehmung für ein gesellschaftliches System gerechtfertigter Bedürfnisse, für die Ausbildung eines *Orientierungswissens*. In Form einer reinen Expertenkultur ist die Wissenschaft dazu unfähig. Insofern ist Krü-

10 Zur Kritik dieses wissenschaftssystematischen Mißverständnisses der Wissenschaftsforschung vgl. J. Mittelstraß, Theorie und Empirie der Wissenschaftsforschung, in: C. Burrichter (Ed.), Grundlegung der historischen Wissenschaftsforschung, Basel/Stuttgart 1979, 71-106, ferner in: J. Mittelstraß, Wissenschaft als Lebensform. Reden über philosophische Orientierungen in Wissenschaft und Universität, Frankfurt 1982 (suhrkamp taschenbuch wissenschaft 376), 185-225.

11 A.a.O., 119.

12 A.a.O., 117.

gers Hinweis auf ein in interdisziplinären Verhältnissen gewonnenes »Stück Selbsterkennung und damit Selbstkontrolle der wissenschaftlich-technischen Welt«[13] wohl nicht nur theoretisch, als funktionale Ortsbestimmung, sondern auch praktisch, als *Autonomieanzeige* zu verstehen (von Krüger später als »Interesse an Selbsterkenntnis und Selbstbestimmung des Menschen« ausgedrückt[14]).

7. Interdisziplinarität im rechtverstandenen Sinne geht nicht zwischen den Disziplinen hin und her oder schwebt, dem absoluten Geist nahe, über den Disziplinen. Interdisziplinarität ist vielmehr *Transdisziplinarität*. Sie läßt die disziplinären Dinge nicht einfach, wie sie sind, sondern stellt, und sei es auch nur in bestimmten Problemlösungszusammenhängen, die ursprüngliche *Einheit der Wissenschaft* – hier als *Einheit der wissenschaftlichen Rationalität*, nicht der wissenschaftlichen Systeme verstanden – wieder her. Übrigens ganz im Sinne Schelskys, der im Prinzip der Integration der Wissenschaften eine wissenschaftsorganisatorische Erinnerung an ›das klassische Ideal der Einheit der Wissenschaften‹[15] sah.

Das hier über Transdisziplinarität Gesagte ist vielleicht kein bloßer frommer Wunsch, aber sicher noch weit von der wissenschaftlichen Wirklichkeit unserer Tage entfernt. Diese Wirklichkeit schmückt sich im übrigen häufig mit einer ganz anderen Form von Interdisziplinarität, die nicht unerwähnt bleiben sollte. Gemeint ist der Umstand, daß sich hinter dem Ruf nach Interdisziplinarität gelegentlich auch nur *disziplinäre Einfallslosigkeit* verbirgt. In diesem (traurigen) Fall dient Interdisziplinarität als Wachstumsstrategie. Dazu das Folgende:

Wenn eine Disziplin, sei es aus Einfallslosigkeit, sei es aus wissenschaftsinternen, z. B. theoretischen Gründen, an ihre institutionellen Grenzen stößt und damit unter Legitimationsdruck gerät, läßt sie sich immer noch interdisziplinär erweitern. Legt man sich dabei auf gemeinsam verbindliche Orientierungen nicht fest, da diese ja wieder nur die partikularen Forschungsinteressen unter Legitimationsdruck brächten, ist Folgenlosigkeit vorprogrammiert. Interdisziplinarität befördert in diesem Falle geradezu die

13 A.a.O., 120.
14 A.a.O., 121.
15 H. Schelsky, ebd.

Fortschreibung disziplinärer Engstirnigkeiten bzw. Engführungen, deren Überwindung sie doch eigentlich dienen soll. Auch dieser negative Aspekt von Interdisziplinarität sollte nicht übersehen werden.

Interdisziplinarität ist – das sei hier wiederholt – ein Reparaturphänomen zur Aufhebung erkenntnisbegrenzender Disziplinarität und ein Kompensationsphänomen. Dies aber für die unwiederbringliche Einheit der wissenschaftlichen Praxis, nicht für deren disziplinäre Einfallslosigkeit. Im übrigen ist es so, daß Interdisziplinarität *im eigenen Kopf* anfangen muß – als Querdenken, fragen, wohin noch niemand gefragt hat, lernen, was die eigene Disziplin nicht weiß. Wer hier allein auf großartige wissenschaftsorganisatorische Maßnahmen setzt, hat die eigentliche wissenschaftsfördernde und wissenschaftsorientierende Idee schon verspielt. Interdisziplinarität beginnt auch nicht erst auf der Professoren-Ebene, unter Einschaltung von Wissenschaftsministerien und Drittmittelgebern, sondern – wenn sie denn tatsächlich ein Teil unseres wissenschaftlichen Lebens werden soll – im Studium. Wer nicht interdisziplinär *gelernt* hat, kann auch nicht interdisziplinär *forschen*. Das sei die *Interdisziplinarität von unten* genannt – im Unterschied zur Interdisziplinarität als gehobener Veranstaltung von Wissenschaftssubjekten mit gutem disziplinärem Auskommen. Letztere ist keine geeignete wissenschaftliche Organisationsform zur Überwindung disziplinärer Verlegenheiten.

II
Der wissenschaftliche und der ethische Imperativ

Ethik in einer Leonardo-Welt

1. Leonardo-Welt

Die moderne Welt hat viele Freunde und viele Gegner, viele, die sie für die beste aller bisher wirklichen Welten halten, und viele, die in ihr das Ende aller Welten, der bisher wirklichen und der vielleicht noch möglichen, sehen. In einem aber sind sich Freunde und Gegner einig: Die moderne Welt ist das *Werk* des Menschen. Die Vorstellung, es könne sich hier um eine natürliche Welt handeln, in der man Gott oder der Weisheit der Natur begegnen könne, wird immer blasser; die Kraft des Menschen, die Welt zu verändern, sie zu seiner Welt zu machen, wird immer größer. Wohin wir in unserer Welt auch gehen, der erkennende, der bauende, der wirtschaftende und der verwaltende Verstand war immer schon da. ›Natürliche‹ Welten existieren nur noch am Rande dieser Welt, und sie werden immer weniger und schwächer. Eine solche Welt nenne ich die *Leonardo-Welt*, nach dem großen Renaissanceingenieur, Wissenschaftler und Künstler Leonardo da Vinci. Es ist eine Welt, in der sich der Mensch in seinen eigenen Werken begegnet und in der er ein Teil seines eigenen Werkes wird. Drei Beispiele, die das deutlich machen:

1. Das Beispiel *Natur*: Mit der Menschwerdung des Menschen ist von Anfang an die Kulturwerdung der Natur verbunden. Diese vollzog sich in der Aneignung der Natur durch *homo faber*, durch das Wesen, das Hände hat, das sich Instrumente schafft und durch diese mit der Natur in einen Stoffwechselprozeß tritt; nicht erst heute, sondern immer schon. Eine ›unberührte‹ Natur hat es in der Umwelt des Menschen nie gegeben. Rodend, brennend, jagend, Furchen ziehend, Wasser umlenkend, die Erde nach Bodenschätzen durchwühlend, Müll produzierend, mit anderen Worten: natürliche Ressourcen verbrauchend, verändernd und substituierend machte der Mensch seine Umwelt stets zu einer *Kultur-Natur*. Er greift in die Evolution seiner Umwelt ein, verändert sie, lenkt sie, macht sie sich zunutze. Dieser Eingriff hat in der modernen Welt allerdings eine neue Qualität erreicht, insofern irreversible Elemente immer stärker hervortreten und einen immer größeren Einfluß gewinnen.

2. Das Beispiel *Gesellschaft*: Moderne Gesellschaften sind in einem Maße von Wissenschaft und Technik abhängig geworden, daß jede Veränderung im Wissenschafts- und Techniksystem unmittelbar ihre Grundlagen berührt. Das gilt sowohl hinsichtlich der Existenz eines wissenschaftlich-technischen *Fortschritts* als auch hinsichtlich dessen möglichen Ausbleibens. Besonders deutlich ist dies im Ernährungs-, Gesundheits- und Energiesektor. Ohne Wissenschaft und Technik geht hier nichts mehr, ohne neue Energien der Wissenschaft und der Technik gehen auch der Welt die Energien aus. Das gleiche gilt für den Informationssektor, den Verkehrssektor und alles andere, was diese Welt als Leonardo-Welt kenntlich macht.
3. Das Beispiel *Mensch*: Was für die Natur und für die moderne Gesellschaft im allgemeinen gilt, gilt auch für den Menschen selbst. Wissenschaft und Technik beginnen, ihn als potentielle neue Leonardo-Welt zu erkennen und in Anspruch zu nehmen. Wir gewöhnen uns an das wachsende Können der Medizin, etwa der Reproduktionsmedizin, und wir gewöhnen uns an den Gedanken, daß sich die Natur des Menschen ebenso verändern läßt wie die physische und die gesellschaftliche Welt. Nicht nur die physische Welt und die gesellschaftliche Welt werden mehr und mehr zu einem Artefakt, einem Werk des Menschen, das sich an die Stelle einer natürlichen Welt setzt; das gleiche trifft auch auf den Menschen zu. Er hat, weitaus konsequenter als dies frühere Gesellschaften taten, seine Evolution in die eigene, wissenschaftliche und technische Hand genommen.
Die Beispiele zeigen, daß die Leonardo-Welt wächst und daß Wissenschaft und Technik ihr eigentlicher Motor sind. Hinter den falschen Vereinfachungen, die sich etwa in der alten Formel von der gesellschaftlichen Relevanz von Wissenschaft und Technik – hier als die Herrschaft der Gesellschaft über Wissenschaft und Technik verstanden – und hinter der neuen Formel vom gesellschaftlichen Schaden von Wissenschaft und Technik ausdrücken, steht eine unbestreitbare Wirklichkeit, die Wirklichkeit einer Leonardo-Welt.
Bezogen auf diese Wirklichkeit ist die Rede vom Schaden von Wissenschaft und Technik zwar zu allgemein und zu unterscheidungsarm, aber sie ist nicht völlig unbegründet. In einer Leonardo-Welt wächst nicht nur die Verfügungskraft des Menschen, es wachsen auch die Zerstörungspotentiale. Zu diesen bzw. ihren Folgen ge-

hören der zum Teil noch immer besinnungslose Verbrauch natürlicher Ressourcen, ein gewaltiger kulturbedingter Artenschwund, die Vermüllung der Erde und Schadstoffbelastungen ungezählter Art. Bereits heute ist die Akkumulation langlebiger, umweltschädigender Abfallprodukte industrieller Produktion ein kaum mehr überschaubares, geschweige denn beherrschbares Problem. Reparaturkosten, die dieser imperiale und sorglose Umgang mit der natürlichen Umwelt mit sich bringt, drohen ins Unermeßliche zu steigen. Für manche Reparaturen scheint es gar schon zu spät. So im Falle des Ozonlochs. Was noch 1984 für eine Fehlmessung gehalten wurde, gibt es, wie wir alle wissen, wirklich, nämlich eine ernstzunehmende Gefährdung der Ozonschicht der Erde. Diese Gefährdung ist selbst durch ein sofortiges weltweites Verbot der Emission aller halogenierten Kohlenwasserstoffe nicht mehr rückgängig zu machen. Gewaltige Mengen emittierter Stoffe haben die Stratosphäre noch gar nicht erreicht; sie liegen als Zeitbombe in den unteren Luftschichten. Die Leonardo-Welt zeigt dem Menschen ihr häßliches Gesicht.

Da kann es dann auch nicht überraschen, daß ausgerechnet in der modernen Welt Kassandras Rufe wieder hörbar werden. Sie stoßen auf Erfahrungen mit einer Leonardo-Welt, die den alten Verheißungen von Wissenschaft und Technik nicht entsprechen. Zugleich knüpfen sie sich an die Wahrnehmung der Selbstgesetzlichkeit von Entwicklungen *in* Wissenschaft und Technik und *durch* Wissenschaft und Technik. Im Schlagwort vom technologischen Wandel hat diese Wahrnehmung ihren bevorzugten Ausdruck gefunden. Gemeint ist mit diesem Wandel etwas, das in unserem Rücken wirkt, das die Wirtschaft treibt, wie es die Welt der Wissenschaft und Technik treibt. Eine neue Erfahrung macht sich breit, die Erfahrung, daß nicht der Fortschritt der Welt, sondern daß die Welt dem Fortschritt gehören könnte.

Das gilt nach dem schon Gesagten auch für den Menschen. Wo etwa der Abstand zwischen dem Menschen als Forscher und dem Menschen als erforschtem Objekt eng wird, droht sich die Forschung, droht sich die Leonardo-Welt gegen den Menschen zu wenden. Datenschutz, Reproduktionsmedizin, Gentechnik sind Stichworte dieses enger werdenden Abstands. Zugleich wird unklar, wie lange noch bisher akzeptierte ethische Schranken gegenüber wissenschaftlichen und technischen Entwicklungen halten, Schranken etwa zwischen einer pränatalen Diagnostik und ihrer

Anwendung als Selektionsdiagnostik, zwischen der Sequenzierung des menschlichen Genoms und ihren möglichen Anwendungen, zwischen Gentherapie und Keimbahntherapie. Auf der einen Seite steht die wissenschaftliche Freiheit, auf der anderen Seite die Unfreiheit des Menschen in einer Leonardo-Welt. Oder anders ausgedrückt: Die Leonardo-Welt steht vor einem schwerwiegenden Schritt: der Überantwortung des Menschen an seine Welt. Die Leonardo-Welt, die eben nicht nur die schöne neue Welt der Zukunftsplaner und science fiction ist, sondern auch eine Welt der Zerstörung und des Inhumanen, beginnt sich an die Stelle des Menschen zu setzen. Wissenschaft und Technik als das Schreckliche? Als das, was nicht die Zukunft der Leonardo-Welt ist, sondern ihr Ende bedeutet? Haben die Gegner der Leonardo-Welt recht?

Selbst wenn sie recht hätten, gäbe es zur Leonardo-Welt keine Alternative. Wir können nämlich hinter das einmal erreichte wissenschaftliche und technische Niveau dieser Welt nicht zurück. So wäre es z. B. ein verhängnisvoller Irrtum, zu meinen, mit weniger Wissenschaft und weniger Technik seien die Probleme einer Leonardo-Welt, gerade auch die durch Wissenschaft und Technik selbst verursachten Probleme, besser zu bewältigen. Das Gegenteil ist der Fall: Ohne intensive wissenschaftliche Forschung und ohne intensive technologische Entwicklung würde diese Welt bald in einen Zustand der Handlungs- und Reaktionsunfähigkeit geraten. Dabei haben Forschung und Entwicklung zugegebenermaßen an derselben Kontingenz teil, die alles menschliche Tun bestimmt: sie können zur Grundlage des Bösen – man denke an die Atombombe oder an die Zerstörung der Biosphäre – ebenso werden wie des Rettenden. Und doch werden Probleme einer durch Wissenschaft und Technik konstituierten Leonardo-Welt – ob einem das nun in den weltanschaulichen Kram paßt oder nicht – nicht durch weniger Wissenschaft und Technik, sondern durch mehr Wissenschaft und Technik vermieden, zumindest erträglich gemacht.

Eben das bedeutet, daß es zur Leonardo-Welt angesichts der von ihr selbst erzeugten Probleme keine wirkliche Alternative gibt. Wie sollten wir auch in naher Zukunft fünf, sechs, sieben und mehr Milliarden Menschen auf dieser Erde ernähren, deren Tragekapazität längst bei weitem überschritten ist? Wie sollen wir ihre Gesundheits-, ihre Energieprobleme lösen? Das geht nicht mit einem kleinen Bauernhof, ein wenig mehr Naturheilkunde und einem Kohlekraftwerk. Die Alternative zu einer, allerdings besonnenen Weiterentwicklung der Leonardo-Welt wäre angesichts der Millionen Opfer, die eine solche radikale Alternative fordern würde, reiner Zynismus.

2. Interferenzen zwischen Wissenschaft und Ethik

Damit die Entwicklung der Leonardo-Welt mit Besonnenheit vonstatten geht, bedarf es einer Ethik, die diese Welt kennt und die in der Lage ist, ihr zu gerechtfertigten Orientierungen zu verhelfen. Der Mensch, der seine Welt in die eigene Hand nimmt, der sie zum Werk seiner selbst macht, hat nicht etwa weniger ethische Probleme als seine Vorfahren, die sich in weit natürlicheren Welten einzurichten hatten, sondern eher mehr. Nicht nur, daß unsere lebensweltlichen Probleme nicht verschwinden, wenn wir unsere wissenschaftlichen Probleme gelöst haben; es ist auch die Lösung dieser Probleme, die neue ethische Probleme bringt. Einige wurden im Zusammenhang mit einer Forschung, die sich gegen den Menschen zu wenden beginnt, schon genannt, andere (benachbarte) machen die Stichworte heterologe Insemination, artübergreifender Gentransfer (also Interspezieshybridisierung oder Chimärenbildung), verbrauchende oder andere Forschung an Embryonen einschließlich der Erzeugung von Embryonen zu Forschungszwecken deutlich. In allen diesen Fällen erzeugt die Forschung Probleme, die selbst keine wissenschaftlichen Lösungen haben, die keine allein wissenschaftlichen Lösungen haben können. Ethik wird zum Komplement der Forschung und ihrer Anwendung bzw. zum immer länger werdenden Schatten, den heute Forschung und Wissenschaft in einer Leonardo-Welt werfen.

In dieser Situation ist es wichtig, nicht nur die Wahrnehmung für ethisch relevante Problemlagen zu schärfen, sondern auch ethische Fragen wissenschaftsbezogen beantworten zu können. Eben damit aber ist es in einer Leonardo-Welt nicht zum besten bestellt. Wo das Wissen und das Können weiter reichen als das Dürfen, wo das Wissen und das Können klar sind, das Dürfen aber nicht klar ist, öffnet sich die Schere zwischen Wissenschaft und Lebenswelt, bleibt die Wissenschaft in wesentlichen Fragen, die nicht nur die Leonardo-Welt, sondern auch sie selbst betreffen, stumm.

In dieser Situation ist heute viel von einer Ethik der Wissenschaft bzw. von einer Wissenschaftsethik die Rede, auf die nunmehr alles ankomme. Doch hier ist Skepsis geboten. Die Frage ist, ob es eine derartige Ethik im strengen Sinne überhaupt gibt oder geben kann. Die Antwort ist eher Nein, und der Grund dafür ist einfach[1]: Die Wissenschaft bildet eine besondere Wissensform aus, nicht aber, jedenfalls nicht unter Perspektiven der Ethik, eine besondere Gesellschaftsform – mit einer entsprechenden Ethik. Wer das dennoch meint, verwechselt nicht nur methodologisch fundierte Rationalitäten der Wissensbildung mit ethisch fundierten gesellschaftlichen Rationalitäten, er wird auch von einer falschen Vorstellung von Ethik geleitet. Es ist dies die Vorstellung, daß es auf alle Probleme und in allen Situationen eine ethische Antwort, und zwar genau *die* ethische Antwort, gibt. Anders ausgedrückt: Es ist die Vorstellung, daß Ethik eine Disziplin ist, die jederzeit und in allen denkbaren Fällen in die Lage versetzt, zu sagen, was moralisch gerechtfertigt ist und was nicht. Eine derartige Vorstellung aber ist (leider) irreführend; sie verwechselt Ethik mit einem Lehrbuch und die Lösung von ethischen Problemen mit der Anwendung von Lehrsätzen.

Das alles ist Ethik nicht und deshalb kann es auch so etwas wie eine gegenüber anderen Ethiken isolierbare Ethik der Wissenschaft nicht geben. Außerdem ist der Wissenschaftler Subjekt moralischer Ansprüche nicht als Wissenschaftler, sondern als Bürger, weshalb auch Ethik im Grunde immer *Bürgerethik* ist. Ethik läßt sich nicht gesellschaftlich teilen, d. h. in eine Wissenschaftlerethik auf der einen Seite, und eine Nicht-Wissenschaftlerethik, als Standardethik der Gesellschaft, auf der anderen Seite.

Wissenschaft hat auch keine eigenen *Werte*, die an die Stelle einer Ethik treten könnten. Den Motor der Forschung hält nicht ein Energiekabel zu höheren, ethisch untrüglichen Wirklichkeiten,

1 Weiter ausgeführt in J. Mittelstraß, Zur Ethik der Naturforschung, Frankfurt 1985 (separate Veröffentlichung im Verlag der Polytechnischen Gesellschaft zu Frankfurt am Main), 25 ff.; in diesem Band: 141 ff. Vgl. ferner J. Mittelstraß, Auf dem Wege zu einer Reparaturethik?, in: Ethik ohne Chance? Erkundungen im technologischen Zeitalter, ed. J.-P. Wils/D. Mieth, Tübingen 1989, 98 ff.

eine Art göttliche Dynamik in Gang, sondern das, was auch sonst gut verteilt und in der Regel schlecht realisiert ist, nämlich ein unbedingter Erkenntniswille, Rationalität ohne Wenn und Aber, Wahrhaftigkeit, produktive Skepsis, Selbstkritik. In der Wissenschaft setzt eine Gesellschaft mit allem, was an ihr selbst rational sein will, auf die Karte Wissen, sie spielt mit ihren rationalen Kräften, klammert sich auf einer Erde fest, die schon längst nicht mehr Natur, sondern Kultur, Leonardo-Welt, Ausdruck jener Rationalität ist, die in der Wissenschaft nur am reinsten zum Ausdruck kommt.

Das wiederum bedeutet nicht, daß die Wissenschaft etwa *wertfrei* sei. Wertfrei ist die Wissenschaft nur, sofern sie nicht partikularen gesellschaftlichen Interessen dienstbar gemacht werden darf, nicht in dem Sinne, daß ihre Freiheit Beliebigkeit bedeutete. Im Gegenteil: Freiheit der Wissenschaft schließt Verantwortungsstrukturen, und in diesem Sinne auch Werte, ein, Strukturen und Werte, die sie mit einer rationalen Gesellschaft verbinden, nicht von dieser trennen. Nur so läßt sich im übrigen auch, nur scheinbar paradox, ihre Autonomie begründen. Wo immer Autonomie, in diesem Falle in Form von individueller (subjektiver) und institutioneller Wissenschaftsfreiheit beansprucht wird, muß sie sich auf Verantwortungsstrukturen beziehen lassen. Vor allem institutionelle Autonomie läßt sich weder gesellschaftlich noch methodisch allein begründen. Methodische Argumente verhalten sich nämlich gegenüber Autonomievorstellungen neutral, gesellschaftliche Argumente sprechen (meistens) gegen sie. Also ist die Wissenschaft nicht wertfrei, obgleich sie keine eigenen Werte hat; und sie ist autonom, obgleich sie Werte hat, die sie mit der Gesellschaft verbinden.

Damit noch einmal zurück zu der Frage: Was tun angesichts von ethischen Problemen, die in der Wissenschaft oder auf Grund der Wissenschaft, d. h. durch die wissenschaftliche Forschung, entstehen, ohne daß es auf diese Fragen eine wissenschaftliche Antwort gibt? Eine nüchterne Antwort, die weder die Wissenschaft noch die (vermeintlichen oder wirklichen) Ethikexperten überfordert, hat der amerikanische Molekularbiologe Gunther S. Stent einmal formuliert: »Ich glaube nicht, daß es für diese Probleme« – Stent bezieht sich auf moralische Implikationen der DNA-Neukombination – »einfache Lösungen gibt. Jedoch bin ich davon überzeugt, daß die Kompromisse, die hier gemacht werden müssen, eine bessere Aussicht auf Erfolg haben, wenn in der ethischen und theologischen Problematik geschulte Fachleute bei den Diskussionen mitwirken: Nicht weil Ethiker und Theologen bessere Antworten parat hätten, sondern lediglich deshalb, weil sie den Kontrahenten die philosophischen Grundlagen der oft sehr verworrenen Argumente klarmachen könnten und ihnen die Mühe ersparen würden, das Rad aufs neue zu erfinden.«[2] Fazit: Nicht *die* Ethik, etwa in der Rolle eines unfehlbaren Gesetzgebers oder eines mit göttlicher Autorität ausgestatteten Orakels, führt aus den Problemen, sondern der rationale ethische Diskurs aller, die die Probleme sehen und Sachverstand im Umgang mit ihnen besitzen. Nicht mehr, aber auch nicht weniger. Ethik in einer Leonardo-Welt steht auf der Seite der Rationalität, aber sie teilt nicht deren oft falsche Sicherheit.

Übersehen sei an dieser Stelle auch nicht, daß ethische Orientierungen faktisch *kulturvariant* sind. Als Beispiele könnte man den Umgang mit Empfängnisverhütung, Schwangerschaftsabbruch und abweichendem Geschlechtsverhalten durch die Jahrhunderte und durch unterschiedliche Gesellschaften nennen. Es wäre voreilig, diese Varianz nur als Ausdruck des Fehlens oder der Mißachtung einer verbindlichen universalen Ethik anzusehen. Daß es die Idee einer universalen Ethik ist, die die europäische Rationalität, die zur Rationalität der Leonardo-Welt geworden ist, von Anfang an begleitet, bedeutet nicht, daß wir schon genau wüßten, wie diese Ethik aussieht, oder sie gar schon realisiert hätten (und dieses ›wir‹ schließt auch den Papst ein). Auch in einer Leonardo-Welt muß für unterschiedliche Ethikformen bzw. unterschiedliche ethische Beurteilungen Platz bleiben.

In diesen Zusammenhang gehört z. B. auch die für viele Probleme in der Humangenetik, der Reproduktionsmedizin und der Embryonenforschung zentrale Frage, wann das menschliche Leben beginnt bzw. wann wir es genau in der Entwicklung von der Zeugung bis zur Geburt mit einem Menschen zu tun haben. Auf diese Frage gibt es nämlich keine klare *biologische* Antwort – und allein schon deshalb (wenn auch nicht nur deshalb) keine klare *ethische* Antwort. Ist eine befruchtete Eizelle schon ein Mensch, oder ent-

2 G. S. Stent, Ethische Dilemmas der Biologie, in: Verantwortung und Ethik in der Wissenschaft. Symposium der Max-Planck-Gesellschaft, Schloß Ringberg/Tegernsee Mai 1984, ed. Max-Planck-Gesellschaft, München 1984 (Berichte und Mitteilungen H. 3/84), 101 f.

steht aus einer befruchteten Eizelle erst ein Mensch? Was ist mit Gametenzellen, d. h. unbefruchteten Eizellen oder Samenzellen, deren genetisches Schicksal unter entsprechend geeigneten Bedingungen, z. B. der Befruchtung, ebenfalls schon festliegt? Sie werden sich zu einem Menschen entwickeln. Wie schwer wiegt das Argument, daß erst die Entwicklung eines zentralen Nervensystems vom (sich entwickelnden) Menschen als Subjekt sprechen läßt? Der Biologe wird hier mit Recht keine Antwort geben, und die Antwort des Nicht-Biologen wird durchaus unterschiedlich ausfallen dürfen.

In diesem Punkt hilft übrigens auch jene Ethikkonzeption nicht weiter, die wohl am besten zu einer Leonardo-Welt paßt. Ich meine Kants *kategorischen Imperativ* in der Fassung: »Handle so, daß die Maxime deines Willens jederzeit zugleich als Prinzip einer allgemeinen Gesetzgebung gelten könne.«[3] Eine bekannte Konstanzer Enzyklopädie zur Philosophie und Wissenschaftstheorie erläutert: »Dieses mit dem kategorischen Imperativ formulierte Prinzip definiert eben jene Begründungsmöglichkeit, die sich aus dem Verzicht auf das Begründen über bestimmte Wertungen (d. s. bestimmte Vorstellungen vom Guten, Gerechten und Vernünftigen) ergibt.«[4] Ethik wird hier zu einem *formalen Prinzip* (im Unterschied etwa zur Idee einer materialen Wertordnung), zur Ein-Satz-Ethik, wie man auch sehr vereinfacht sagen könnte, und in Verbindung mit der sogenannten Zwecke-Formel des kategorischen Imperativs zur Bestimmung dessen, was schon Kant die »Würde eines vernünftigen Wesens«[5] nennt. Diese Formel lautet: »Handle so, daß du die Menschheit sowohl in deiner Person, als in der Person eines jeden andern jederzeit zugleich als Zweck, niemals bloß als Mittel brauchst.«[6] Als ›Zweck an sich selbst‹[7] exi-

3 Kritik der praktischen Vernunft [1788], Gesammelte Schriften, ed. Königlich Preußische (später: Deutsche) Akademie der Wissenschaften (zu Berlin), Berlin 1902 ff. (im Folgenden zitiert als Akad. Ausg.), V, 30.

4 O. Schwemmer, Art. Ethik, in: Enzyklopädie Philosophie und Wissenschaftstheorie I, ed. J. Mittelstraß, Mannheim/Wien/Zürich 1980, 594.

5 Grundlegung zur Metaphysik der Sitten [1785], Akad. Ausg. IV, 434.

6 Grundlegung zur Metaphysik der Sitten, Akad. Ausg. IV, 429. Zum Zusammenhang beider Formeln vgl. R. Wimmer, Universalisierung in der Ethik. Analyse, Kritik und Rekonstruktion ethischer Rationalitätsansprüche, Frankfurt 1980, 193 ff.

7 Grundlegung zur Metaphysik der Sitten, Akad. Ausg. IV, 428.

stiert nur das ›vernünftige Wesen‹, weshalb nach Kant auch nur das vernünftige Wesen ›Würde‹ hat[8]. Das bedeutet: Dem Menschen kommt in dieser Konzeption einer rationalen Ethik nicht einfach schon als Mitglied der Gattung Mensch, sondern erst als Träger von Vernunft bzw. im Hinblick auf seine Vernünftigkeit Würde zu.

Es ist klar, daß es hier Schwierigkeiten gibt, wenn man den auch heute mit dem Würdeargument formulierten Schutz des Menschen vor einer Fremdbestimmung auf ›Vorstufen‹ eines entwickelten Vernunftwesens, also z. B. auf den Schutz der befruchteten Eizelle, aber auch auf spätere Eingriffe jeder Art in die ›genetische Identität‹ des Menschen ausdehnt. Wer das tut, überanstrengt nicht nur die Ethik, für die hier exemplarisch der kategorische Imperativ steht, er gerät auch in eine gefährliche Nähe zu Kategorienfehlern, z. B. wenn im Zusammenhang mit dem Würdeargument zwischen Fremdbestimmung, die sich gegen Selbstbestimmung richtet, und Fremdbestimmung, die (wie im Falle des Embryos) auf nicht selbstbestimmte Verhältnisse trifft, nicht unterschieden wird.[9]

Das alles bedeutet im übrigen nicht, daß etwa der forschende Umgang mit Embryonen moralisch indifferent wäre. Das ist er, wenn man dabei z. B. an die Möglichkeit der Implantation von Embryonen denkt, die Gegenstand von Experimenten waren, gewiß nicht, nur liegt das eben nicht am Selbstzweckcharakter oder an der Selbstbestimmtheit von Embryonen. An Kant und seinem kategorischen Imperativ führen nur ›metaphysische‹ Überhöhungen (Natur als Subjekt, alles Natürliche als gottgewollte Schöpfung etc.) vorbei, und die passen weder zu einer Leonardo-Welt, in der wir leben, noch zu einer rationalen Ethik, die wir für diese Welt suchen.

8 Grundlegung zur Metaphysik der Sitten, Akad. Ausg. IV, 428, 435.

9 Vgl. hierzu die Analysen bei B. Schöne-Seifert, Philosophische Überlegungen zu »Menschenwürde« und Fortpflanzungs-Medizin, Zeitschrift für philosophische Forschung 44 (1990), 442-473.

3. Verantwortete Freiheit

Zur Freiheit des Menschen gehört nicht nur die Freiheit der Lebensformen, sondern auch die Freiheit der Forschung. Deshalb unterdrücken totalitäre Systeme nicht nur gesellschaftliche Individualität, sondern auch die Neugierde. Dabei ist der Wille, herauszufinden, wie es wirklich ist, mehr als der Ausdruck einer wiederum nur individuellen Lebensform: Ihm verdankt die moderne Welt ihre Existenz, und er ist es, der bei aller Gefährdung, die diese Welt selbst produziert, ihre Zukunft sichert. Chance und Gefahr liegen wie in so vielen menschlichen Dingen auch hier eng beisammen. So läßt sich – um an das Vorausgegangene wieder anzuknüpfen – biologische Forschung, zumal über die biochemischen Grundlagen des Lebens, gegenüber der Forschung über den Menschen nicht isolieren. Wir lernen ständig mehr über die Genetik des Lebens und damit auch über die Genetik des menschlichen Lebens. Dessen ›Einzigartigkeit‹, die so oft beschworen wird – von Weltveränderern und Weltbewahrern, Vorwärtsgewandten und Rückwärtsgewandten, Aufklärern und Gegenaufklärern – liegt nicht in seinen DNA-Ketten beschlossen (in diesem Sinne sind auch die DNA-Ketten von Katzen und Wellensittichen einzigartig), sondern darin, daß der Mensch als einzige biologische Spezies um seine biologische Natur und die aller anderen Naturen *weiß* und darüber hinaus sein Wissen mit *rationalen* und *moralischen Lebensformen* verbindet, die ihn zu einem verantwortungsbewußten Umgang mit seinem Wissen und damit auch mit seiner eigenen Natur und der Natur anderer Naturen verpflichten. Das bedeutet nicht, daß der Mensch das eine ist, nämlich Natur, oder das andere, nämlich Vernunft. Er ist vielmehr beides, und deshalb arbeitet er auch an beidem, an seiner physischen und an seiner Vernunftnatur.

Vernunftnatur bedeutet wiederum Autonomie, Selbstbestimmung eines »vernünftigen Wesens, das keinem Gesetz gehorcht als dem, das es zugleich selbst gibt«[10]. Dabei setzt sich Autonomie nicht an die Stelle unserer biologischen Natur (so hat man sich lange Engel vorgestellt), sondern verpflichtet uns zu einem verantwortungsbewußten Umgang mit dieser Natur, desgleichen aber auch dazu, dafür zu sorgen, daß (behebbare) Störungen innerhalb der biologi-

10 Grundlegung zur Metaphysik der Sitten, Akad. Ausg. IV, 434.

schen Natur des Menschen seine Autonomie nicht ohne Not einschränken. Das aber bedeutet unter der zuvor erörterten ethischen Perspektive: Eingriffe in die biologische Natur des Menschen können dort gerechtfertigt werden, wo sie im therapeutischen Sinne die natürlichen Bedingungen für eine gelebte Autonomie, und d.h. eben auch: für ein menschliches Dasein nicht nur unter Gesichtspunkten der (moralischen) Pflicht, sondern durchaus auch unter Gesichtspunkten des Glücks, wieder herstellen. Ein Beispiel dafür wäre, »wenn eine Beschädigung des genetischen Systems zu einer erbbedingten schweren Entwicklungsstörung führt, etwa zu der Unfähigkeit, einen lebensnotwendigen Eiweißstoff zu bilden. Diese Störung durch gentherapeutischen Eingriff auszugleichen, ist (...) nicht eine ungerechtfertigte, unsittliche genetisch-manipulative Fremdbestimmung, sondern – im Fall des Gelingens – geradezu erst das Wiederherstellen der Bedingungen selbstbestimmter Entwicklung eines menschlichen Wesens«[11].

Dabei sollten wir auch daran denken, daß wir (worauf auch Markl in diesem Zusammenhang hinweist[12]) ständig in unsere Natur eingreifen, nicht nur, wenn wir Blinddärme entfernen, Stoffwechselstörungen regulieren und Herzfehler operativ korrigieren, sondern auch schon, wenn wir angeborener Schwerhörigkeit und Kurzsichtigkeit mit Hörgeräten und Brillen zu Leibe rücken. Schickte sich der Mensch tatenlos in sein genetisches Schicksal, weil dies etwa eine fundamentalistische Heilslehre so wollte, die alles, was ist, auch das Defekte, als gewolltes Resultat eines göttlichen Willens oder der Natur selbst auffaßt, müßten selbst diese Eingriffe unterbleiben. Der Mensch der Leonardo-Welt könnte sich wieder in die Wälder zurückziehen, vorausgesetzt, es gäbe sie dann noch. Dies zur Erinnerung an das zu Beginn über die Gefährdung der Leonardo-Welt Gesagte.

Gefährdungen lassen den Ruf nach Umkehr, aber in unserem Fall auch den Ruf nach Forschungs- und Entwicklungsverboten laut werden. Dabei gibt es für viele Wünsche und schon Wirklichkeiten dieser Art, z.B. gegenüber den wachsenden Möglichkeiten der Reproduktionsmedizin, bis heute keine wirklich durchschlagenden Einzelbegründungen, sehr wohl aber das allgemeine Argu-

11 H. Markl, Fragen der Anwendung genetischer Erkenntnisse auf den Menschen, Ms. Bonn/Konstanz 1990, 17.

12 A.a.O., 19.

ment eines drohenden *Humanitätsverlusts*. Es ist »die Angst des drohenden Humanitätsverlustes, die angesichts der neuen Möglichkeiten der Fortpflanzungsmedizin den allermeisten Verboten oder Verbots-Wünschen zugrunde liegt. Das Aufkommen einer allgemeinen Manipulations- und Selektionsmentalität, einhergehend mit der Unfähigkeit spontaner Freude an Kindern und Menschen, wie sie sind; die endgültige Zerstörung menschlicher Vielfalt, die so fruchtbar und schön ist; die allgemeine Beurteilung von Menschen nach überwertig gewordenen Kriterien; das Schwinden altruistischer Elternschaft«[13]. Angst und Argument sind durchaus ernst zu nehmen; vieles, was hier befürchtet wird, ist schon eingetreten. Und doch darf es nicht dazu kommen, daß das Argument vom drohenden Humanitätsverlust allein, d. h. ohne spezielle Begründungen, schon genügt, um etwa bestimmte Reproduktionstechniken wie die heterologe Insemination oder alle Forschungen an Embryonen pauschal zu verbieten. Hier käme man wieder fundamentalistischen Eiferern nahe und würde selbst ein Begründungsgebot verletzen, auf dem der Autonomiegedanke und mit ihm die Überlegenheit rationaler Kulturen gegenüber mythischen Kulturen selbst beruhen.

Außerdem liegen auch hier die ethischen Fragen weniger im wachsenden Wissen und Können der modernen Genetik, sondern weit mehr in dem Gebrauch, den man von ihr macht. So muß, um ein weiteres Mal Markl zu zitieren, der »gesetzlichen Sicherung des Menschen gegen *unfreiwillige* genetische Ausforschung (...) die Sicherung des Anspruchs korrespondieren, sich *freiwillig* einer genetischen Analyse zu unterziehen. Auch dieses Recht ist vom Staat gesetzlich zu sichern, unter anderem auch dadurch, daß er die Forschung fördert, die Voraussetzung dafür ist. Die strikte Ablehnung jeder staatlich verordneten eugenischen Maßnahme steht nicht im Widerspruch dazu, daß Eltern das Recht haben müssen, sich für einen möglichst frühzeitigen Schwangerschaftsabbruch zu entscheiden, um einem Kind ein Leben unter schwersten Leiden und Schmerzen zu ersparen. Diese Entscheidung hat nichts mit Eugenik zu tun, obwohl es heute manchmal fälschlich so hingestellt wird, aber viel mit dem Mitleid, das auch zu unserem Humanum gehört«[14]. ›Distinguamus‹ (›laßt uns unterschei-

13 B. Schöne-Seifert, a.a.O., 468.
14 H. Markl, a.a.O., 27.

den!‹) muß die Parole einer Leonardo-Welt sein, die ihr rationales Wesen nicht mit einer inhumanen Eroberermentalität von der einen oder der anderen Seite (der Seite der selbsternannten Tugendhaften oder der Seite der skrupellosen Macher) und science fiction verwechselt.

Noch einmal: Nicht das Wissen macht uns zu Tätern, sondern dessen verantwortungslose oder auch nur unbedachte Anwendung. Diese zu unterbinden, etwa auf das Wissen zu verzichten, wäre absurd und würde die Leonardo-Welt nur, wie schon hervorgehoben, in einen Zustand der Handlungs- und Reaktionsunfähigkeit führen. Außerdem ist es keineswegs so, daß Gefahren nur aus der wissenschaftlichen und technischen Evolution drohen; sie drohen, wie AIDS lehrt, auch aus der natürlichen Evolution. Auch diese ist im Grunde nichts anderes als ›Technik‹, nämlich biologische Gentechnik: »Da alle Lebewesen ihre Eigenschaften dem Besitz von Erbanlagen in Form von Nukleinsäuren verdanken, die wieder die Produktion ganz spezifischer Eiweißstoffe steuern, deren Zusammenspiel die chemische Leistungsfähigkeit jedes Organismus bestimmt, liest der Evolutionsprozeß selbsttätig Genverbände aus Nukleinsäuren nach Maßgabe ihrer Selbstvermehrungspotenz aus. Das heißt: *Evolution ist biologische Gentechnik*.«[15] Mit anderen Worten: Wir müssen auf der Hut sein – nicht nur vor der technischen, sondern auch vor der natürlichen Evolution. Und dies mit den Stärken unserer rationalen Kultur, nämlich Wissenschaft und Technik, nicht mit ihren Schwächen, zu denen auch immer wieder einmal der Versuch gehört, auf die Rückseite der Rationalität zu gelangen und dort gesellschaftlich Fuß zu fassen.

Dazu gehört heute auch der Versuch, die Idee einer *Vernunftethik*, wie sie Kant mit seinem kategorischen Imperativ vertrat und wie sie seither das Programm der Moderne bestimmte, durch die Idee einer *ökologischen Ethik* abzulösen. Zugrunde liegen religiöse Vorstellungen und eine Einheitsthese, die den Menschen mit Pflanzen, Tieren und den Elementen verbindet: »Im Ganzen der Natur sind sie unseresgleichen und wir sind ihresgleichen.«[16] Das

15 H. Markl, Evolution, Genetik und menschliches Verhalten. Zur Frage wissenschaftlicher Verantwortung, München/Zürich 1986, 19.

16 K. M. Meyer-Abich, Wege zum Frieden mit der Natur. Praktische Naturphilosophie für die Umweltpolitik, München 1984, 24.

ist, wie ich meine, ein philosophischer Irrtum. Hinzu kommt, daß Natur und Umwelt, auch wenn man sie mit theologischen oder ökologischen Augen sieht, keine ethische Lektion geben. Sie machen allenfalls, nämlich im Schadensfalle, die unerledigten Aufgaben einer Vernunftethik deutlich. Das aber bedeutet: Was eine Leonardo-Welt braucht, um ihre Selbstgefährdung in Schach zu halten, ist keine Ethik, die sich wieder auf einen göttlichen Willen beruft oder die Ökologie zur obersten Lehrmeisterin in Ethikdingen macht. Was diese Welt braucht, ist vielmehr eine Ethik, die ihr rationales, nicht ihr irrationales Wesen spiegelt, eben eine Vernunftethik. Eine solche Vernunftethik schließt dann, recht verstanden, eine ›ökologische‹ Ethik, d. h. Maximen zum Umgang mit Umwelt und Natur, ein, sie wird durch diese nicht entbehrlich.

Allerdings wird für die Leonardo-Welt die Fähigkeit einer Vernunftethik, sich auch in ökologischen Dingen wie in den genannten wissenschaftlichen und technischen Dingen durchzusetzen, die Nagelprobe bedeuten. Besteht die Leonardo-Welt diese Nagelprobe nicht, wird sie vergehen und keine menschliche Welt wird mehr sein.

Zur Ethik der Naturforschung

1. Schwierigkeiten mit der Vernunft

An Orwells Jahr, 1984, sind wir noch einmal glimpflich vorbeigekommen. Der Frieden in der Welt ist zwar nicht sicherer geworden, der Hunger nicht geringer, die Ungerechtigkeit nicht weniger menschenverächtlich. Aber: die böse Verheißung des Verlustes aller Freiheit, der nach innen und außen, ist uns, als ein allgemeines Schicksal aller, erspart geblieben. Die Welt steht noch immer zwischen dem Garten Eden, in den zurück sie keine Wege kennt, und einer orwellhaften Zukunft, in die sie ihr eigenes Wesen zu treiben scheint. Denn das ist das eigentlich Beunruhigende: in allem, was der Mensch als homo faber tut, vermehrt er zugleich die Wege in die Unmenschlichkeit – als sei er ein auf Selbstzerstörung angelegtes Wesen.

Daß dies so ist, hat viele Gründe – zu viele Bisse in den falschen Apfel gewissermaßen. Erst ging die Unschuld verloren (womit man noch immer sehr passabel leben kann), dann der große Garten, der einmal für alle gedacht war. Arbeit kam hinzu, Eigentum, Herrschaft. Gottes vieldeutiger Auftrag an den Menschen, sich die Welt untertan zu machen, hatte und hat noch immer mißliche Folgen: Da ist der beherrschte Mensch, zuerst zwischen die Alternative von Herr und Knecht gestellt, dann zum Teil einer riesigen Maschine, genannt Gesellschaft, geworden, und da ist die beherrschte Natur, die immer schneller verkommt. Man denke an unsere Flüsse, die tot sind, und unsere Wälder, die sterben. Das Irritierende aber bei all dem ist, daß wir diese Entwicklung der Entwicklung unserer eigenen großen Fähigkeiten verdanken. Vor allem derjenigen, die uns von allen anderen Geschöpfen unterscheiden soll: der *Vernunft*.

Nun ist von Vernunft nicht im Garten Eden, sondern in den Schulen der griechischen Philosophen die Rede gewesen. Anders ausgedrückt, die Entdeckung der Vernunft ist post-paradiesisch – wie manche sagen: ein Ersatz für die verlorene Unmittelbarkeit des (paradiesischen) Glücks. Wie dem auch sei, der Betätigung dessen, was wir in der europäischen Tradition Vernunft nennen, verdankt der europäische Mensch seine eigentümliche Lebensform. Über

Philosophie und Wissenschaft gibt er diese Lebensform zugleich – seit langem erfolgreich – an andere Kulturen weiter. Der europäische Mensch wird *universal* und damit auch die europäische Philosophie und Wissenschaft. In Philosophie und Wissenschaft, so sagt man, *verwirklicht* sich die Vernunft, und in ihnen bzw. durch sie *verändert* sich die Welt. Die Frage ist nur: in welcher Richtung? Ist es die Vernunft, sind es Philosophie und Wissenschaft, die die Welt schließlich doch noch zu jenem Paradies machen, das sie einmal, unter den Bedingungen einer Zwei-Personen-Bevölkerung, war? Oder ist es gerade die Vernunft, sind es Philosophie und Wissenschaft, die uns immer weiter von dieser Utopie entfernen?

Wer so fragt, macht von einer eigentümlichen Unbestimmtheit des Ausdrucks ›Vernunft‹ Gebrauch. So ist für die einen Vernunft nichts anderes als die Rationalität von Wissenschaft und Technik, etwas also, das *technische Kulturen*, nämlich die modernen Industriegesellschaften, tagtäglich produzieren. Vernünftig sein, das hieße dann, den vielfältigen Rationalitäten folgen, die moderne Gesellschaften jederzeit und auf dem Markte, den sie selbst geschaffen haben, anbieten. Eben dies, so meinen die anderen, ist unvernünftig, Vernunft nicht mit wissenschaftlicher und technischer Rationalität identisch, sondern deren Widerpart oder deren Korrektiv. Vernunft sei nicht eine *Eigenschaft* technischer Kulturen, sondern eine *Beurteilungsform* dieser Kulturen. Sie schlägt sich gewissermaßen auf die Seite des Sollens; sie wird *philosophisch*. Dahinter steht dann die Einsicht, daß Können und Sollen nicht immer zusammengehen, und es an den gestörten Verhältnissen zwischen Können und Sollen liegen könnte, daß die Erde allmählich unbewohnbar wird.

Der Ausdruck ›Vernunft‹ führt aber auch noch andere Schwierigkeiten mit sich. Vernunft, so hört man oft, ist die bestverteilte Sache der Welt. Der erste, der so sprach, war Descartes[1], und so spricht, seit Descartes, der Aufklärer. Vernunft also als etwas, das überall da ist oder doch überall geweckt werden kann; in jedem Kopf und in jedem Leben. Der mündige Bürger, den die Aufklä-

1 R. Descartes, Discours de la Méthode I 1, in: R. Descartes, Discours de la Méthode/Von der Methode des richtigen Vernunftgebrauchs und der wissenschaftlichen Forschung, übers. u. ed. L. Gäbe, Hamburg 1960 (Philosophische Bibliothek 261), 2.

rung schuf, ist der Idee nach auch der vernünftige Bürger, der homo sapiens damit nicht nur eine Erfindung biologischer Klassifikation, sondern gesellschaftliche Wirklichkeit.
Gegen diese Vorstellung von Vernunft und Aufklärung erhebt die Skepsis ihre Stimme. Sie sieht Vernunft nicht als die bestverteilte Sache der Welt, sondern als Ausgeburt idealistischer, damit weltfremder Eiferer. ›Der Mensch ist des Menschen Wolf‹ (Hobbes), heißt die Gegenparole. Es geht um das Überleben, um Durchsetzung von Macht und Interesse, um Argwohn und Vorsicht. Das Reich der Vernunft, in dem das alles nicht gelten soll, ist nicht von dieser Welt. Deshalb vermitteln auch die Wissenschaften nach dieser Vorstellung nicht Wahrheit, sondern Macht; die Philosophie (wenn überhaupt) nicht ein Wissen für Heilige, sondern für Macher. ›Zweckrationalität‹ ist hier das Losungswort: Vernunft, Einsicht, Rationalität – das sind nicht Eigenschaften eines höheren Lebens, sondern Mittel, um Zwecke zu erreichen; Zwecke, die man hat, die sich entwickeln (auch hinter unserem Rücken), Zwecke, die einfach da sind wie Bedürfnisse, Ängste, Leidenschaften.
Welche Seite hat recht? Die, die überall Vernunft am Werke sieht und die Herstellung vernünftiger Verhältnisse als einen obersten wirklichen Zweck, eben den Vernunftzweck, ansieht? Die daher auch gegen bestehende Verhältnisse Vernunft durchzusetzen sucht, nicht nur in Philosophie und Wissenschaft, sondern überall? Oder hat die andere Seite recht, die das alles für Rhetorik, für schönen Schein aus den Bildungsarsenalen des abendländischen Denkens hält und dagegen die Ideale der Nüchternheit, der Illusionslosigkeit, der Durchsetzungsrationalität – wie man die Vernunft der Technokraten und Experten nennen könnte – setzt? Heißt vernünftig sein nicht gerade: ohne Illusionen sein? Ist die vernünftige Gesellschaft nicht die illusionslose, kenntnisreiche, auf Steigerung ihrer wissenschaftlichen und technischen Potentiale bedachte Gesellschaft?
Sie ist gewiß auch das. Nur ist sie damit nicht vollständig beschrieben. Schon der Umstand, daß technische Kulturen unmenschlich sein können, z. B. in der von Orwell beschriebenen Weise, macht deutlich, daß sie mit vernünftigen Verhältnissen nicht per definitionem identisch ist. Umgekehrt wären moderne vernünftige Kulturen ohne Wissenschaft und Technik verloren, d. h., ihre Vernunft reichte nicht aus, sich an die Stelle von Wissenschaft und

Technik bzw. deren Leistungen zu setzen. Also ist wohl an beiden Seiten etwas dran. Beide Seiten spiegeln tatsächlich wesentliche Eigenschaften der europäischen Idee der Rationalität. Ihrer ursprünglichen Idee nach ist Rationalität nämlich stets ein *Können* und ein *Einsehen*, ein Verfügen über *Mittel* und ein Wissen um *Ziele*, kurz: Rationalität im anspruchsvollen Sinne ist stets beides, *Verfügungswissen* und *Orientierungswissen*.[2]

Verfügungswissen ist *positives* Wissen, d.h. ein Wissen um Ursachen, Wirkungen und Mittel. Wissen dieser Art löst Probleme, aber nicht alle Probleme. Zum positiven Wissen muß ein *handlungsleitendes* Wissen, eben ein Orientierungswissen, hinzutreten, wenn nicht allein die Frage, was wir tun *können*, sondern auch die Frage, was wir tun *sollen*, beantwortet werden soll. Ohne ein derartiges handlungsleitendes Wissen entstehen Orientierungsdefizite, gemeint ist, daß auch das Können orientierungslos wird. Also gehört beides zusammen: Verfügungswissen und Orientierungswissen. Anders ausgedrückt: die Rationalität, die moderne entwickelte Gesellschaften brauchen, muß nicht nur Probleme des Könnens, sondern auch Probleme des Sollens lösen.

Nun ist es ein kontingentes Resultat der europäischen Geistesgeschichte, daß häufig Wissenschaft für die eine Seite, die Seite des Könnens, Philosophie für die andere Seite, die Seite des Sollens, zu stehen scheint. Demnach produzierte Wissenschaft anwendbares *Wissen*, Philosophie anwendbaren *Sinn*. Philosophie stünde dabei in Konkurrenz zu anderen Sinnproduzenten, z.B. Religion und Kunst. Sie wäre Weltanschauung, Ideologie, günstigstenfalls der Ort, an dem die Gesellschaft ihre ideologischen Vorstellungen zum Austrag bringt. Von all dem wäre wiederum, entsprechend der hier vorgesehenen Arbeitsteilung zwischen Wissenschaft und

2 Zu dieser Unterscheidung vgl. J. Mittelstraß, Technik und Vernunft. Orientierungsprobleme in der Industriegesellschaft, in: E. Finck/G. Hosemann/E. Wirth (Eds.), Energie – Umwelt – Gesellschaft. Sechs Vorträge, Erlangen 1980 (Erlanger Forschungen Reihe B: Naturwissenschaften und Medizin Bd. 9), 148-168, hier 158ff.; ferner in: J. Mittelstraß, Wissenschaft als Lebensform. Reden über philosophische Orientierungen in Wissenschaft und Universität, Frankfurt 1982 (suhrkamp taschenbuch wissenschaft 376), 37-64, hier 49ff. Auch in anderen Teilen dieses Bandes wird die Unterscheidung zwischen Verfügungswissen und Orientierungswissen herangezogen und erläutert.

Philosophie, die Wissenschaft unbehelligt; ihre Rationalität schritte ideologiefrei und weltanschauungsfrei voran.

Es ist klar, daß hier etwas nicht stimmt. Natürlich ist die Philosophie, ihrer europäischen Idee entsprechend, ein Sinnproduzent; aber dieser Umstand muß sie keineswegs für alle Zeiten vom Wissen trennen. Und natürlich ist Wissenschaft, wiederum ihrer europäischen Idee entsprechend, weltanschauungs- und ideologiefrei; aber dies muß nicht bedeuten, daß das Wissen, das Wissenschaft produziert, ohne Sinn wäre, der ihm selber angehört. Beides macht keinen Sinn: die Beschränkung der Philosophie auf die Produktion von Sinn und der Ausschluß der Wissenschaft von dieser Produktion. Auch Wissen und Sinn gehören vielmehr zusammen, anders ausgedrückt: die Trennung von Wissenschaft und Philosophie, wenn sie denn Bestand haben sollte, ist eine unglückliche.

Die Dinge sind damit, wie nicht anders zu erwarten, schwieriger, komplexer, unklarer, als es gemeinhin erscheint. In jedem Falle ist Vernunft nichts, das nur ein Teil der gesellschaftlichen Wirklichkeit, und sei es in institutioneller Form als Wissenschaft oder Philosophie, für sich reklamieren könnte. Darin sollte man im übrigen kein Unglück sehen, den üblichen Ärger mit gemischten Verhältnissen, sondern die Chance, *Orientierungsprobleme*, die technische Kulturen heute wie einen immer länger werdenden Schatten mit sich führen, wieder zu beseitigen.

2. Naturforschung und technische Kultur

Dem Zusammenspiel von Naturwissenschaft und Technik, Naturforschung und angewandter Forschung, verdanken technische Kulturen ihr eigentümliches Wesen. Es ist aber auch dieses Zusammenspiel, dem technische Kulturen einen Großteil ihrer Probleme verdanken. Zu diesen Problemen gehören die genannten Orientierungsprobleme.

Orientierungsprobleme entstehen dort, wo Fragen nach dem, was wir begründet tun *sollen*, unbeantwortet bleiben oder allein mit den Mitteln des *Könnens* zu beantworten versucht werden. Diesem Versuch liegt wiederum ein eigentümliches Vermögen moderner wissenschaftsgestützter Gesellschaften zugrunde. Es handelt sich um das Vermögen, nicht nur ein technisches Problemlösungswissen zu produzieren, sondern auch Probleme in technische Probleme, Probleme, für die allein das Können, nicht ein Sollen zuständig ist, zu transformieren. Dadurch entsteht der technische Kulturen geradezu definierende Eindruck, daß eine derartige Transformation überall möglich ist, alle Probleme also in technische Probleme überführbar sind – was wiederum ein besonderes Orientierungswissen überflüssig zu machen scheint. Das aber ist ein Irrtum – ein schwerwiegender und eigentlich doch schrecklich trivialer Irrtum. So ist z. B. ein glückliches Leben weder ›technisch herstellbar‹, etwa unter Mitwirkung eines Experten für glückliche Lebensformen oder einer noch zu etablierenden Glückswissenschaft, noch ist die Frage nach einem glücklichen Leben als ›technische‹ Frage überhaupt formulierbar, etwa in Form der Frage: wie viele Glückseinheiten machen ein glückliches Leben? – für deren Beantwortung dann wieder die erwähnte Glückswissenschaft zuständig wäre. Wo eine derartige Transformation dennoch versucht wird, mißversteht sich der Mensch selbst und mißverstehen sich moderne Gesellschaften, sofern diese dazu neigen, ihre gesellschaftspolitischen Aufgaben, gestützt auf ein allgegenwärtiges Expertenwesen, in dieser Weise zu sehen.

Das Resultat eines solchen Mißverständnisses ist eine eigentümliche Deformation. Wie eine solche Deformation aussehen kann, führen uns z. B. Abend für Abend ›glückliche‹ Hausfrauen in der Waschmittelwerbung des Fernsehens vor. Das Glück dieser Erde liegt, wenn man diesen werbenden Glücksdarstellerinnen Glauben schenken darf, in der Waschtrommel – bei Verwendung des richtigen Waschmittels natürlich –, oder auf der Haut – bei Verwendung der richtigen Seife. Es liegt eigentlich überall, nur nicht mehr in uns, in unserer ›Seele‹, wie man einstmals auf eine verständliche Weise sagen konnte. Dabei ist es in vielen Fällen überhaupt so, daß nicht die Probleme, die wir *haben*, deformieren, sondern der Umstand, daß wir diese Probleme nicht mehr *aushalten*, daß wir sie nicht mehr als Elemente des Menschseins akzeptieren, und stattdessen voreilig nach Wegen suchen, sie zum Verschwinden zu bringen.

Natürlich hat das alles mit Wissenschaft und Technik als konstitutiven Elementen moderner Gesellschaften im engeren Sinne nichts zu tun, weit eher mit irregeleiteten gesellschaftlichen Erwartungen. Allerdings können auch Wissenschaft und Technik zur Klarheit beitragen, indem sie nicht nur sagen, was sie, in der Form von Problemlösungswissen, *können*, sondern, deutlicher als bisher, auch sagen, was sie *nicht können*. Es ist nämlich vor allem das Können der Wissenschaften, das Maß ihres auch technischen Erfolges, das Orientierungsprobleme oftmals verborgen hält. Daß vor allem die Naturwissenschaften die Grenzen des Wissens und des Erforschbaren immer weiter hinausgeschoben haben, führt nur allzu häufig zu der irrtümlichen Vorstellung, diese Wissenschaften wüßten alles und könnten alles oder seien zumindest auf bestem Wege in ein Faustisches Glück. Diese Vorstellung trifft (leider) nicht nur auf den Ignoranten, sondern vielfach auch auf den sogenannten gebildeten Laien zu. Die Wissenschaftler selbst sind in der Regel, aber auch mit Ausnahmen, klüger und besonnener. Sie wissen, daß auch das wissenschaftliche Wissen stets nur einen Aspekt der Welt, d. h. des Ganzen, das Natur und Mensch zusammen sind, zum Ausdruck bringt, daß, mit anderen Worten, Wissenschaft sich nicht an die Stelle des Ganzen, in diesem Falle als universaler Problemlösungsgenerator, zu setzen vermag. Eine Verweigerung von wissenschaftlichen Orientierungsantworten, die in der beschriebenen technischen Kultur zunächst merkwürdig erscheinen muß, beruht dann insofern in einer Einsicht: in der methodischen Einsicht in die *Perspektivität der Welt* und in die unterschiedliche Logik von Können und Sollen, Mittel und Zweck. Wie wir die Welt ansehen, so sieht sie uns an; eine einfache Vernunft der Tatsachen gibt es nicht.

Anders steht es mit Problemen, die sich in der Frage nach einer *Ethik der Naturforschung* spiegeln. Auch hier handelt es sich, wie im Falle der Orientierungsprobleme technischer Kulturen, weder um Probleme, die in dieser Form immer existierten, noch um Probleme, die eines Tages vom Himmel der Philosophie, gewissermaßen zur Erweiterung ihrer Ethikabteilung, fielen. Es sind auch keine erfundenen Probleme und keine marginalen Probleme, sondern Probleme, die selbst wieder einen Teil der Identität wissenschaftsgestützter technischer Kulturen ausmachen. Worum es geht, sind die *Konsequenzen*, die insbesondere die Naturwissenschaft in einer technischen Kultur für das Leben des Menschen, aber auch, wie wir alle wissen, für die Natur hat.

Wissenschaft und Technik machen, wenn sie alle Formen der materiellen Produktion erfassen, nicht nur eine neue Gesellschaft, die moderne Industriegesellschaft, sondern auch eine neue Welt. Das heißt: Die kompromißlose Verwissenschaftlichung und Technisierung der gesellschaftlichen Verhältnisse erfaßt nicht nur den Menschen – mit der Folge, daß dieser zwischen der Erinnerung an die Bedingungen eines glücklichen Lebens ›von innen‹ und den falschen Verheißungen einer gesellschaftlichen Maschine, die dieses Innen durch ein menschenfeindliches Außen ersetzt, heimatlos wird –, eine neue Kultur und eine neue Natur sind ihr Resultat. Dieses Resultat ist kein *Zweck* von Wissenschaft und Technik, aber eine *Folge*. Es stellt sich die Frage nach der *Verantwortung* gegenüber (in der Regel unbezweckten) Folgen. Daß diese Frage gerade heute eine so nachdrückliche Bedeutung gewonnen hat, und zwar keineswegs nur in der Philosophie, sondern auch in der Naturwissenschaft selbst, liegt dann vor allem daran, daß sich derartige Folgen zunehmend als Bedrohungen zu erkennen geben – für den Menschen und für die Natur.

3. Fortschritt und gesellschaftliche Maschine

Mensch und Natur sind nicht erst heute auf eine schicksalhafte Weise miteinander verbunden. Allerdings greifen beider Geschichten, die Geschichte des Menschen und die Geschichte der Natur, in den Existenzformen moderner Gesellschaften, die in der hier gewählten Terminologie ihrem Wesen nach wissenschaftsgestützte technische Kulturen sind, auf eine besonders auffällige Weise, nämlich verheißungsvoll und unheilvoll zugleich, ineinander. Ein Schlüsselbegriff beider Geschichten ist der Begriff des *Fortschritts*.[3]

Von Fortschritt ist in modernen Gesellschaften immer dann die Rede, wenn diese Gesellschaften ihren Rationalitätsbegriff zu bestimmen suchen. Auch dahinter steckt eine Entwicklung. Diese verbindet sich mit der Entstehung der neuzeitlichen Wissenschaft und, auf diese bezogen, mit der Entstehung der neuzeitlichen Aufklärung. Fortschritt im Sinne der Aufklärung gründet in der

3 Zum neuzeitlichen Begriff des Fortschritts und seiner Entwicklung vgl. J. B. Bury, The Idea of Progress. An Inquiry into Its Origin and Growth, London 1920, ³1931; H. Blumenberg, Die Legitimität der Neuzeit, Frankfurt 1966; J. Mittelstraß, Neuzeit und Aufklärung. Studien zur Entstehung der neuzeitlichen Wissenschaft und Philosophie, Berlin/New York 1970, 341-374 (§ 10: Fortschritt und Utopie).

Annahme, daß eine freie Entwicklung des Intellekts und eine Steigerung insbesondere des naturwissenschaftlichen Wissens von sich aus zu einer Humanisierung der Gesellschaft führen. Fortschritt wird insofern mit Aufklärung als einem historischen Prozeß gleichgesetzt.

Eine derartige Auffassung erscheint uns heute naiv. Allerdings paradoxerweise im Hinblick darauf, daß die Aufklärung von Fortschritt stets im Zusammenhang mit politisch-moralischen, durch Aufklärung freiwerdenden Fähigkeiten sprach. Dies aber ist ihre eigentliche Stärke, der Umstand nämlich, daß sie die Rede von Fortschritt, auch von ›Fortschritt der Menschheit‹, mit praktisch-philosophischen Kategorien verband. Problematisch ist daher auch nicht diese Verbindung von Fortschritt und Aufklärung, sondern die weitgehende Festlegung einer durch Fortschritt und Aufklärung bestimmten Entwicklung auf wissenschaftliche bzw. technische Entwicklungen. In dieser Hinsicht aber haben wir offenbar wenig dazugelernt. Die einseitige Verbindung der Begriffe Fortschritt und Wissenschaft ist geblieben. Wissenschaftlicher (und technologischer) Fortschritt erscheint als der eigentliche Motor auch des gesellschaftlichen Fortschritts. Falsche Erwartungen machen sich breit – und vergrößern das Enttäuschungspotential moderner technischer Kulturen. Dieses wiederum machen sich radikale Formen von Wissenschafts- und Kulturkritik zunutze. Nicht erst heute. Bereits Rousseau sah in den Wissenschaften (neben den Künsten) eine Ursache nicht kulturellen Aufstiegs, sondern kulturellen Verfalls.[4] Woran liegt diese eigentümliche Radikalität?

Technische Kulturen neigen dazu, wissenschaftlichen Fortschritt nicht als ein *Mittel* innerhalb eines wissenschaftsunabhängig zu bildenden *Systems gerechtfertigter Bedürfnisse und Zwecke* zu sehen, sondern entweder sich mit ihm als dem *Garanten gesellschaftlichen Glücks* zu identifizieren oder ihn als Verhängnis und

4 »Die tägliche Ebbe und Flut der Wasser des Ozeans sind dem Gang des Gestirns, das uns die Nächte erhellt, nicht regelmäßiger unterworfen als das Schicksal der Sitten und der Rechtschaffenheit dem Fortschritt der Wissenschaften und Künste. Man sah die Tugend in dem Maß verschwinden, wie deren Licht über dem Horizont emporstieg« (J.-J. Rousseau, Über Kunst und Wissenschaft, in: J.-J. Rousseau, Schriften zur Kulturkritik [franz./dt.], ed. K. Weigand, Hamburg ^{3}1978 [Philosophische Bibliothek 243], 15, vgl. 9).

den eigentlichen *Ursprung gesellschaftlichen Unglücks* zu negieren. Prometheus und Kassandra sind in technischen Kulturen ungleiche Nachbarn geworden. Beiden aber fehlt das richtige gesellschaftliche Augenmaß. Einerseits können Wissenschaft und Technik, was wiederum der besonnene Wissenschaftler auch weiß, die Stelle begründeter Orientierungen nicht einnehmen. Das heißt auch: sie sind nicht Zwecke an sich oder Selbstzwecke. Andererseits sind technische Kulturen längst außerstande, begründete Orientierungen ohne Wissenschaft und Technik zu bilden. Was zuvor mit der Unterscheidung zwischen einem Orientierungswissen und einem Verfügungswissen, bezogen auf die europäische Idee der Rationalität, ausgedrückt wurde, läßt sich auch wie folgt formulieren: Es gehört zur ›Lebensform‹ technischer Kulturen, neben der *praktischen Vernunft*, dem – wie eine alte philosophische Hoffnung besagt – ›Organ‹ des Menschen für gerechtfertigte Zwecke und Lebensformen, auch eine *technische Vernunft* auszubilden. Diese technische Vernunft ist mit dem Aufbau und mit der Bedienung einer *gesellschaftlichen Maschine* befaßt, womit gemeint ist, was an der Gesellschaft bzw. an ihren Organisationsformen technisch ist. Und da es zum Wesen technischer Kulturen gehört, in diesem Sinne selbst Strukturen einer Maschine zu besitzen, ist eine derartige technische Vernunft im Rahmen ihrer Zuständigkeiten auch unverzichtbar; an ihre Stelle kann in technischen Kulturen keine andere Vernunft treten. Der Preis, versuchte man es dennoch, wäre die Identität technischer Kulturen bzw. das, was ich ihre Lebensform genannt habe.
Das bedeutet allerdings nicht, daß die gesellschaftliche Maschine *überall* sein sollte. Ein ›systemtheoretisches‹ Modell, in dem die Gesellschaft in Form eines gewaltigen Regelverbundsystems durchrationalisiert wäre, ist völlig ungeeignet, Modell einer vernünftigen Gesellschaft zu sein. Es erfaßt, gottlob, nicht einmal die Wirklichkeit unserer Gesellschaft, auch wenn Besorgnisse in dieser Hinsicht nicht unbegründet sind (Stichwort: Datenschutz). Worauf es, mit anderen Worten, ankommt, ist die Beantwortung der Frage, *welche* (gesellschaftliche) Maschine wir brauchen und *wo* wir sie brauchen. Einfacher ausgedrückt: es kommt darauf an, daß auch in modernen Gesellschaften, die ihrem Wesen nach technische Kulturen sind, der Mensch im Mittelpunkt der gesellschaftlichen Organisation der Wirklichkeit bleiben muß. Systemtheoretische Modelle drängen ihn in die Nischen des Systems,

während ihm Gegenmodelle, die auf der Negation jeglicher technischer Vernunft beruhen, die nötigen Organisationsformen entziehen. Was moderne Gesellschaften daher auch brauchen, ist weder science fiction – wozu ihre wissenschaftsgläubigen unkritischen Freunde tendieren –, noch die Idylle vom einfachen Leben – von der ihre Gegner träumen. Was sie brauchen, ist eine besonnene Entwicklung derjenigen Rationalitäten, denen sie ihr eigentümliches Wesen verdanken, und dazu gehören eben auch wissenschaftlich informierte und technisch stabilisierte Rationalitäten. Besonnenheit bedeutet hier, daß wir (wieder) zu begreifen lernen, was Wissenschaft und Technik nicht können, und wohl auch, was Wissenschaft und Technik *nicht dürfen*.

Auch in technischen Kulturen erweist sich damit Fortschritt als das, was er immer schon war: als ein *praktisches* Problem. Sein theoretischer und technischer Anschein trügt, weshalb übrigens Kant und Hegel pointiert vom Fortschritt ›im Bewußtsein der *Freiheit*‹ sprachen.[5] Freiheit ist ein Titel der *praktischen Vernunft*, nicht der theoretischen oder technischen Vernunft. Er schließt neben Selbstbestimmung, Autonomie, die Rechtfertigung des Gebrauchs der Freiheit, mithin auch deren (selbstbestimmte) Begrenzung ein. Wo dies nicht mehr gesehen wird, beginnt uns der Fortschritt in Wahrheit davonzulaufen. Die Angst etwa, daß die Technik wissenschaftsbezogen tut, was sie kann, und daß die Technik, aus selbst technisch herbeigeführtem Mangel an natürlichen Ressourcen und der Irreversibilität mancher Prozesse, nicht mehr kann, was sie im Hinblick auf die Folgen dessen, was sie getan hat, tun soll (Stichwort: Ökologie), ist ein Indikator dafür, daß wir es hier mit Realitäten, nicht mit science fiction zu tun haben. Wissenschaft und Technik werden in einer Gesellschaft, die ihnen doch als Industriegesellschaft ihre Lebensform verdankt, zum Ursprung drohender und bereits eingetretener Glücklosigkeit.

5 Vgl. G. W. F. Hegel, Vorlesungen über die Philosophie der Geschichte [1837], in: G. W. F. Hegel, Sämtliche Werke (Jubiläumsausgabe), I-XXVI, ed. H. Glockner, Stuttgart 1927-1940, XI, 46 (die Weltgeschichte als »Fortschritt im Bewußtsein der Freiheit«). I. Kant, Idee zu einer allgemeinen Geschichte in weltbürgerlicher Absicht [1784] 8. Satz, in: I. Kant, Werke in sechs Bänden, ed. W. Weischedel, Frankfurt, Darmstadt 1956-1964 (im Folgenden zitiert als: Werke), 45 (Fortschritt als die »Vollziehung eines verborgenen Plans der Natur« auf dem Wege zu einer »vollkommenen Staatsverfassung«).

Damit sind, am Leitfaden des Begriffs des Fortschritts und der gesellschaftlichen Maschine, Zuständigkeiten einer (wissenschaftsgestützten) technischen Vernunft, aber auch *Grenzen* dieser Vernunft aufgewiesen. Von diesen Grenzen soll im Folgenden als Grenzen der Verwissenschaftlichung und als ethischen Grenzen die Rede sein.

4. Mythos Verwissenschaftlichung

Technische Kulturen bedürfen nach dem Gesagten einer besonnenen Entwicklung derjenigen Rationalitäten und Fähigkeiten, auf denen sie beruhen. Gemeint sind wissenschaftlich informierte und technisch stabilisierte Rationalitäten und Fähigkeiten, befaßt mit dem, was die gesellschaftliche Maschine genannt wurde. Insofern ist technische Vernunft, gerichtet auf die Produktion von Verfügungswissen, in technischen Kulturen unverzichtbar. Zur geforderten Besonnenheit ihrer Entwicklung gehören dabei vor allem ihre Verbindung mit einer (kritisch) beurteilenden und Zwecke setzenden Vernunft sowie die Einsicht, daß auch die sogenannten Sachzwänge, die zunehmend die Wirklichkeit und den Alltag technischer Kulturen bestimmen, Wirkungen der technischen Vernunft, dann auch Wirkungen vergangenen Fortschritts sind: Sachzwänge sind nicht einfach da wie natürliche Gegebenheiten, sondern ein Resultat, häufig ein unerwünschtes Resultat, der beharrlichen (historischen) Arbeit des Menschen, das, was an ihm und was an der Gesellschaft Natur ist, seinen Rationalitäten zu unterwerfen. Darum haben wir es stets mit uns selbst, d. h. dem Werden und der Wirklichkeit technischer Kulturen, zu tun, wenn wir von Sachzwängen oder in poetischer Verbrämung von der vermeintlichen Gewalt der Sachen reden.

Zu diesen Sachen gehört die Verwissenschaftlichung der Welt und des Menschen. Sie läßt sich heute durch zwei Thesen beschreiben. Die erste, bereits erwähnte These besagt, daß sich alle Orientierungsprobleme in Form wissenschaftlicher oder technischer Problemlösungen bewältigen lassen, die zweite, daß die Welt auf eine wissenschaftliche Weise *vollständig erkennbar* sei, d. h., daß den wissenschaftlichen Verstand eigentlich nur seine eigene Einfallslosigkeit oder Trägheit daran hindern könne, die Welt bis in ihre letzten Winkel wissenschaftlich auszumessen.

Beide Thesen vertreten das *Rätselparadigma* der Erkenntnis.[6] Wie Rätsel mindestens *eine* Lösung haben, so auch unsere Probleme und die Welt. Wissenschaftliche Forschung wäre in diesem Sinne nicht so sehr eine rationale Form der Entdeckung, sondern ein methodisches Lösen von Rätseln: »Ein normales Forschungsproblem zu einem Abschluß bringen heißt, das Erwartete auf einem neuen Weg erreichen, und es erfordert die Lösung einer Vielzahl umfangreicher instrumenteller, begrifflicher und mathematischer Rätsel. Derjenige, der sich erfolgreich zeigt, erweist sich als Experte im Rätsellösen, und die Herausforderung durch das Rätsel ist ein wichtiger Teil dessen, was ihn vorwärts zu treiben pflegt.«[7] Allgemein formuliert: was uns umtriebe, wäre nicht unsere Natur, die Natur eines Bedürfniswesens, sondern ein einfacher Mangel an Problemlösungswissen und Einsicht in den Zusammenhang der Welt. Die Instanz, die hier Abhilfe schafft, ist die Wissenschaft.

Beide Thesen, auch wenn sie in weniger allgemeiner Form wissenschaftliche Forschungsprozesse und technisches Können zutreffend beschreiben mögen, sind ungeeignet, die Stellung der Wissenschaft (und auch der Technik) im System unserer Orientierungsbemühungen zu bestimmen. Nicht alle Probleme lassen sich in wissenschaftlich und technisch bearbeitbare Probleme überführen (Gegenbeispiel: ein glückliches Leben) und nicht alle Wissensbildungsprozesse sind Rätsellösungsprozesse (Gegenbeispiele: der Spracherwerb und das Erfahrungswissen) – ganz abgesehen davon, daß hier wie so oft schon im ›alle‹ der Teufel, in diesem Falle die Vorstellung einer vollständigen (wissenschaftlichen) Erkennbarkeit der Welt, steckt. Das läßt sich auch anthropologisch auf folgende Weise ausdrücken: Sollten wir tatsächlich die in diesen beiden Thesen formulierten Vorstellungen von Rätsellösungsprozessen und technischen Transformationsmöglichkeiten von Problemen als Paradigmen für das Begreifen der menschlichen Situation im ganzen nehmen, gerieten wir als Angehörige einer technischen Kultur in die Gefahr, uns als (sinnliche, konkrete) Subjekte und die Welt als das (individuelle) Schicksal von Subjek-

6 Vgl. Th. S. Kuhn, The Structure of Scientific Revolutions, Chicago 1962, ²1970, 35-42 (dt. Die Struktur wissenschaftlicher Revolutionen, Frankfurt 1967, rev. ²1976, 49-56) (›normale‹ Wissenschaft als das Lösen von Rätseln).

7 Th. S. Kuhn, a.a.O., 36 (dt. 50).

ten aus den Augen zu verlieren. Die Fortschrittsgeschichte, die Wissenschaft und Technik schreiben, wäre in Wahrheit eine Verlustgeschichte, die ohne den Menschen aufzugehen droht.
Aber soweit ist es noch nicht; übrigens auch nicht aus wissenschaftstheoretischen Gründen, wie schon der Hinweis auf die Perspektivität der Welt deutlich machte. So verbirgt sich hinter der These von der vollständigen (wissenschaftlichen) Erkennbarkeit der Welt nichts anderes als ein Mythos, den sich das wissenschaftliche Bewußtsein selber schafft: einerseits um seinen Anspruch auf Allzuständigkeit zu begründen, andererseits um nicht auf die wissenschaftliche Unverständlichkeit des Lebens – auch unter Beachtung aller unbestrittenen Erklärungsleistungen der Naturwissenschaften, hier vor allem der Biologie – zu treffen. Oder wissen wir etwa schon, was Leben ist, auch das individuelle, wenn wir es in naturwissenschaftlichen Begriffsbildungen und Beschreibungen erfassen, die sich auf molekulare, intrazelluläre, organismische und ökologische Sachverhalte beziehen? Wenn wir dies meinen sollten, machen wir uns etwas vor. Auch die Ergänzung derartiger Kategorien durch sozialwissenschaftliche und psychologische Kategorien bringt in der gewünschten Richtung nicht weiter. Oder erklären Sozialwissenschaft und Psychologie Lebensformen, auch individuelle?
Es gibt ein weiteres Indiz dafür, wie fremd sich Wissenschaft und Leben sind, wenn jene dieses vollständig zu erklären beansprucht: die zunehmende *Emotionalisierung* im Rahmen sozialer Entwicklungen, die eine Antwort ist auf die zunehmende ›*Rationalisierung*‹ im Rahmen technischer Entwicklungen. Hier treffen technische Kulturen tatsächlich auf die Unverständlichkeit des Lebens, oder anders ausgedrückt: auf ihre Grenzen. Das Leben lehnt sich gegen seine übermächtige wissenschaftliche und technische Deutung auf. Nicht aus Gründen wachsender Irrationalität – auch diese gibt es natürlich –, sondern aus festgehaltener und wachsender Einsicht in die begrenzte Tragfähigkeit einer derartigen Deutung. Gesucht werden Orientierungen in einer Welt, über die wir, in der Weise technischer Kulturen (Stichwort: Verfügungswissen), gerade *nicht* verfügen (Stichwort: Orientierungswissen).
Die Verwissenschaftlichung der Welt und des Menschen hat also Grenzen. Diese sind nicht von außen gezogen und auch nicht ideologisch. Sie können vielmehr einer Reflexion auf das Wesen wissenschaftlicher Wissensbildung und auf die Natur von Orien-

tierungsproblemen selbst entnommen werden. Zu ihrer Bestimmung bedarf es auch des Rekurses auf andere Grenzen, z. B. ökonomische Grenzen, nicht.[8] Sie bringen zugleich ein optimistisches, nämlich ein lebensbejahendes Moment zur Geltung. Dieses Moment besagt, daß sich der Mensch auch in technischen Kulturen nicht auf ein wissenschaftliches Rätsel oder ein technisch lösbares Problem reduzieren läßt; oder anders, in der Terminologie technischer Kulturen ausgedrückt: daß die gesellschaftliche Maschine tatsächlich nicht überall ist und nicht überall sein kann. Grenzen der Verwissenschaftlichung gehören in diesem Sinne zur *Hoffnung* des Menschen, auch des Angehörigen einer technischen Kultur.

5. Moralische Fragen

Zu Grenzen der Verwissenschaftlichung der Welt und des Menschen treten *ethische* Grenzen. Diese beziehen sich im Sinne unserer Ausgangsüberlegungen insbesondere auf die *Folgen* des wissenschaftlichen Tuns, hier vor allem der Naturforschung, und auf die Beurteilung des Fortschritts als Problem der praktischen, nicht der technischen Vernunft. Gemeint ist wiederum, daß technische Vernunft allein das Problem eines gerechtfertigten Fortschritts nicht lösen und die Frage nach einem (über ein Verfügungswissen hinausgehenden) Orientierungswissen nicht beantworten kann. Schon in Max Webers berühmtem Vortrag »Wissenschaft als Beruf« (1919) heißt es: »Alle Naturwissenschaften geben uns Antwort auf die Frage: Was sollen wir tun, *wenn* wir das Leben *technisch* beherrschen wollen? *Ob* wir es aber technisch beherrschen sollen und wollen, und ob das letztlich eigentlich Sinn hat: – das lassen sie ganz dahingestellt oder setzen es für ihre Zwecke voraus.«[9] Derartige Fragen zu beantworten, ist nach Weber nicht Sache der Wissenschaft; diese hat sich auf das zu beschränken, was hier Verfü-

8 Zu den ökonomischen Grenzen des Fortschritts und der Wissenschaft vgl. N. Rescher, Scientific Progress. A Philosophical Essay on the Economics of Research in Natural Science, Oxford 1978 (dt. Wissenschaftlicher Fortschritt. Eine Studie über die Ökonomie der Forschung, Berlin/New York 1982).

9 M. Weber, Gesammelte Aufsätze zur Wissenschaftslehre, ed. J. Winckelmann, Tübingen ^{3}1968, 599 f.

gungswissen genannt wurde. Damit wird aber, in dieser Selbstbeschränkung wissenschaftlicher Wissensbildung, das Problem einer handlungsleitenden praktischen Vernunft bzw. eines gerechtfertigten Fortschritts um so prekärer. Das hat auch die Wissenschaft selbst gesehen, und zugleich die Schwäche praktischer Vernunft bedauert. Albert Einstein schreibt 1948: »Die Tragik des modernen Menschen liegt (...) darin: er hat für sich selber Daseinsbedingungen geschaffen, denen er auf Grund seiner phylogenetischen Entwicklung nicht gewachsen ist.«[10] In dieser Terminologie gesprochen: Die Antriebe des Stammhirns sind stärker als die Kontrolle durch das Großhirn.

Den durch die phylogenetische Ausstattung gezogenen Grenzen stehen Mängel der moralischen und politischen Entwicklung gegenüber. Auch diese Entwicklung hält mit den wissenschaftlichen und technologischen Entwicklungen vielfach nicht Schritt. Das beunruhigendste Beispiel dafür stellte das Wettrüsten mit seiner absurden Anhäufung sich überbietender Vernichtungspotentiale dar. In diesen perversen Wettstreit, den der politische Sachverstand zu verantworten hat, war die Wissenschaft tief verstrickt; fast jeder zweite Wissenschaftler ist irgendwie im Militärsektor tätig. Seine Arbeit hat dazu geführt, daß der Kommandant eines U-Bootes der Poseidonklasse heute das Leben von 30 Millionen Menschen in der Hand hat, ein ›nuklearer Winter‹ als Folge eines Atomkrieges wahrscheinlich ist. Die Konsequenzen, wenn hier aus Drohung Realität wird, sind unabsehbar geworden. Auch für die Wissenschaft selbst, die aus ihrer Zauberlehrlingsexistenz nicht mehr herauszufinden scheint. Der amerikanische Rüstungsexperte Wolfgang K. H. Panofsky im Anschluß an diese Beispiele: »Wir haben es hier mit Kräften zu tun, die den Kosmos selbst in Bewegung setzen.«[11]

Gegenüber diesen Kräften ist die Kraft des politischen Sachverstandes gering, die Kraft des moralischen Urteils ohnmächtig – sie vermag zumal gegen das Bündnis von wissenschaftlich-technolo-

10 A. Einstein, Über den Frieden. Weltordnung oder Weltuntergang?, ed. O. Nathan/H. Norden, Bern 1975, 494.

11 W. K. H. Panofsky, Aktuelle Streitfragen über Rüstungskontrolle: Die Rolle des Wissenschaftlers, in: Verantwortung und Ethik in der Wissenschaft. Symposium der Max-Planck-Gesellschaft, Schloß Ringberg/Tegernsee Mai 1984, München (Max-Planck-Gesellschaft) 1984 (Berichte und Mitteilungen Heft 3/84), 183.

gischem und politischem Sachverstand, wie es sich im Wettrüsten darstellt, kaum etwas auszurichten. Praktische Vernunft hat keine U-Boote und keine Beraterstäbe, sie hat nur die Idee der Sittlichkeit. Daß diese Idee nicht gänzlich wirkungslos war und ist, zeigt immerhin das lange Werden auch unserer Kultur.

Nun sind in modernen komplexen Gesellschaften, wie sie technische Kulturen mit ihrem hohen wissenschaftlichen und technologischen Niveau darstellen, die Fragen, ob wir tun sollen, was wir können, und ob wir tun, was wir tun sollen, auch abgesehen von dieser noch sehr gegenwärtigen rüstungspolitischen Wirklichkeit schwieriger zu beantworten als je zuvor. Mit dem wissenschaftlichen und technologischen Wissen wächst auch die gesellschaftliche Komplexität; einfache Antworten, die einfache Verhältnisse oder doch zumindest Reduktionsmöglichkeiten auf einfache Strukturen voraussetzen, gibt es nicht mehr. Sie geben sich, wenn sie dennoch versucht werden, fast immer als ideologische Antworten, verstrickt in weltanschauliche Großalternativen, zu erkennen (genau in diesem Sinne ist auch die ›Vernunft‹ des Wettrüstens ideologisch). Nur eins ist klar: Wir müssen wieder lernen, Herren des Fortschritts, d. h. Subjekte gesellschaftlicher Veränderungen, zu werden, nicht seine, wenn auch glänzend versorgten, Knechte zu bleiben. Wir müssen lernen, den Fortschritt zu *tun*, den wir unter gerechtfertigten gesellschaftlichen Zwecken brauchen, und den Fortschritt zu *lassen*, der uns nur zu Knechten, auch Knechten unserer Ideologien, macht. Praktische Vernunft muß wieder, wie in der Überwindung des Mythos Verwissenschaftlichung, die Grenze technischer Vernunft werden.

Ethische Grenzen des wissenschaftlichen und technologischen Fortschritts liegen entsprechend dort, wo dieser, statt die Lebensbedingungen in einer technischen Kultur zu verbessern, den Menschen bedroht und verformt, sich selbst an die Stelle einer gerechtfertigten gesellschaftlichen Entwicklung setzt. Verformung des Menschen liegt vor, wenn, mit Kant gesprochen, der Mensch nur noch als ein *Mittel* (z. B. in politischen und wirtschaftlichen Prozessen), nicht als *Person* (als autonomes Subjekt bzw. als ›Selbstzweck‹) gesehen wird, wenn, mit unserer Verfassung gesprochen, die Unantastbarkeit der Würde des Menschen nicht mehr gewährleistet ist.

Neben Physik und Chemie gehört die Aufmerksamkeit in diesem Punkte heute vor allem der Biologie. Eingriffe in die genetische

Identität des Menschen sind in den Bereich des Realisierbaren gerückt (Stichwort: Gentechnologie). Der Mensch gerät partiell in die Lage, nunmehr auch sich selbst, d.h. seine Natur, zu verändern, also das zu tun, was er mit der ›äußeren‹ Natur seit langem ebenso erfolgreich wie problembelastet tut. Die Welt ist in technischen Kulturen eine andere geworden – und damit auch die gesellschaftliche Welt des Wissenschaftlers. Der Physiker Max Born hat das einmal auf eindringliche Weise verdeutlicht: »Als ich jung war, konnte man noch ein reiner Wissenschaftler sein, ohne sich um die Anwendungen, die Technik, viel zu kümmern. Heute ist das nicht mehr möglich. Denn die Naturforschung ist mit dem sozialen und politischen Leben unentwirrbar verstrickt. (...) Jeder Naturforscher (ist) heute ein Glied des technischen und industriellen Systems, in dem er lebt. Damit hat er auch einen Teil der Verantwortung zu tragen für den vernünftigen Gebrauch seiner Ergebnisse.«[12] Skeptischer äußert sich wiederum Einstein über die Friedensfähigkeit moderner technischer Kulturen: »Moralische Autorität ist für die Erhaltung des Friedens kaum das geeignete Mittel.«[13]

Sie ist gewiß kein hinreichendes Mittel. Aber moralische Autorität, die in Borns Worten impliziert ist, gehört zu den wesentlichen Voraussetzungen menschlicher Verhältnisse, und damit auch des Friedens. Autorität, die nicht auch moralisch begründet ist, ist strenggenommen von Unterdrückungsverhältnissen, in denen nach der vorausgegangenen Kantischen Bestimmung Menschen Mittel sind, nicht unterscheidbar. Also hat Born auch recht, wenn er als Konsequenz aus seiner Diagnose die Forderung formuliert, »die ethischen Grenzen unseres Weltbildes genauso sorgfältig zu untersuchen wie die physikalischen«[14]. Die Vermittlung gesellschaftlicher Wirklichkeit und gesellschaftlicher Vernunft, die am Ende einer solchen Bemühung stehen könnte, hat dabei keine strategische Lösung, nur eine *moralische* und eine *politische*. Das heißt, auch hier ist es die praktische Vernunft mit ihrem auszubildenden Orientierungswissen, nicht die technische Vernunft mit ihrem Verfügungswissen, die ethische Grenzen zieht und im gesellschaftlichen Diskurs auch technischer Kulturen besetzt.

12 M. Born, Physik und Politik, Göttingen 1960, 45.
13 A. Einstein, Aus meinen späten Jahren, Stuttgart 1952, 148.
14 M. Born, a.a.O., 46.

Ein derartiger Diskurs ist nicht nur durch die besonderen Bedingungen technischer Kulturen bestimmt, sondern auch durch den Umstand, daß wir auch in technischen Kulturen in *kontingenten Verhältnissen* leben. Die Technikmetapher suggeriert hier womöglich die Vorstellung, daß jene gesellschaftliche Maschine, von der schon die Rede war, in allen ihren Teilen und Funktionen überschaubar ist. Diese Vorstellung ist falsch, die gesellschaftliche Wirklichkeit technischer Kulturen in Wahrheit unüberschaubar, ›unberechenbar‹, wie der (dramatische) Fall des Wettrüstens deutlich macht. Nicht nur was eine technische Kultur *soll*, auch was eine technische Kultur *kann*, liegt, nicht zuletzt bezogen auf die Folgen ihres Tuns, weitgehend im dunkeln. Auch ist ein *Subjekt* dieses Tuns, ein Subjekt des Fortschritts, in technischen Kulturen in der Regel nicht erkennbar. Das aber bedeutet, daß das besondere Maß an Verantwortung, das aus einem besonderen Wissen und Können folgt, auch und zuallererst Dinge betrifft, für die es im strengen Sinne gar keinen Verantwortlichen gibt. Verantwortungsstrukturen sind aus Handlungsstrukturen nicht mehr direkt ablesbar; Verantwortung wird in technischen Kulturen zu einer Leistung, die der Einzelne auch für anonym ablaufende Prozesse, den sogenannten ›technologischen Wandel‹, übernehmen muß.[15] Dabei ist es dann allerdings so, daß wir ein gut Teil auch dieser auf Entwicklungen bezogenen Verantwortung bereits einlösen, wenn wir die Folgen unseres Tuns, die strenggenommen wieder nur der Sachverstand zu beurteilen vermag, mit zu den zu leistenden Rechtfertigungen dieses Tuns nehmen.[16]

Dabei besteht ein charakteristischer Unterschied zwischen Naturforschung und Sozialforschung – die eine hat (mögliche) *tech-*

15 So auch E. Ströker, in: Verantwortung und Ethik in der Wissenschaft (vgl. Anm. 11), 172 (Diskussionsbemerkung).

16 Ähnlich äußert sich K. R. Popper: »Da sich der Wissenschaftler nun einmal unentwirrbar in die Anwendung seiner Wissenschaft verwickelt hat, sollte er darin eine seiner besonderen Verpflichtungen sehen, die ungewollten Folgen seiner Tätigkeit so weit wie möglich vorauszusehen. Dann wird es ihm möglich sein, bevor es zu spät ist, die Aufmerksamkeit auf jene ungewollten Folgen zu lenken, die wir vermeiden müssen« (Die moralische Verantwortlichkeit des Wissenschaftlers, in: Meyers Enzyklopädisches Lexikon XXV, Mannheim/Wien/Zürich 1979, 439). Ein allgemeines Verantwortungsgebot wird hier von Popper auf ein Wahrnehmungs- und Prognosegebot eingeschränkt.

nologische, die andere (mögliche) *institutionelle* Konsequenzen. Institutionelle Konsequenzen haben in demokratisch verfaßten Gesellschaften eine demokratische Basis, technologische Konsequenzen in der Regel nicht. Über Institutionen entscheidet die Gesellschaft meist, bevor sie da sind, über Technologien fast immer, nachdem sie entwickelt sind. Deswegen ist technologischer Wandel in technischen Kulturen auch so dominant – er findet auch gegen gesellschaftliche Widerstände statt –, institutioneller Wandel so schwach – er setzt sich gegen die Beharrungstendenz bestehender Institutionen nur langsam durch. Hinsichtlich der Rechtfertigungsproblematik ist es entsprechend so, daß die (gesellschaftliche) Rechtfertigung institutioneller Veränderungen diesen in der Regel vorausgeht oder sie zumindest begleitet, während die (gesellschaftliche) Rechtfertigung technologischer Veränderungen diesen in der Regel folgt, man könnte auch sagen: gegenüber ihrer schon eingetretenen Wirklichkeit (fast immer) zu spät kommt.

6. Ethik und Ethos

Obgleich Wissenschaft und Technik im strengen Sinne *instrumenteller* Natur sind – sie stellen, ohne selbst Zwecke zu bilden und zu begründen, diejenigen Rationalitäten zur Verfügung, denen technische Kulturen ihr eigentümliches Wesen verdanken –, stehen sie nach dem Gesagten nicht außerhalb von ethischen Beurteilungen. Das gilt vor allem unter dem auch von Born betonten Aspekt der Verantwortung. Allerdings mit zwei wichtigen Einschränkungen, deren zweite nunmehr unmittelbar auf die Frage einer Ethik der Naturforschung führt.

Erstens: In der Beurteilung der Folgen wissenschaftlichen Fortschritts ist auch der Wissenschaftler kein Gott. Auch er vermag die Kontingenz zukünftiger Entwicklungen nicht zu übersehen oder gar vorab beherrschbar zu machen. Darum lassen sich Verantwortlichkeiten für Folgen wissenschaftlicher (und technologischer) Forschung auch in diesem Falle (wie im Falle weitgehend subjektlos erscheinender Prozesse) nur mit menschlichen Maßstäben zuteilen. Der Wissenschaftler, etwa der Naturwissenschaftler, setzt mit seiner Forschung Wirkungen in Gang; übersehen vermag er diese allesamt ebensowenig wie der Nicht-Wissenschaftler. Das aber bedeutet, daß hier auch nicht allein mit ethischen Maßen gemessen werden kann: »Der Fortschritt der Forschung führt zwar auch in unmittelbar ethisch relevante Situationen (...) wie zum Beispiel beim Humanexperiment, aber das Problem ist allgemeiner: Der Fortschritt führt, ohne daß die Richtung bestimmt und ein Ziel ausgemacht werden könnte, in unabsehbare Situationen. Zwar hat es der Forscher immer mit dem Unbekannten zu tun. Aber es ist etwas anderes, ob man das unbekannte Land oder den noch nicht erschlossenen Gipfel bei klarer Sicht oder im Nebel angeht.«[17] In diesem Bild gesprochen wäre die Nebelsituation Standardsituation der Forschung.

Natürlich ist in diesem Zusammenhang die Beantwortung der Frage wichtig: was können wir übersehen, was nicht? Nur: ist die Feststellung, daß die Folgen bestimmter Forschungsprogramme nicht übersehen werden können, bereits ein hinreichendes Argument dafür, Forschung bleibenzulassen, zumindest Teile dieser Programme nicht weiter zu verfolgen? Wohl nicht.[18] Zudem wäre eine solche Forderung, zur Pflicht erhoben, wirkungslos. Sie würde in der Wissenschaftspraxis nicht nur faktisch nicht befolgt, sie würde auch etwas behindern, was gerade zum Wesen wissenschaftlicher Forschung gehört: den Schritt über das Wissen, über das Überschaubare hinaus, das Spiel vagabundierender Neugierde, das Gehen neuer Wege (ohne daß man dabei gleich an Faust, etwa als ›Faust in uns‹[19], erinnern müßte). Fichte hat das einmal in seiner »Zurückforderung der Denkfreiheit von den Fürsten Europens, die sie bisher unterdrückten« (1793) so formuliert: »Freie Untersuchung jedes möglichen Objekts des Nachdenkens, nach jeder möglichen Richtung hin, und ins Unbegrenzte hinaus,

17 H. Krings, Bedenken zur Wissenschaftsethik, in: H. M. Baumgartner/H. Staudinger (Eds.), Entmoralisierung der Wissenschaften? Physik und Chemie, München/Paderborn/Wien/Zürich 1985 (Ethik der Wissenschaften, ed. H. Lenk/H. Staudinger/E. Ströker, Bd. 2), 11.

18 Im Bilde von Krings fortgefahren: »Soll man dem Mann, der im Nebel vordringt, einen *moralischen* Vorwurf machen, daß er kein Ziel hat? Vielleicht hätte er bei Nebel gar nicht aufbrechen dürfen. Aber nun, da er im Nebel sich zurechtfinden soll, helfen ethische Überlegungen nicht viel« (H. Krings, a.a.O., 11).

19 F. Hammer, Selbstzensur der Forscher? Schwerpunkte einer Wissenschaftsethik, Zürich 1983, 57.

ist ohne Zweifel ein Menschenrecht.«[20] Damit meinte er übrigens nicht Wertfreiheit oder Wertneutralität von Wissenschaft, wie die modernen Schlüsselworte in diesem Zusammenhang unglücklich lauten, sondern eine Parteinahme für Aufklärung und die Vorstellung, daß Grenzen der Forschung nur *selbstgesetzte* Grenzen sein können.

Allerdings tut es auch einer derartigen Freiheit der Forschung keinen Abbruch, wenn sie sich dabei einem (und sei es auch erst zu bildenden) gesellschaftlichen System gerechtfertigter Bedürfnisse und Zwecke verpflichtet fühlt. Ohne diese Verpflichtung bliebe auch das wissenschaftliche Handeln lediglich Ausdruck freiheitsheischender Subjektivität.

Zweitens: Wissenschaftler haben nicht zuletzt wegen der dominanten Rolle der Wissenschaft in technischen Kulturen eine besondere Verantwortung, aber haben sie auch eine besondere, d. h. eine eigene (Wissenschaftler-)*Ethik*? Gibt es eine derartige Ethik überhaupt, die dann zu Recht eine *Ethik der Wissenschaft*[21], z. B. also eine Ethik der Naturforschung, genannt werden könnte? Ich glaube nicht – trotz des Titels dieses Vortrags. Der Grund dafür ist: Die Wissenschaften bilden zwar gegenüber der Gesellschaft eine besondere *Wissens*form aus, nicht aber, jedenfalls nicht unter Perspektiven der Ethik, eine besondere *Gesellschafts*form – mit einer entsprechenden Ethik. Wer gleichwohl so denkt, verwechselt nicht nur *methodologisch* fundierte Rationalitäten der Wis-

20 J. G. Fichte, Sämmtliche Werke, I-VIII, ed. I. H. Fichte, Berlin 1845-1846, VI, 23.

21 Zur Differenzierung des Ausdrucks ›Ethik der Wissenschaft‹ vgl. L. Krüger, Ethik der Wissenschaft – was könnte das sein? Ein Plädoyer für einige Unterscheidungen, in: H. M. Baumgartner/H. Staudinger (Eds.), Entmoralisierung der Wissenschaften? (vgl. Anm. 17), 88-91. Im einzelnen unterscheidet Krüger (1) »Ethik unter Mitwirkung von Wissenschaftlern in ihrer Eigenschaft als Wissenschaftler«, (2) »Ethik für Wissenschaftler«, (3) »Theorie der moralischen Regeln für die wissenschaftliche Arbeit«, (4) »Ethik, die der Wissenschaft als solcher innewohnt«. Dazu auch noch einmal Krings: »Die Fragen nach einer ethischen Verantwortbarkeit wissenschaftlicher Forschung sind *spezielle* Fragen, die möglicherweise gar nicht in der Grundlagenforschung, sondern nur in der angewandten Forschung virulent werden und auch dort eigentlich erst, wo der Mensch im Zusammenhang mit Geburt und Tod oder auch als Teil im wissenschaftlichen Experiment direkt betroffen ist« (a.a.O., 14).

sensbildung mit *ethisch* fundierten gesellschaftlichen Rationalitäten, er wird auch von einer falschen Vorstellung von Ethik überhaupt geleitet. Es ist die Vorstellung, daß es auf alle Probleme und in allen Situationen eine ethische Antwort, und zwar genau *die* ethische Antwort, gibt. Anders ausgedrückt: daß Ethik eine (vornehmlich in die Kompetenz von Philosophen fallende) Disziplin ist, die in allen denkbaren Fällen in die Lage versetzt zu sagen, was moralisch gerechtfertigt ist und was nicht. Eine derartige Vorstellung aber ist – manche mögen meinen: leider – gänzlich irreführend; sie verwechselt Ethik mit einem Kochbuch, das auf alle Gaumenfragen eine Antwort weiß. Aus dem kulinarischen ›man nehme!‹ wird so die beschriebene irreführende Ethikvorstellung, ein moralisch scheinbar untrügliches ›man tue!‹.

Diese Vorstellung wird allerdings nicht nur von verbreiteten Erwartungen gegenüber der Ethik geschürt, sondern auch von der Ethik selbst, nämlich in Form einer materialen *Wertethik*. In einer solchen Ethik (in der jüngeren Philosophiegeschichte etwa bei M. Scheler und N. Hartmann) wird unbekümmert an sogenannten Wertordnungen gebaut, einem ›Reich der Werte‹, mit ›allgemeingültigen‹ Vorstellungen über das Gute, das Gerechte und das Vernünftige – wie ihre Erbauer meinen. In Wahrheit werden dabei aber stets partikulare Meinungen über das Moralische im materialen Sinne gegenüber anderen ausgezeichnet, ohne daß ein Prinzip benannt würde, das derartige Auszeichnungen rechtfertigen könnte.

Gegen materiale Wertethiken dieser Art steht deshalb in der Philosophie auch eine Ethikkonzeption, die sich eben auf die Formulierung eines derartigen Prinzips beschränkt. Paradigma dieser Konzeption ist Kants kategorischer Imperativ in der Fassung: »Handle so, daß die Maxime deines Willens jederzeit zugleich als Prinzip einer allgemeinen Gesetzgebung gelten könne.«[22] Eine Konstanzer philosophische Enzyklopädie erläutert: »Dieses mit dem kategorischen Imperativ formulierte Prinzip definiert eben jene Begründungsmöglichkeit, die sich aus dem Verzicht auf das Begründen über bestimmte Wertungen (d. s. bestimmte Vorstellungen vom Guten, Gerechten und Vernünftigen) ergibt.«[23] Mit

22 I. Kant, Kritik der praktischen Vernunft A 54, Werke IV, 140.
23 O. Schwemmer, Art. Ethik, in: J. Mittelstraß (Ed.), Enzyklopädie

anderen Worten: Ethik wird hier zu einem *formalen Prinzip* (im Unterschied zur Idee einer materialen Wertordnung), zur Ein-Satz-Ethik, wie man auch sehr vereinfacht sagen könnte. Die *Anwendung* eines derartigen Prinzips auf besondere Probleme und Situationen aber wird zur Leistung des Einzelnen, zur *Leistung der Subjektivität* – ihr kann die Ethik eine Entscheidung, was im konkreten Falle zu tun ist und was nicht, nicht abnehmen.

Auch aus diesem Grund kann es also so etwas wie eine Ethik der Wissenschaft, aufgefaßt als eine materiale Wertordnung wissenschaftlicher Güter, nicht geben. Außerdem – und damit komme ich auf die Unterscheidung zwischen (ethikrelevanter) Gesellschaftsform und (methodologierelevanter) Wissensform zurück – ist es so, daß Subjekt moralischer Ansprüche der Wissenschaftler nicht als Wissenschaftler, sondern stets als Bürger ist. Ethik ist immer *Bürgerethik*, sie läßt sich nicht gesellschaftlich teilen. Wir können auch sagen: Ethik ist stets das *Werk* und die *Tugend* aller (aller Bürger) – geleitet nicht durch Lehrbücher der Ethik oder Tugendkataloge, sondern durch Prinzipien wie den angeführten kategorischen Imperativ.

Wenn es aber eine besondere Ethik der Wissenschaft oder des Wissenschaftlers nicht gibt, so gibt es gleichwohl ein besonderes *Ethos* des Wissenschaftlers – oder sollte es dieses geben. Darunter verstehe ich die *lebendige Form*, in der sich der Einzelne, hier der Wissenschaftler, gegenüber ethischen Orientierungen subjektiv verhält. Das Erfordernis eines solchen Ethos beruht im Falle des Wissenschaftlers auf der Ausbildung besonderer Kompetenzen, z. B. Reflexionskompetenzen, theoretischer Kompetenzen, Problemlösungskompetenzen. Zugleich sind wegen einer weitgehenden Unkontrollierbarkeit wissenschaftlicher Verhältnisse durch den außerwissenschaftlichen Verstand und wegen der Abhängigkeit technischer Kulturen von den Kompetenzen des wissenschaftlichen Verstandes eben seine Verantwortlichkeiten von besonderer Art. Diese Verantwortlichkeiten machen die Ausbildung eines besonderen Ethos zur notwendigen Tugend. Wenn dieses Ethos degeneriert, drohen nämlich zwei komplementäre Gefahren: (1) Die Wissenschaft gerät aus dem gesellschaftlichen Ruder, die Bürgerethik greift nicht mehr. Diese Gefahr, die sich als Zau-

Philosophie und Wissenschaftstheorie 1, Mannheim/Wien/Zürich 1980, 598.

berlehrlingseffekt beschreiben läßt, besteht angesichts von Technologien, die die gesellschaftliche Maschine übermächtig werden lassen (Stichwort: Datenschutz) oder die Risiken unkontrollierbarer Entwicklungen erhöhen (Stichwort noch einmal: Wettrüsten). (2) Die gesellschaftliche Praxis bemächtigt sich der Wissenschaft, ›gesellschaftliche Relevanz‹ wird zur Zauber- und Herrschaftsformel der Gesellschaft über die Wissenschaft. Elemente der einen Gefahr hat mit einer immer noch visionären Kraft Orwell dargestellt, die Wirklichkeit der anderen bezeugt das Prinzip der Parteilichkeit der Wissenschaft in marxistischen Gesellschaften. In beiden Fällen tritt Wissenschaft als Rationalitätsinstanz und als Träger einer besonderen Verantwortung in technischen Kulturen ab.

Es kommt noch etwas weiteres hinzu. In dem Maße, in dem die Konsequenzen wissenschaftlichen (und technischen) Tuns in technischen Kulturen voraussehbar nicht allein uns, die heute Lebenden, sondern auch die nach uns Lebenden, oft sogar *allein sie*, treffen, ist eine Erweiterung des Verantwortungsbegriffs über das Einstehen für unmittelbar handlungsbezogene Folgen hinaus, wie schon im Blick auf scheinbar subjektlos ablaufende Prozesse hervorgehoben, unerläßlich. Nach Hans Jonas, der eine ›Ethik für die technologische Zivilisation‹ zu schreiben sucht[24], liegt diese Erweiterung im Übergang von Verantwortung, die »die ex-post-facto Rechnung für das Getane« betrifft, zu einer Verantwortung, die »die Determinierung des Zu-Tuenden« betrifft[25]. Im Zuge dieses Übergangs ergreift der Mensch nach Jonas ausdrücklich Partei für das Zukünftige, indem er die ›Zukunft der Menschheit‹ als »die erste Pflicht menschlichen Kollektivverhaltens im Zeitalter der modo negativo ›allmächtig‹ gewordenen technischen Zivilisation« begreift[26].

Wir stehen hier angesichts einer universal werdenden technischen Kultur mit ihren nun vor allem auch ökologischen Konsequenzen (erinnert sei nur an die Verseuchungsproblematik angesichts ungelöster oder nachfolgenden Generationen zur Lösung überlassenen nuklearen Entsorgungsprobleme) vor der schwierigen Lage,

24 H. Jonas, Das Prinzip Verantwortung. Versuch einer Ethik für die technologische Zivilisation, Frankfurt 1979.

25 A.a.O., 174.

26 A.a.O., 245.

die bisherigen ethischen Vorstellungen, die wesentlich auf konkrete Beziehungen von Personen untereinander gegründet waren, auf die gesamte Menschheit, auch die zukünftige, zu erweitern. In einer derartigen Erweiterung, von Jonas auch als ›Fernverantwortung‹ bezeichnet[27], verlieren ethische Orientierungen ihre ›emotionale‹ Basis – Gefühle gegenüber abstrakten Größen, hier ›die Menschheit‹ oder gar ›die zukünftige Menschheit‹, gibt es nicht. Sie müssen zudem ohne genaue Situationskenntnis auskommen, die für das moralische Handeln in der Regel unverzichtbar ist.
Auch diese Umstände aber rechtfertigen ein Absehen von möglichen zukünftigen Entwicklungen nicht. Die gängige Entschuldigungsformel ›sie werden es schon packen!‹, gemünzt auf zukünftige Generationen, trennt allzu hedonistisch zwischen dem Teil der Menschheit, der ein Haus, die Erde, verwüstet, und dem Teil, der es wieder herzurichten hat, um darin auch, vielleicht behutsamer, leben zu können. Dabei genügt es im Grunde schon, Verantwortung in der Weise für zukünftige Generationen zu übernehmen, daß diesen erspart bleibt, was auch wir für uns und unsere Kinder fürchten, nämlich ein Leben auf einer biologisch verödeten, vergifteten, an natürlichen Ressourcen arm gewordenen Erde.
Und wieder ist es der Wissenschaftler, vor allem der Naturwissenschaftler, dem hier besondere Verantwortlichkeiten zufallen; nicht in Stellvertretung für das, was wirklich geschieht – dies vermag auch er, unter den Bedingungen demokratisch verfaßter Gesellschaften, nur in der Rolle des Bürgers –, sondern im Blick auf die besonderen Aufgaben des Sachverstandes in der Beurteilung dessen, was ist und was sein wird. Carl Friedrich von Weizsäcker spricht an dieser Stelle von einer ›unausweichlichen moralischen Pflicht‹ des Naturwissenschaftlers, speziell des Physikers, angesichts der Konsequenzen seines Tuns.[28] Die Wahrnehmung dieser

27 H. Jonas, Warum wir heute eine Ethik der Selbstbeschränkung brauchen, in: E. Ströker (Ed.), Ethik der Wissenschaften? Philosophische Fragen, München/Paderborn/Wien/Zürich 1984 (Ethik der Wissenschaften, ed. H. Lenk/H. Staudinger/E. Ströker, Bd. 1), 83. Der Band enthält mit einer Arbeit von H. Lenk auch eine detaillierte Übersicht über die ›Themen‹ der Verantwortungsproblematik (H. Lenk, Zum Verantwortungsproblem in Wissenschaft und Technik, a.a.O., 87-116).
28 Einleitung zu Teil III: Verantwortung in Naturwissenschaft und Tech-

Pflicht stellt sich nach Weizsäcker nicht der Wissenschaft in den Weg, sondern, in der hier gewählten Terminologie, der in technischen Kulturen dominanten Reduktion von Vernunft auf technische Vernunft: Es wäre »völlig sinnlos, aus dieser Pflicht zu folgern: wir machen die Physik nicht weiter. Das einzige, was man tun kann, ist, daß man dabei mithilft, die politische Welt in ebenso radikaler Weise zu verändern – durch eigene Aktionen, eigenes Nachdenken –, wie unser Wissen durch die moderne Naturwissenschaft radikal verändert worden ist. Denn mit dem Wissen, das wir haben, und den politischen Formen, in denen wir traditionell leben, kann – wie wir heute sehen – das Ende nur entsetzlich sein«[29]. Daß es dazu, nicht zuletzt wieder wegen der weitgehenden Unkontrollierbarkeit des wissenschaftlichen Verstandes durch den außerwissenschaftlichen Verstand und wegen der Abhängigkeit technischer Kulturen von den Kompetenzen des wissenschaftlichen Verstandes, eines besonderen Ethos bedarf, habe ich zu zeigen versucht. Abschließend einige Bemerkungen über Naturforschung und Natur – unter Gesichtspunkten der Ethik.

7. Naturforschung und Natur

Wenn es angesichts des Wesens und der Konsequenzen technischer Kulturen ein ethisches Problem der Verantwortung gegenüber zukünftigen Generationen gibt, dann läßt sich dieses Problem strenggenommen nicht gegenüber der weitergehenden Frage isolieren, wie es denn mit einer Verantwortung gegenüber der Natur insgesamt steht. Da die Lebensbedingungen zukünftiger Generationen ebenso wie die vergangener Generationen wesentlich von einer ›intakten‹ Natur abhängen, wird auch diese zum Gegenstand nicht nur ökonomischer, d. h. haushälterischer, sondern auch ethischer Beurteilungen. Eine ›menschenwürdige‹ Natur ist eben nicht nur ein ökonomisches, die Existenz und die Erhaltung ausreichender Ressourcen betreffendes Problem, sondern auch ein ethisches, selbst ästhetische Elemente einschließendes Problem. Gemeint ist, daß die Schönheit und der Reichtum

nik, in: Verantwortung und Ethik in der Wissenschaft (vgl. Anm. 11), 153.
29 A.a.O., 153 f.

der Natur keine belanglose, sondern eine wesentliche Bedingung menschlicher Lebensformen ist. Ein Leben unter einer Sauerstoffglocke auf dem Mond ist in diesem Sinne kein menschenwürdiges Leben.

Eine andere Frage ist, ob eine Verantwortung für die Natur auch als Verantwortung für die Natur *um ihrer selbst willen* aufgefaßt werden kann. In diesem Sinne wird bereits von einem ›moralischen Recht der Natur‹ als dem »Recht der natürlichen Wesen, so behandelt zu werden, daß wir sie in eine Güterabwägung um ihrer selbst willen einbringen«[30], gesprochen sowie davon, daß wir »nicht das Recht haben, das Nichtsein künftiger Generationen wegen des Seins der jetzigen zu wählen oder auch nur zu wagen«[31].

Derartige Vorstellungen gehen, jedenfalls was die Reichweite *ethischer* Argumente betrifft, zu weit. Sie treffen nicht einmal auf den Menschen zu, wenn hier nicht nur ein Recht zukünftiger Generationen auf menschenwürdige Lebensumstände, sondern darüber hinaus ein Recht auf Existenz gemeint sein sollte. So könnte etwa, wenn – eine natürlich gänzlich fiktive Vorstellung – die Menschheit heute beschlösse, sich nicht mehr fortzupflanzen, gegen einen solchen Beschluß manches eingewendet werden – von einem Verstoß gegen Gottes Absichten mit dem Menschen bis zur fortfallenden Sicherung von Rentenansprüchen –, nicht jedoch ein Recht auf Existenz der Nicht-Existierenden. Was aber hinsichtlich des Menschen gilt, gilt allemal vom nicht-menschlichen Leben und der Natur insgesamt. Günther Patzig hat dies unter dem Stichwort einer ›ökologischen Ethik‹ einmal wie folgt zusammengefaßt: »Wir sind moralisch verpflichtet, den künftigen Bewohnern der Erde diese in einem Zustand zu hinterlassen, der ihnen ein Leben ermöglicht, wie wir es selbst für lebenswert halten würden. Wir sind nicht verpflichtet, dafür zu sorgen, daß es überhaupt zukünftige Generationen gibt. Auch die Erhaltung der biologischen Arten ist außer mit dem wohlverstandenen Eigeninteresse der jetzt lebenden Menschen nur durch die Verpflichtung gegenüber späteren Generationen von Menschen zu begründen, ihnen

30 Vortragstext, zitiert in: H. Lenk, Verantwortung für die Natur. Gibt es moralische Quasirechte von oder moralische Pflichten gegenüber nichtmenschlichen Naturwesen?, Allgemeine Zeitschrift für Philosophie 8 (1983), 3.

31 H. Jonas, Das Prinzip Verantwortung, 36.

eine nicht verarmte und verödete, sondern genetisch und als Erlebnisquelle unverändert reiche natürliche Umwelt zu bewahren.«[32]

Die hier aufgeworfenen Probleme und ihre kontroversen Lösungsbemühungen sind ein Indiz dafür, daß auch die Natur in technischen Kulturen eine andere geworden ist und daß sich unser Verständnis der Natur geändert hat. Die kompromißlose Verwissenschaftlichung und Technisierung aller Verhältnisse, durch die sich technische Kulturen charakterisieren lassen, erfaßt nicht nur den Menschen – eine *neue Kultur* und eine *neue Natur* sind ihr Resultat. Die Geschichte des Menschen und die Geschichte der Natur, von denen bereits im Zusammenhang mit der dynamisierenden Rolle des Fortschritts die Rede war, greifen schicksalhaft ineinander. Orientierungsprobleme moderner Gesellschaften rühren nicht nur daher, daß diese Gesellschaften technische Kulturen ausbilden, die nur in Teilen an die Orientierungsleistungen früherer Kulturen anschließen können, sondern auch daher, daß das Werden technischer Kulturen mit dem Verlust ehemals über die Natur vermittelter Orientierungen einhergeht. Umgekehrt bestehen aber auch die alten Grenzen zwischen (personenbezogener) Ethik und (nicht-personenbezogener) Naturforschung, zwischen dem, was wir mit uns, und dem, was wir mit der Natur tun, nicht mehr. Dazu eine kurze historische Erinnerung.[33]

Für uns ist heute Natur in erster Linie entweder eine Rohstoffressource oder der Boden, auf dem technische Kulturen bauen, oder ein Freizeitszenarium. Das heißt: wir haben Natur zu etwas gemacht, das uns jederzeit zur Verfügung steht, eben als Rohstoff, als Baustelle, als Erholungsstätte. Dies war nicht immer so. So ist für den Griechen, mit dem die europäische Rationalität ihren Anfang nimmt, Natur zunächst einmal das, was der Mensch nicht gemacht hat und was er auch nicht machen kann. Natur ist aber

32 G. Patzig, Ökologische Ethik – innerhalb der Grenzen bloßer Vernunft, Göttingen 1983 (Vortragsreihe der Niedersächsischen Landesregierung zur Förderung der wissenschaftlichen Forschung in Niedersachsen 64), 19.

33 Vgl. die ausführliche Darstellung in: J. Mittelstraß, Das Wirken der Natur. Materialien zur Geschichte des Naturbegriffs, in: F. Rapp (Ed.), Naturverständnis und Naturbeherrschung. Philosophiegeschichtliche Entwicklung und gegenwärtiger Kontext, München 1981, 36-69.

ferner derjenige Teil der Welt, dessen Ordnung und dessen ›Leben‹, unabhängig von Eingriffen des Menschen, aus sich selbst heraus einsichtig sind. Nach Aristoteles, dessen über 2000 Jahre unangefochten geltende Physik Theorie dieses vorneuzeitlichen Naturbegriffs ist, wird Natur gerade dadurch begreifbar, daß sie selbst als ein System von Produktionsvorgängen angesehen werden kann. Mensch und Natur haben die gleiche, nämlich eine *Handlungsstruktur*. Das kommt auch später noch in der astronomischen Vorstellung zum Ausdruck, daß die Natur bzw. der Kosmos eine Maschine sei (machina mundi), allerdings eine belebte Maschine, nicht etwa ein toter Mechanismus. Und die Astronomie ist es auch, in deren Rahmen sich diese gemeinsame Handlungsstruktur von Natur und Mensch allmählich zugunsten des Menschen, als homo faber nämlich, zu verschieben beginnt, z. B. – nunmehr schon auf dem Boden einer nicht mehr Aristotelischen Physik – in Johannes Keplers Beschreibung seines Planetenmodells (1596): »Wir sehen hier, wie Gott gleich einem menschlichen Baumeister, der Ordnung und Regel gemäß, an die Grundlegung der Welt herangetreten ist und jegliches so ausgemessen hat, daß man meinen könnte, nicht die Kunst nehme sich die Natur zum Vorbild, sondern Gott selber habe bei der Schöpfung auf die Bauweise des kommenden Menschen geschaut.«[34] Ohne daß Kepler dies auch nur ahnen konnte, kündigt sich hier das *Technikparadigma* der neuzeitlichen Physik an, das in technischen Kulturen das *Naturparadigma* jedweder Ordnung, auch der Ordnung des menschlichen Lebens, radikal ablösen wird.

Mit dem Hinweis auf ein Technikparadigma ist gemeint, daß die modernen Naturwissenschaften in der Weise von Laborwissenschaften ihre Gegenstände weitgehend selbst ›herstellen‹, um sie dann, nach oder im Zuge ihrer Herstellung, zu erforschen, daß sich, mit anderen Worten, naturwissenschaftliche ›Entdeckungen‹ heute wesentlich den Bedingungen einer technischen Praxis, nichtmehr den Bedingungen einer ›natürlichen‹ Ordnung verdanken (man denke nur an die moderne Chemie oder an die Plasmaphysik). Entscheidend ist dabei in unserem Zusammenhang, daß im Gegensatz zur antiken Physik, die vornehmlich ein *Orientie-*

34 J. Kepler, Prodromus dissertationum cosmographicum, continens Mysterium cosmographicum [1596] II, Gesammelte Werke, ed. W. v. Dyck/M. Caspar/F. Hammer, München 1937 ff., I, 6.

wissen in der Natur auszubilden suchte, die moderne Physik und mit ihr die modernen Naturwissenschaften im wesentlichen ein *Verfügungswissen über die Natur* ausbilden bzw. zu einem solchen Verfügungswissen die wissenschaftlichen Voraussetzungen liefern. Anders ausgedrückt: Im ›kosmologischen‹ oder Naturparadigma der antiken Physik, d. h. einer Physik, deren Forschungsgegenstand allein eine auch dem Augenschein nach geordnete Natur war, sind Natur und Leben noch ineinandergearbeitet, bleibt die Natur, wie sie ist; im Technikparadigma der modernen Physik fallen Leben und Natur (in dem genannten Orientierungssinne) auseinander, entsteht eine neue Natur – ohne Orientierungssinn. Eine *Fortschrittsgeschichte*, nämlich der allmähliche Übergang von einem ›kosmologischen‹ zu einem ›technischen‹ Paradigma der Naturforschung, weist damit Elemente auch einer *Verlustgeschichte* auf: Technische Kulturen, die im Zuge dieses Übergangs entstehen, tun sich unendlich schwer, mit ihrem Überangebot an Verfügungswissen und ihrem Unterangebot an Orientierungswissen ›vernünftig‹ auch mit der Natur zu leben.

Daß es in Zukunft wesentlich auf die Wiedergewinnung eines ›vernünftigen‹ *Lebens mit der Natur* ankommen wird, ist heute klar. Allein schon aus Überlebensgründen. Solange wir mit der Natur umgehen wie mit einer unerschöpflichen, sich immer wieder selbst ergänzenden Ressource oder einem jederzeit durch andere Güter ersetzbaren Gut, verschlechtern sich die Überlebenschancen zukünftiger Generationen lebender Organismenarten, einschließlich unserer eigenen, dramatisch. Derzeit stirbt pro Tag mindestens eine biologische Art aus, möglicherweise gilt dies sogar für bis zu zehn Arten. Vor dem Auftreten des Menschen auf dieser Erde betrug der Verlust höchstens eine Art pro Jahr, bei gleichzeitigem Neuentstehen einer weiteren Art.

Nun geht es keineswegs allein darum, ›ökonomischer‹ mit der knappen Ressource Natur umzugehen und die Natur zu ›schützen‹, wie man Denkmäler schützt. Entscheidend ist vielmehr auch, daß der Mensch wieder lernt, daß er selbst – und davor schützt ihn auch seine Mitgliedschaft in einer technischen Kultur nicht – *Teil der Natur* und diese *Inbegriff des Lebens* ist. Wo keine Natur ist, ist auch kein Leben; nicht allein, weil Leben der Natur bedarf, sondern weil Leben in Wahrheit Natur *ist*. Eben dies scheinen technische Kulturen manchmal zu vergessen, wenn sie natürliche Dinge nur noch wie *Sachen* betrachten. Insofern man sich Sachen zu eigenen oder gesellschaftlichen Zwecken bedient, sind diese *Mittel*, nämlich Mittel zur Realisierung individueller oder gesellschaftlicher Zwecke. Natürliche Dinge in der Weise von Sachen bzw. Mitteln sind in diesem Sinne z. B. Bäume für die holzverarbeitende Industrie, Kühe für die Milchwirtschaft, Strände für die Touristikindustrie. Was liegt für technische Kulturen näher, als auch die Natur als Ganze als eine Sache und damit in der Rolle eines Mittels aufzufassen? Eben dies aber führt auf eine unsinnige Konsequenz: wir fielen dann nämlich selbst, als Naturwesen, unter eben diese Kategorien. Wir wären selbst Sachen, Mittel.

Insofern ist aber auch die ursprüngliche, griechische Idee einer Einheit von Natur und Leben, in der Orientierungen des Lebens auch über die Natur vermittelt werden, gar nicht so schrecklich überholt, wie dies technischen Kulturen auf den ersten Blick erscheinen mag. Gewiß können wir nicht mehr wie noch Galilei sagen, »daß Gott und Natur sich um die Lenkung menschlicher Dinge kümmern«[35]. Das schließt aber nicht aus, daß wir wieder lernen müssen, Natur als Inbegriff auch dessen anzusehen, *was wir sind*. Diese Sicht wird durch einen allein haushälterischen Umgang mit der Natur, wobei diese in der genannten Weise als eine Sache aufgefaßt wird, oder auch durch die Vorstellung, daß Natur an uns lediglich das ist, was wir als Bedürfniswesen nicht beherrschen können, verstellt. Sie ist jedoch für ein Verständnis unseres *Lebens im ganzen* unverzichtbar.

Wissenschaftshistorisch würde die Erneuerung dieser Sicht der Dinge bedeuten, daß das neuzeitliche Ideal einer *Herrschaft über* die Natur dem älteren Ideal eines *Lebens mit* der Natur wieder weichen muß. Anders ausgedrückt: Gerade indem wir uns die Natur *angeeignet* haben – in Form einer naturwissenschaftlich ermöglichten Herrschaft über die Natur –, haben wir sie für ein umfassendes Verständnis unseres Menschseins *verloren*. Die Natur, die wir erforschen, ist nicht mehr die Natur, in der wir leben oder die wir sind. Natur erscheint auf einmal als das, was wir *nicht* sind oder, bedauerlicherweise, nämlich als Bedürfniswesen, *auch*

35 G. Galilei, Dialogo sopra i due massimi sistemi del mondo [1632] III, in: Le Opere di Galileo Galilei. Edizione Nazionale, I-XX, Florenz 1890-1909, VII, 394 (dt. in: H. Blumenberg [Ed.], Galileo Galilei. Sidereus Nuncius (...), Frankfurt 1965, 215).

noch sind. Verräterisch ist in diesem Zusammenhang auch die Ersetzung des Ausdrucks ›Natur‹ durch den Ausdruck ›Umwelt‹ in der Alltagssprache. Hier wird die ›Welt des Menschen‹ der ›Welt der Natur‹ gegenübergesetzt und damit der Eindruck erzeugt, die ›Welt des Menschen‹, eine Welt, die der Mensch selbst gemacht hat und in der er uneingeschränkt herrscht, sei ohne Natur, d. h. ohne etwas, das er nicht selbst gemacht hat. Natürlich ist das ein Irrtum. Doch selbst wo dieser Irrtum korrigiert wird, indem ›Umwelt‹ zu den konstitutiven Bedingungen auch der ›Welt des Menschen‹ genommen wird, bleibt es bei einem Verarmungsphänomen: die Summe der Umwelten macht keine Natur mehr, und schon gar nicht das, was an uns selbst (in einem positiven Sinne) Natur ist.

Darüber hinaus gerät in der Terminologie von Sache und Mittel auch dieses Stück Natur, das technische Kulturen dem Menschen, bejahend oder bedauernd, noch zugestehen, selbst unter Kategorien der Aneignung – unter denen in technischen Kulturen die ›äußere‹ Natur steht. Was ursprünglich einmal als im strengen Sinne unverfügbar galt, löst sich in zumindest teilweise ›technisch‹ verfügbare Elemente auf. Beunruhigendes Beispiel dafür ist erneut die Gentechnologie. Homunkulusträume werden zu einem beklemmenden Stück Realität: wir sind, durch möglich werdende Eingriffe in die genetische Identität des Menschen, partiell in der Lage, uns selbst (unsere Natur) biologisch zu verändern. Der Mensch wird nicht nur ideologisch, sondern auch biologisch manipulierbar. Seine Autonomie und seine Unverfügbarkeit als Person stehen zur Disposition.

Damit ist noch einmal deutlich gemacht, wie wichtig es ist, Natur auch in technischen Kulturen wieder als etwas zu begreifen, das wir in seinen wesentlichen Formen *nicht können*, und das gleichzeitig für ein Verständnis unseres Lebens im ganzen unverzichtbar ist. Hier ist es vor allem Aufgabe der *philosophischen* Vernunft (in der Rolle der praktischen Vernunft), Grenzen der *technischen* Vernunft zu ziehen. Die philosophische Vernunft muß sich dabei nur dessen erinnern, was sie seit langem weiß – und was auch jeder von uns, der doch Angehöriger einer technischen Kultur ist, weiß: daß zu dieser Natur, *die wir sind*, z. B. der Tod gehört, den wir nicht abwehren können, und das Glück, das wir nicht herstellen können. In diesem Sinne ist ein Leben mit der Natur nicht nur etwas, das sich aus ökonomischen oder anderen ›äußeren‹ Gründen als Alternative zu einer Herrschaft über die Natur empfiehlt, sondern etwas, ohne das wir aufhören würden, Menschen zu sein.

Auch ein Wissen über zukünftige Entwicklungen und ein möglicher Eingriff in diese Entwicklungen ändern daran nichts. Ein Beispiel: Nehmen wir an, es sei gelungen, die Empfindlichkeit des Menschen gegen ein Schwermetall wie Kadmium genetisch zu lokalisieren. Ferner soll es möglich sein, durch einen genchirurgischen Eingriff in die Keimzellen diese Empfindlichkeit für kommende Generationen zu beheben. Der Mensch wäre so ein bißchen ›besser‹, der von ihm verseuchten Umwelt angepaßter geworden. Bestimmte mögliche Leiden wären ein für allemal aus der Welt geschafft. Die Frage ist dann: Sollen wir auf diese Weise die genetische Natur des Menschen nach unseren, wenn auch gutgemeinten Zweckmäßigkeitsgesichtspunkten manipulieren, den ›schönen neuen‹ Menschen der Zukunft schaffen? Wohl kaum, und schon gar nicht im Namen der Ethik.

Im übrigen ist es wohl noch immer so, wie der alte Kant einmal schrieb: »Wenn es irgend eine Wissenschaft gibt, deren der Mensch bedarf, so ist es die, so ihn lehret, die Stelle geziemend zu erfüllen, welche ihm in der Schöpfung angewiesen ist, und aus der er lernen kann, was man sein muß, um ein Mensch zu sein.«[36] Dieser frommen Form, das nicht-wissenschaftliche Fundament des Lebens und die Stelle, die die Wissenschaft im Leben des Menschen einnehmen soll, auszudrücken, läßt sich auch ein dramatischer Akzent geben: Wissenschaft ist im Leben moderner Gesellschaften unabdingbar geworden; ohne sie verlieren technische Kulturen ihr rationales Wesen. In Form der Technik droht sie aber auch, sich an die Stelle des Lebens zu setzen. Darin liegt ihre wahre (potentielle) Unmenschlichkeit. Gemeint ist: Das Leben in technischen Kulturen droht selbst zum Artefakt zu werden – wer nur noch in einer (gesellschaftlichen) Maschine lebt und wessen Natur biologisch manipulierbar wird, wird selbst zur Maschine. Technische Rationalitäten fressen die Natur des Menschen auf. Dagegen gilt es, auch im Namen der Ethik, Partei zu ergreifen.

36 I. Kant, Opus postumum, in: I. Kant, Gesammelte Schriften, ed. Königlich Preußische (später: Deutsche) Akademie der Wissenschaften (zu Berlin), Berlin 1902 ff., XX (Kant's handschriftlicher Nachlaß VII), 45.

Gegen das falsche Bild, daß Natur an uns nur noch das ist, was wir wissenschaftlich-technisch noch nicht machen können, und gegen eine Wissenschaft, die in dieser Bemächtigung des Menschen, häufig assistiert von einer borniert auf den wissenschaftlichen und technologischen Fortschritt setzenden Politik, ihre Aufgabe sieht. Das aber bedeutet: Partei ergreifen für die Vernunft, für eine *menschliche Wissenschaft*, d. h. eine Wissenschaft, die dem Leben dient und die in wiedergewonnenen Verantwortungsstrukturen selbst menschliche Züge aufweist. Nur wenn uns das gelingt, haben unsere Kinder vielleicht die Chance, statt, wie es in der konsequenten Sprache einer technischen Kultur heißt, auf einem Raumschiff Erde wieder in einem Garten zu leben – wohl nicht dem Garten Eden, aber dem Garten Erde.

Von der Freiheit der Forschung und der Verantwortung des Wissenschaftlers

1. Wissenschaft in einer Leonardo-Welt

Die moderne Welt ist in ihren dynamischen Zügen das Produkt von Wissenschaft und Technik, wissenschaftlicher und technischer Rationalität. Wohin wir in unserer Welt auch gehen, der analysierende, erkennende, bauende, verwaltende und wirtschaftende Verstand war immer schon da. Eine solche Welt nenne ich nach einem der ersten der Modernen, dem genialen Wissenschaftler, Techniker und Künstler Leonardo da Vinci, die Leonardo-Welt.
Die Leonardo-Welt ist Ausdruck der *Aneignung der Welt* durch den Menschen und sie ist Ausdruck der *Aneignung des Menschen* durch die (angeeignete) Welt: Sie verdankt sich der verändernden Kraft des Menschen, sie ist das eigentliche *Werk* des Menschen, und sie verändert den Menschen, macht ihn abhängig von seinem eigenen Werk. Mit anderen Worten: Die Leonardo-Welt löst nicht nur Probleme, indem Wissenschaft und Technik Probleme lösen; sie schafft auch Probleme. Wir kennen sie alle: den besinnungslosen Verbrauch natürlicher Ressourcen bei häufig fehlenden Substitutionsmöglichkeiten, einen rapiden Artenschwund, z.B. durch Brandrodung in den Tropenwäldern sowie auf den Einsatzwegen der Agrarchemie, wachsende Abfallberge und Schadstoffbelastungen ungezählter Art. Bereits heute ist die Akkumulation langlebiger, umweltschädigender Abfallprodukte industrieller Produktion ein nahezu unlösbares Problem. Kohlendioxid- und Spurengasanstieg in der Atmosphäre signalisieren klimatische Spätfolgen schwerwiegender Art. Reparaturkosten, die ein ebenso imperialer wie sorgloser Umgang mit der natürlichen Umwelt mit sich bringt, drohen ins Unermeßliche zu steigen. Zugleich wird in Medizin, Biologie und Chemie die Natur des Menschen selbst als potentielle neue Leonardo-Welt entdeckt: Wir gewöhnen uns allmählich an den Gedanken, daß sich unsere eigene Natur ebenso verändern läßt wie die physische und die soziale Welt. Schritt für Schritt beginnt die Leonardo-Welt, sich an die Stelle des Menschen zu setzen. Neue Besitzverhältnisse entwickeln sich: Nicht der

Fortschritt gehört der Welt, sondern die Welt gehört dem Fortschritt.
Wen wundert es da, daß auf dem Boden einer Leonardo-Welt nicht nur Hoffnungen, sondern auch Sorgen und Ängste wachsen. Hoffnungen vertrauen darauf, daß es auf alle wissenschaftlich und technisch induzierten Probleme immer wieder eine wissenschaftliche und technische Antwort gibt. Sorgen und Ängste verbinden sich mit der Vorstellung, daß in dieser Entwicklung der Mensch der Leonardo-Welt am Ende der Verlierer ist. Die Erfahrung, daß der Fortschritt seine Subjekte verliert, daß sich der Fortschritt in einer Leonardo-Welt an die Stelle des Menschen setzt, bestimmt das Selbstbewußtsein der Moderne. Dabei tritt allerdings, wie schon in der älteren konservativen Kulturkritik zu Beginn unseres Jahrhunderts[1], auch Archaisches zutage. Wissenschaft wird in der Wahrnehmung vieler ihrer modernen Kritiker wieder zum Magier, der mit seiner Berührung verwandelt und vernichtet. So scheint dann etwa der Weg der Gentechnologie vom Menschen zur Kröte und der Weg der Kerntechnologie vom Menschen zum Schaum auf dem Meer zu führen. Froschkönig und kleine Meerjungfrau als Gleichnis einer inhumanen Welt?
Soweit ist es noch nicht. Das neue Wort, das auf den Weg von Wissenschaft und Technik ein fahles Licht wirft, ist nicht ›zurück ins Märchen‹, sondern ›*Akzeptanzkrise*‹. Wissenschaft und Technik, so heißt es, befinden sich in einer Akzeptanzkrise, die Gesellschaft verweigere Wissenschaft und Technik den Gehorsam, sie gehe auf Distanz. Gerät die Leonardo-Welt, mit oder ohne archaische Angst, aus dem Tritt? Dagegen ist folgendes zu sagen: Daß Dinge, die gravierend in unser Leben eingreifen, die die Welt verändern, auf ein kritisches Bewußtsein stoßen, ist normal. Gäbe es dieses Bewußtsein nicht, müßte sich gerade eine Welt, die in ihrer Dynamik auf Wissenschaft und Technik setzt, vorwerfen lassen, in Dingen, die ihr eigenes Wesen betreffen, naiv zu sein. Daher ist aber auch die Rede von einer Akzeptanzkrise, auf Wissenschaft und Technik bezogen, im Grunde irreführend. Sie suggeriert, Wissenschaft und Technik seien an sich problemlos, lägen Probleme nicht bei ihnen, sondern allein bei ihren undankbaren Adressaten, den wankelmütigen Bewohnern einer Leonardo-Welt.

1 Vgl. L. Klages, Mensch und Erde [1913], in: L. Klages, Mensch und Erde. Zehn Abhandlungen, Stuttgart 1956, 8 ff.

Als wäre mit dem wissenschaftlichen und technischen Verstand alles klar, und hätten dies nur einige Verrückte nicht begriffen. Klar ist, daß diese Vorstellung falsch ist. Das macht im Grunde schon das Wort ›Akzeptanzkrise‹ selbst deutlich. Mit ihm werden Probleme nur auf der ›gesellschaftlichen‹, der Adressatenseite festgemacht, nicht auf der Wissenschafts- und Technikseite. Als wäre Akzeptanz eben das Normale, Kritik das Anormale. Als herrsche in Wissenschaft und Technik immer eine himmlische Ordnung, in der gesellschaftlichen Wahrnehmung von Wissenschaft und Technik gelegentlich eine heillose, irdische Unordnung. Deswegen ist aber auch der Streit um Wissenschaft und Technik, um den wissenschaftlichen und den technischen Verstand, im Grunde notwendig und normal. Allerdings sollte er mit den Stärken unserer rationalen Kultur, nämlich mit Verstand und Vernunft, geführt werden, nicht gegen sie. Wo er gegen Verstand und Vernunft geführt wird, verläßt er die Grenzen einer rationalen Kultur – und wird irrational.

Akzeptanz ist also leicht gesagt und in einer Leonardo-Welt schwer plausibel gemacht. Hinzu kommen (meist übersehene) begriffliche Probleme, die sich mit der Unterscheidung zwischen *Akzeptanz* und *Akzeptabilität* verbinden. Akzeptanz ist ein *empirisches* Kriterium, Akzeptabilität ein *normatives*. Es kommt darauf an, zwischen dem zu unterscheiden, was faktisch akzeptiert wird, und dem, was akzeptiert werden soll und damit auch zugemutet werden kann. Wo das empirische Kriterium (Akzeptanz) an die Stelle des normativen Kriteriums (Akzeptabilität) tritt, wird zwischen Wissen und Meinung, ferner zwischen dem Vernünftigen und dem Unvernünftigen nicht mehr unterschieden. Kein Wunder, daß eine Gesellschaft, die wie die unsere gebannt auf den Götzen Akzeptanz starrt, unsicher wird, ins Lavieren gerät – auch in Sachen Wissenschaft. Der Wind, der heute der Wissenschaft ins (bleiche) Gesicht bläst, ist von dieser Art. Wer der Entwicklung der modernen Welt mißtraut, mißtraut auch der Wissenschaft, die der wesentliche Motor dieser Entwicklung ist. Genauerer Kenntnisse bedarf es dazu vermeintlich nicht. Meinungen ersetzen Wissen, Erfahrungen (mit der gesellschaftlichen Wirklichkeit) ersetzen Beurteilungen.

Damit soll natürlich nicht gesagt sein, daß schwindende Akzeptanz Ausdruck von Dummheit ist. Eine derartige Beurteilung steht weder dem Wissenschaftler noch dem Politiker zu. Schwindende Akzeptanz ist zwar nicht gleich Inakzeptabilität – die Frage der Akzeptabilität wird häufig ja gar nicht erst gestellt –, aber Indiz dafür, daß mit dem gesellschaftlichen Diskurs *mit* der Wissenschaft, *in* der Wissenschaft und *über* die Wissenschaft etwas nicht stimmt. Mit anderen Worten und an das zuvor über den Begriff der Akzeptanzkrise Gesagte anschließend: Akzeptanzkrisen sind normal, wenn sie Elemente einer *Akzeptabilitätskrise* aufweisen, d. h., wenn die Frage, ob auch sein soll, was ist, unbeantwortet bleibt.

Auf dem Hintergrund der Unterscheidung zwischen Akzeptanz und Akzeptabilität sind Wissenschafts- und Technikkritik, ebenso wie Zivilisations- und Kulturkritik, der Stachel im Fleisch einer Leonardo-Welt. Sie erinnern diese Welt daran, daß nicht nur Irrationalismus und Fundamentalismus ihre Feinde sind, sondern auch Mickey Mouse und science fiction. Damit meine ich eine neue Naivität, die gerade dort gedeiht, wo sich eine Leonardo-Welt mit ihren wissenschaftlichen und technischen Rationalitäten breitmacht. Wo alles machbar erscheint (science fiction), verniedlichen sich unsere Probleme und Ansprüche (Mickey Mouse). Da überrascht es nicht, daß im politischen Raum die *Informationsgesellschaft* als die geeignete Antwort auf die Frage erscheint, was eine rationale Gesellschaft wie die unsere noch werden kann. Als wäre der Schritt vom Wissen zur Information der richtige Schritt und nicht der umgekehrte, aufgeklärte, allein Autonomie versprechende: der Schritt von der Information, der man glauben muß, zum Wissen, das wieder das eigene Wissen werden soll.

Das klingt – ich gebe es zu – schon fast selbst wie eine Botschaft aus einer anderen, alten Welt, der Welt der Aufklärung und ihres ›Projekts der Moderne‹. Und eher düster ist denn auch das Horoskop, das sich angesichts einer auf kurzfristige Akzeptanz setzenden Politik und der Allmacht des wirtschaftenden Verstandes der Leonardo-Welt stellt. Vom Club of Rome bis zu den Horrormeldungen über kippende Meere und klaffende Ozonlöcher ist es nur ein kleiner, bestätigender Schritt.

Dennoch sind die Empfehlungen zum Verlassen der Leonardo-Welt – auch die der Gebildeten unter ihren Verächtern – nicht empfehlenswert. So wäre es eine blanke Illusion, zu glauben, mit weniger Wissenschaft und Technik seien die Probleme einer Leonardo-Welt besser zu bewältigen. Im Gegenteil. Diese Welt geriete alsbald in einen Zustand der Handlungs- und Reaktionsunfähigkeit. Oder anders ausgedrückt: Zur Leonardo-Welt gibt es angesichts der von ihr selbst erzeugten Probleme – Ressourcenknappheit, Schadstoffbelastung, Abfallnot, Überbevölkerung – keine wirkliche Alternative. Wege aus der Leonardo-Welt, wenn man sie wirklich gehen wollte, führen nur in eine andere Leonardo-Welt – oder in die Katastrophe. Die Beispiele liegen nahe. Wie etwa könnten wir in naher Zukunft eine Erdbevölkerung von fünf, sechs, sieben und mehr Milliarden Menschen ernähren, ihre Energieprobleme lösen? Das geht nicht mit einem kleinen Bauernhof und einem Kohlekraftwerk. Dazu bedarf es vielmehr ungeheurer wissenschaftlicher und technologischer Anstrengungen, also immer mehr, nicht weniger Wissenschaft und Technik. Die Alternative zu einer Weiterentwicklung der Leonardo-Welt wäre, weil sie Millionen von Toten in Kauf nähme, reiner Zynismus. Daß dies nicht bedeutet, daß Forschung durch keinerlei Verantwortlichkeiten, es sei denn der Aufrechterhaltung einer Leonardo-Welt, bestimmt wird, das wird gleich noch deutlich werden.

2. Grundlagenforschung und die Zukunft der Wissenschaft

Wissenschaft ist im Streit um die Leonardo-Welt selbst weder parteiisch noch einäugig. Sie arbeitet an der Leonardo-Welt, aber sie tritt ihr auch in ihren Analysen kritisch gegenüber, z. B. wenn es um die Folgen selbst wissenschaftlich induzierter Entwicklungen geht. Mit anderen Worten: Wissenschaft ist immer da – wenn es weitergehen soll oder Halt geboten ist, wenn die Welt nach vorne drängt und wenn sie an ihre Grenzen stößt. Das bedeutet nicht, daß sie immer recht hat und unfehlbar ist. Es ist nicht zuletzt die fatale Vorstellung von der Unfehlbarkeit der Wissenschaft, ihrer chronischen Irrtumsfreiheit, ihrer vermeintlichen Nähe zum absoluten Geist, die bewirkt, daß der Wissenschaft heute der gesellschaftliche Wind ins Gesicht bläst. Wer hohe Erwartungen nährt, enttäuscht tief.

So auch im Falle der Wissenschaft. Wissenschaft ist nicht unfehlbar, nicht nur faktisch nicht, weil Wahrheit und Irrtum zusammenwohnen, sondern auch ihrer Idee nach nicht. Zu dieser Idee gehören ja gerade nicht nur Objektivität und Exaktheit, sondern auch unbegrenzte Kritikfähigkeit, methodische Skepsis, kompromißlose Wahrhaftigkeit. Gegen diese Ideen, die in der wissenschaftlichen Arbeit zugleich die Rolle von Rationalitätskriterien spielen, verstößt denn auch gar nicht die *Wissenschaft*, sondern, im Konfliktfall, der *Wissenschaftler*, wenn er z. B. dogmatisch und in Gutachterangelegenheiten willfährig wird. Wissenschaftler sind, eben weil sie Menschen ohne olympischen Herkunftsnachweis sind, korrumpierbar; die Wissenschaft ist es nicht, jedenfalls nicht, solange sie sich über die genannten Ideen definiert.

Nun haben sich in der wissenschaftlichen Wirklichkeit die Einfallstore für wissenschaftsferne Interessen und Bedürfnisse sicher weiter geöffnet; das Wissenschaftssystem ist unübersichtlicher geworden. Wo etwa die Bedeutung (und Alimentierung) außeruniversitärer Forschung zunimmt und die Profilbildung universitätsgebundener Forschung abnimmt, wo Politik, Wirtschaft und Wissenschaft näher zusammenrücken, die Türme der Banken die Elfenbeintürme der Wissenschaft bei weitem überragen, tut sich auch Wissenschaft schwer, ihre Wege nicht nur zwischen Wahrheit und Irrtum, sondern auch zwischen Wahrheit und Verwertung übersichtlich und gerade zu halten. Sie versucht das in Universitätsform noch immer mit der Vorstellung, *Grundlagenforschung*, nicht angewandte Forschung zu sein, und sieht darin noch immer den entscheidenden Unterschied zwischen ihr und einer universitätsfernen Forschung. Nach dieser Vorstellung folgt Grundlagenforschung der reinen Wahrheit und Erkenntnis, angewandte Forschung den undurchsichtigen Verhältnissen politischer und wirtschaftlicher Zwecke. Grundlagenforschung ist Wissenschaft, angewandte Forschung ist Wirtschaft.

Diese Vorstellung aber ist falsch; sie hat sich in der Wirklichkeit einer Leonardo-Wissenschaft, gemeint ist Wissenschaft in einer Leonardo-Welt, längst überlebt. Eine andere Unterscheidung ist angezeigt, die Unterscheidung zwischen reiner Grundlagenforschung, anwendungsorientierter Grundlagenforschung und produktorientierter Anwendungsforschung.

Zunächst zur *reinen Grundlagenforschung*. Es gibt sie in der Tat noch immer. Sie läßt sich als eine Forschung definieren, deren Ergebnisse keine praktische Anwendung erwarten lassen. Typische Forschungsfelder für diesen Forschungstyp sind heute Elementarteilchenphysik und Kosmologie. Zwei Beispiele: (1) Die Entwicklung einer *einheitlichen Theorie* für alle Teilchenwechselwirkungen außer der Gravitation (die sogenannte ›Große Vereinheitlichte Theorie‹). (2) Die Verbindung der Elementarteilchentheorie mit der *Theorie der Gravitation*. Teile des zweiten Forschungsprogramms sind die Entwicklung des Modells des sogenannten inflationären Universums (gemeint ist ein abruptes ›Aufblähen‹ der Raum-Zeit nach dem Urknall) und die Prognose von sogenannten ›kosmischen Strings‹, d.h. fadenartig ausgedehnten energiereichen Strukturen, die Reste des Raum-Zeit-Gefüges eines frühen Universums darstellen. In allen genannten Fällen macht der Begriff Anwendung keinen Sinn, auch keinen prognostischen.

Anders im Falle der *anwendungsorientierten Grundlagenforschung*. Hier handelt es sich um einen Forschungstyp, von dessen Ergebnissen zwar langfristig Anwendungen erhofft werden; doch sind diese nicht derart, daß sie direkte Umsetzungen in marktfähige Produkte innerhalb der für Industrieunternehmen typischen Planungszeiträume erwarten lassen. Drei Beispiele: (1) *Hochtemperatursupraleitung*. Ihrer Anwendung stehen erhebliche Schwierigkeiten im Materialbereich gegenüber (Sprödigkeit und Brüchigkeit der Oxidkeramiken). (2) *Synergetik* (oder nicht-lineare Dynamik), d.h. die Theorie von Prozessen, die durch nichtlineare Differentialgleichungen beschrieben werden. Eine Klärung dieser Prozesse würde irgendwann z.B. ein besseres Verständnis einiger chemischer Reaktionen oder der Verlaufsgesetze biologischer Prozesse wie Epidemien erlauben. (3) *Grundlagen der Informatik*. Teile dieses Programms sind das Studium alternativer Computerkonzeptionen, z.B. von optischen Rechnern, Parallelrechnern oder sogenannten Kollektivschaltkreisen (deren Bauweise Neuronennetzwerken nachempfunden ist). In allen genannten Fällen ist Anwendung intendiert; doch sind die Wege zwischen Forschung und Anwendung unübersichtlich und, wenn sie gangbar werden sollten, ihrerseits noch einmal außerordentlich forschungsintensiv.

Schließlich die *produktorientierte Anwendungsforschung*. Damit meine ich Forschung, die entweder bereits mit Blick auf besondere Anwendungen stattfindet oder solche Anwendungen kurzfristig erwarten läßt. Als Beispiele mögen dienen: (1) *Materialforschung*, z.B. die Entwicklung von Substanzen, die hohe Wirkungsgrade für Sonnenzellen erlauben (Photovoltaik). (2) *Umweltforschung*, z.B. die Erforschung des Ozonlochs oder die

Entwicklung von Ersatzstoffen für die Fluorchlorkohlenwasserstoffe. (3) *Medizinforschung*, z. B. die Erforschung von Struktur und Funktion des HIV-Virus. In allen diesen Fällen sind die Wege zwischen Forschung und Anwendung kurz und in den Forschungsprogrammen – anders als bei der reinen und der anwendungsorientierten Grundlagenforschung – konkret angelegt.

Die drei Forschungstypen – reine Grundlagenforschung, anwendungsorientierte Grundlagenforschung und produktorientierte Anwendungsforschung – ergänzen sich häufig in konkreten Forschungsprogrammen. Das gilt sowohl von der universitären als auch von der außeruniversitären Forschung. Reine Grundlagenforschung gibt es dabei nur in sehr speziellen Forschungsfeldern wie den genannten; eine Berufung auf Grundlagenforschung schließt recht verstanden eine anwendungsorientierte Grundlagenforschung mit ein. Oder anders ausgedrückt: Anwendungsorientierte Grundlagenforschung wird mehr und mehr zur Standardforschung auch der Universitätsforschung. Die institutionellen Grenzen des Wissenschaftssystems sind blaß geworden.

Das bedeutet nicht, daß sich Wissenschaft in ihrem Forschungsprofil mehr und mehr wirtschaftlichen Produktentwicklungsprozessen nähert, also dem, was ich eine produktorientierte Anwendungsforschung genannt habe. Grundlagenforschung, sei es als reine oder anwendungsorientierte Forschung, bleibt ein wesentliches Element der Wissenschaft. Sie ist keine Erfindung der Wissenschaftler, um fröhlich und unbehindert den eigenen Neigungen nachzugehen, sondern der Humus, der Mutterboden, auf dem die Blume Einsicht blüht. Wer es hier aus der Förderungsperspektive nur mit reglementierter Schnellkost versucht, wird enttäuscht werden. Legebatterien, in denen auf engstem Raum Hühner ihre Produktionspflichten erfüllen, sind kein Modell erfolgreicher Wissenschaft, eher schon der Versuch, einen englischen Rasen anzulegen oder die gerechte Gesellschaft zu schaffen. Wissenschaft ist auch produktorientierte Anwendungsforschung, aber sie ist es nicht allein. Was etwa für die Informatik als Beispiel einer anwendungsorientierten Grundlagenforschung gilt, gilt auch von der Krebsforschung. Ohne ein immer besseres Grundlagenwissen z. B. über die Genetik und die Molekularbiologie der Zelle geht hier nichts. Wer etwas anderes erwartet, kennt sich nicht aus.

Zumindest in diesem Fall ist dann aber auch die Frage »forschen wir nicht nur richtig, sondern auch das Richtige?«[2] beantwortbar. Sie ist es, angesichts knapper Mittel, nicht in allen Fällen. Das gilt z. B. von der Fusionsforschung ebenso wie von der aufwendigen Weltraumforschung, und natürlich auch angesichts solcher Themen wie das Lächeln bei Molière und einer 2000jährigen Platonforschung. Nur sind diese in der Regel wesentlich billiger als die zuvor genannten Beispiele. Darum muß diese Frage aber auch immer wieder gestellt werden. Die Freiheit der Forschung, die sich in der Grundlagenforschung, der reinen wie der anwendungsorientierten, zur Geltung bringt, ist auch ihre Last – und manchmal ihr schlechtes Gewissen.

3. Freiheit der Forschung

Daß Freiheit der Forschung ein schlechtes Gewissen verschaffen kann, liegt natürlich nicht nur an Verteilungsproblemen angesichts knapper Ressourcen, sondern auch an den *Folgen* dieser forschenden Freiheit. Es gehört heute zu der vielbeschworenen Akzeptanzkrise der Wissenschaft, daß auf einmal, wo noch in den 60er und 70er Jahren viel von gesellschaftlicher *Relevanz* der Wissenschaft die Rede war, vom gesellschaftlichen *Schaden* der Wissenschaft gesprochen wird, bestimmt durch Probleme und Ängste, die sich mit dem wissenschaftlichen Fortschritt verbinden. Die Freiheit der Forschung gerät in ein schiefes Licht. Wohin, so fragen heute viele, führt diese forschende Freiheit? Verantwortet sie noch, was sie tut und was sie bewirkt? Stichwort wieder: Leonardo-Welt. Hat sie ihre Folgen noch im Griff? Derartige Fragen bedürfen einer Antwort; als unbeantwortete Fragen würden sie nur das Potential der Unsicherheit einer Leonardo-Welt erhöhen. Zwei Elemente einer solchen Beantwortung sind[3]:
(1) Freiheit der Forschung oder Wissenschaftsfreiheit, wie sie in den Programmen der Aufklärung und im Grundgesetz der Bun-

2 H. Markl, Auftrag und Grenzen der Wissenschaft im Wandel unserer Welt, in: ders., Wissenschaft: Zur Rede gestellt. Über die Verantwortung der Forschung, München/Zürich 1989, 15.

3 Vgl. zum Folgenden J. Mittelstraß, Zukunft Forschung. Perspektiven der Hochschulforschung in einer Leonardo-Welt, in: Essener Hochschulblätter. Ausgewählte Reden im Studienjahr 1988/89, Essen 1990, 22 ff.; in diesem Band: 55 ff.

desrepublik Deutschland steht (Art. 5 Abs. 2), bedeutet zum einen Freiheit des *Wissenschaftlers*, zum anderen Freiheit der *Institution* Wissenschaft. Im öffentlichen Streit um die Wissenschaft rechtfertigt jeweils das eine das andere: Weil, so sagen die Wissenschaftler, die Institution Wissenschaft zunehmend ihre Freiheit an die staatlichen Verwaltungen verliert, muß ihre eigene Freiheit um so uneingeschränkter sein. Weil, so sagen die staatlichen Bürokratien, die Freiheit des Wissenschaftlers als völlig uneingeschränkte Freiheit beansprucht und wahrgenommen wird, bedarf es des Eingriffs des Staates in institutionellen Dingen. Das aber bedeutet: Beides, Freiheit des Wissenschaftlers und Freiheit der Institution Wissenschaft, scheint nicht mehr zu gehen.

Doch das ist ein Mißverständnis. Es beruht in der unscharfen Abgrenzung zwischen Freiheit und Willkür. Wenn unter Hinweis auf einen weitgehenden Verlust institutioneller Freiheit Freiheit als subjektives Recht des Wissenschaftlers verstanden wird, zu tun, was ihm forschend beliebt, dann gerät das gesellschaftliche Gut der Wissenschaftsfreiheit zur bloßen Neigung wissenschaftlicher Subjekte. Begriffe wie Rechtfertigung und (gesellschaftliche) Verantwortung scheinen bereits zum Vokabular der Unfreiheit zu gehören. So ist es aber nicht. Freiheit ist recht verstanden immer *verantwortete* Freiheit, im anderen Falle Willkür. Und diese sollte weder im Wissenschaftssystem noch im staatlichen Handeln ihren Ort haben.

Also widersprechen sich auch die Freiheit des Wissenschaftlers und die Freiheit der Institution Wissenschaft nicht, sie gehören vielmehr zusammen. Oder anders ausgedrückt: Es geht darum, das sich vor allem auf subjektive Ideale der Forschungsplanung und der Wissenschaftsorganisation stützende idealistische Vertrauen in die Selbstbestimmung der Wissenschaft durch eine methodisch aufgeklärte Kritik wissenschaftlicher Verhältnisse, ja durch die Institutionalisierung dieser Kritik im Rahmen einer Selbstreflexion der Wissenschaften – z. B. in Wissenschaftstheorieform – zu ersetzen. Wissenschaftsfreiheit als schrankenlose subjektive Freiheit des Wissenschaftlers geht nicht, weil sich das alte Humboldtsche Ideal der Forschung in ›Einsamkeit und Freiheit‹ nicht wirksam genug gegen die Mißverständnisse uneingeschränkter wissenschaftlicher Subjektivität abgrenzen läßt. Auch Genialität, die im übrigen auch in wissenschaftlichen Verhältnissen recht selten ist, bedeutet noch keine Rechtfertigung derjenigen

Verhältnisse, in denen sie sich uneingeschränkt auszubreiten vermag. Das gilt auch für die Wissenschaft.

(2) Wo Freiheit der Forschung oder Wissenschaftsfreiheit beansprucht wird, muß diese sich auf *Verantwortungsstrukturen* beziehen lassen. Subjektive und institutionelle Autonomie lassen sich weder gesellschaftlich noch methodisch allein begründen. Methodische Argumente verhalten sich nämlich gegenüber Autonomievorstellungen neutral, gesellschaftliche Argumente sprechen (meist) gegen sie. Das aber bedeutet, daß Freiheit der Forschung über gesellschaftliche und methodische Argumente hinaus auf *moralische* Argumente führt.

Gemeint ist das Folgende: Die übliche Unterscheidung zwischen Wissenschaft als Institution und Wissenschaft als besonderer Form der Wissensbildung ist nicht vollständig. Das machen bereits Normen wie Universalität und Objektivität der Geltungsansprüche, Kritisierbarkeit wissenschaftlicher Methoden und Resultate, rationale Begründung deutlich. Diese Normen, die in der Wissenschaft wiederum als Rationalitätskriterien dienen, sind in erster Linie *praktische*, nicht theoretische Gesichtspunkte. Sie zielen auf eine Überwindung bloßer Subjektivität. Wissenschaftliche Verhältnisse sind denn auch strenggenommen *transsubjektive* Verhältnisse. Nicht in dem Sinne, daß in ihnen die wissenschaftlichen Subjekte verschwinden, sondern so, daß sie durch eine auch moralisch (oder ethisch) bestimmte Allgemeinheit wissenschaftlicher Normen wie der genannten ausgezeichnet sind. Noch anders formuliert: Wissenschaft hat nicht nur etwas mit einer Differenzierung und Stabilisierung der gesellschaftlichen Organisation von Bedürfnissen zu tun, sie ist auch nicht nur Prototyp einer methodisch verfahrenden Rationalität, sondern ebenso derjenige Ort, an dem sich theoretische und praktische Vernunft miteinander verbinden sollen. Wissenschaft hat nicht nur eine *Erkenntnis*aufgabe, sie hat auch eine *Orientierungs-* und eine sehr *pragmatische* Aufgabe: Neben das hohe Ziel, zu erkennen, was die Welt im Innersten zusammenhält, tritt das nicht minder wichtige Ziel, die Welt zusammenzuhalten.

Es gibt, das wird auch hier wieder deutlich geworden sein, auf die Frage nach einer verantworteten Freiheit der Forschung schon längst keine einfachen Antworten mehr. Daß die Freiheit der Forschung ihre Legitimation in der Verantwortung des Wissenschaftlers findet, mag darüber hinaus vielen zu schwach erscheinen.

Tatsächlich läßt sich die bange Frage nicht von der Hand weisen, wie tragfähig eine derartige Auskunft ist. Trifft sie überhaupt noch in einer Welt zu, die als Leonardo-Welt längst anderen Rationalitäten folgt? Haben nicht Wissenschaft und Forschung in einer Leonardo-Welt mit ihrer gesellschaftlichen Jungfräulichkeit längst auch ihre philosophische verloren? Ist die Rede von Freiheit, Aufklärung und Verantwortung, auch und gerade gegenüber den Folgen wissenschaftlicher Forschung, am Ende reine Wolkenschiebebrei? Und mehr noch: Sind es wirklich die theoretische und die praktische Vernunft, Wissenschaft und Philosophie, die die Welt am Ende doch noch zu einem Paradies machen, das sie irgendwann unter den Bedingungen einer Zwei-Personen-Bevölkerung einmal gewesen sein mag? Oder sind es nicht gerade die theoretische Vernunft, groß und stark, und die praktische Vernunft, schwach und verzagt, die uns immer weiter von dieser Utopie entfernen und eine Leonardo-Welt allmählich unbewohnbar machen? Wie immer man diese Fragen selbst einschätzen mag, ich fürchte, eine andere Antwort als die, daß die Freiheit der Forschung und mit ihr die Wissenschaftsfreiheit ihre Legitimation in der Verantwortung des Wissenschaftlers finden, gibt es nicht.

4. Ethik in der Wissenschaft

An dieser Stelle kommt heute der Hinweis auf das Erfordernis einer (neuen?) Ethik der Wissenschaft und auf die Kompetenz des Philosophen und Theologen. Wo die Wissenschaft nicht weiter weiß, weil sie mit Fragen wie den genannten den Boden der theoretischen Vernunft verläßt und den Boden der praktischen Vernunft betritt, sollen Philosophie, Theologie, ja gar die Geisteswissenschaften insgesamt aushelfen. Findet ein Stühlerücken der Experten statt? Sind auf einmal die wieder an der Reihe, die lange als das fünfte Rad am Wissenschaftswagen erschienen? Modernität, das wissen wir alle, folgt in einer Leonardo-Welt den Naturwissenschaften und der Technik, den Siegeszügen der Industrie und der Wirtschaft, einer auf Marktstrukturen und Wachstum setzenden Politik, nicht der Kontemplation hinter den Linien derer, die die Zukunft im Auge und die Welt in der Hand haben. Und doch scheint auf einmal die Stunde derjenigen Disziplinen zu schlagen, die Ethik zu ihrer Profession gemacht haben.

Diese Entwicklung – um es gleich zu sagen – hat etwas Modisches, etwas verräterisch Kompensatorisches an sich. Nicht nur, weil etwas, das man in dieser Weise beschwört, in der Regel nicht da ist, sondern weil auch die derzeitige Konjunktur des Themas Ethik zeigt, daß unter Ethik offenbar etwas verstanden wird, das wie ein Werkzeug zur Hand ist (nur eben in anderen Händen), das man benutzt, wenn man es braucht, und wieder beiseite legen kann, wenn man meint, es hätte seine Dienste getan. Eine derartige Vorstellung von Ethik ist ein schreckliches Mißverständnis. Sie instrumentalisiert die Ethik und erweckt darüber hinaus noch den Eindruck, als ginge es im Falle einer Ethik der Wissenschaft um eine besondere, eine eigene Wissenschaftsethik. Auch diese aber gibt es nicht, weil Ethik nicht gesellschaftlich teilbar ist, in diesem Falle in eine Wissenschaftlerethik auf der einen Seite und eine Nicht-Wissenschaftlerethik, als eine Art Standardethik der Gesellschaft, auf der anderen Seite. Ethik ist vielmehr immer das Werk und die Tugend aller, aller Bürger. Sie ist als allgemeine *Bürgerethik* unteilbar.

Deshalb meinen aber auch diejenigen, die heute anders reden, die nach einer besonderen Wissenschaftsethik rufen, im Grunde nicht Ethik, sondern *Ethos*. Ethos ist die subjektive und situations- und berufsbezogene Form, in der sich, als Leistung des Individuums, eine allgemeine Ethik, nämlich die Bürgerethik, verwirklicht. Ein derartiges Ethos ist unabdingbar, auch in der Wissenschaft, wenn diese nicht ihre *moralische Form*, d. h. ihre Verantwortungsstrukturen, verlieren will.

Dabei gibt es ethische Probleme in der Wissenschaft wahrhaft genug. Sie treten insbesondere dort auf, wo die Wege zwischen dem Menschen als Forscher und als erforschtem Subjekt eng werden. Hier stößt die Freiheit der Forschung an ihre Grenzen, befreit sie den Menschen nicht, sondern wendet sich gegen ihn, gegen seine Person (wie Kant sagte) oder gegen seine Würde (wie unser Grundgesetz sagt). Forschungen, die durch die Reproduktionsmedizin möglich werden, und die wachsenden Kompetenzen der Gentechnologie sind beunruhigende Beispiele dafür. Im einzelnen seien hier die Fötusforschung beim Menschen genannt, sofern sie die Grenzen zum Experiment mit dem menschlichen Leben überschreitet (etwa im Falle der Erzeugung von Embryonen zu Forschungszwecken), ferner die pränatale Diagnostik, wenn diese zur Selektionsdiagnostik wird, und ›eugenische‹ Manipulationsmöglichkeiten, die in die Zukunftsvision einer herstellbaren gen-identischen Population, z. B. für niedere Arbeiten, münden könnten. Hier wirft Forschung Probleme auf, die selbst keine wissenschaftlichen Lösungen haben (haben können). Weshalb dann natürlich auch die Aufmerksamkeit, die heute Ethik unter den Wissenschaften genießt, keineswegs nur etwas Modisches ist. Sie zeugt vielmehr im Wissenschaftsbereich und weit darüber hinaus auch von einer geschärften Wahrnehmung ethikrelevanter Entwicklungen und dem geschärften Bewußtsein einer Leonardo-Welt, die ihre Stärken und ihre Schwächen kennt.

Zur Verdeutlichung ein Beispiel aus dem Problembereich der Humangenetik.[4] Die Chorea Huntington, eine noch unheilbare Erbkrankheit, die in der Regel im fünften Lebensjahrzehnt zum Ausbruch kommt, verursacht, begleitet von neurologischen und psychischen Ausfällen, neurogenerative Veränderungen, die nach etwa fünfzehn Jahren zum Tode führen. Seit 1983 macht ein genetischer Test mit 95%iger Sicherheit eine sowohl pränatale als auch präsymptomatische Diagnostik dieser dominant vererbten Krankheit möglich.[5] Testverbesserungen mit bis zu 99%iger Sicherheit sind zu erwarten. Das bedeutet: (1) Jeder Nachkomme von Merkmalsträgern wird sich Sicherheit darüber verschaffen können, ob er selbst Merkmalsträger ist oder nicht. (2) Die pränatale Diagnostik wird eine gezielte Geburtenplanung erlauben; ein Verzicht auf Nachkommenschaft ist dann nicht mehr erforderlich. (3) Die konsequente Anwendung der pränatalen Diagnostik würde praktisch zur Eliminierung der Chorea Huntington als Erbkrankheit führen.

Die ethischen Probleme, die sich mit den neuen diagnostischen Möglichkeiten ergeben, liegen auf der Hand.[6] Drei seien hier genannt: (1) Ein positives Testergebnis bei einem potentiellen Merk-

4 Weiter ausgeführt in: J. Mittelstraß, Umwelt und Gesundheit. Von der Schwierigkeit, sich mit Umwelt- und Gesundheitsstandards in einer Kultur-Natur zurechtzufinden, Wiener klinische Wochenschrift 101 (1989), 568; in diesem Band: 187f.

5 J. F. Gusella u. a., A Polymorphic DNA Marker Genetically Linked to Huntington's Disease, Nature 306 (1983), 234-238.

6 Vgl. M. W. Shaw, Testing for the Huntington Gene: A Right to Know, a Right Not to Know, or a Duty to Know, American Journal of Medical Genetics 26 (1987), 243-246. Den Hinweis auf dieses Beispiel und seine ethische Relevanz verdanke ich D. Riemann (Mannheim).

malsträger führt zu schweren seelischen Belastungen; ein ›Recht auf Unwissenheit‹, das zu den Normalbedingungen des Lebens gehört, wird verletzt. (2) Ein positives Testergebnis bei der pränatalen Diagnostik führt mehr oder weniger zwangsläufig zum Schwangerschaftsabbruch. Dabei gerät die Maxime, kein Kind mit schweren Erbkrankheiten ins Leben zu führen, mit moralischen Positionen, die Schwangerschaftsabbrüche grundsätzlich untersagen, in Konflikt, aber auch mit dem Umstand, daß in diesem Falle fünfzehn Jahren schweren Leidens immerhin gut vierzig Jahre ›normalen‹ Lebens gegenüberstehen. (3) Die durch die diagnostischen Möglichkeiten gegebene Eliminierung der Krankheit bedeutet eine präventive Eugenik; der Mensch nimmt seine Evolution selbst in die Hand.

Während sich dem zuletzt genannten Bedenken der Hinweis entgegensetzen läßt, daß ein Eingriff in die menschliche Evolution ständig erfolgt (angefangen im Hygienebereich) und sich der ökologische Erfolg des Menschen eben diesem Umstand wesentlich verdankt, führen die zuvor genannten Probleme in schwierige ethische Kontroversen, die häufig auch noch von weltanschaulichen Fragen überlagert sind (als Beispiel sei die Kontroverse um § 218 StGB genannt). Allerdings deutet sich in der einschlägigen Diskussion auch eine gewisse Operationalisierbarkeit ethischer Prinzipienkontroversen über den Begriff der Behandelbarkeit an. Dabei geht es darum, ob sich die diagnostischen Möglichkeiten auf behandelbare Erbkrankheiten (zu denen die Chorea Huntington nicht gehört) beschränken sollen oder nicht. Für eine derartige Beschränkung votiert z. B. die Enquete-Kommission Gentechnologie des Deutschen Bundestages. Zum Neugeborenen-Screening heißt es, »daß ein Screening von Neugeborenen nach schweren, früh auftretenden Erbkrankheiten, die behandelbar sind, eine wertvolle Erweiterung des Instrumentariums präventiver Gesundheitspolitik ist. Ein Screening nach unbehandelbaren Krankheiten soll nicht durchgeführt werden«[7]. Eine entsprechende Empfehlung für die pränatale Diagnostik fehlt; die Kommission beschränkt sich hier auf den Hinweis, daß »vor Ablauf

7 W.-M. Catenhusen/H. Neumeister (Eds.), Chancen und Risiken der Gentechnologie. Dokumentation des Berichts an den Deutschen Bundestag/Enquete-Kommission des Deutschen Bundestages, München 1987, XXIX.

der 12. Schwangerschaftswoche nur solche bei einer pränatalen Diagnose gewonnenen genetischen Daten an die Eltern weitergegeben werden, die eine schwere, nicht behandelbare Krankheit anzeigen«[8]. Die ethische Frage bleibt offen. Unser Können reicht weiter als unser Dürfen. Das Können ist klar, das Dürfen nicht. Ethik nicht *der* Wissenschaft, sondern *in* der Wissenschaft bleibt auf der Tagesordnung der Leonardo-Welt.

5. Der wissenschaftliche Imperativ

Auf dieser Tagesordnung wird sie immer wieder vertagt. Die Leonardo-Welt ist durch eine wachsende wissenschaftlich-technische Dynamik auf der einen Seite und einen weitgehenden moralisch-politischen Orientierungsstillstand auf der anderen Seite gekennzeichnet. Ein *Verfügungswissen* und ein *Orientierungswissen* entwickeln sich auseinander. Nicht nur die Wissenschaft hat dieses Wissen aus dem Auge verloren, die Gesellschaft häufig auch. Die Folge sind Orientierungsschwächen, Selbstzweifel (Stichwort noch einmal: Akzeptanzkrise) und eine neue Anfälligkeit gegenüber jeder Art von Fundamentalismus.

Die wesentliche Aufgabe, vor der eine Leonardo-Welt steht, wird es denn auch sein, Verfügungswissen und Orientierungswissen, wissenschaftlich-technischen Verstand und praktisch-politische Vernunft wieder in ein vernünftiges Verhältnis zueinander zu setzen. Dazu bedarf es der Ethik in der Wissenschaft, aber vor allem auch einer starken und aufgeklärten gesellschaftlichen Regie. Öffentliche Meinungsbildung, politische Willensbildung und wissenschaftliche Wahrheitsbildung müssen wieder stärker aufeinander bezogen werden. Die Leonardo-Welt braucht eine neue, vernünftige Perspektive; sie braucht Urteilskraft auf den Feldern des Verstandes und der Vernunft und eine neue Sicherheit im Umgang mit diesen. Solange allein der wissenschaftlich-technische und der wirtschaftende Verstand stark ist und die praktisch-politische Vernunft schwach und verzagt, wird die derzeitige Orientierungsschwäche der Leonardo-Welt anhalten.

Sie drückt sich nicht nur in ethischen Dingen (im engeren Sinne) aus, sondern auch in *ökologischen* Dingen. Beispiel Ozon. Bereits

8 Ebd.

Anfang der 70er Jahre wurde durch die chemische Forschung auf die Gefährdung der Ozonschicht durch Stickoxide (bei Überschallflügen) hingewiesen, 1974 auf den gefährlichen Einfluß halogenierter Kohlenwasserstoffe.[9] Doch erst die Entdeckung des antarktischen Ozonlochs selbst, 1984 noch für eine Fehlmessung gehalten, 1985 zweifelsfrei geklärt, rüttelte Politik und Öffentlichkeit auf. Auch dies ist typisch für unsere Leonardo-Welt: Nicht Einsichten, sondern akute Schadensfälle führen homo sapiens allmählich zur Änderung seiner Gewohnheiten. Die kommt dann oft nicht nur spät, sondern zu spät. So würde im Falle der Gefährdung der Ozonschicht selbst ein sofortiges weltweites Verbot der Emission aller halogenierten Kohlenwasserstoffe das antarktische Ozonloch nicht verkleinern. Gewaltige Mengen emittierter Stoffe haben die Stratosphäre noch gar nicht erreicht: sie liegen als Zeitbombe in den unteren Luftschichten.

Die Welt hat ein Loch im Kopf. Dieses läßt sich schlecht mit Philosophie und gutem Willen allein schließen. Die Wissenschaft hat ihren Beitrag, nicht nur im Falle Ozon, geleistet und sie leistet ihn jeden Tag. Sie schafft die Leonardo-Welt und sie tritt ihr kritisch gegenüber. Das Problem ist darum auch nicht die Belastbarkeit der Wissenschaft, sondern die Belastbarkeit der Politik und der Gesellschaft. Die Brücke vom Wissen und Können zum Sollen ist schmal und beschwerlich. Sie wird zudem nur zögerlich betreten. Noch einmal: Wissenschaftlich-technischer Verstand und praktisch-politische Vernunft entwickeln sich auseinander. In jenem sind wir Weltmeister, in dieser meist Amateure. Auch auf anderen Feldern. Indem wir wissenschaftlich und technologisch so ungeheuer erfolgreich sind, ökologisch gesehen das erfolgreichste Lebewesen überhaupt, lenken wir zugleich die natürliche Evolution gegen uns selbst, gegen eine immer kompakter werdende Menschheit auf einer immer kleiner werdenden Erde, deren natürliche Tragekapazität längst erschöpft ist. Diese Menschheit bietet ein ungeheures Reservoir für die normale biologische Evolution. Das HIV-Virus ist womöglich nur der Anfang immer neuer evolutionärer Bedrohungen, der Krebs eine Geißel, der wir mit unseren Wohlstandsgewohnheiten (Rauchen, falsches Essen etc.) manchen Gefallen tun. Die Natur, die eine Leonardo-Welt schon

9 Vgl. P. Fabian, Ozon – Innenansicht eines Lochs, Kursbuch 96 (1989), 27-36.

bezwungen zu haben glaubte, ist da und sie ist mächtig. Es ist nicht so, daß wir sie schon kleingekriegt hätten und sie jetzt sorgsam gießen und hüten müßten.
Für viele stellt sich in dieser Situation die Frage, ob nicht mit der praktischen Vernunft allgemein etwas schiefgegangen ist, ob eine *Vernunftethik*, wie sie das europäische Denken ausgebildet hat, nicht durch eine ganz andere Ethik, eine *ökologische Ethik* abgelöst werden müßte. Gegen die Vernunftethik, deren Paradigma noch immer Kants kategorischer Imperativ ist, tritt ein neues ökologisches Ethik-Delphi auf den Plan. Die Frage ist, was wir für tragfähiger halten: die Vernunft, d. h. den rationalen Diskurs unter Begründungszwang, oder die selbsternannte Autorität materialer Einsichtsansprüche in das Natürliche und Gute. Die Frage so stellen, heißt sie beantworten: Ein allgemeines Vernunft- oder Begründungsgebot, das rationale Gesellschaften auszeichnet oder als Idee in einer Gesellschaft wie der unseren wirkt, kann vor der Ethik nicht haltmachen. Suspendierte Ansprüche sind in diesem Fall aufgegebene Ansprüche, auf der Rückseite der Vernunft lauert der Fundamentalismus. Außerdem ist keine Art von Umweltrationalität auf die Natur abwälzbar. Umweltstandards sind keine Naturgesetze und ethische Standards erst recht nicht.
Kehren wir noch einmal an den Anfang zurück. Zur Leonardo-Welt gibt es, so hatte ich behauptet, angesichts der von ihr selbst erzeugten Probleme keine wirkliche Alternative. Es gibt auch zur Wissenschaft keine Alternative. Ein Forschungsgebot, d. h. ein *wissenschaftlicher Imperativ*, ohne dessen Befolgung die Leonardo-Welt und mit ihr die Menschheit nicht überleben können, schließt allerdings, so sollte ebenfalls deutlich werden, ein Verantwortungs- oder Ethikgebot, also einen *ethischen Imperativ*, ein. Ein unaufhaltsamer wissenschaftlicher Fortschritt führt in unüberschaubare Verantwortlichkeiten, und zwar nicht nur im Bereich einer produktorientierten Anwendungsforschung, sondern auch in den Bereichen reiner und anwendungsorientierter Grundlagenforschung, sofern diese etwa in der Genbiologie und der medizinischen Forschung unmittelbar ethisch relevante Probleme zum unbequemen Nachbarn haben.
Dabei ist die eigentliche Gefahr, die dem Menschen in einer Leonardo-Welt droht, daß er selbst zum Werk oder zum Gefangenen seiner Welt (in diesem Falle vor allem ihrer gefährdeten Biosphäre) wird. Dem gilt es entgegenzutreten. Nicht indem wir uns gegen

die moderne Welt, gegen die Leonardo-Welt wenden, sondern indem wir das Wissen und Können wieder mit dem Sollen verbinden. Dem dient auch das, was vor dem Hintergrund einer Vernunftethik Ethos heißt: ethisches Augenmaß, Selbstkritik, Wahrhaftigkeit, Aufklärung, der Wille zur Vernunft, Verantwortung. Mit diesen Tugenden ist es heute, selbst in der Wissenschaft, nicht immer zum besten bestellt. Wir sollten an ihnen ebenso hartnäkkig arbeiten, wie wir an unseren wissenschaftlichen Rationalitäten arbeiten.

Umwelt und Gesundheit

Von der Schwierigkeit, sich mit Umwelt- und Gesundheitsstandards in einer Kultur-Natur zurechtzufinden

Meine Disziplin – das sollte ich vorausschicken, um im Folgenden keine Enttäuschung auf mich zu ziehen – ist die Philosophie. Philosophen wiederum gelten als die konstitutionellen Asketen unter den Wissenschaftlern. Ein Philosoph, so scheint die Wissenschafts- und Philosophiegeschichte zu lehren, kann in jeder Umwelt leben – zur Not auch in einer Tonne. Was also soll ein Philosoph unter Toxikologen, Pharmakologen, Medizinern und Vertretern der Gesundheitsbehörden?

Auch die Philosophie hat dazugelernt. Sie begann unter einem griechischen Himmel als Naturphilosophie, entdeckte schließlich den Menschen als ihre eigentliche Aufgabe (Sokrates) und überließ alsbald die Natur den Naturwissenschaften. Nur besonders spekulativ Gesonnene fanden zu ihr gelegentlich zurück. Philosophie, so das historische Fazit, ist in erster Linie Anthropologie, philosophische, nicht medizinische oder historische Anthropologie. Anthropologie zudem des Kopfes, nicht des Körpers oder des Leibes. Nicht nur, weil sich Philosophie nun einmal im Kopf abspielt, sondern weil der Mensch für die Philosophie nur als animal rationale, als (meist verhindertes) Vernunftwesen interessant erschien. Den Leib und die Umwelt haben die Philosophen – vielleicht ein wenig vorschnell und sicher ziemlich einfallslos – im wesentlichen den Medizinern und Naturwissenschaftlern überlassen.

Heute ist eine andere Sicht der Dinge angezeigt. Gemeint ist eine philosophische Sicht, die weniger den blutleeren Umgang mit einem absoluten Geist schätzt oder tiefsinnigen Fragen nachgeht wie etwa der Frage, warum etwas ist und nicht vielmehr nichts, sondern die auf handfestere Art Probleme teilt, die die Welt, nicht nur ein philosophischer Kopf (für andere Köpfe meist unverständlich) hat. Womit ich bei meinem Problemthema wäre: Umwelt und Gesundheit.

1. Die Rückseite des Fortschritts

Wir leben heute in einer wissenschaftlich-technischen Welt, in rationalen Kulturen; und wir leben trotz allem Wenn und Aber in einer *Fortschrittsgeschichte*. Fortschritt ist rationalen Kulturen nichts Äußerliches, nichts, das kommt und geht; er ist ihr Wesen. Stillstand würde Verlust dieses Wesens bedeuten. Rationale Kulturen, wie sie hier im Blick auf ihre Wissenschaftsform und ihre Technikform verstanden werden, würden sich selbst unkenntlich, wenn sie sich dem Fortschritt, dessen Motor Wissenschaft und Technik sind, in den Weg stellten.

Das bedeutet nicht, daß diese Kulturen ohne Probleme wären. Im Gegenteil. Wissenschaftliche und technische Rationalitäten lösen nicht nur Probleme, sie schaffen auch Probleme. Ein wesentliches Problem liegt in der Dominanz dieser Rationalitäten. Wohin wir auch kommen, der erkennende, bauende, wirtschaftende und verwüstende Verstand war immer schon da. Dabei nimmt die Verwandlung der natürlichen Welt in die Welt des Menschen immer mehr zu, nicht nur in ihrer qualitativen, sondern auch in ihrer zeitlichen Struktur: das Tempo des sogenannten technologischen Wandels, der wissenschaftsbestimmt und kulturimmanent ist und allmählich alle Lebensbereiche erfaßt, wird schneller. Was einmal Anpassung des Menschen an seine natürliche Umwelt sein mochte, wird immer konsequenter zur Anpassung der Umwelt an die Bedürfnisse und Praktiken des Menschen. Diese Entwicklung aber verändert nicht nur die Welt, sie trägt auch, wie wir heute wissen, den Keim der Selbstzerstörung in sich: »Jede Spezies, so auch der Mensch, bedient sich ihrer natürlichen Umwelt, schaltet sich in ihre Energieströme und Stoffkreisläufe ein, ohne darauf zu achten, ob die Gesamtheit dieser stofflichen Zusammenhänge durch die jeweiligen Lebensprozesse nicht gefährdet ist. Heute wird (...) sichtbar, daß die explosionsartige Zunahme menschlicher Eingriffe in Naturzusammenhänge die Pufferungskapazität der Biosphäre zu überschreiten droht. Die industrielle Technik, die auf das Vorhandensein bestimmter Randbedingungen angewiesen ist, läuft Gefahr, diese Randbedingungen zu zerstören.«[1]
Zu diesem Zerstörungspotential gehören z. B. der Verbrauch na-

1 R. P. Sieferle, Wege aus der Krise? Alte und neue Muster der Technikkritik, Frankfurt (Verband der Chemischen Industrie e. V.) 1987, 18.

türlicher Ressourcen (bei häufig fehlenden Substitutionsmöglichkeiten), ein rapider kulturbedingter Artenschwund (z. B. auf den Einsatzwegen der Agrarchemie), wachsende Abfallberge und Schadstoffbelastungen vielfältiger Art. Schon heute ist die Akkumulation langlebiger, umweltschädigender Abfallprodukte industrieller Produktion ein kaum mehr überschaubares Problem. Kohlendioxid- und Spurengasanstieg in der Atmosphäre signalisieren klimatische Spätfolgen, ohne daß die Zusammenhänge im einzelnen schon hinreichend erkannt wären. Reparaturkosten, die ein ebenso imperialer wie sorgloser Umgang mit der natürlichen Umwelt mit sich bringt, drohen ins Unermeßliche zu steigen. Die besorgte Frage ist berechtigt: »Wie war es möglich, Wirtschaftsformen zu entwickeln, welche die Verschwendung belohnen, welche den Raubbau an erschöpflichen Ressourcenkapitalien als vorteilhaft erscheinen lassen, welche Schädigung und anschließende Reparaturen von öffentlichen Gütern wie Luft und Wasser zulassen, statt ihre Erhaltung zu sichern?«[2]

Die Antwort liegt wohl in den (bisher) gegenläufigen Interessen von Industrie bzw. Wirtschaft und Umweltschutz. Die eine Seite orientiert sich am Markt, die andere an einer in ihren Reproduktionsfähigkeiten stabilen Umwelt. Wo gleichwohl gerechnet wird, stoßen wir schnell an Plausibilitäts- und wohl auch Zumutbarkeitsgrenzen. So ist F. Vester einmal der Frage nachgegangen, wie hoch die Leistung eines Baumes und somit sein Wert, volkswirtschaftlich berechnet, sei.[3] Für eine 100jährige Buche errechnete er als Holzwertleistung pro Jahr 2,25 DM. Dieser Wert erscheint gering. Ganz anders sieht das aber aus, wenn dieser Baum als Photosynthesemaschine betrachtet wird. Der Gegenwert liegt hier bereits bei 153,43 DM. Hinzu kommt der Wert anderer Funktionen wie Wasserspeicher, Lebensraum für Pflanzen und Tiere, Symbiose, Filter, Bionik. Als Gesamtbilanz unseres Baumes ergeben sich so pro Jahr 1.675,64 DM. Hinzu kommen, wenn dieser Baum im Walde steht, weitere Funktionen wie Klimaregler, Humusproduzent, Erosions- und Lawinenschutz, Erholungs-

2 P. Fornallaz, Die ökologische Wirtschaft. Auf dem Wege zu einer verantworteten Wirtschaftsweise, Aarau/Stuttgart 1986, 79. Vgl. P. Atteslander, Ökonomisches Handeln in ökologischer Verantwortung. Ein unüberwindbarer Widerspruch?, Neue Zürcher Zeitung, 10./11. 9. 1988, Nr. 211, 25.

3 F. Vester, Ein Baum ist mehr als ein Baum, München 1985.

wert. Damit steigt die Leistung des Baumes auf jährlich 5.297,25 DM. Ein einziger ›erwachsener‹ Baum von 100 Jahren repräsentiert damit einen volkswirtschaftlichen Wert von mehr als einer halben Million DM; das ist fast das 2000fache seines bloßen Holzwertes. Oder anders gerechnet: der errechnete Wert eines Baumes addiert sich bei 800 Millionen Baum-Standraum-Einheiten auf 4.230 Milliarden DM pro Jahr; das ist das $2^1/_2$fache des derzeitigen Bruttosozialprodukts. Diesen Betrag müßte die Volkswirtschaft jährlich zusätzlich aufbringen, wenn sie die praktisch kostenlosen Funktionen der Bäume durch eigene Leistungen aufbringen wollte. Kein Zweifel, daß wir damit mit unserem Baum ins Wunderland geraten. Die Dimensionen einer derartigen Monetarisierung von Umweltproblemen werden zu groß. Die Frage, was der Marktwert eines Baumes ist, bleibt unbeantwortbar.

Vielleicht liegt das Problem aber auch noch tiefer, als es der Hinweis auf den bisherigen Antagonismus von Marktstrukturen und Umweltschutz zu erkennen gibt. Gemeint ist, daß der Prozeß, der die Fortschrittsgeschichte rationaler Kulturen ausmacht, zunehmend anonymer wird. Als Produzenten in einem umweltbedrohenden Prozeß treten nicht so sehr einzelne Subjekte auf, sondern subjektlose Entwicklungen. Im Fortschritt, der sich auf wissenschaftlich-technische Rationalitäten stützt, vor allem im sogenannten technologischen Wandel, ist kein Subjekt mehr erkennbar. Technologischer Wandel, der einen wesentlichen Teil der Dynamik rationaler Kulturen ausmacht, vollzieht sich weitgehend anonym, für den einzelnen undurchschaubar, hinter seinem Rükken. Er agiert in gewisser Weise ohne den Menschen, benutzt ihn, verbraucht ihn, wie er die Umwelt benutzt und verbraucht.

Damit soll nicht etwa einer neuen Metaphysik das Wort geredet werden, die im Bodensatz des Seins nach dunklen Mächten sucht. Es soll auch kein neues Märchen erzählt werden für jemanden, der wieder einmal auszog, das Fürchten zu lernen. Gemeint ist: Wir sind Teil von Entwicklungen geworden, die unserem Wissen, unserem Kommando, unseren Reaktionspotentialen zu entgleiten drohen. Diese Entwicklungen erfassen auch Umwelt und Gesundheit. Umwelt, weil die Dynamik ihrer Veränderung längst keine natürliche mehr ist, Gesundheit, weil wir immer weniger zu wissen scheinen, wie gesund der Mensch sein soll. Der Mensch hat seine und die Evolution der Umwelt in seine (sorglose) Hand genommen.

2. Kultur-Natur

Daß der Mensch in die Evolution seiner Umwelt eingreift, ist nichts Neues. Die Menschwerdung des Menschen war von Anfang an auch Kulturwerdung der Natur. Wo sich der Mensch seine kulturelle Umwelt schuf, veränderte er auch die Natur, indem er sie sich durch seine Arbeit aneignete. Das gilt nicht nur für den Menschen unserer Zeitrechnung, sondern z. B. schon für den Steinzeitmenschen. Auch die Steinzeit war eine Kulturzeit, die sich die Natur auf ihre Weise aneignete. ›Unberührte‹ Natur hat es in diesem Sinne in der Umwelt des Menschen nie gegeben. Rodend, brennend, jagend, Furchen ziehend, Wasser umlenkend, die Erde nach Bodenschätzen durchwühlend, Müll produzierend, kurzum: natürliche Ressourcen verbrauchend, verändernd und substituierend eignete sich der Mensch die Natur an, machte sie zu seiner Umwelt. Seine Kultur schuf immer schon eine *Kultur-Natur*, im Guten wie im Bösen.[4]

Wenn in diesem Sinne von Umwelt die Rede ist, dann ist klar, daß damit nicht im Uexküllschen Sinne eine ›Merk- und Wirkwelt‹ gemeint ist, die für eine jeweilige Art spezifisch ist und ihr eine natürliche Orientierungs- und Verhaltensgrenze setzt (Anpassung von System und Umwelt). Umwelt, auf den Menschen bezogen, besagt vielmehr eine in Veränderung und Bewahrung liegende Aufgabe, die nach dem Gesagten nicht nur natürliche, sondern auch kulturelle, d. h. vom Menschen selbst hergestellte Ordnungen (›Umweltordnungen‹) einschließt. In diesem Sinne ist die Umwelt keine natürliche Grenze des Menschen, sondern Haus, Bühne, Werkstatt, Selbstverwirklichung zugleich. Das bedeutet allerdings nicht, daß der Mensch in einem absoluten Sinne Herrscher seiner Umwelten wäre. So ist eine noch immer auch natürliche Umwelt Bedingung des menschlichen Lebens. Der Mensch kann Umwelten, auch die anderer Lebewesen, transzendieren, verändern, seinen Zwecken anpassen – ohne sie auszukommen bzw. sie durch eine rein artifizielle Umwelt zu ersetzen, vermag er nicht. Am eigenen Schopf, wie Münchhausen, kann sich kein Leben, auch nicht das menschliche, aus dem Wasser ziehen.

4 Vgl. H. Hofmann, Natur und Naturschutz im Spiegel des Verfassungsrechts, Juristenzeitung 43 (1988), Nr. 6, 265-278, bes. 266 ff. Hier auch weitere Literatur.

Der ökologische Erfolg des Menschen liegt denn nicht zuletzt auch gerade darin beschlossen, daß er seine eigene ›natürliche‹ Natur, seine Naturwüchsigkeit gegen andere Naturen konsequent, aber eben auch mit zerstörerischen Konsequenzen ausgespielt hat: »Wenn uns dieser grandiose ökologische Erfolg unserer Art (...) zunehmend mehr Probleme bereitet und zugleich aller Natur um uns herum, so nicht, weil wir den Pfad natürlicher Tugend verlassen hätten, sondern weil wir ihn bisher geradezu besinnungslos konsequent verfolgten.«[5] Der Hinweis auf eine natürliche Ökologie oder gar die Weisheit der Natur wäre demnach ganz und gar ungeeignet, den Menschen wieder auf den Pfad einer natürlichen Tugend zurückzuführen. Biologisch bzw. ökologisch hätte sich der Mensch bisher gerade nicht unnatürlich, sondern höchst natürlich verhalten. Die von ihm erzeugte ökologische Krise hätte selbst ökologische, d. h. die ökologische Natur des Menschen betreffende, Gründe. Es wäre, drastisch formuliert, »die rattenhafte Uneinsichtigkeit, mit der wir alle (...) kulturellen-zivilisatorischen Mittel immer nur dazu benutzten, um das zu treiben, was auch Ratten treibt, wenn sie sich in erbarmungsloser Konkurrenz in jede ökologische Nische drängen, die ihnen offensteht und nicht von mächtigen Wettbewerbern vorenthalten wird. Wer uns die Weisheit der Natur empfiehlt, der sollte zweimal überlegen«[6].

Zudem gibt es die Natur als ein unveränderlich Natürliches, als das große Wesen hinter allen Wesen, die zu unserer Welt gehören, gar nicht. Auch die Natur kommt und geht, ist stets eine andere, wenn man sie über große Zeiträume betrachtet. Weder die Natur des Altpaläolithikums, die den Präneandertalern eine mühsame Ernährungsbasis bot, noch die Natur des Jungpaläolithikums, in der homo sapiens die Natürbühne betrat, ist im strengen Sinne *unsere* Natur. Unsere Natur ist vielmehr in einem eminenten Sinne Kultur-Natur, nicht in einzelnen Aspekten, sondern durchgängig. ›Natürlich‹ ist nur der Mensch sich selbst und die von ihm genutzte, verbrauchte, gepflegte, gepriesene, gefürchtete Welt, die

5 H. Markl, Natur als Kulturaufgabe. Über die Beziehung des Menschen zur lebendigen Natur, Stuttgart 1986, 358.

6 H. Markl, Ökonomie und Ökologie. Wissenschaftliche Forschung und ökologische Herausforderungen (Festvortrag anläßlich des 75jährigen Jubiläums des Industrieverbandes Pflanzenschutz e. V. (IPS) am 13. Mai 1987 in Mainz) (separate Veröffentlichung, 7).

nie die ›reine‹ Welt der Natur, sondern stets seine Welt ist. Mit anderen Worten: Wir wissen nicht viel, wenn wir dem Kulturellen das Natürliche entgegensetzen, jedenfalls dann nicht, wenn wir meinen, das Natürliche sei das Ursprüngliche, Zeitlose, das Maß aller Dinge, auch der menschlichen.

Es ist womöglich im Gegenteil, wo es sich in unserer Welt, der Welt rationaler Kulturen, bemerkbar macht, das Bedrohliche. Wir beklagen die fehlende grüne Welt vor unseren Fenstern, aber wir fürchten uns (mit Recht) davor, daß die normale biologische Evolution, begünstigt durch den ökologischen Erfolg des Menschen, weitergeht. Eine Fünf-Milliarden-, bald Sechs- oder Sieben-Milliarden-Menschenpopulation bietet glänzende Voraussetzungen und Entfaltungsmöglichkeiten für ihre biologischen Konkurrenten, sei es etwa im Agrarbereich, der mit uns wächst, sei es im parasitären und Virusbereich, dessen Einfallstore in eine zunehmend kompakter und mobiler werdende, in Sachen Promiskuität nicht zimperliche Menschheit immer offener werden. Das AIDS-Virus ist womöglich nur der Anfang immer neuer Bedrohungen aus der normalen Evolution, denen viel Unkenntnis und Mangel therapeutischer Mittel gegenübersteht. Kultur-Natur bedeutet von daher gesehen nicht Überwindung, sondern *Verdichtung* unserer Evolutionsgemeinschaft mit allen anderen Wesen und Unwesen, Viren eingeschlossen.[7]

3. Umweltstandards

Angesichts der genannten Umweltprobleme in einer als Kultur-Natur bezeichneten Welt des Menschen kommt es nicht nur darauf an, den Spielraum von Entwicklungen offenzuhalten, sondern auch der Folgen Herr zu werden, die eine im Darwinschen Sinne ungeheuer erfolgreiche Spezies verursacht hat und weiterhin verursachen wird. Der Mensch hat seine ökologischen Grenzen immer weiter vor sich hergeschoben, er hat sich selbst seine Verheißungen erfüllt, die seine Rolle in der Schöpfung betrafen, aber er hat damit gleichzeitig auch seine Welt zu einer schadstoffbelasteten Abfallwelt gemacht und evolutionäre Entwicklungen gegen sich gelenkt. Um in dieser Situation seine Handlungsfähigkeiten

7 Vgl. H. Markl, a.a.O. (Anm. 6), 16f.

zu erhalten und verläßliche Orientierungen eines vernünftigen Umganges mit seiner Umwelt zu gewährleisten, bedarf es ›normativer Marken‹, legitimierender Beurteilungen, die die umweltrelevanten Prozesse zu lenken vermögen. Diesem Ziel dienen *Umweltstandards*.

Umweltstandards – das macht schon die Bezeichnung deutlich – sind Menschenwerk, wie die meisten Prozesse Menschenwerk sind, die sie lenken sollen. Das heißt: sie können nicht (mit wissenschaftlicher Genauigkeit) der Natur selbst entnommen werden. Sie sind keine der Natur irgendwie eingebaute Ordnungen, keine Naturgesetze, die einen *Grenzwert* auswiesen, der die Belastbarkeit des Menschen und seiner Umwelt bestimmen könnte. Umweltstandards sind vielmehr Gesichtspunkte und Bewertungen, unter denen wir unseren Umgang mit unserer Umwelt und den Umwelten anderer Wesen regeln. Naturwissenschaftliche Rationalitäten, die eine notwendige Voraussetzung zur Formulierung derartiger Gesichtspunkte bilden, werden hier durch *kulturelle* Rationalitäten ergänzt. Jene stellen das Wissen dar, auf das jeder Umgang mit Natur und Umwelt angewiesen ist, diese ein System von Verbindlichkeiten, unter denen Gesellschaften ihren Umgang mit der Umwelt (nicht nur der natürlichen, sondern auch der gesellschaftlichen) regeln. Sie betreffen den Stoffwechsel des Menschen mit seiner Umwelt – nicht in Form von Gesetzen, sondern in Form von *Konventionen*. Ihre Aufgabe ist es, »Signalbaken zu sein, auf den Wasserstraßen der gesellschaftlichen Kommunikation, sie sind Verkehrszeichen. Sie sollen vor möglichen Gefahren warnen, in bestimmten Situationen besondere Aufmerksamkeit hervorrufen und dort beruhigend wirken, wo man sich in sicheren Gewässern befindet. Umweltstandards beschreiben nicht eine scharfe Grenze zwischen ›gefährlich‹ und ›ungefährlich‹«[8].

Sie sind darüber hinaus das Resultat eines vieldimensionalen Entscheidungsprozesses. Auf einigen dieser Dimensionen liefern Na-

8 K. Pinkau, Umweltstandards: Wissenschaft und Politik – Partner mit unterschiedlichen Rollen, Ms. München 1988, 7. Ferner C. F. Gethmann/J. Mittelstraß, Maße für die Umwelt, in: GAIA. Ecological Perspectives in Science, Humanities and Economics 1 (1992), H. 1, 16-25; K. Pinkau u. a., Umweltstandards. Grundlagen, Tatsachen und Bewertungen am Beispiel des Strahlenrisikos, Berlin/New York 1992 (Akademie der Wissenschaften zu Berlin, Forschungsbericht 2), 19-71.

turwissenschaft und Technik die relevanten Daten, auf anderen nicht. In jedem Falle sind Abwägungen, Bewertungen unvermeidbar, durch sogenannte objektive Daten nicht ersetzbar. Beispiel Kraftwerke. Kraftwerke lassen sich nach ihrem SO_2-Ausstoß beurteilen, nach ihrer radiologischen Schadenspotenz, nach ihrem Flächenbedarf, nach ihrer Verkehrslage, der Verfügbarkeit über Brennstoffe, ihrer Wirtschaftlichkeit. Alle diese Dimensionen müssen beurteilt, gegeneinander abgewogen werden, z. B. der SO_2-Ausstoß gegen die radiologische Schadenspotenz. Wieviel SO_2-Ausstoß pro gelieferter Kilowattstunde ist noch tolerierbar, wieviel Strahlenrisiko ist, verglichen mit anderen Risiken und den Besonderheiten alternativer Lösungen, zumutbar? Umweltstandards sollen derartige Entscheidungen erleichtern; wobei nur eben nicht vergessen werden darf, daß sie selbst das Resultat rationaler Bewertungsprozesse sind.

Das bedeutet übrigens auch, daß es in Sachen Umweltschutz – und für den Gesundheitsschutz gilt das gleiche – stets nur *suboptimale* Lösungen gibt. Dokumentiert wird dieser Umstand etwa durch das ALARA-Prinzip im Strahlenschutzrecht (›as low as reasonably achievable‹) oder das Stand-der-Technik-Prinzip, das ebenfalls ein relatives Beurteilungsprinzip ist und für alle Schadstoffemissionen gilt. So könnte etwa, wenn der Stand der Technik keine bessere Rückhaltemöglichkeit bietet, ein Schadstoff auch in größeren Mengen emittiert werden; allerdings auch dann noch unter Einhaltung eines Dosisgrenzwertes, der in diesem Falle den Umweltstandard festlegt. Allgemein werden dabei Umweltschädigungen (Umweltnoxen) durch die Höhe der Exposition und die Wirkung bestimmt. Bei geringer Exposition etwa einer nur in kleinen überschaubaren Mengen und überschaubarer Anwendung produzierten toxischen Chemikalie ist das Schädigungsrisiko gering, nicht hingegen, wenn ein toxisches Nebenprodukt eines chemischen Prozesses in die Atmosphäre gelangt. Hier führt selbst eine geringe Menge zu einer erheblichen Exposition. Umweltstandards haben in diesem Falle die Aufgabe, auf der Basis einer naturwissenschaftlich, durch Wirkungsforschung gesicherten Kenntnis der Dosis-Wirkungsbeziehung, d. h. der Wirkung in Abhängigkeit von der Dosis, einen operationalisierbaren und gesellschaftlich akzeptierbaren Expositionsgrenzwert (Dosisgrenzwert) festzulegen, der dann der Schadens- bzw. Risikobegrenzung dient.

Auch die Festlegung von Dosisgrenzwerten, gestützt auf toxikologische und epidemiologische Untersuchungen, hat also eine naturwissenschaftliche Basis, aber keine allein naturwissenschaftliche Legitimation. Die Frage etwa ›wie sicher ist sicher genug?‹ ist eine Frage, die sich nur unter Einbeziehung eines Diskurses darüber, wie sicher wir leben wollen und (im Hinblick auf eine Nutzen-Kosten-Kalkulation) wie sicher wir leben können, beantwortet werden kann. Dabei könnte übrigens die Reduktion eines Risikos auf Null kontraproduktiv sein, z. B. wenn – Stichwort Hygiene – durch eine derartige Absenkung des Risikos die Immunkraft des Körpers gegenüber anderen Risikofaktoren geschwächt wird. Auch hier bleibt jede Lösung suboptimal: Es geht nicht um Risikominimierung um jeden Preis, sondern um eine vernünftige Risikobalance.
Mit anderen Worten: auch bei der Festlegung von Umweltstandards und bei Entscheidungen nach Umweltstandards bewegen wir uns auf dem Boden einer Kultur-Natur. Die Kraft der Rationalität, die sich hier – auf dem Hintergrund des ökologischen Erfolges und der (selbst herbeigeführten) ökologischen Bedrohung des Menschen bzw. seiner Umwelt – in der Bildung von Umweltstandards zur Geltung bringt, liegt in ihrer *Brückenfunktion* zwischen Natur bzw. naturwissenschaftlichem Wissen und Kultur bzw. handlungsorientierendem Wissen. Und wie so häufig bedeutet Kraft und Last auch Verantwortung – Umweltrationalität ist auf die Natur nicht abwälzbar. Noch einmal: Umweltstandards sind keine Naturgesetze.

4. Gesundheitsstandards

Wenn die Umwelt des Menschen ärmer (in ihren Erlebnisformen), bedrohlich (in ihrer Schadstoffbelastung), toxisch wird, verbinden sich die Gesichtspunkte Umwelt und Gesundheit. Immer mehr und immer intensivere Forschung, chemische, pharmakologische, medizinische Forschung, ist nötig, um das zu sichern, was zu den höchsten Gütern des Lebens zählt, eben Gesundheit. Und immer mehr Vernunft und Besonnenheit ist geboten, um die Produkte dieser Forschung, im Falle der Chemie in der Regel hochaktive Stoffe, auch umwelt- und gesundheitsförderlich einzusetzen. In diesem Punkte tun sich Industriekulturen mit ihrer wachstumsgetriebenen Jagd nach immer neuen Märkten gar nicht so leicht, zumal Umwelt- und Gesundheitsstandards in chemischen und pharmakologischen Entwicklungsprozessen keineswegs gleich miterfunden werden. Hinzu treten häufig irrationale Ängste, die den Bürger aus Unkenntnis auch einmal auf das falsche Pferd setzen lassen.

Beispiel Chemie.[9] Was heute im Nahrungsmittelbereich chemisch behandelt ist, gilt häufig, ohne Ansehen der Umstände, als verseucht, während das, was ohne Chemie gezogen und geerntet wird, als gesund, weil rein natürlich gilt. Dabei ist es durchaus möglich, daß z. B. Getreide, das in Berührung mit der Agrarchemie geraten ist, keinerlei chemische Rückstände, etwa von Pflanzenschutzmitteln, aufweist, während im anderen, im ›ökologischen‹ Falle z. B. gefährliche Mutterkornalkaloide oder Schimmelpilzaflatoxine auftreten können. Natur, so die Parole, ist eben immer gesund, wenn man sie nur in Ruhe läßt; Chemie hingegen ist immer gesundheitsgefährdend. Chemie ist toxisch, Natur nicht. Übersehen wird, daß nicht nur in diesem Beispielfall natürliche Stoffe, jedenfalls Stoffe, die wir, wie Pilze und Fett, noch dafür halten, wesentlich gefährlicher für die menschliche Gesundheit sein können als industrielle Chemiestoffe.

Hier liegen für den Chemiker und den Toxikologen wohl noch viele Aufklärungsaufgaben. Womit natürlich nicht gesagt sein soll, daß die Chemie am Ende immer recht hat. Dazu sind zu viele Umweltmechanismen noch zu unbekannt, und der Einsatz der Agrarchemie häufig noch zu unbekümmert (was dann unter anderem wieder in der Schadstoffbelastung unserer Gewässer zum Ausdruck kommt). Nur, auch diese Frage muß gestellt werden: was nämlich die Folge wäre, wenn sich 5 Milliarden, bald 6 bis 7 Milliarden Menschen auf einer immer enger werdenden Erde nur noch mit natürlichem Landbau, d. h. mit natürlicher Chemie, ernähren wollten. Auch hier noch einmal: die Umwelt rationaler Kulturen ist längst keine natürliche mehr; und wäre sie es, würde sie diese Kulturen bedrohen, nicht fördern.

Mit diesem Gesichtspunkt hängt ein weiterer zusammen. Nicht nur die chemische und die pharmakologische Forschung, auch die

9 Vgl. dazu H. Markl, Chemische Forschung und wirtschaftliche Entwicklung, in: Pressedienst der IG Chemie-Papier-Keramik XXIV/81 (8. 9. 1988), 5 f.

biologische Forschung ist immer auch Forschung am Menschen; der Mensch läßt sich, trotz aller Freiheitsgarantien und Würdebarrieren, aus dem wissenschaftlichen Forschungs- und Wissensbildungsprozeß nicht heraushalten. Als Konsequenz zeichnet sich schon jetzt eine neue, problematische Qualität des Fortschritts ab: Der Mensch legt im Zuge der stürmischen Entwicklung der biologischen Forschung (Stichwort ›Gentechnologie‹) Hand an seine eigene Natur; er gerät allmählich in die Lage, seine eigene Natur zu verändern, d.h. das mit sich selbst zu tun, was er mit der ›äußeren‹ Natur seit langem tut. Der Mensch wird über mögliche Eingriffe in seine genetische Identität nicht nur ideologisch, sondern auch biologisch manipulierbar. Aus dem Subjekt des Fortschritts wird dessen Objekt, und damit auch Gesundheit auf neue Weise definierbar. Was einmal als unverfügbar galt und den ›natürlichen‹ Kontext von Gesundheit bildete, löst sich allmählich in zumindest teilweise ›technisch‹ verfügbare Elemente auf.
Soweit sind wir derzeit wohl noch nicht. Die Tendenz zur allseitig manipulierbaren ›Gesundheit‹ ist aber seit langem auch in anderen Zusammenhängen unübersehbar. Zum Beispiel, wenn der Begriff der Gesundheit als ›objektiver, bio-medizinisch überprüfbarer Status‹ und als ›Potential zur optimalen Anpassung an Umweltanforderungen‹ bestimmt wird.[10] Als ›objektiver, bio-medizinisch überprüfbarer Status‹ gilt »der meßtechnisch nachweisbare physiologische Status bezogen auf die medizinisch tolerablen Grenzwerte, den ein Individuum nach der ›herrschenden‹ Lehrmeinung einnehmen muß, wenn es als ›gesund‹ angesehen werden soll. Krankheit bedeutet die Abweichung von den angegebenen Grenzwerten, d. h. sie ist der Ausdruck einer medizinischen Stigmatisierung körperlichen Verhaltens bzw. eines körperlichen Zustandes. Die Abweichung muß behandelt, der Körper muß wieder eintariert werden«[11]. Gesundheit erscheint hier wie ein (wieder-)herstellbares (öffentliches) Gut, die Medizin bzw. Medizinforschung als ein objektives Wissen unter einfachen Fortschrittsannahmen. Der Verwissenschaftlichung scheinen keine Grenzen gesetzt.

10 Nach R. Erben/P. Franzkowiak/E. Wenzel, Die Ökologie des Körpers. Konzeptionelle Überlegungen zur Gesundheitsförderung, in: E. Wenzel (Ed.), Die Ökologie des Körpers, Frankfurt 1986, 64.

11 I. Kickbusch/E. Wenzel, Risikoverhalten – die alltägliche Gesundheitsbewegung, Forum für Medizin und Gesundheitspolitik H. 17 (1981), 33. Zitiert ebenso bei R. Erben/P. Franzkowiak/E. Wenzel, a.a.O., 65.

In dieselbe Richtung weist folgende perspektivische Bemerkung: »Das Thema der Medizin unserer Tage ist der *Normalfall der Gesundheit*, damit sich der Ausnahmefall der Krankheit – so ihre nützliche Utopie – gar nicht einstellt.«[12] Gewiß eine nützliche Utopie, gegen die aber nicht nur die Wirklichkeit der Medizin und der Medizinversorgung spricht, sondern auch die hier wiederholte Vorstellung, daß Gesundheit »eine *herstellbare, beherrschbare* und *berechenbare Sache* geworden« ist[13]. So mag sie aus der Sicht der Gesundheitspolitik erscheinen, als ›disponibles öffentliches Gut‹[14], ihre Wirklichkeit, noch einmal, nicht nur aus dem Blickwinkel der kurativen Medizin, ist gleichwohl eine andere. Das macht schon die Schwierigkeit deutlich, genau zu sagen, wie gesund der Gesunde sein soll. Dabei kann auch die Medizin nicht sagen, wie gesund wir leben sollen, sondern nur, wie wir leben sollen, wenn wir schon wissen, wie gesund wir sein wollen. Die erwähnten biologischen Entwicklungen machen eine Antwort noch schwieriger, insofern sich der klassische medizinische Gesundheitsbegriff auf dem Hintergrund der Genforschung wesentlich zu verändern beginnt.

Damit sind unwiderruflich *ethische* Probleme aufgeworfen. Sie betreffen im Gesundheits- oder medizinischen Bereich sowohl Diagnose und Therapie als auch die Forschung selbst. Dabei ist die moderne Situation gerade dadurch gekennzeichnet, daß sich beide Bereiche ineinanderschieben. Zumal in der Genforschung werden *Grundlagenforschung* und *Anwendungsforschung* zunehmend ununterscheidbar. Auch die Medizin wendet Genbiologie nicht nur an, sie betreibt sie vielmehr in der Humangenetik auch selbst. Der Forscher wird, im ethischen wie im rechtlichen Sinne, zum potentiellen ›Täter‹. Zu denken wäre etwa an die Fötusforschung beim Menschen, wenn diese die Grenzen zum Experiment mit dem menschlichen Leben, wie etwa im Falle der Erzeugung (oder auch nur der Verwendung) von Embryonen zu Forschungszwecken, überschreitet, oder die pränatale Diagnostik, wenn diese zur Selektionsdiagnostik wird. Dazu ein Beispiel.

12 H. Baier, Gesundheit – öffentliches oder privates Gut? Über die Entfremdung des Arztberufes im Sozialstaat, in: H. Schaefer/H. Schipperges/G. Wagner (Eds.), Gesundheitspolitik. Historische und zeitkritische Analysen, Köln 1984, 148.

13 H. Baier, a.a.O., 147.

14 H. Baier, ebd.

Die *Chorea Huntington* ist eine bis heute unheilbare Erbkrankheit, die in der Regel im fünften Lebensjahrzehnt zum Ausbruch kommt. Sie verursacht, begleitet von neurologischen und psychischen Ausfällen (im Hinblick auf die mit ihr verbundenen Bewegungsstörungen früher auch als ›Veitstanz‹ bezeichnet) neurodegenerative Veränderungen, die nach etwa 15 Jahren zum Tode führen. Die Krankheit wird dominant vererbt. Seit 1983 erlaubt ein genetischer Test mit 95%iger Sicherheit eine sowohl pränatale als auch präsymptomatische Diagnostik.[15] Weitere Testverbesserungen mit bis zu 99%iger Sicherheit sind zu erwarten. Damit eröffnen sich folgende Möglichkeiten: (1) Jeder Nachkomme von Merkmalsträgern kann sich Sicherheit darüber verschaffen, ob er selbst Merkmalsträger ist oder nicht. (2) Die pränatale Diagnostik erlaubt eine gezielte Geburtenplanung; ein Verzicht auf Nachkommenschaft ist nicht mehr erforderlich. (3) Die konsequente Anwendung der pränatalen Diagnostik führt zur Eliminierung der Chorea Huntington als Erbkrankheit.

Die ethischen Probleme, die sich mit den neuen diagnostischen Möglichkeiten und dem Handeln nach diesen Möglichkeiten ergeben, liegen auf der Hand.[16] Einige seien hier genannt: (1) Ein positives Testergebnis bei einem potentiellen Merkmalsträger führt zu schweren seelischen Belastungen; ein ›Recht auf Unwissenheit‹, das zu den Normalbedingungen des Lebens gehört, wird verletzt. (2) Ein positives Testergebnis bei der pränatalen Diagnostik führt mehr oder weniger zwangsläufig zum Schwangerschaftsabbruch. Dabei kollidiert die Maxime, kein Kind mit schweren Erbkrankheiten ins Leben zu führen, mit moralischen Positionen, die Schwangerschaftsabbrüche grundsätzlich untersagen, aber auch mit dem Umstand, daß bei der Chorea Huntington 15 Jahren schweren Leidens immerhin gut 40 Jahre ›normalen‹ Lebens gegenüberstehen. (3) Die mit den diagnostischen Möglichkeiten gebotene völlige Eliminierung der Krankheit bedeutet eine präventive Eugenik; der Mensch nimmt seine Evolution selbst in die Hand.

15 J. F. Gusella u. a., A Polymorphic DNA Marker Genetically Linked to Huntington's Disease, Nature 306 (1983), 234-238.

16 Vgl. M. W. Shaw, Testing for the Huntington Gene: A Right to Know, a Right Not to Know, or a Duty to Know, American Journal of Medical Genetics 26 (1987), 243-246. Den Hinweis auf dieses Beispiel und seine ethische Relevanz verdanke ich D. Riemann (Mannheim).

Während sich dem zuletzt genannten Bedenken der Hinweis entgegensetzen läßt, daß ein Eingriff in die menschliche Evolution ständig erfolgt (angefangen etwa im Hygienebereich) und sich der ökologische Erfolg des Menschen nicht zuletzt eben diesem Umstand verdankt, führen die zuvor genannten Probleme in tiefe ethische Kontroversen, in Kontroversen um ethische *Prinzipien*, die häufig auch noch von weltanschaulichen Fragen überlagert sind (wie z. B. zuletzt die Kontroverse in der Bundesrepublik um § 218 StGB deutlich machte). Dabei deutet sich eine gewisse Operationalisierbarkeit ethischer Prinzipienkontroversen in diesem Falle über den Begriff der Behandelbarkeit an. Die Frage ist, ob sich die diagnostischen Möglichkeiten auf behandelbare Erbkrankheiten (zu denen die als Beispiel aufgeführte Chorea Huntington nicht gehört) beschränken sollen oder nicht. Für eine derartige Beschränkung votiert etwa auch die Enquete-Kommission Gentechnologie des Deutschen Bundestages, z. B. im Falle des Neugeborenenscreenings: »Die Kommission ist der Ansicht, daß ein Screening von Neugeborenen nach schweren, früh auftretenden Erbkrankheiten, die behandelbar sind, eine wertvolle Erweiterung des Instrumentariums präventiver Gesundheitspolitik ist. Ein Screening nach unbehandelbaren Krankheiten soll nicht durchgeführt werden.«[17] Eine entsprechende Empfehlung für den Fall der pränatalen Diagnostik fehlt; die Kommission beschränkt sich hier auf den Hinweis, daß »vor Ablauf der 12. Schwangerschaftswoche nur solche bei einer pränatalen Diagnose gewonnenen genetischen Daten an die Eltern weitergegeben werden, die eine schwere, nicht behandelbare Krankheit anzeigen«[18]. Die ethische Frage bleibt offen.

17 W.-M. Catenhusen/H. Neumeister (Eds.), Chancen und Risiken der Gentechnologie. Dokumentation des Berichts an den Deutschen Bundestag/Enquete-Kommission des Deutschen Bundestages, München 1987, XXIX.

18 Ebd.

5. Vernunftethik versus Naturethik

Ethische Probleme, die mit dem Stichwort ›Umwelt‹ berührt werden, sind von nicht geringerer Bedeutung und nicht weniger schwierig. Sie verbinden sich in der derzeitigen Diskussion mit der Vorstellung, eine *ökologische* Ethik müsse an die Stelle der bisherigen anthropozentrischen Ethik treten, oder anders ausgedrückt: die bisherige *Vernunftethik* müsse zur *Umweltethik* oder *Naturethik* werden.

Hier wird, wie ich meine, eine falsche Alternative aufgebaut und eine unpraktikable Empfehlung gegeben. Zunächst zum Gegensatz von Anthropozentrismus und Ökozentrismus. Wer in ethischen Dingen einen Ökozentrismus vertritt, unterstellt, daß dieser ohne die Sicht des Menschen, gewissermaßen als reine Selbstartikulation eines Ökosystems möglich sei. Wie aber soll man sich das vorstellen? Tatsächlich können wir die Dinge immer nur aus *unserer* Sicht, nicht etwa aus der Sicht eines Ökosystems oder der Natur sehen. Weder die Frage, ob die Natur überhaupt selbst eine solche Sicht hat, noch die Frage, ob wir sie einnehmen können, läßt sich positiv beantworten. Das aber bedeutet, daß ein rechtverstandener Anthropozentrismus eine Voraussetzung jeder Form der Orientierung ist. Die Natur selbst spricht nicht, sie hat auch keine Fragen. Wenn wir gleichwohl so tun, als spräche sie zu uns und bewege sich selbst im Kreis von Frage und Antwort, dann immer so, daß wir uns mit unserem Wissen über die Natur an ihre Stelle setzen.

Damit ist wiederum keineswegs von vornherein ein *Humanegoismus* impliziert, auch wenn dieser nur allzu wirklich ist. Ein Humanegoismus zerstört auf die Dauer die Grundlagen, auf die auch ein vernünftiger Anthropozentrismus angewiesen ist. Hinzu kommt, daß der Versuch, die Dinge aus der Sicht der Natur zu betrachten oder diese zum Subjekt ihrer eigenen ›Umweltplanung‹ zu machen, zu absurden Konsequenzen führt: zum Rückzug des Menschen aus der Natur – solange der Mensch mit der Natur interferiert, bleibt sie als seine Umwelt seine Natur – und zur Hochstilisierung der Natur zum Subjekt (im Handlungs- und rechtlichen Sinne). Von einer derartigen, illusionären Vorstellung zeugt z. B. der Ruf nach einem ›Frieden mit der Natur‹ (Meyer-

Abich[19]). Dieser läßt Natur als das Subjekt von Friedensschlüssen (und, entsprechend, Kriegserklärungen) erscheinen und schlösse wohl auch den Schutz lebensbedrohender Teile der Natur, wie das AIDS-Virus, ein. Man sieht, wohin man mit derartigen Vorstellungen gerät. Romantik, wie sie sich in der Formel ›Frieden mit der Natur‹ ausdrückt, ist keine geeignete Antwort auf Krisenphänomene, auch keine ethische Antwort.

Nun lassen sich derartige Vorstellungen auch so verstehen, daß ein ökologisches Wissen diejenigen Orientierungen verschafft, die als Standards für den Abbau von Schadstoffbelastungen und für den Umweltschutz dienen könnten. Doch auch hier ist gegenüber weitergehenden Erwartungen Vorsicht geboten. Im Gegensatz zu vielen populären Vorstellungen über Ökologie weiß nämlich auch der Ökologe nicht, wie Natur sein sollte. Auch die Ökologie entwickelt selbst keine Vorstellungen darüber, wie eine zu standardisierende Umwelt auszusehen hätte. Wie im Falle der Medizin, die, wie zuvor festgestellt, nicht sagen kann, wie gesund wir leben sollen, sondern nur, wie wir leben sollen, wenn wir schon wissen, wie gesund wir sein wollen, so sagt auch die Ökologie nicht, wie ›natürlich‹ die Natur oder unsere Umwelt sein soll, sondern nur, wie Natur relativ zu unseren Zwecken und deren Verwirklichung ist. Auch die Ökologie setzt Vorstellungen darüber, wie Natur sein soll, schon voraus; sie entwickelt diese Vorstellungen nicht selbst.

Das läßt sich recht gut am Begriff des Gleichgewichts verdeutlichen. In der Ökologie handelt es sich hier um einen *deskriptiven* Begriff – er definiert im Sinne eines Fließgleichgewichts den stationären Zustand eines Ökosystems –; in der allgemeinen Diskussion wird er aber vielfach als ein *präskriptiver* Begriff zur Kennzeichnung eines Zustandes, der auch um seiner selbst willen nicht gestört werden dürfe, mißverstanden.[20] Außerdem liegt das eigentümliche Wesen der Natur nicht in der Beibehaltung von Gleichgewichtszuständen, sondern in ihrer *dynamischen Erneuerung*. Chemische Gleichgewichte wären das Ende allen Lebens.[21]

19 K. M. Meyer-Abich, Wege zum Frieden mit der Natur. Praktische Naturphilosophie für die Umweltpolitik, München 1984.

20 Vgl. H. Rolston, Is There an Ecological Ethic?, Ethics 85 (1974-1975), 93-109; P. W. Taylor, Respect for Nature. A Theory of Environmental Ethics, Princeton N. J. 1986, 299.

21 Vgl. H. Markl, Dasein in Grenzen. Die Herausforderung der Ressour-

Darum kann es aber auch gar nicht darum gehen, Natur und damit die Umwelt des Menschen im gegenwärtigen Zustand um jeden Preis und auf Dauer zu erhalten. Eine ›standardisierte‹, d. h. durch einmal festgelegte Umweltstandards eindeutig definierte Umwelt ist eine absurde Vorstellung. Die Natur experimentiert seit Hunderten von Millionen Jahren, und dies 24 Stunden am Tag. Ihr Labor ist überall, auch in unseren Laboren. Ihr Vorsprung ist uneinholbar und wird dies wohl auch, trotz des zuvor über die Kultur-Natur Gesagten, bleiben. Umweltstandards haben das Ziel, in diesem dynamischen Prozeß Schäden einzudämmen; der natürlichen Evolution laufen sie fast immer hinterher. Das alles bedeutet natürlich, daß Ökologie als Ethikersatz nicht taugt. Trotzdem sind heute viele dieser Meinung, indem sie den Ökologen als ethischen Lehrmeister in Umweltfragen empfehlen.[22] Sie übersehen dabei die Brüchigkeit etwa der Gleichgewichtskategorie angesichts ihrer ethischen Inanspruchnahme und verwechseln darüber hinaus häufig eine anthropozentrische Ethikkonzeption mit einem rüden Humanegoismus. Tatsächlich setzt heute eine *Vernunftethik* – und darum handelt es sich bei einer richtig verstandenen anthropozentrischen Ethikkonzeption – auch ökologisches Wissen voraus, nur ist dies eine notwendige, keine hinreichende Bedingung. Natur und Umwelt geben keine

cenknappheit für die Evolution des Lebens, Konstanz 1984, 7; ferner R. Lewin, In Ecology, Chance Brings Stability, Science 234 (1986), 1072 (»ecosystems are rarely if ever at equilibrium. They are continually being perturbed – particularly by shifts in the environment – and are therefore in a permanently unstable state, constantly seeking an equilibrium that is always moving. (...) If they ever did come to equilibrium I don't think we would like them very much. The reason is that, in coming to equilibrium, the rich ecosystems we see today would inevitably lose many of their species«).

22 Vgl. P. W. Taylor, a.a.O., 99f., 299; R. Watson, A Critique of Anti-Anthropocentric Biocentrism, Environmental Ethics 5 (1983), 252-256. Kritisch dazu: M. Ruse, Sociobiology: Sense or Nonsense?, Dordrecht/Boston/London 1979, 194ff. Einen Überblick über die derzeitige Diskussionslage, verbunden mit einer Stellungnahme gegen die Möglichkeit einer ökozentrischen Ethik, gibt K. Shrader-Frechette, Ecological Theories and Ethical Imperatives: Can Ecology Provide a Scientific Justification for the Ethics of Environmental Protection?, in: W. R. Shea/B. Sitter (Eds.), Scientists and their Responsibility, Canton MA 1989, 73-104.

ethische Lektion; allenfalls doch, indem sie im Schadensfalle die unerledigten Aufgaben einer Vernunftethik deutlich machen.

Mit anderen Worten: Eine ökologische Ethik ist nicht ›für sich‹ und damit ›aus der Sicht der Natur‹ begründbar, sondern nur als Teil einer Ethik, deren Subjekt der (vernünftige) Mensch ist. *Vernunftethik schließt Naturethik oder Umweltethik ein*, nicht umgekehrt. Im positiven Sinne auch aus folgendem Grund: In dem Maße, in dem eine Kultur-Natur die Existenz nicht nur der ›natürlichen‹, sondern auch der ›vernünftigen‹ Natur, also den Menschen, gefährdet, wird Natur im ethischen Sinne zur Grenze unseres Handelns. Diese Grenze kann durch keine anderen Rationalitäten, aber eben auch nicht durch die Natur selbst, d. h. durch eine Natur, die ›die Augen aufschlägt‹[23], bestimmt werden. Es handelt sich wie in jeder aufgeklärten Ethik, d. h. einer Ethik unter einer Vernunftperspektive, um eine *Vernunftgrenze*.

Eine ganz andere Frage ist, ob die moralischen und politischen Defizite, die eine Vernunftethik nicht zur Geltung kommen lassen, selbst *biologische* Gründe haben, d. h., ob wir, die Gattung Mensch, in unseren selbst- und umweltzerstörerischen Handlungsweisen, ein Opfer unserer eigenen Natur sind. Auf die ›Natürlichkeit‹ dieser Handlungsweisen, d. h. besser ›Naturwüchsigkeit‹ im Sinne erfolgreich bestandener, rattenhafter evolutionärer Konkurrenz, hatte ich schon hingewiesen. Hier ist etwas anderes gemeint, z. B. mit folgender Frage: »Ist unsere Unfähigkeit, vernünftig auf die Herausforderungen der Zeit zu reagieren, eine kulturelle Fehlanpassung, die sich (leicht?) beheben ließe, oder ist sie der Ausdruck eines evolutionären Erbes, das sich unter den heutigen Kulturbedingungen als Fehlanpassung erweist? Sind es biologische Grenzen, die dem Menschen unserer Zeit den Weg zum Ewigen Frieden und zu einer globalen ökologischen Vernunft versperren?«[24]

Träfe letzteres zu, wäre der Mensch in der Tat Opfer seiner eigenen (biologischen) Natur, bliebe jede Form einer Vernunftethik in einer biologischen Sackgasse stecken. Dann wäre aber auch ein dürftiger *Biologismus* in Sachen Ethik die Folge. Hinter unseren

23 J. Habermas, Technik und Wissenschaft als ›Ideologie‹, in: ders., Technik und Wissenschaft als ›Ideologie‹, Frankfurt 1968, 57.

24 H. Mohr, Evolutionäre Ethik, in: Information Philosophie, Heft 4, 1986, 4 f.

ethischen Defiziten steckte nicht der Mensch, sondern eine nicht zu Ende und mit ihm nicht zu Rande gekommene biologische Evolution: Der »an die mittlere Dimension des Pleistozäns [also der Epoche der Sammler und Jäger] angepaßte Menschenverstand ist nicht dazu geschaffen, die moderne Welt und ihre Gefährdung zu begreifen. Die pathologische Sorglosigkeit, mit der wir uns unsinnig weiter vermehren und den Planeten vollends ausplündern, ist biologisches Erbe: Wir verstehen nicht, was wir tun«[25]. Das ist wohl so. Aber ist Biologie hier wirklich die Erklärung oder gar die Entschuldigung? Plausibler klingt da schon folgendes Fazit: »Unsere Zukunft wird davon abhängen, ob und inwieweit es den Menschen gelingt, sich beim Handeln von obsolet gewordenen fitness-Maximen der biologischen Evolution zu lösen und sich Entscheidungsspielraum für ein gutes Leben zu schaffen.«[26] Das ist in der Tat die entscheidende Aufgabe. Es kommt nicht darauf an, den Menschen aus der Evolution herauszunehmen – schließlich genügt es, sie in wesentlichen Formen in die Hand zu nehmen – oder ihn selbst als reines Evolutionsprodukt anzusehen; es kommt vielmehr darauf an, der biologischen Evolution im Menschen und seiner Kultur, Umweltkultur und Gesundheitskultur eingeschlossen, einen vernünftigen Ausdruck zu geben. Eben das aber vermag nur eine Vernunftethik zu leisten, keine sich über die Grenzen einer Vernunftethik biologisch oder wie auch immer hinwegsetzende Naturethik.

6. Forschungsgebot

Zu einem *Ethikgebot* (im Sinne einer gebotenen Vernunftethik) tritt ein *Forschungsgebot*. Gesundheit und Umweltschutz sind Ziele, die den Einsatz aller Forschungsanstrengungen und Forschungsressourcen erfordern, über die wissenschaftlich-technische Kulturen verfügen. Ohne Forschung oder mit zu wenig Forschung steuert die moderne Welt, nicht nur in den Bereichen von Gesundheit und Umweltschutz, in einen Zustand der Handlungs- und Reaktionsunfähigkeit. Dabei gibt es zu dieser modernen Welt, die die Welt rationaler Kulturen ist, angesichts der von ihr

25 A.a.O., 8.
26 A.a.O., 15.

selbst erzeugten Probleme (Überbevölkerung, Ressourcenknappheit, Schadstoffbelastung, Abfallnot) keine Alternative. Empfehlungen, die den Weg zurück in eine Prä-Moderne (und dazu gehören auch viele Formen der sogenannten Post-Moderne) weisen, sind nicht empfehlenswert. Ginge man ihn doch, säumten ihn Milliarden Tote, weil nur moderne rationale Kulturen ernähren können, was sie in die Welt gesetzt haben. Die Alternative zu einer, allerdings besonnenen, z. B. auch Probleme der Dritten Welt ernster bedenkenden und Fragen des Tierschutzes stärker berücksichtigenden, Weiterentwicklung der modernen Welt wäre reiner Zynismus.

Dabei sieht es so aus, als müßten wir uns auf geraume Zeit, wenn nicht auf immer, im Dilemma von Fortschritt und seinen Folgen einrichten. Patentrezepte gibt es nicht, aber viele Wege, die noch immer viel zu unentschlossen und, weil unpopulär, zu feige beschritten werden: alternative, umweltfreundliche Technologien (darunter vor allem Energie- und Abfalltechnologien), andere Konsumgewohnheiten, wirksamere Geburtenbeschränkung. Statt dessen glauben wir vielfach noch immer, mit den moralischen und ethischen Vorstellungen von vorgestern Situationen meistern zu können, in denen sich bereits die Probleme von übermorgen abzuzeichnen beginnen. Vergeblich, wie der gegenwärtige Zustand unserer Welt zeigt.

Dabei verändert sich mit dem Fortgang der Forschung, einem notwendigen Fortgang der Forschung, schwer beeinflußbar und prognostizierbar, auch das, was Forschung zu verantworten hat. Das trifft vor allem in Ansehung der Folgen zu, die nahezu unüberschaubar, prinzipiell unüberschaubar sind. So gilt auch umgekehrt: Ein Forschungsgebot, d. h. ein *wissenschaftlicher Imperativ*, schließt ein Verantwortungs- oder Ethikgebot, einen *ethischen Imperativ* ein. Nur wenn wir beiden Imperativen folgen, wird das unserer Welt zugrundeliegende ›Projekt der Moderne‹, ungeachtet allen modischen Schnickschnacks wie der Rede von ›New Age‹ oder ›Post-Moderne‹, einmal vollendbar sein. Zumindest diesen Trost Fichtes haben wir noch immer: »Die Vernunft wirkt als dunkler Instinkt, wo sie nicht durch die Freiheit wirken kann.«[27]

27 J. G. Fichte, Die Grundzüge des gegenwärtigen Zeitalters [1804-1805], in: ders., Sämmtliche Werke VII, ed. I. H. Fichte, Berlin 1846, 9.

Wirtschaftsethik oder der erklärte Abschied vom Ökonomismus auf philosophischen Wegen

Vorbemerkung

Ethik hat derzeit unübersehbar Konjunktur. Sie beherrscht das gehobene Feuilleton unserer Zeitungen, die Studium-Generale-Veranstaltungen unserer wissenschaftlichen Einrichtungen, die Meinungen der Öffentlichkeit. Das Thema Ethik dringt aber auch in den wissenschaftlichen Alltag der Disziplinen ein. Beispiele: Medizinethik, Bioethik, Wirtschaftsethik. Wo Wissenschaft in Forschung und Theorie ihre Arbeit tut, soll Ethik nicht mehr fehlen. Auch deuten sich neue interdisziplinäre Arbeitsformen an. Auf einmal sind Philosophen, aber auch Theologen, die nach alter Vorstellung besonders intime Verhältnisse mit ethischen Dingen haben, wieder gefragt. Der Zeitgeist ruft nach Verantwortung, Wissenschafts- und Technikkritik, Ethik. Politik, die in der modernen Welt (meist kurzatmige) Interessenpolitik ist und doch das Ganze verantworten soll, tritt zurück. Auch Politiker rufen nicht nach Politik, wenn es um Folgen, z. B. technik- oder wirtschaftsbezogene Folgen, um Verantwortlichkeiten und irreversible Entwicklungen geht. Sie rufen vielmehr nach höheren Werten, die nach traditioneller Vorstellung Philosophie und Theologie verwalten.

Findet ein Stühlerücken der Experten statt? Finden auf einmal die klassischen, ›geisteswissenschaftlichen‹ Disziplinen wissenschaftliches und öffentliches Gehör, Disziplinen, die schon vom Zug in die Zukunft hoffnungslos abgekoppelt schienen? Modernität, das haben wir alle gelernt und erfahren es täglich, hat etwas mit Naturwissenschaften und Technik, mit den Siegeszügen der Industrie, der Wirtschaft, einer auf Wachstum setzenden Politik zu tun, wenig mit Kontemplation hinter den Linien derer, die die Zukunft im Auge und die Welt in ihrer Hand haben. Und doch, so hat es auf einmal den Anschein, schlägt unerwartet die Stunde derjenigen Disziplinen oder Teildisziplinen, die Ethik zu ihrer Profession gemacht haben.

Gegenüber dieser Entwicklung ist, um es gleich zu sagen, nicht nur Enthusiasmus, sondern auch eine Prise Mißtrauen geboten.

Nicht nur, weil etwas, das man beschwört, wie man heute Ethik beschwört, in der Regel nicht da ist, sondern weil auch die derzeitige Konjunktur von Ethik, die Konjunktur des Themas Ethik, zeigt, daß unter Ethik offenbar etwas verstanden wird, das kommt und geht, das man einmal hat und einmal nicht, das ein Mittel ist, dessen man sich bedient, und das man wieder zur Seite legt, wenn man meint, daß man es nicht länger braucht.

Diese Vorstellung hat etwas aufdringlich Modisches an sich. Vor allem in *wissenschaftlichen* Verhältnissen. Auch diese haben ihre Konjunkturen und Moden, und zwar in weit größerem Maße, als es die wissenschaftlichen Subjekte in der Regel wahrhaben wollen. Gemeint ist das Folgende: Der Gang der Forschung, der Gang der wissenschaftlichen Arbeit hat seine eigene, auch thematische Kontingenz und seine eigenen Unübersichtlichkeiten. Nur von außen mag es so scheinen, als sei dieser Gang allein durch Ideen wie Wahrheit und Erkenntnis geleitet. Und in diese Kontingenz, in diese Unübersichtlichkeiten wird gegenwärtig auch das Thema Ethik hineingezogen. Wenn man der wissenschaftlichen Rhetorik Glauben schenken darf, dann ist heute Wissenschaftsethik oder Ethik der Wissenschaft das große Thema, und mit ihm die Verantwortung des Wissenschaftlers. Besorgt muß man sich schon fragen, ob einem da überhaupt noch etwas Neues einfallen kann.

In dieser Situation ist es schwer, Richtung zu halten. Eine Richtung, die zwischen modischer Aktualität und fachlicher, in diesem Falle philosophischer Genügsamkeit hindurchsteuern läßt. Das soll hier versucht werden, indem ich 1. etwas über die moderne Welt, die ich die *Leonardo-Welt* nenne, und ihre Kritiker sage, 2. die Entwicklung der *Sozialwissenschaften* allgemein unter dem Gesichtspunkt ihrer heimlichen Liebe zu den Naturwissenschaften nachzeichne, 3. deutlich mache, was in diesem Zusammenhang *Ökonomismus* heißen soll, 4. Schwierigkeiten mit diesem Ökonomismus darstelle und dabei *Umweltökonomie* und *Umweltethik* in den Zeugenstand rufe, schließlich 5. besorgt der Verwandlung der Ethik in eine *Reparaturethik* nachgehe.

1. Die Leonardo-Welt und ihre Kritiker

Wir leben in einer Welt, die in allen wesentlichen Hinsichten das Werk des Menschen ist. Mochten frühere Generationen noch glauben, daß sie in einer Welt Gottes lebten oder in einer Welt, in der die Natur alles regelt; heute wissen wir, daß diese Welt, eine Welt Gottes und eine Welt der Natur, allenfalls noch an den Rändern unseres Bewußtseins und unserer Erfahrungen existiert, nicht mehr in der Wirklichkeit moderner Industriegesellschaften. Wohin wir in dieser Welt auch gehen, der erkennende, der wirtschaftende, der bauende und der zerstörende Verstand waren immer schon da. Diese Welt nenne ich die *Leonardo-Welt* – nach Leonardo da Vinci, dem großen Renaissanceingenieur, Künstler und Wissenschaftler. Es ist eine Welt, in der sich der Mensch immer weniger als Entdecker bewegt (eine solche Welt nenne ich die *Kolumbus-Welt*) oder mit der der Mensch über seine Deutungen verbunden ist (diese Welt nenne ich die *Leibniz-Welt*). Es ist eine Welt, in der sich der Mensch in seinen eigenen Werken begegnet, in der nicht, zu erkennen, was die Welt im Innersten zusammenhält, das eigentliche Thema ist, sondern mehr und mehr die Notwendigkeit, die Welt zusammenzuhalten.
Und noch etwas kommt hinzu. Die Leonardo-Welt, die das eigentliche Werk des Menschen ist, beginnt sich gegen den Menschen zu wenden, d.h., sie beginnt, sich den Menschen anzueignen. Der Aneignung der Welt durch den Menschen – in den Formen von Kolumbus-Welt, Leibniz-Welt und Leonardo-Welt – folgt wie ein immer größer werdender Schatten die Aneignung des Menschen durch die (angeeignete) Welt. Wissenschaft, Wirtschaft und Technik, die dominanter Ausdruck einer Leonardo-Welt sind, führen nicht nur in humane, sondern auch in inhumane Welten. Inhumane Welten, das sind nicht nur Orwell-Welten, in denen Wissenschaft, Wirtschaft und Technik die Rolle des Großen Bruders spielen, sondern auch Welten, in denen wissenschafts-, wirtschafts- und technikbedingt die Zerstörungspotentiale wachsen.
Zu diesen Zerstörungspotentialen gehören heute, wie wir alle wissen, der zum Teil besinnungslose Verbrauch natürlicher Ressourcen, ein rapider kulturbedingter Artenschwund, wachsende Abfallberge und Schadstoffbelastungen ungezählter Art, aber auch, gewissermaßen als der Motor, der diese Entwicklungen treibt, eine rücksichtslose *Ökonomisierung* aller menschlichen Verhält-

nisse. Bereits heute ist die Akkumulation langlebiger, umweltschädigender Abfallprodukte industrieller Produktion ein nicht mehr überschaubares Problem. Kohlendioxid- und Spurengasanstieg in der Atmosphäre haben klimatische Spätfolgen schwerwiegender und dauerhafter Art. Reparaturkosten, die ein imperialer und sorgloser Umgang mit der natürlichen Umwelt mit sich bringt, steigen ins Unermeßliche. Der Mensch der Leonardo-Welt steht vor einem schwerwiegenden Schritt (wenn er ihn nicht schon getan hat): der Überantwortung des Menschen an seine Welt. Die Leonardo-Welt, die nicht nur die schöne neue Welt der Zukunftsplaner und science fiction ist, sondern auch eine Welt der Zerstörung und des Inhumanen, beginnt sich an die Stelle des Menschen zu setzen.

Damit wäre aber auch schon die Frage beantwortet, warum gerade heute Kassandrarufe wieder an Gewicht gewinnen bzw., weniger dramatisch ausgedrückt, warum es heute so etwas wie ein *neues Bewußtsein* und eine *neue Hilflosigkeit* gibt, die sich z. B. im Ruf nach einer alten oder neuen Ethik Ausdruck verschaffen. Ein neues Bewußtsein stützt sich auf Erfahrungen mit der Leonardo-Welt, auf Erfahrungen mit Wissenschaft, Wirtschaft und Technik, die den immer wieder neuen Verheißungen nicht entsprechen. Hilflosigkeit knüpft sich an die gleichzeitige Wahrnehmung der Selbstgesetzlichkeit von Entwicklungen *in* Wissenschaft, Wirtschaft und Technik und *durch* Wissenschaft, Wirtschaft und Technik.

Im Schlagwort vom *technologischen Wandel*, der alles erfaßt, alles mit sich reißt, hat diese Wahrnehmung ihr bevorzugtes Thema gefunden; an ihm macht sie ihre Sorgen und Hilflosigkeiten fest. Dieser Wandel ist das, was in unserem Rücken wirkt, die Wirtschaft treibt, wie es die Welt der Wissenschaft und Technik treibt; anonym wie das Schicksal für die Alten, die ihm immerhin mit den Nornen oder anderem mythischen Beiwerk noch zu einem halbwegs menschlichen Gesicht verhalfen. Heute hat der Fortschritt kein menschliches Gesicht mehr, nur noch Bildschirme, Reinsträume, CAM und CIM. Und auch die stehen für Entwicklungen, die immer anonymer werden. In eine Formel gefaßt: Nicht der Fortschritt gehört der Welt, sondern die Welt gehört dem Fortschritt.

Kein Wunder, daß auf dem Boden einer Leonardo-Welt nicht nur Hoffnungen, sondern auch Sorgen wachsen. Dabei ist die Kritik an der Leonardo-Welt so alt wie diese selbst. Sie äußert sich keineswegs erst neuerdings im grünen oder alternativen Spektrum der Gesellschaft, sondern weit früher schon z. B. im Rahmen einer konservativen Zivilisations- bzw. Kulturkritik, so Ludwig Klages 1913 an die Anhänger der deutschen Jugendbewegung gerichtet: »Eine Verwüstungsorgie ohnegleichen hat die Menschheit ergriffen, die ›Zivilisation‹ trägt die Züge entfesselter Mordsucht, und die Fülle der Erde verdorrt vor ihrem giftigen Anhauch. (...) Zerrissen ist der Zusammenhang zwischen Menschenschöpfung und Erde, vernichtet für Jahrhunderte, wenn nicht für immer, das Urlied der Landschaft. Dieselben Schienenstränge, Telegraphendrähte, Starkstromleitungen durchschneiden mit roher Geradlinigkeit Wald und Bergprofile, sei es hier, sei es in Indien, Ägypten, Australien, Amerika; die gleichen grauen vielstöckigen Mietskasernen reihen sich einförmig aneinander, wo immer der Bildungsmensch seine ›segenbringende‹ Tätigkeit entfaltet. (...) Unter den Vorwänden von ›Nutzen‹, ›wirtschaftlicher Entwicklung‹, ›Kultur‹ geht es in Wahrheit auf *Vernichtung des Lebens* aus. [Der Fortschritt] trifft es in allen seinen Erscheinungsformen, rodet Wälder, streicht die Tiergeschlechter, löscht die ursprünglichen Völker aus, überklebt und verunstaltet mit dem Firnis der Gewerblichkeit die Landschaft und entwürdigt, was er von Lebewesen noch überläßt, gleich dem ›Schlachtvieh‹ zur bloßen Ware, zum vogelfreien Gegenstande eines schrankenlosen Beutehungers. (...) So hätten wir denn beisammen die Früchte des ›Fortschritts‹! Wie ein fressendes Feuer fegte er über die Erde hin, und wo er die Stätte einmal gründlich kahl gebrannt, da gedeiht nichts mehr, solange es noch Menschen gibt! Vertilgte Tier- und Pflanzenarten erneuern sich nicht, die heimliche Herzenswärme der Menschheit ist aufgetrunken, verschüttet der innere Born, der Liederblüten und heilige Feste nährte, und es blieb ein mürrischkalter Arbeitstag, mit dem falschen Flitter lärmender ›Vergnügungen‹ angetan. Kein Zweifel, wir stehen im Zeitalter des *Unterganges der Seele*.«[1]

Solche Worte muten außerordentlich akutell an, wenn auch

1 L. Klages, Mensch und Erde [1913], in: L. Klages, Mensch und Erde. Zehn Abhandlungen, Stuttgart 1956, 8ff. Dieser und weitere Belege älterer Fortschrittskritik bei R. P. Sieferle, Wege aus der Krise? Alte und neue Muster der Technikkritik, ed. Verband der Chemischen Industrie e. V., Frankfurt 1987, 4 ff.

durchzogen vom Ressentiment einer bürgerlichen Gesellschaft, die erfolglos ihre vorindustriellen Werte aus der Dynamik der Industrialisierung und damit aus der modernen Welt herauszuhalten sucht. Seele und Leonardo-Welt scheinen nicht mehr zusammenzupassen. Die Leonardo-Welt geht weiter, die Seele wendet sich um – wie bei Caspar David Friedrich der Wanderer über dem Nebelmeer (um 1818), der in eine archaische Naturwelt blickt und der Welt, wie sie ist, den Rücken kehrt. Romantik oder Untergang (der Seele) als verbleibende Alternative?
Das scheint auch heute noch der Fall zu sein und in einem eigentümlichen Dilemma zum Ausdruck zu kommen, das die moderne Kritik an der Leonardo-Welt begleitet. Gemeint ist der Versuch, mit der moralischen Ordnung von gestern den Schritt in die Zukunft zu tun – und die damit verbundene Erfahrung, daß dieser Schritt längst getan ist, nicht mehr beeinflußbar, irreversibel. Zugleich machen wir alle die Erfahrung, daß der Fortschritt seine Subjekte verliert. Noch einmal: Nicht der Fortschritt gehört der Welt, sondern die Welt gehört dem Fortschritt. Wir reizen, auch das wissen wir alle, unsere wissenschaftlichen, unsere wirtschaftlichen und unsere technologischen Karten bis zum Geht-nicht-mehr aus, ohne daß wir die Spielregeln bestimmen könnten. Oder in einem noch anderen Bilde ausgedrückt: Im Raumschiff Erde, das in eine unbestimmte Zukunft treibt, ist der Autopilot eingeschaltet.

2. Auf der Suche nach einer physikalischen Sonne

Das klingt düster, und düster ist auch das Horoskop, das jedes Nachdenken über eine kurzatmige Tagespolitik und die Wirtschaftsseiten unserer Journale hinaus der Leonardo-Welt stellt. Vom Club of Rome bis zu den Horrormeldungen über kippende Meere und gähnende Ozonlöcher ist es nur ein kleiner, bestätigender Schritt. Dennoch sollten wir uns nicht auf die Seite jener stellen, für die das Ende schon nah und die Zeit, die noch bleibt, nur eine Gnadenfrist ist. Die Leonardo-Welt ist schließlich, trotz ihrer konservativen und ihrer ›fortschrittlichen‹ Kritiker Schicksal und Hoffnung des modernen Menschen. Und mehr noch: Romantik und eine neue Herrschaft der Seele sind, Stichwort ›Hoffnung‹, die falschen Antworten und die falschen Strategien. So wäre es ein blanker Irrtum, zu meinen, mit weniger Wissenschaft, weniger Wirtschaft und weniger Technik seien die Probleme einer Leonardo-Welt besser zu bewältigen. Im Gegenteil: Ohne wissenschaftliche Forschung, ohne globale Wirtschaftsstrukturen und ohne technologische Entwicklung oder mit zu wenig wissenschaftlicher Forschung, zu wenig globalen Wirtschaftsstrukturen und zu wenig technologischer Entwicklung würde die moderne Welt bald in einen Zustand der Handlungs- und Reaktionsunfähigkeit geraten.

Dabei haben Forschung und Entwicklung gewiß an derselben *Kontingenz* teil, die alles menschliche Tun bestimmt: sie können zur Grundlage des Bösen (Stichwort ›Atombombe‹, ›Zerstörung der Biosphäre‹) ebenso werden wie des Rettenden (in selbst wissenschaftlich induzierten Problemlagen). Probleme einer wissenschaftlichen Welt, einer durch Wissenschaft und Technik konstituierten Leonardo-Welt, werden – ob einem das in den weltanschaulichen Kram paßt oder nicht – nicht durch weniger Wissenschaft und Technik, sondern durch mehr Wissenschaft und Technik vermieden, zumindest erträglich gemacht. Ob das gleiche für die Wirtschaft gilt, wird sich noch zeigen.

Das aber bedeutet: Zur modernen Welt, der Welt entwickelter Industriegesellschaften, gibt es angesichts der von ihr selbst erzeugten Probleme keine wirkliche Alternative. Für den *einzelnen* gewiß, aber nicht für *alle*. Das führt zu der paradoxen Situation, daß derjenige, der es ernst meint, der zum Widerstand gegen die Leonardo-Welt (mit vielen guten Gründen) aufruft, das Funktionieren eben dieser Welt voraussetzen muß, wenn er nicht mit seinem Widerstand Millionen Tote in Kauf nehmen will. Denn: Der Hunger in dieser Welt ist nichts Ideologisches, er ist etwas sehr Wirkliches. Und ihn bezwingen wir nicht mit mehr politischer Rechthaberei, weltanschaulichem Fundamentalismus, sondern nur mit mehr Wissenschaft, mehr Technik und wohl auch nur mit einer besseren (ich will nicht sagen: mehr) Wirtschaft. Die Alternative zu einer Weiterentwicklung der Leonardo-Welt wäre reiner Zynismus. Daß dies nicht bedeutet, daß Forschung – und mit ihr verbunden Wirtschaft und Technologie – durch keinerlei Verantwortlichkeiten, es sei denn der Aufrechterhaltung einer Leonardo-Welt, bestimmt werden, das wird gleich noch deutlich werden.

Hier zunächst noch ein anderer, uns näher an unseren Gegenstand heranführender Gesichtspunkt. Er betrifft, nunmehr exemplarisch genommen, die Rolle des *wirtschaftenden Verstandes* und seiner Theorie, der Ökonomie, in einer Leonardo-Welt, die ihre Zukunft aus dem Griff zu verlieren scheint. Das wiederum hat auch etwas mit der Geschichte und dem Selbstverständnis der Sozialwissenschaften zu tun, weshalb an dieser Stelle zunächst auch einige kurze historische Bemerkungen angebracht sind.[2]

Die Sozialwissenschaften, zu denen auch die Wirtschaftswissenschaften gehören, stehen heute unter dem Methodenideal einer *empirischen* Wissenschaft. Gemeint ist der Versuch, ohne spekulative Philosophie und ohne parteiische Ideologie zu sagen, was in der gesellschaftlichen Welt der Fall ist. Gemeint ist aber auch die Annahme, daß uns die gesellschaftliche Realität, einschließlich der wirtschaftlichen, als Inbegriff von gesellschaftlichen Tatsachen zur Verfügung steht, daß wir uns zur gesellschaftlichen Realität ebenso verhalten wie zur natürlichen. Diese Annahme aber ist falsch. Sie ist falsch, nicht etwa, weil es keine gesellschaftliche ›Realität‹ gäbe, sondern weil die Vorstellung, Theorien und ihre Begrifflichkeit spiegelten die Realität eineindeutig ab, methodisch naiv ist. Und diese Vorstellung liegt noch immer wie ein Schatten auf der sozialwissenschaftlichen Forschung, in Form ihrer positivistischen Vergangenheit und deren Orientierung am methodischen Vorgehen der Naturwissenschaften. Wenn sich, wie man an der Wiege der modernen Sozialwissenschaften im 19. Jahrhundert meinte, am Himmel der Wissenschaften alles um eine physikalische Sonne dreht, dann muß auch die ›Sozialforschung‹, wenn sie wissenschaftlich sein will, als *soziale Naturwissenschaft* darstellbar sein.

Ein derartiges positivistisches Verständnis empirischer Wissenschaft beruht im wesentlichen auf drei Elementen: (1) Einem *methodologischen Monismus*. Die These ist, daß eine empirische Wissenschaft das, was sie weiß, aufgrund eines mit allen anderen empirischen Wissenschaften gemeinsamen Verfahrens weiß.

2 Dazu, ausführlicher, J. Mittelstraß, Sozialwissenschaften im System der Wissenschaft, in: M. Timmermann (Ed.), Sozialwissenschaften. Eine multidisziplinäre Einführung, Konstanz 1978, 173-189; ferner, knapper, ders., Von Realitäten, Begriffen und Erfahrungen, in: P. Feyerabend/Ch. Thomas (Eds.), Grenzprobleme der Wissenschaften, Zürich 1985, 113ff.

(2) Der Orientierung an den methodologischen Standards der empirischen *Naturwissenschaften*, speziell der Physik. Sie, so die weitere These, definieren jenes gemeinsame Verfahren. (3) Einem *kausalen* Begriff der *Erklärung*, der auch die Vorstellung von allgemeinen Gesetzen der sozialen Realität zu erlauben scheint. Die Idee der Sozialwissenschaften, sofern sie diese drei Elemente einschließt, beruhte dann auf einer insgesamt *naturalistischen* These, der Vorstellung nämlich, daß der Mensch und seine Geschichte Teil der Natur und deren Geschichte sind, und daß daher auch die Sozialwissenschaften nur als Teil einer umfassenden ›Naturwissenschaft‹, befaßt mit Entwicklungen, die sich im wesentlichen hinter dem Rücken der sozialen Subjekte abspielen, möglich sind. Als empirische Erklärungs- und Prognosewissenschaften sind sie bestimmt durch die Frage: Wie bewegt sich die gesellschaftliche Welt?

Die erkenntnistheoretischen und methodologischen Schwierigkeiten, die sich mit einer solchen Vorstellung verbinden, liegen auf der Hand. Sie spiegeln sich unter anderem in theoretischen Großalternativen, so der marxistischen Gesellschaftstheorie auf der einen Seite und der (von ihr so bezeichneten) ›bürgerlichen‹ Theorie auf der anderen Seite, die dann wiederum selbst durch theoretische Großalternativen, z. B. durch Konflikt- und Integrationstheorien, charakterisierbar ist. Eine methodisch entscheidbare Lösung der Auseinandersetzungen dieser Alternativen um ein Erklärungsmonopol gibt es nicht. In einer heute geläufigen wissenschaftstheoretischen Terminologie ausgedrückt bedeutet dies, daß sich die modernen Sozialwissenschaften offenbar an keinen universell gültigen Paradigmen orientieren. Gemeint sind dominante Theoriebildungen unter einheitlichen Methodenidealen und einheitlichen Erkenntnisinteressen. Beispiele für Paradigmen dieser Art stammen dann wieder primär aus den Naturwissenschaften: die Newtonsche (klassische) Physik, die Kopernikanische Astronomie, die Relativitätstheorie.

Der Begründer dieser Paradigmen-Theorie, der Wissenschaftstheoretiker Th. S. Kuhn, hat selbst einmal die Vermutung geäußert, daß sich die Sozialwissenschaften noch in einem vor-paradigmatischen Zustand befinden, d. h., daß sie den Status einer *normalen* Wissenschaft noch gar nicht erreicht haben. Dem wiederum ist die These entgegengehalten worden, daß es in den Sozialwissenschaften gar keine universellen Paradigmen geben könne. Wenn diese These (des Wissenschaftstheoretikers G. H. v. Wright) zutrifft, dann läge der derzeitige theoretische Zustand der Sozialwissenschaften in dem Umstand begründet, daß die Sozialwissenschaften im Gegensatz zu den Naturwissenschaften kein einheitliches Erkenntnisinteresse auszubilden vermögen. Sozialwissenschaftliche Paradigmen blieben, wenn es sie überhaupt geben sollte, *ideologieorientiert* und insofern auch notwendig partikular. Wo aber bleibt da der Anspruch auf eine Erklärung gesellschaftlicher Realitäten?

Skylla und Charybdis der Sozialwissenschaften, unter ihnen auch die Wirtschaftswissenschaften, auf dem Wege zum vermeintlich sicheren Ufer einer empirischen Wissenschaft sind damit benannt: Auf der einen Seite, in der Positivismusecke, droht die Physik, auf der anderen Seite, in der Ideologieecke, droht die Philosophie. Wer da hindurch will, der muß nicht nur einen mittleren Kurs steuern, er muß auch wissen, daß er – so die hier vertretene These – durch eine falsche Alternative steuert. Das Schicksal einer Leonardo-Welt wird sich nicht zwischen Naturwissenschaft und Ideologie entscheiden, sondern noch immer zwischen Vernunft und Unvernunft. Und diese Unterscheidung ist kein aufgeblasener Spielball der Philosophie oder der Erkenntnistheoretiker unter ihnen, sondern ein in gleicher Weise beunruhigendes wie zukunftsweisendes Element der Wirklichkeit einer Leonardo-Welt.

3. Ökonomismus

Die moderne Form einer auf seiten der Wirtschaftswissenschaften falsch verstandenen methodologischen Alternative ist der *Ökonomismus*. Darunter ist die (theoretische) Vorstellung verstanden, daß sich alle gesellschaftlichen Strukturen und Prozesse auf wirtschaftliche Strukturen und Prozesse zurückführen lassen, im engeren Sinne eine Haltung, »die auch Situationen, in denen sich ökonomische Probleme nur dem Versäumnis einer nicht-ökonomisch fundierten Interessenkritik verdanken, ökonomisch zu bewältigen trachtet«.[3] Hinter dieser Vorstellung bzw. hinter dieser

3 F. Kambartel, Bemerkungen zum normativen Fundament der Ökonomie, in: J. Mittelstraß (Ed.), Methodologische Probleme einer normativ-kritischen Gesellschaftstheorie, Frankfurt 1975, 117. Im Folgenden greife ich in der Darstellung und in der Kritik des Ökonomismus auf

Haltung steht die (nicht ganz unzutreffende) Annahme, daß die ökonomische Vernunft die Welt regiert, aber auch die Annahme, daß sich diese ökonomische Vernunft gegenüber anderen, z. B. auch ethischen Orientierungen, isolieren lasse. Diese Orientierungen nehmen zugleich auf dem Hintergrund der genannten Universalitätsthese den Charakter des ›Unvernünftigen‹, weil der ökonomischen Vernunft Widerstehenden, an. Das läßt sich wie folgt verdeutlichen:

Im Stile unserer Lehrbuchdefinitionen ist Ökonomie die Theorie der Allokation und Distribution knapper Güter zur Befriedigung von Bedürfnissen, ferner die Theorie der Stabilisierung der Allokation und Distribution. Dabei werden Bedürfnisse als etwas empirisch Gegebenes, auf natürliche Weise im Zuge des Wirtschaftens Entstandenes, insofern aber auch einer nicht-ökonomischen, z. B. ethischen Beurteilung Entzogenes, aufgefaßt. Eine Ordnung der Bedürfnisse, von der z. B. auch die Philosophie auf ihren langen entbehrungsreichen historischen Wegen redet, gilt insofern auch als eine natürliche Ordnung. Die Verhältnisse, unter denen der Mensch, hier der wirtschaftende, lebt, erscheinen, wie zuvor in den Hinweisen auf das historische Werden der modernen Sozialwissenschaften dargelegt, als *naturalisierte* Verhältnisse. Das Ökonomische ist ein Teil der Natur des Menschen, oder anders, ökonomischer ausgedrückt: Bedürfnisse – und das gilt zumindest hinsichtlich privater Güter – werden mit faktischem Nachfrageverhalten und Präferenzhaltungen gleichgesetzt. Beides, Nachfrage und Präferenzhaltung, definiert, was man den *Bedarf* nennt.

Auch das läßt sich durch eine Lehrbuchdefinition belegen: »Die Ökonomie behandelt und prüft die Gesichtspunkte, nach denen sich der Einzelne und die Gesellschaft im Zeitablauf *entscheiden*, die stets knappen und für alternative Zwecke verwendbaren Produktionsmittel – sei es mit oder ohne Verwendung von Geld – zur Güterproduktion heranzuziehen und wie das Produktionsergebnis auf den heutigen und künftigen Konsum der einzelnen Indi-

einige frühere Überlegungen zurück: J. Mittelstraß, Wirtschaftsethik als wissenschaftliche Disziplin?, in: G. Enderle (Ed.), Ethik und Wirtschaftswissenschaft, Berlin 1985 (Schriften des Vereins für Socialpolitik. Gesellschaft für Wirtschafts- und Sozialwissenschaften. Neue Folge Band 147), 17-32.

viduen und der Gesellschaftsgruppen aufgeteilt wird.«[4] Ökonomie ist dieser Definition nach ein theoretisches Mittel zur optimalen Bewältigung von *Knappheitssituationen*. Knappheit wird dabei am Bedarf gemessen, Bedarf wiederum am faktischen Nachfrageverhalten. Wie ein Nachfrageverhalten zustande kommt, ist wieder eine *empirische* Frage, keine Frage von Beurteilungen oder gar, horribile dictu, von *Bedürfniskritik*.
Wer hier beschrieben wird, ist der *homo oeconomicus*. Seine Praxis ist der genannte Ökonomismus, in dessen Namen das, was zumindest die Philosophie noch als Bedürfniskritik kennt, wie auch jede Form von Interessenkritik, ausdrücklich vom ökonomischen Prinzip einer (optimalen) Bewältigung von Knappheitssituationen ferngehalten wird: »Ökonomie als Sozialwissenschaft untersucht nicht, was Menschen wollen *sollen*, im Unterschied zu dem, was sie *tatsächlich* wollen. Die erste Frage liegt weitgehend im Bereich der Ethik, der Ästhetik oder der Religion.«[5]
Die Polarisierung ist verräterisch. Sie grenzt nicht nur Ökonomie aus anderen ›praktischen‹ Disziplinen aus, sie reiht auch Ethik, und damit die Idee einer Wirtschaftsethik, unter vor-vernünftige, zumindest subjektive Verhältnisse ein. Neben den ästhetischen und den religiösen Sinn (beide als etwas Subjektives, Privates verstanden) tritt der ethische Sinn – weitab von aller Wissenschaftlichkeit. Oder ein wenig technischer, zugleich philosophischer, formuliert: Zur Idee des homo oeconomicus unter ökonomistischen Vorzeichen gehört die strikte Trennung zwischen (ökonomischer) Rationalität und Normativität. Das eine, (ökonomische) Rationalität, ist Sache der Wissenschaft, das andere, Normativität, ist Sache der Ethik (in freundlicher Konkurrenz mit Ästhetik und Religion). Damit ist unübersehbar, daß Ethik und Wirtschaftswissenschaft ein Nicht-Verhältnis bezeichnen, und Wirtschaftsethik den nicht vorgesehenen Fall eines (innigen) Verhältnisses bedeuten würde.
Die Frage ist, ob das so bleiben soll. Es ist die Frage, ob Ethik aus dem ökonomischen Handeln und entsprechend aus der ökonomischen Theorie herausgehalten werden, oder ob sie in das System des ökonomischen Handelns und seiner Theorie hineingenom-

4 P. A. Samuelson, Economics, New York [9]1973, 3.
5 A. Rees, Economics, in: International Encyclopedia of the Social Sciences IV (1968), 472.

men werden soll. Es ist, wiederum aus der Perspektive von Philosophie und Wissenschaftstheorie gesehen, auch die Frage, ob das wirtschaftende Handeln Ausdruck reiner *Zweckrationalität* ist – mit einem entsprechenden wissenschaftlichen Selbstverständnis der Ökonomie –, oder ob das wirtschaftende Handeln als Erscheinungsweise der *praktischen Vernunft* verstanden werden muß – wiederum mit einem entsprechenden Selbstverständnis der Ökonomie, in diesem Falle als Teil der älteren *moral sciences* verstanden, über denen die Sonne der Naturwissenschaften noch nicht schien. Ich selbst plädiere für die zweite Auffassung, was vor nicht allzu langer Zeit noch ungewöhnlich war, heute aber auf einmal nicht sonderlich originell erscheint. Die Frage ist allerdings, was sich hinter dieser plötzlichen Normalität verbirgt. Tief kann sie jedenfalls bei weitgehender Beibehaltung der ökonomistischen Grundhaltung nicht gehen. Also doch nur, bis auf weiteres, ein disziplinäres Lippenbekenntnis, eine Modeerscheinung?

Eines jedenfalls scheint, trotz aller Konjunktur des Themas Ethik auch in der Ökonomie, festzustehen: Die strikte Trennung zwischen (ökonomischer) Rationalität und Normativität markiert aus der Perspektive der modernen ökonomischen Theorie eine Fortschrittsgeschichte, aus der Perspektive der Ethik weit eher eine Verlustgeschichte. In der ökonomistischen Konstruktion des homo oeconomicus, dessen *faktische* Bedürfnisse für ihn selbst wie für die Wissenschaft, die diese Bedürfnisse analysiert, auch die *wahren* Bedürfnisse sind, verwischen sich die Grenzen zwischen empirischer Analyse und kritischer (normativer) Beurteilung zugunsten der Analyse. Ferner wird der Eindruck erzeugt, auf alle Probleme gäbe es eine ökonomische Antwort; nicht irgendeine Antwort, sondern *die* Antwort.

In einer derartigen Auffassung der ökonomischen Rationalität – der Rationalitätsidee des ökonomischen Handelns wie der ökonomischen Theorie – wird schließlich das *ökonomische Prinzip* mit dem *Vernunftprinzip* identifiziert.[6] Hegelianisch formuliert: Was ökonomisch ist, ist auch vernünftig, und was vernünftig ist, ist auch ökonomisch. Für Ethik oder andere normative Orientierungen, es sei denn subjektive, bleibt da nicht mehr viel Platz. Eine

6 Vgl. G. Gäfgen, Theorie der Wirtschaftspolitik, in: W. Ehrlicher u. a. (Eds.), Kompendium der Volkswirtschaftslehre II, Göttingen [4]1975, 2, 15.

allgemeine Theorie rationaler Entscheidung, die diesem Vernunftbegriff zugrunde liegt, operiert allein auf der Basis gegebener (individueller und gruppenspezifischer bzw. gesellschaftlicher) Präferenzstrukturen. Diese wiederum bilden Basis und Material einer Nutzenabwägung; Rationalität wird auf die Kalkulation des optimalen Nutzens eingeschränkt. Der Unterschied zur älteren Auffassung ist evident: Während die klassische Ökonomie noch Subjekte unterstellte, die ihren Nutzen in Kenntnis ihrer *wahren* Bedürfnisse zu maximieren suchen[7], entfällt in der modernen ökonomischen Theorie die Unterscheidung zwischen ›wahren‹ oder ›vernünftigen‹ Bedürfnissen und faktischen Bedürfnissen. Zwischen der empirischen und einer vernünftigen Natur des Menschen wird nicht mehr unterschieden.

Gegen eine derartige Vorstellung und für eine Ethikoption auch in der Ökonomie käme es dann darauf an, deutlich zu machen, daß ökonomische Rationalitätsgesichtspunkte *begrenzte* Gesichtspunkte sind, und daß eine *allgemeine* Theorie ökonomischer Rationalität nur die Verhältnisse in einem Nutzenkalkül erfaßt. Dessen Identifikation mit einem Vernunftprinzip wiederum würde auch Vernunft nur als ein empirisches Bedürfnis erscheinen lassen, einsetzbar wie alles andere in eine Nutzenperspektive. Dieser Vernunftbegriff aber ist zu einseitig und zu einfach. Er ist darüber hinaus (philosophisch) falsch und (ökonomisch) ungeeignet. Er würde die Leonardo-Welt nur noch tiefer in ihre selbstgemachten Probleme führen.

Er entspricht auch nicht der ökonomischen Wirklichkeit (in Praxis und Theorie). So gibt es zahlreiche Eingriffe in das ökonomische System, die eine Einschränkung des ökonomischen Prinzips, nicht etwa dessen Weiterentwicklung, bedeuten. Ein Beispiel für einen derartigen Eingriff ist die Entwicklung der Marktwirtschaft, in der Tauschvorgänge geregelt, Marktvorgänge frei sind, zur sozialen Marktwirtschaft. Auch wenn man an der Auffassung festhält, daß die Selbstverwirklichung des Menschen primär ein Resultat des materiellen Prozesses der Arbeit ist, so stellt diese Form der Marktwirtschaft doch nichts anderes als ein gegen ein ökonomisches Prinzip des (uneingeschränkten) Eigeninteresses und des *laissez faire* planerisch eingesetztes Instrumentarium dar, das

7 Vgl. G. Kirchgäßner, Ein neues Fundament der Ökonomie?, Zeitschrift für allgemeine Wissenschaftstheorie 8 (1977), 130.

diese Form der Selbstverwirklichung in ökonomischen Verhältnissen – bei angestrebter gerechter Verteilung von Vorteilen und Lasten – noch am ehesten zu gewährleisten scheint. Das Ökonomieprinzip wird – allerdings noch immer verträglich mit der Idee des Ökonomismus, sofern diese alle gesellschaftlichen Strukturen und Prozesse auf ökonomische Strukturen und Prozesse zurückführt – unter primär nicht-ökonomische Rahmenbedingungen gestellt.

Ansätze zu einer weitergehenden Überwindung des ökonomischen Prinzips sind in der Idee der Wohlfahrtsökonomie (welfare economics) enthalten, auch wenn deren Orientierung an paretooptimalen Zuständen noch ohne Bedürfniskritik, damit ohne normative Elemente im engeren Sinne, auszukommen sucht, ferner in Buchanans (1975) Idee eines Verfassungsvertrags und Rawls' (1971) Theorie der Gerechtigkeit zur Sicherung der Objektivität von Verteilungsprozessen. Die ökonomische Optik erweitert sich angesichts ökonomierelevanter, aber durch die ökonomische Theorie selbst nicht erfaßbarer Elemente der gesellschaftlichen Praxis. Zu diesen Elementen gehören auch ethische Elemente.

4. Umweltökonomie und Umweltethik

Nun wäre es naiv, zu meinen, ökonomierelevante ethische Elemente kämen in der gesellschaftlichen Praxis gleichsam pur vor, stünde den Verhältnissen auf der Stirn geschrieben, ob sie einer ethischen Optik bedürfen oder nicht. Tatsächlich ist dies nicht der Fall. Ethik ist kein Schlüssel, der ethische Schlösser schließt, sondern eine zusätzliche, wenngleich unverzichtbare Perspektive und Orientierung. Außerdem gibt es *die* Ethik nicht, sondern nur Rechtfertigungsprobleme, die jedes Handeln, auch das gesellschaftliche, aufwirft, und *Prinzipien* wie den kategorischen Imperativ, nach denen wir diese Probleme zu lösen suchen.[8] Daß wir dabei dann häufig auch von *Werten* sprechen, ist im wesentlichen der (untaugliche, an traditionale oder vor-moderne Ethikverständnisse anknüpfende) Versuch, derartige Prinzipien auf Dauer

8 Vgl. J. Mittelstraß, Zur Ethik der Naturforschung, Frankfurt (Polytechnische Gesellschaft zu Frankfurt am Main) 1986, 25 ff.; in diesem Band: 139 ff.

in *materialer* Form zur Verfügung zu haben (in Form des Guten, des Gerechten und des Vernünftigen[9]). Mit anderen Worten: Ethik ist ein Reflexions- und Beurteilungsmoment, das sich den üblichen Zweckrationalitäten, auch den ökonomischen, entzieht und sich gleichzeitig auf diese (kritisch) bezieht.
Das und das über die ›Anonymität‹ ethischer Elemente in ökonomischen Zusammenhängen Gesagte gilt z. B. im Falle von Umweltökonomie und Umweltethik, von denen jetzt die Rede sein soll. In beiden Fällen geht es um die Folgen bestimmter Formen des Wirtschaftens, z. B. bezogen auf den Umgang mit gemeinsamen Gütern wie Luft und Wasser. Dies ist für die Ökonomie kein neues Thema. Daß bei der Bewirtschaftung der Natur betriebswirtschaftlich nicht verrechnete, in diesem Falle der Gesellschaft überantwortete, also gesellschaftliche Kosten (›sozialisierte‹ oder ›Sozialkosten‹) anfallen, ist bekannt. Dies hat zu der Forderung geführt, daß die Ökonomie »sowohl Sinn als auch Inhalt der Grundbegriffe ›Reichtum‹ und ›Produktion‹ neu formuliert und erweitert, sowie die Preistheorie durch eine Theorie des gesellschaftlichen Wertes ergänzt«[10]. In der ökonomischen Theorie tritt diese Perspektive, stark verkürzt, als das sogenannte *Verursacherprinzip* auf. Nach diesem Prinzip werden Kosten ermittelt, die für die Verursacher von Umweltbelastungen entstünden, wenn diese Belastungen vermieden würden. Damit geht es hier um nichts anderes als um das Problem des wirtschaftswissenschaftlichen Kostenbegriffs. Dieser wird lediglich um das Problemfeld Umwelt erweitert; die ökonomische Theorie verläßt ihre Grenzen nicht.
Aber das ist nur scheinbar der Fall. Tatsächlich beantwortet das Verursacherprinzip die Frage, wie Umweltbelastungen definiert werden sollen, d. h., wie diejenigen Standards für die Qualität von Umwelt festgelegt werden, auf deren Verletzung dann das Verursacherprinzip angewendet werden kann, nicht. Auf die Festlegung derartiger Standards aber kommt es gerade an. Ohne sie griffe auch das Verursacherprinzip und damit die ökonomische Theorie nicht. Bei ihrer Formulierung wirkt die ökonomische Theorie,

9 Vgl. O. Schwemmer, Artikel Ethik, in: J. Mittelstraß (Ed.), Enzyklopädie Philosophie und Wissenschaftstheorie 1, Mannheim/Wien/Zürich 1980, 594.

10 K. W. Kopp, Volkswirtschaftliche Kosten der Privatwirtschaft, Tübingen/Zürich 1958, 225.

neben der ökologischen Theorie, zwar mit, doch können diese durch sie nicht erschöpfend bereitgestellt werden. Das aber bedeutet auch hier, daß der Ökonomismus nicht geht: *Umweltstandards* sind Resultate einer wissenschaftlich zwar beratenen, aber nicht wissenschaftlich, d. h. aus der Wissenschaft direkt deduzierten Umwelt*politik*.

Das läßt sich auch so formulieren, daß Umweltstandards nicht mit der üblichen wissenschaftlichen Zuverlässigkeit der Natur selbst entnommen werden können. Umweltstandards sind keine ökonomischen und keine Naturgesetze. Sie stellen vielmehr Gesichtspunkte und Bewertungen dar, unter denen wir unseren Umgang mit unserer Umwelt und den Umwelten anderer Wesen regeln – z. B. auch unter ökonomischen, aber nicht *allein* unter ökonomischen Hinsichten. Außerdem sind sie das Resultat eines vieldimensionalen Entscheidungsprozesses. Auf einigen dieser Dimensionen liefern z. B. Naturwissenschaft und Technik die relevanten Daten, auf anderen nicht; Bewertungen sind unvermeidbar, durch sogenannte objektive Daten nicht ersetzbar.

Nehmen wir als Beispiel die Kraftwerke. Kraftwerke lassen sich nach ihrem SO_2-Ausstoß beurteilen, nach ihrer radiologischen Schadenspotenz, nach ihrem Flächenbedarf, nach ihrer Verkehrslage, der Verfügbarkeit über Brennstoffe, ihrer Wirtschaftlichkeit. Diese Dimensionen müssen jede für sich beurteilt werden; sie müssen als beurteilte Dimensionen gegeneinander abgewogen werden, z. B. der SO_2-Ausstoß gegen die radiologische Schadenspotenz. Fragen, die dabei auftreten und beantwortet werden müssen, sind: Wieviel SO_2-Ausstoß pro gelieferter Kilowattstunde ist noch tolerierbar? Wieviel Strahlenrisiko ist, verglichen mit anderen Risiken und den Besonderheiten alternativer Lösungen, zumutbar? Umweltstandards erleichtern derartige Entscheidungen; nur gehen sie dabei selbst aus rationalen Bewertungsprozessen hervor. Sie stellen *kulturelle Konventionalitäten*, nicht naturwissenschaftliche Objektivitäten dar.

Über diesen Umstand hilft auch die ökonomische Theorie nicht hinweg. Im Gegenteil: Sie war es bisher und ist es in vieler Hinsicht noch immer, die die zu Beginn genannten Umweltprobleme wie Ressourcenknappheit, Schadstoffbelastung, Abfallnot wesentlich mit heraufbeschworen hat. Die besorgte Frage ist berechtigt: »Wie war es möglich, Wirtschaftsformen zu entwickeln, welche die Verschwendung belohnen, welche den Raubbau an erschöpflichen Ressourcenkapitalien als vorteilhaft erscheinen lassen, welche Schädigung und anschließende Reparaturen von öffentlichen Gütern wie Luft und Wasser zulassen, statt ihre Erhaltung zu sichern?«[11]

Die Antwort liegt dabei wohl weniger in der (ökonomischen) Theorie als vielmehr in den von dieser Theorie allerdings wenig behinderten, gegenläufigen Interessen von Industrie bzw. Wirtschaft und Umweltschutz. Die eine Seite orientiert sich am Markt, die andere an einer in ihren Reproduktionsfähigkeiten stabilen Umwelt. Wo gleichwohl gerechnet wird, stoßen wir schnell an Plausibilitätsgrenzen – und Grenzen des ökonomischen Denkens. So ist Frederic Vester einmal der Frage nachgegangen, wie hoch die Leistung eines Baumes und somit sein Wert, volkswirtschaftlich berechnet, ist.[12] Für eine 100jährige Buche errechnete er als Holzwertleistung pro Jahr 2,25 DM. Dieser Wert erscheint gering. Ganz anders sieht das aber aus, wenn dieser Baum als Photosynthesemaschine betrachtet wird. Der Gegenwert liegt hier bereits bei 153,43 DM. Hinzu kommt der Wert anderer Funktionen wie Wasserspeicher, Lebensraum für Pflanzen und Tiere, Symbiose, Filter, Bionik. Als Gesamtbilanz unserers Baumes ergeben sich so pro Jahr 1.675,64 DM. Hinzu kommen, wenn dieser Baum im Walde steht, weitere Funktionen wie Klimaregler, Humusproduzent, Erosions- und Lawinenschutz. Damit steigt die Leistung des Baumes auf jährlich 5.297,25 DM. Ein einziger ›erwachsener‹ Baum von 100 Jahren repräsentiert damit einen volkswirtschaftlichen Wert von mehr als einer halben Million DM; das ist fast das 2000fache seines bloßen Holzwertes. Oder anders gerechnet: Der errechnete Wert eines Baumes addiert sich bei 800 Millionen Baum-Standraum-Einheiten auf 4.230 Milliarden DM pro Jahr; das ist das 2 $^1/_2$fache des derzeitigen Bruttosozialprodukts. Diesen

11 P. Fornallaz, Die ökologische Wirtschaft. Auf dem Wege zu einer verantworteten Wirtschaftsweise, Aarau/Stuttgart 1986, 79. Vgl. P. Atteslander, Ökonomisches Handeln in ökologischer Verantwortung. Ein unüberwindbarer Widerspruch?, Neue Zürcher Zeitung, 10./11. 9. 1988, Nr. 211, 25.

12 F. Vester, Ein Baum ist mehr als ein Baum, München 1985. Vgl. ferner J. Mittelstraß, Umwelt und Gesundheit. Von der Schwierigkeit, sich mit Umwelt- und Gesundheitsstandards in einer Kultur-Natur zurechtzufinden, Wiener klinische Wochenschrift 101 (1989), H. 17, 563-571; in diesem Band: 174-194.

Betrag müßte die Volkswirtschaft jährlich zusätzlich aufbringen, wenn sie die praktisch kostenlosen Funktionen der Bäume durch eigene Leistungen aufbringen wollte.
Kein Zweifel, daß wir damit mit unserem Baum ins Märchenland geraten. Die Dimensionen einer derartigen Monetarisierung von Umweltproblemen werden zu groß. Die Frage, was der Marktwert eines Baumes ist, bleibt unbeantwortbar; die reine Ökonomisierung unseres Problems gelingt nicht.
Auch dieser Umstand berührt sich wiederum mit dem Thema Ethik, wenn auch in einem nicht primär auf die Ökonomie bezogenen Sinne. Das aber ist möglicherweise nur ein historisches Element der gegenwärtigen Diskussion. Diese wird im wesentlichen unter der Alternative *Umweltethik* oder *Vernunftethik* geführt. Dabei wird die These vertreten, eine *ökologische* oder Umweltethik müsse an die Stelle der bisherigen *anthropozentrischen* oder Vernunftethik treten. Diese Alternative, auch in der Terminologie von Anthropozentrismus und Ökozentrismus formuliert, aber ist irreführend.[13] Wer einen ethischen Ökozentrismus vertritt, unterstellt, daß dieser gewissermaßen als reine Selbstartikulation eines Ökosystems möglich sei. Wie aber soll man sich das vorstellen? Tatsächlich können wir die Dinge immer nur aus *unserer* Sicht, niemals aus der Sicht eines Ökosystems oder der Natur sehen. Weder die Frage, ob die Natur selbst eine solche Sicht hat, noch die Frage, ob wir sie einnehmen können, läßt sich in irgendeiner Weise positiv beantworten. Das aber bedeutet, daß das, was hier mit Anthropozentrismus gemeint ist, strenggenommen eine Voraussetzung jeder Form der Orientierung ist. Die Natur selbst spricht nicht, und sie hat auch keine Fragen. Wenn wir gleichwohl so tun, als spräche sie zu uns und bewege sich selbst im Kreis von Frage und Antwort, dann stets in der Weise, daß wir uns mit unserem Wissen über die Natur an ihre Stelle setzen.
Das läuft keineswegs, wie manche meinen, von vornherein auf einen *Humanegoismus* hinaus, auch wenn dieser, z. B. in wirtschaftlichen Dingen, recht wirklich ist. Ein Humanegoismus zerstört auf die Dauer die Grundlagen, auf die auch ein vernünftiger

13 Die folgenden Überlegungen zur (vermeintlichen) Alternative zwischen Vernunftethik und Umweltethik folgen der in Anm. 12 erwähnten Arbeit über Umwelt und Gesundheit sowie J. Mittelstraß, Ethics of Nature, in: W. R. Shea/B. Sitter (Eds.), Scientists and their Responsibility, Canton MA 1989, 41-57.

Anthropozentrismus angewiesen ist. Hinzu kommt, daß der Versuch, die Dinge aus der Sicht der Natur zu betrachten oder diese zum Subjekt ihrer eigenen ›Umweltplanung‹ zu machen, eine absurde Konsequenz hat: die Hochstilisierung der Natur zum Subjekt im Handlungs- und rechtlichen Sinne. Von einer derartigen, illusionären Vorstellung zeugt z. B. der Ruf nach einem ›Frieden mit der Natur‹ (Meyer-Abich[14]). Natur wird hier zum Subjekt von Friedensschlüssen (und, entsprechend, Kriegserklärungen). Frieden mit der Natur schlösse am Ende womöglich den Schutz lebensbedrohender Teile der Natur, wie das AIDS-Virus, ein. Man sieht, wohin man gerät, wenn man in einem ethischen (und politischen) Kontext den Menschen (und seine Orientierungen) durch die Natur (mit ihren vermeintlichen Orientierungen) ersetzt.

Nun läßt sich eine derartige Vorstellung auch so verstehen, daß ein ökologisches Wissen diejenigen Orientierungen verschafft, die als Standards für den Schutz der natürlichen Umwelt vor schädlichen Belastungen, damit auch als Standards für ein verantwortungsvolles, nicht mehr dem Ökonomismus unterliegendes Wirtschaften, dienen könnten. Doch auch hier sind die Dinge keineswegs klar. Im Gegensatz zu manchen populären Vorstellungen über Ökologie weiß nämlich auch der Ökologe nicht, wie Natur sein soll, und damit auch nicht, wie eine ›standardisierte‹ Umwelt auszusehen hätte. Sowenig etwa die Medizin sagen kann, wie gesund wir leben sollen, sowenig sagt auch die Ökologie, wie ›natürlich‹ die Natur oder unsere Umwelt sein soll. Vielmehr setzt auch die Ökologie Vorstellungen darüber voraus, wie Natur sein soll; sie entwickelt diese Vorstellungen nicht selbst.

Mit anderen Worten: Ökologie ist ungeeignet, als Ethikersatz zu dienen. Eine *Vernunftethik* – und darum handelt es sich bei einer richtig verstandenen anthropozentrischen Ethikkonzeption – setzt zwar auch ökologisches Wissen voraus, nur ist dies eine notwendige, keine hinreichende Bedingung. Natur und Umwelt geben keine ethische Lektion; allenfalls so, daß sie im Schadensfalle die unerledigten Aufgaben einer Vernunftethik deutlich machen. In diesem Sinne schließt dann auch eine Vernunftethik Naturethik oder Umweltethik ein, nicht umgekehrt. Auch aus folgendem Grund: In dem Maße, in dem eine Leonardo-Welt die Existenz

14 K. M. Meyer-Abich, Wege zum Frieden mit der Natur. Praktische Naturphilosophie für die Umweltpolitik, München 1984.

nicht nur der ›natürlichen‹, sondern auch der ›vernünftigen‹ Natur, also den Menschen, gefährdet, wird Natur im ethischen Sinne zur Grenze unseres Handelns. Diese Grenze kann durch keine anderen Rationalitäten, aber eben auch nicht durch die Natur selbst bestimmt werden. Es handelt sich wie in jeder aufgeklärten Ethik, d. h. einer Ethik unter einer Vernunftperspektive, um eine *Vernunftgrenze*.

Eine ganz andere Frage ist, ob die moralischen, politischen und ökonomischen Defizite, die eine Vernunftethik nicht zur Geltung kommen lassen, selbst *biologische* Gründe haben, d. h., ob wir, die Gattung Mensch, in unseren selbst- und umweltzerstörerischen Handlungsweisen, darunter dem wirtschaftlichen Handeln, ein Opfer unserer eigenen Natur sind. So fragt der Freiburger Biologe Hans Mohr, ob »unsere Unfähigkeit, vernünftig auf die Herausforderungen der Zeit zu reagieren, eine kulturelle Fehlanpassung (ist), die sich (leicht ?) beheben ließe, oder (ob sie) Ausdruck eines evolutionären Erbes (ist), das sich unter den heutigen Kulturbedingungen als Fehlanpassung erweist? Sind es biologische Grenzen, die dem Menschen unserer Zeit den Weg zum Ewigen Frieden und zu einer globalen ökologischen Vernunft versperren?«[15]

Träfe letzteres zu, wäre der Mensch in der Tat der Gefangene seiner eigenen (biologischen) Natur, bliebe jede Form einer Vernunftethik, und damit auch die Überwindung des Ökonomismus, in einer biologischen Sackgasse stecken. Dann wäre aber auch ein dürftiger *Biologismus* in Sachen Ethik die Folge. Hinter unseren ethischen Defiziten steckte nicht der Mensch, sondern eine nicht zu Ende und mit ihm nicht zu Rande gekommene biologische Evolution. Die vom Menschen erzeugte ökologische Krise hätte selbst ökologische, d. h. die ökologische Natur des Menschen betreffende Gründe. Es wäre »die rattenhafte Uneinsichtigkeit, mit der wir alle (...) kulturell-zivilisatorischen Mittel immer nur dazu benutzten, um das zu treiben, was auch Ratten treibt, wenn sie sich in erbarmungsloser Konkurrenz in jede ökologische Nische drängen, die ihnen offensteht und nicht von mächtigeren Wettbewerbern vorenthalten wird.«[16] Auch der Ökonomismus, der sich

15 H. Mohr, Evolutionäre Ethik, in: Information Philosophie, Heft 4, 1986, 4f.

16 H. Markl, Wissenschaftliche Forschung und ökologische Herausforderungen, in: ders., Wissenschaft: Zur Rede gestellt. Über die Verantwortung der Forschung, München/Zürich 1989, 100.

selbst nicht ethisch einschränkt, wäre scheinbar gerechtfertigt. Schließlich entschuldigt der Biologismus alles. Aber ist Biologie hier wirklich das Ende aller Dinge, auch der menschlichen? Plausibler klingt da schon folgendes Fazit, das Mohr aus seinen Überlegungen zieht: »Unsere Zukunft wird davon abhängen, ob und inwieweit es den Menschen gelingt, sich beim Handeln von obsolet gewordenen fitness-Maximen der biologischen Evolution zu lösen und sich Entscheidungsspielraum für ein gutes Leben zu schaffen.«[17]

Das ist in der Tat die entscheidende Aufgabe. Schließlich kommt es nicht darauf an, den Menschen aus der Evolution herauszunehmen, sondern der biologischen Evolution im Menschen und seiner Kultur, die wirtschaftliche Kultur eingeschlossen, einen vernünftigen Ausdruck zu geben. Eben das leistet nur eine Vernunftethik, keine sich über die Grenzen einer Vernunftethik biologisch oder wie auch immer hinwegsetzende Naturethik. Und eben das kann nur ein wirtschaftliches Denken leisten, das sich von dem ihm inhärenten Ökonomismus auf philosophischen oder anderen, der Ökonomie vielleicht vertrauteren Wegen verabschiedet.

5. Reparaturethik statt Vernunftethik?

Dem Abschied vom Ökonomismus in der ökonomischen Theorie dient heute das Programm der Wirtschaftsethik. Wirtschaftsethik soll eine ›Vernunftethik des Wirtschaftens‹[18] sein. Das ist durchaus in dem hier dargelegten Sinne von Vernunftethik bzw. einer Ethik, die Prinzipien wie dem kategorischen Imperativ folgt, gemeint. Die Frage ist nur, wie es mit den Chancen einer derartigen Ethik heute bestellt ist. Diese Chancen sind möglicherweise nicht nur deshalb schlecht, weil sich im System des wirtschaftlichen Handelns hartnäckig der Ökonomismus und mit ihm die Trennung von ›ökonomischer Rationalität‹ und ›ethisch-praktischer Vernunft‹ hält[19], sondern weil sich auch der Begriff der Ethik selbst gegenwärtig zu verändern scheint. Es macht sich die Vorstellung

17 A.a.O., 15.

18 P. Ulrich, Wirtschaftsethik als Wirtschaftswissenschaft. Standortbestimmungen im Verhältnis von Ethik und Ökonomie, Ms. St. Gallen 1989, V u. ö.

19 Vgl. P. Ulrich, a.a.O., 29.

einer *instrumentalistischen* Ethik breit. Eine derartige Ethik könnte man eine *Reparaturethik* nennen.[20] Gemeint ist, daß Ethik zu einer Ersatzorientierung wird, wenn andere Orientierungen in Schwierigkeiten führen. Man scheint sie nicht zu brauchen, solange alles gut geht, und wendet sie an, wenn sich Probleme ergeben, z. B. im wissenschaftlichen, im wirtschaftlichen und im technologischen Bereich.

Eine derartige Vorstellung ist keine Erfindung zu besseren Argumentationszwecken. So stellt der VDI »eine gesteigerte Nachfrage nach ethischen Richtlinien mit möglichst weitgehend operationalisierten und konkreten Aussagen durch Naturwissenschaftler und Ingenieure«[21] fest und plädiert gleichzeitig unter den Gesichtspunkten der Operationalisierung und Konkretisierung eines entsprechenden Programms für eine »Art Checkliste für die Berücksichtigung außertechnischer Werte und Maßstäbe bei technischen Projekten und Objekten«[22]. Diese Checkliste wäre also ein Programm, in das nur Werte und Maßstäbe eingegeben werden müßten, um vernünftige, d. h. auch ethisch gerechtfertigte, Entscheidungen zu erhalten. Technokratischer (und naiver) dürfte sich mit Ethik kaum umgehen lassen. Der Mensch als ethisches Wesen wird blaß; an seine Stelle träte Ethik als eine ›Sozialtechnologie‹ (Ulrich[23]), träte eine ethische Checkliste. Ethik wäre nichts anderes als ein Informationssystem und eine Reparaturinstanz – homo faber im Märchenland!

Zur Begründung einer derartigen Ethikvorstellung ließe sich allenfalls die Maxime anführen: Besser eine Ethik, die spät kommt – vielleicht ja auch zu spät –, als eine, die gar nicht kommt. Aber ist es bereits soweit? Ist unsere Welt, die Leonardo-Welt, schon so aus dem Gleise gelaufen, daß nur technische Maßnahmen der vorgeschlagenen Art sie wieder hineinheben können? Wie dem auch sei: Ethik, in diesem Sinne als eine Reparaturethik verstanden, setzt

20 Vgl. zu diesem Begriff und zur Kritik an der hinter ihm stehenden Vorstellung J. Mittelstraß, Auf dem Wege zu einer Reparaturethik?, in: J.-P. Wils/D. Mieth (Eds.), Ethik ohne Chance? Erkundungen im technologischen Zeitalter, Tübingen 1989, 89-108.

21 A. Huning, Einleitung, in: G. Ropohl u. a., Maßstäbe der Technikbewertung. Vorträge und Diskussionen, ed. VDI, Düsseldorf (VDI-Verlag) 1978, 1.

22 A.a.O., 3.

23 P. Ulrich, a.a.O., 24.

nicht mehr auf den Menschen, sondern, wie in einer Leonardo-Welt üblich, auf Technologien, hier eine Ethiktechnologie, bzw. auf Richtlinien, die wie DIN-Normen das Leben, auch das wissenschaftliche, bestimmen sollen. Eine solche Reparaturethik aber hat ihre eigentliche ethische Perspektive verloren – und unsere wirkliche Welt wohl auch.

Wir tun deshalb aber auch gut daran, diesen Weg, der ein Irrweg ist, ebensowenig weiter zu verfolgen wie den zuvor beschriebenen Versuch, einer Leonardo-Welt manches Ökologische als Ethikersatz anzudienen. Was diese Welt braucht, ist keine ökologische und keine Reparaturethik, sondern eine Ethik, die ihr rationales Wesen spiegelt, eben eine Vernunftethik. Und was hier gilt, gilt auch in ökonomischen Dingen. Das Stichwort ›Ökonomismus‹ macht auf unerledigte Aufgaben aufmerksam. Diese liegen in der Überwindung einer falschen Alternative (ökonomische Rationalität oder praktische Vernunft) und einer falschen Ethikvorstellung (Reparaturethik). Von ihrer Lösung wird die Zukunft der Leonardo-Welt abhängen.

III
Ordnungen und Unordnungen

Der Verlust des Wissens

Vorbemerkung

Die moderne Welt, erkenntnistheoretisch, soziologisch und ökonomisch betrachtet, hört auf ein neues Stichwort. Es lautet Information. Informationen sind die neuen Steine der Weisen, mit denen auch die weniger Weisen zu bauen suchen, Informationstechnologien die neuen Zauberstäbe, die die Welt lesbar und verfügbar machen, ein modernes Abrakadabra, das die Welt auf Bildschirme zaubert und mehr Antworten bereitzuhalten scheint, als Fragen verfügbar sind. Von Fahrplänen, Traumreisen, Theaterspielplänen über wissenschaftliche Online-Datenbanken bis hin zu beratenden und erkennenden KI-Systemen – die Informationsmöglichkeiten sind schier unbegrenzt, die Informationswelt, die sich dem Nutzer und Betrachter auftut, um Welten größer als unsere Lebens- und Arbeitswelten. Was wir in diesen Welten brauchen, haben wir noch selbst gelernt; was uns die Informationswelt bietet, verspricht ein paradiesisches Reich des Wissens ohne mühsame Lernprozesse. Neue Technologien krempeln unsere Gewohnheiten um und unsere Wissensstrukturen auch. Von Wissenszwergen sollen wir alle zu Informationsriesen werden; schon glauben Soziologen und Politiker die Morgendämmerung einer neuen Gesellschaft, der Informationsgesellschaft, wahrzunehmen.

Um es gleich zu sagen: Dies ist kein Fachreferat, kein handwerklicher Beitrag zur Sache Information, kein Expertenurteil. Es ist die Freiheit, die sich ein Vertreter derjenigen Zunft nimmt, die seit alters her unter der Bezeichnung Philosophie überall hineinzureden sucht, alles besser zu wissen glaubt, kein Territorium ihr eigen nennt, in dem sie in gleicher Weise herrschen könnte wie die Fachwissenschaften in ihren Territorien, und die daher auch permanent fremdgeht, wildert, von anderen, disziplinären Tellern ißt, aus anderen, kulturellen Bechern trinkt und sich dabei auch noch dem absoluten Geist, bedürfnislos und weise, nahe weiß. Erwarten Sie daher bitte auch nicht, daß ich, wenn ich im Folgenden von Information und dem Verlust des Wissens spreche, schrecklich viel von dem verstehe, was heute als Informatik und als Informationswissenschaft seinen disziplinären Ort gefunden hat, und daß ich mit dem, worauf es mir ankommt, wirklich etwas Neues sage.[1] Ein Philosoph, das ist auch der, der das vermeintlich Selbstverständliche nicht wahrhaben will, der versucht, es zum Tanzen zu bringen, indem er ihm seine eigene Melodie vorspielt, der die Teller der Satten, intellektuell verstanden, umdreht, um seinen Hunger nach den Signaturen des Ungewohnten zu stillen.

Dabei ist das, worum es mir in diesem Beitrag geht, im Grunde das Einfache, nämlich Aufklärung in jenem schlichten Sinne, den schon Kant im Auge hatte, als er von Aufklärung als dem Ausgang des Menschen aus seiner selbst verschuldeten Unmündigkeit sprach.[2] Unmündigkeit hier nicht nur verstanden als das Gehen unter einem bequemen gesellschaftlichen Joch, sondern auch und gerade als die Aneignung des Menschen durch seine eigene, durch die von ihm geschaffene Welt. Diese beginnt in der Alltagswelt (man ›fügt‹ sich den Verhältnissen) und endet im Kopf (man denkt wie die Verhältnisse). In diesem Falle sind die Verhältnisse eine Informationswelt und eine Informationsgesellschaft, die sie bevölkern soll. Der Anschluß an den Begriff der Aufklärung soll zugleich deutlich machen, daß ich nicht belehren will (was ich auf dem Felde der Information auch gar nicht kann); mir genügt es schon, wenn ich Sie in der einen oder anderen Weise ein wenig nachdenklich stimme.

1. Von der Leibniz-Welt zur Informationswelt

Keine Welt ist völlig neu; jede neue Welt baut mit alten Steinen. Das gilt auch von der modernen Informationswelt. Ihrem Programm nach ist diese Welt eine *Leibniz-Welt*. Schon Leibniz suchte nämlich mit dem Aufbau einer *Universalwissenschaft* (scientia universalis) und dem eingeschränkten Programm einer *Mathesis universalis* Probleme einer vollständigen Wissensrepräsentation und eines ›kalkulierbaren‹ Verknüpfungsverfahrens zu

1 Ganz abgesehen davon, daß ich mich auch selbst, einige Thesen eines früheren Beitrags zum Teil modifizierend, zum Teil ergänzend, wiederhole. Vgl. Information oder Wissen?, Technische Rundschau 81 (1989), Nr. 36, 8-13.

2 I. Kant, Beantwortung der Frage: Was ist Aufklärung? [1783], in: I. Kant, Werke in sechs Bänden, ed. W. Weischedel, Frankfurt/Darmstadt 1956-1964, VI, 53.

lösen. Im Hintergrund stehen die Ideen einer Einheit der Wissenschaft und eines Systems des Wissens, das zugleich Enzyklopädie und Generator des Wissens sein sollte. Ansatzpunkt sind die formalen Wissenschaften; es soll der Versuch gemacht werden, zunächst die Struktur dieser Wissenschaften in mechanisch und kalkülmäßig kontrollierbaren Abhängigkeitsbeziehungen darzustellen. Ziel ist die Einheit der Wissenschaft in der Einheit einer exakten Wissenschaftssprache.

Im Mittelpunkt dieses Wissenschaftssprachenprogramms, das man auch als *Leibnizprogramm* bezeichnet, steht die Konstruktion einer Kunstsprache (characteristica universalis), die auf der Basis einer Zeichentheorie (ars characteristica) zur Darstellung von Sachverhalten und deren Beziehungen untereinander sowohl logische Schluß- und Entscheidungsverfahren (ars iudicandi) als auch inhaltliche Begriffsbestimmungen auf der Basis einer Definitionstheorie (ars inveniendi, ars combinatoria) einschließen und inhaltlichen Schlußweisen die formale Sicherheit des Rechnens verleihen soll. Historisches Vorbild ist der sogenannte Renaissance-Lullismus, der sich nicht nur aus der Kombinatorik Lulls[3], d.h. dem Projekt einer christlichen Universalwissenschaft, sondern auch aus alchimistischen und kabbalistischen Quellen speist. Leibniz erkennt, daß die lullistische Kombinatorik als Instrument der Forschung nicht taugt; er bemängelt die Unbestimmtheit der zugrundegelegten Begriffe (die dazu führe, »von der Wahrheit zu reden, keineswegs aber sie zu entdecken«[4]) und zeigt sich auch über entsprechende Bemühungen Kirchers (Ars magna sciendi, Amsterdam 1669) enttäuscht.[5] Was Leibniz sucht, ist keine reine Klassifikationslehre (Lull), auch keine allgemeine philosophische Methodenlehre (Descartes), sondern ein *Formalismus* zur Bildung und Darstellung des Wissens. Der Aufbau der gesuchten Kunstsprache soll dabei der Idee folgen, die Relation der Wörter (Begriffe) dieser Sprache zu ihren Basisbegriffen in der gleichen Weise

3 R. Lullus, Ars compendiosa inveniendi veritatem seu Ars magna et maior [1273-1275], in: ders., Opera 1, Mainz 1721, 433-473.

4 G.W. Leibniz, Opuscules et fragments inédits, ed. L. Couturat, Paris 1903 (im folgenden zitiert als C.), 177.

5 Ergänzungen (nach 1695) zur »Nova methodus discendae docendaeque jurisprudentiae [1667]«, Sämtliche Schriften und Briefe, ed. Preußische (später Deutsche) Akademie der Wissenschaften (zu Berlin), Darmstadt (später Berlin) 1923ff. (im Folgenden zitiert als Akad.-Ausg.), VI/1, 279.

zu organisieren, wie sich die natürlichen Zahlen zu den Primzahlen verhalten (die eindeutige Rückführbarkeit aller Begriffe dieser Sprache auf gewisse Basisbegriffe soll der eindeutigen Primzahlzerlegung nachgebildet sein).

Wie schon bei Descartes, so ist es auch bei Leibniz die Mathematik, an der sich eine um universalsprachliche Elemente erweiterte Mathesis universalis und die in dieser Mathesis gesuchte Einheit der Wissenschaft orientieren sollen: »Wenn man Charaktere oder Zeichen finden könnte, die geeignet wären, alle unsere Gedanken ebenso rein und streng auszudrücken, wie die Arithmetik die Zahlen oder die analytische Geometrie die Linien ausdrückt, könnte man offenbar bei allen Gegenständen, soweit sie dem vernünftigen Denken unterworfen sind, das tun, was man in der Arithmetik und der Geometrie tut.«[6] Zustimmend verweist Leibniz in diesem Zusammenhang auf Hobbes.[7] Dieser hatte bereits sprachliche Operationen mit Verfahren rein formalen Rechnens in Verbindung gebracht. Die prägnante These, daß Vernunft, und damit auch Wissenschaft, nichts anderes als Rechnen sei[8], wird von Hobbes durch den Hinweis zu erläutern versucht, daß derjenige, der die elementaren arithmetischen Operationen der Addition und Subtraktion beherrsche, auch in der Lage sein müsse, sein Denken bzw. Sprechen in mechanisch kontrollierbare Operationen zu zerlegen.[9] Addition bedeutet hier die Addition von Prädikationen, Subtraktion die Subtraktion von Prädikationen, Schließen das Weglassen von Bestimmungen in den Prämissen. Das Verfahren ist praktikabel und würde einen einfachen Begriffskalkül ergeben.[10]

6 C. 155.

7 Dissertatio de arte combinatoria [1666], Akad.-Ausg. VI/1, 194.

8 Th. Hobbes, Leviathan, or the Matter, Form, and Power of a Commonwealth Ecclesiastical and Civil I 5, The English Works of Thomas Hobbes, I-XI, ed. W. Molesworth, London 1839-1845 (im Folgenden zitiert als Works), III, 30.

9 Vgl. Th. Hobbes, De Corpore I (Computatio sive logica) 1, Opera philosophica latina, I-V, ed. W. Molesworth, London 1839-1845, I, 3; vgl. Leviathan I 5, Works III, 29f.

10 Zu den zeitgenössischen konzeptionellen Hintergründen des Leibnizprogramms vgl. J. Mittelstraß, Neuzeit und Aufklärung. Studien zur Entstehung der neuzeitlichen Wissenschaft und Philosophie, Berlin/New York 1970, 413-452.

Leibniz geht es vor allem um den Gesichtspunkt der ›Entdeckung‹, d.h. der Wissens*bildung*. Er sucht, wiederum in Anlehnung an die mathematischen Verfahren der Analysis und Synthesis, der analytischen Methode die von ihm gesuchte ars inveniendi und der synthetischen Methode die von ihm gesuchte ars iudicandi zuzuordnen, hebt aber auch den inventiven Charakter beider Methoden hervor: »Es gibt zwei Methoden, die synthetische mit Hilfe der kombinatorischen Wissenschaft und die analytische. Jede von beiden kann den Ursprung der inventio zeigen, das ist also nicht das Vorrecht der Analyse. Der Unterschied besteht darin, daß die Kombinatorik eine ganze Wissenschaft oder wenigstens die Reihe der Lehrsätze und Probleme darstellt, darunter auch das, was gesucht wird. Die Analyse dagegen führt ein aufgestelltes Problem auf Einfacheres zurück.«[11] Hinzu tritt der Gedanke der *Kalkülisierung*: Die »Wahrheiten der Vernunft« sollen »wie in der Arithmetik und Algebra so auch in jedem anderen Bereich, in dem geschlossen wird, gewissermaßen durch einen Kalkül erreicht werden können«[12]. Die Elemente des Kalküls, dessen Paradigma der 1684 von Leibniz eingeführte Infinitesimalkalkül ist, stellen ein ›Alphabet des Denkens‹[13] dar, das z. B. über wahrscheinlichkeitstheoretische Überlegungen auch empirische Formen der Wissensbildung erreichen soll.[14]

Entscheidend bei alledem ist, daß ein ›calculemus‹[15] den Schlüssel zum Fortschritt des wissenschaftlichen Wissens bilden soll. Vernunft wäre, wie bei Hobbes, Rechnen; Irrtümer der Vernunft wären nichts anderes als Rechenfehler. »Die Zeichen und die Worte«,

11 C. 557.

12 Teil eines nicht abgesandten Briefes an C. Rödeken aus dem Jahre 1708, Die philosophischen Schriften von G. W. Leibniz, I-VII, ed. C. I. Gerhardt, Berlin 1875-1890 (im Folgenden zitiert als Philos. Schr.), VII, 32.

13 De organo sive arte magna cogitandi, C. 430, vgl. 220, 435, ferner Philos. Schr. VII, 185, 199.

14 Vgl. dazu und zur allgemeinen Vorstellung einer Mathesis universalis, deren Kern bei Leibniz ein Wissenschaftssprachenprogramm ist, J. Mittelstraß/P. Schroeder-Heister, Zeichen, Kalkül, Wahrscheinlichkeit. Elemente einer Mathesis universalis bei Leibniz, in: H. Stachowiak (Ed.), Pragmatik. Handbuch pragmatischen Denkens I (Pragmatisches Denken von den Ursprüngen bis zum 18. Jahrhundert), Hamburg 1986, 392-414.

15 Vgl. C. 156.

so Leibniz über sein Kalkülisierungsprogramm, »würden der Vernunft zum Leitfaden dienen und alle Irrtümer (...) wären nichts als Rechenfehler.«[16] Wie schon Gott nach platonistischer Tradition die Welt geschaffen hat, indem er rechnete bzw. Geometrie trieb, so schafft auch der Wissenschaftler seine Welt, die schon bei Leibniz die Züge einer Informationswelt trägt. Schließlich sind auch bei ihm aller guten Dinge drei: neben die Bemühungen um eine vollständige Wissensrepräsentation und ein ›kalkulierbares‹ Verknüpfungsverfahren tritt die Konstruktion einer Rechenmaschine, tritt – wie Leibniz sich heute sicher mit Stolz erinnert hätte – der erste Schritt zu einer KI-Maschine.

2. Wissen, Meinung, Information

Leibniz hat das alte Versprechen einer Einheit der Wissenschaft und damit einer begrifflich gewordenen Einheit der Welt nicht eingelöst. Dies ist auch heute nicht anders, aber wir sind dieser Einheit, eben im Begriff der Informationswelt, nähergerückt. Die Integration des Wissens schreitet voran, wissenschaftstheoretische Analysen und Konstruktionen verfeinern sich, moderne Informationstechnologien lösen, zumindest hinsichtlich der schnellen Verfügbarkeit des Wissens, das Leibnizsche Problem einer vollständigen Enzyklopädie. Leibniz hätte seine helle Freude an dieser Entwicklung, trägt die Informationswelt doch die Züge einer Leibniz-Welt.

Diese Freude könnte gleichwohl getrübt sein. Der Grund ist, daß in der modernen Informationswelt *Wissen* und *Information* auseinandertreten bzw. zwischen Wissen und Information nicht mehr unterschieden wird. Wir sprechen von Information, als sei diese schon das ganze Wissen, und übersehen dabei, daß Information nur eine besondere *Form* des Wissens ist, nämlich die Art und Weise, wie sich Wissen transportabel macht. Dadurch entsteht der Eindruck, daß Wissen sich selbst in Informationsform bildet, daß mit dem Informationsbegriff ein neuer Wissensbegriff entstanden sei, und zwar, gegenüber früheren Wissensbegriffen, der einzig

16 Brief vom 10. Januar 1714 an N. Remond, Philos. Schr. III, 605. Vgl. S. Krämer, Denken als Rechenprozedur: Zur Genese eines kognitionswissenschaftlichen Paradigmas, Kognitionswissenschaften 2 (1991), 2ff.

richtige. Charakteristisch für diesen Begriff ist, daß er nicht, jedenfalls nicht in dem bisher geltenden Maße, auf der Seite dessen, der sich Wissen in Informationsform aneignet, eigene Wissensbildungskompetenzen voraussetzt. Erforderlich sind vielmehr Verarbeitungskompetenzen und das Vertrauen darauf, daß die Information ›stimmt‹. Informationen muß man glauben, wenn man ihr Wissen, das über die Information transportierte Wissen, nicht prüfen kann. Eben diese Prüfung aber war bisher konstitutiv für den Begriff der Wissensbildung: Wissen kann man sich nur als Wissender aneignen, Wissen setzt den Wissenden voraus.
Die Situation, daß Information an die Stelle des Wissens tritt bzw. zwischen Wissen und Information nicht mehr in der richtigen Weise unterschieden wird, ist allerdings nicht neu. Sie war auch früher immer dann gegeben, wenn man sich etwa auf das Wissen des Arztes verlassen mußte oder die Existenz von Klassikern bereits als Ausweis begründeten Wissens diente. Nur wurde eben dagegen mit der Idee der Aufklärung ein Wissensbegriff geltend gemacht, der gerade auf der *Selbständigkeit* des Wissenden, d. h. der produktiven, begründungsorientierten Aneignung des Wissens, beruhen sollte. Also kommt es darauf an, sehr genau zwischen einem Wissen, das seinen Sitz in einem selbst erworbenen, selbst Wissen produzierenden Sachverstand hat, und einem Wissen, das als mitgeteiltes übernommen und weiterverarbeitet wird, zu unterscheiden. Dies könnte heute dadurch geschehen, daß man sich unmißverständlich klarmacht, daß Informationstechnologien allein der Bereitstellung von Informationen dienen, die auf andere Weise entweder überhaupt nicht oder nicht in der gebotenen Schnelligkeit beschafft werden können, daß sie Informationen ›errechnen‹, und auch das nicht im Leibnizschen Sinne, in dem es so aussieht, als ob Vernunft und Denken nach einem Rechnerparadigma modelliert werden sollen, sondern ganz einfach so, daß mit ihnen die Wissensbestände klarwerden. Informationstechnologien wären *›rechnende‹ Enzyklopädien*, mehr nicht, aber auch nicht weniger. Der ›Anwender‹ muß wissen, worauf er sich einläßt, nicht, indem er den Informationstechnologien mißtraut, sondern indem er weiß, wie er Informationen mit dem eigenen Wissen verbindet. Vor dem Bildschirm hat es keinen Sinn, »den Skeptiker zu spielen« (A. Fuhrmann), nur sollte der richtige Kopf vor dem Bildschirm sitzen.
Damit klar wird, was hier gemeint ist, sind einige ›erkenntnistheo-

retische‹ oder epistemische Unterscheidungen angebracht. Sie betreffen die Begriffe Wissen, Gewißheit, Meinung und Information. Zunächst noch einmal zum Begriff des *Wissens*. Wissen bezeichnet einen *objektiven* Tatbestand, einschließlich seiner Begründungsstruktur. Wer etwas weiß, verfügt über diesen Tatbestand; er vermag ihn in seinem Wissen zu reproduzieren, indem er *begründet*, was er weiß. In diesem Sinne weiß etwa ein Mathematiker einen geometrischen oder anderen Sachverhalt, wenn er ihn an der Tafel ›demonstriert‹. Daraus läßt sich sogar ein Kriterium für (wirkliches) Wissen gewinnen: Wissen heißt lehren können. Wer nichts weiß oder sich nur daran erinnert, was er gelesen, was er am Bildschirm ›gesehen‹ hat, vermag auch nicht zu lehren. Den Beweis dafür bildet manch traurige Lehr- und Lernsituation, nicht nur in der Schule, sondern auch in der Universität. Die Reduktion von Lehrprozessen auf Mitteilungsprozesse, d.h. Informationsprozesse, war allemal ein Mauseloch für unglückliche Lehrer.

Im Unterschied zu Wissen bezeichnet *Gewißheit* keinen objektiven, sondern einen *subjektiven* Tatbestand, einen subjektiven Zustand wie Geborgenheit und Zorn. Sich einer oder seiner Sache gewiß sein, bedeutet nicht schon das Vorliegen von Wissen im eben beschriebenen Sinne, sondern die Überzeugung, es mit Wissen zu tun zu haben, Recht zu haben. Wittgenstein formuliert das wie folgt: »Die Gewißheit ist *gleichsam* ein Ton, in dem man den Tatbestand festhält, aber man schließt nicht aus dem Ton darauf, daß er berechtigt ist.«[17] Gewißheit kann enttäuscht werden, Wissen, wenn es sich um wirkliches, begründetes Wissen handelt, nicht. Insofern gilt aber auch für die Gewißheit das zur Definition des Wissens gehörige Kriterium, daß man auch lehren kann, was man weiß, nicht. Fundamentalistische und andere Rattenfänger leben vom Verwischen dieses Umstands.

Noch anders verhält es sich mit der *Meinung*. Dabei ist Meinung zunächst wie Gewißheit eine *subjektive* Orientierungsweise, ein subjektiver Zustand ohne Begründungsstruktur, wie sie das Wissen auszeichnet. Von Meinungen wird erwartet, daß sie *plausibel* sind, nicht daß sie begründet sind. Eben damit ist aber anders als im Falle der Gewißheit mit dem Begriff der Meinung eine gewisse

17 L. Wittgenstein, Über Gewißheit/On Certainty, ed. G. E. M. Anscombe/G. H. v. Wright, Oxford 1969, 6 (Nr. 30).

Wahrheitsnähe gegeben: Meinungen können *bloße* Meinungen sein, d.h. ohne erkennbare Wahrheitsnähe, sie können aber auch plausibel, berechtigt, ja begründet sein. In letzterem Falle wären sie gewissermaßen auf dem Wege zum Wissen, nur ›wüßte‹ der Meinende noch nicht, daß er bereits auf der Seite des Wissens steht. Wenn eine Person P meint (glaubt), daß ein Sachverhalt S zutrifft, und S tatsächlich der Fall ist, dann *weiß* P zwar nicht, daß S der Fall ist, könnte dies aber wissen, wenn entsprechende Begründungen angestellt würden. Eine begründete Meinung wäre im Sinne Platons, der als erster derartige epistemische Unterscheidungen traf, eine berechtigte wahre Meinung[18], nur weiß dies nicht der Meinende selbst, sondern der den Meinenden bzw. eine Meinung beurteilende Wissende. Meinung setzt Wissen voraus, um als berechtigte oder gar begründete Meinung beurteilbar zu sein. Andererseits entlastet Meinung auch vom Wissen, nämlich in all den Fällen, in denen sich die Welt nicht ohne Rest als Summe von Wahrheiten darstellen läßt. Ohne kluge Meinungen, d.h. Meinungen, die sich klug gemacht haben, ohne selbst im Namen der Wahrheit oder des bewiesenen Wissens sprechen zu können, wären wir alle lebensunfähig.

Doch nicht um diesen Begriff der Meinung geht es hier, sondern um einen Begriff, der sich an die Stelle des Wissens zu setzen sucht. Eben dies geschieht, wenn Informationen pauschal schon für Wissen gehalten werden. Dabei liegt der Begriff der *Information* selbst auf einer ganz anderen epistemischen Ebene als die bisher behandelten Begriffe des Wissens, der Gewißheit und der Meinung. Informationen informieren sowohl über Wissen als auch über Gewißheiten und Meinungen (und viele andere Orientierungsformen mehr). Das heißt: Information ist nicht ein Begriff, der neben die Begriffe Wissen, Gewißheit und Meinung tritt, sondern ein Begriff, der einer anderen Kategorie angehört, eben auf einer anderen epistemischen Ebene liegt. Information sagt, was der Fall ist und wie etwas der Fall ist, d.h., in welcher Form, z.B. auch in Gewißheits- oder Meinungsform, ein Tatbestand oder ein Sachverhalt vorliegt. Sie ist in diesem Sinne nicht eigentlich eine eigene Wissensform, sondern eine *Kommunikationsform*. Noch einmal: In Informationsform machen sich Wissen, Gewißheiten und Meinungen transportabel; sie bieten sich an, werden in

18 Vgl. Theait. 200d ff.

begrifflicher und handwerklicher Weise übertragbar. Das bedeutet allerdings auch, daß sich Wissen, Gewißheiten und Meinungen in Informationsform einander angleichen, schwer unterscheidbar werden. Informationen sieht man in der Regel nicht an, ob sich hinter ihnen Wissen, Gewißheiten oder Meinungen verbergen. Und eben darin liegt das Problem mit dem Informationsbegriff, von dem manche schon meinen, daß er einen neuen Wissensbegriff darstelle.

Es kommt noch eine weitere epistemische Unterscheidung hinzu. Wissen stellt sich in Aussagen dar und Aussagen haben einen *propositionalen* und einen *performativen* Gehalt. Der propositionale Gehalt bezieht sich allgemein auf das, was eine Aussage ›inhaltlich‹ *besagt*, der performative Gehalt bezieht sich auf den Umstand, daß eine Aussage z. B. eine *Feststellung* oder eine *Behauptung* sein kann. Feststellungen und Behauptungen unterscheiden sich dabei vor allem durch die Art ihrer Begründung. Feststellungen werden begründet, indem *gezeigt* wird, daß sie zutreffen (z. B. im Falle der Aussage ›die Berliner Universität wurde am 16. August 1809 gegründet‹ dadurch, daß in einem Archiv die Stiftungsurkunde, die der preußische König an diesem Datum unterzeichnet hatte, eingesehen wird); Behauptungen werden begründet, indem auf *argumentative* Weise, d. h. vor allem in Form einer Beantwortung von Warum-Fragen, dargelegt wird, daß das Behauptete auch der Fall ist (z. B. im Falle der Aussage, daß die Aneignung der Natur die Existenz des Menschen gefährde). Performative Aussagen können als Sprachhandlungen insofern einen *informativen* Sinn (in der Weise von Feststellungen) und einen *konstativen* Sinn (in der Weise von Behauptungen) haben. Auch dieser Unterschied aber wird im Begriff der Information vielfach unkenntlich, d. h., konstative Aussagen werden wie informative Aussagen behandelt, der unterschiedliche performative Gehalt, der auch einen Unterschied in der Begründungsstruktur besagt, geht verloren.

Das muß natürlich nicht der Fall sein (auch ein unterschiedlicher performativer Gehalt kann in einer Information ›technisch‹ kenntlich gemacht werden), und doch charakterisiert auch diese Unbestimmtheit den modernen Informationsbegriff, zumindest in seinem (ohnehin unscharfen) Gebrauch in den Wendungen Informationswelt und Informationsgesellschaft. Diese suggerieren einen einheitlichen Wissensbegriff (im Begriff der Information), wo es doch – wie hier anhand der Begriffe Wissen, Gewißheit und Meinung gezeigt wurde – gerade darum geht, zwischen unterschiedlichen Wissensbegriffen und unterschiedlichen epistemischen Ebenen zu unterscheiden. Auch ist hier nicht einfach der Unterschied zwischen einem Wissen aus ›erster‹ Hand und einem Wissen aus ›zweiter‹ Hand, das dann Information wäre, gemeint. In beiden Fällen – wenn nicht die erste Hand die eigene Hand wäre – würde es sich zunächst einmal um verfügbares Wissen handeln, das sich weitertransportieren oder anwenden läßt, auch ohne daß man nach seiner Begründung fragte oder es, z. B. lehrend, anders als in Informationsform zu reproduzieren verstünde. Worauf es bei dem hier explizierten Wissensbegriff ankommt, ist eben das Vermögen der selbständigen Wissensbildung, als wisse man zum ersten Mal, als sei man noch einmal Euklid, der den Fundamentalsatz der (elementaren) Zahlentheorie über die eindeutige Primfaktorzerlegung beweist, oder Newton, der das Gravitationsgesetz formuliert. Dieses für den Wissensbegriff konstitutive Vermögen tritt in der Selbstdeutung einer Informationswelt und einer Informationsgesellschaft zurück; daß Wissen verfügbar ist (in Informationsform), ist wichtiger als sein Begreifen. Die unschuldigen Bewohner einer Informationswelt verhalten sich nach dieser Selbstdeutung wie Mathematikschüler, die, wohlinformiert, die richtigen Formeln anwenden, das Richtige herausbekommen und doch nicht wissen, warum – wissen genau in dem emphatischen bzw. ursprünglichen Sinne, daß sie auch sagen könnten, warum (und nicht nur wie) sich in diesem Falle Konstruktionsschritt für Konstruktionsschritt zum Wissen zusammenschließen.

Im übrigen kann natürlich auch ein Rechner Begründungen oder Beweise für Aussagen liefern, und das vor allem dort, wo diese mit Papier und Bleistift nicht oder nur sehr schlecht nachvollzogen werden können. Automatisch gewonnene Beweise sind zwar Beweise in einem anderen Sinne als Papier-und-Bleistift-Beweise, nur liegt der Unterschied nicht im Maß des Wissens oder der Gewißheit. So wird, wenn es jemals einen Beweis von Fermats Letztem Theorem geben wird, dieser sicher zunächst ein Papierbeweis, kein automatisch erzeugter Beweis sein. Doch wird die Richtigkeit des Beweises zumindest für einige Zeit wesentlich weniger gewiß (im Sinne einer auf definitives Wissen gestützten Gewißheit) sein als etwa der Satz ›10006341 ist eine Primzahl und

$10006341 = 579^2 + 3110^2$‹, der natürlich maschinell bewiesen wird. Nicht die Verwendung eines Rechners ist hinsichtlich der hier formulierten Probleme mit einem Wissens- und einem Informationsbegriff das Entscheidende, sondern das Undeutlichwerden zweier epistemischer Kategorien oder Ebenen.

3. Orientierungsprobleme

In der oberflächlichen Beschreibung der modernen Welt als Informationswelt und ihrer Bewohner als Informationsgesellschaft drückt sich eine Entwicklung aus, die von der Idee *epistemischer Selbständigkeit*, die ein wesentliches Merkmal der Aufklärung ist, zu *epistemischer Unselbständigkeit* führt. Diese Entwicklung setzt dort ein, wo sich Information von jenem Wissen löst, das sie schafft, bzw. wo diese Verbindung nicht mehr gesehen oder nicht mehr ernstgenommen wird. In dem Maße, in dem Abhängigkeiten gegenüber Informationen wachsen und das eigene, selbst erworbene und selbst beherrschte Wissen abnimmt, tritt genau das ein, was bereits hervorgehoben wurde: Im Medium der Information werden Wissen und Meinung ununterscheidbar. Meinung artikuliert sich in Informationsform wie Wissen, der epistemische Vorsprung des Wissens vor der Meinung wird unkenntlich. Das aber bedeutet, daß der Informationswelt strukturell und auf den durchschnittlichen ›Konsumenten‹ bezogen, eine *Meinungswelt*, keine Wissenswelt entspricht und daß neben der Information der Verlust des Wissens wohnt.

Hinzu kommt, daß in einer Informationswelt auch das *erfahrungsfreie* Wissen wächst. In Informationsform löst sich das Wissen nicht nur aus seiner Wissensbildungskompetenz, sondern auch aus seiner Erfahrungswelt.[19] Was wir heute wissen, wissen wir in der Regel auch ohne Kenntnis seines Werdens, ohne Teilnahme an seinem Aufbau, ohne (epistemischen) Erfahrungsbezug. Auch das verstärkt noch einmal ein allgemeines Moment einer Informationswelt: Was wir heute wissen, haben wir in vielen Fällen ohne Begründungskompetenzen ungeprüft übernommen, vermögen wir nicht zu kontrollieren. Das Wissen in Informa-

19 Vgl. B. Guggenberger, Das Menschenrecht auf Irrtum. Anleitung zur Unvollkommenheit, München/Wien 1987, 11ff.

tionsform beherrscht uns, weil wir selbst die produktive Herrschaft über das Wissen verloren haben. Gemeint ist nicht das Wissen an sich, das Wissen, von dem etwa die Wissenschaft oder ein im definierten Sinne Wissender, epistemisch selbständig, weiß, sondern wieder das Wissen des durchschnittlichen ›Konsumenten‹. Dieser wendet Wissen an, aber er produziert es immer weniger bzw. durchschaut noch, selbst begründungs- und in diesem Sinne wissensorientiert, sein Zustandekommen.

Um es noch deutlicher auszudrücken: Wo sich epistemische Selbständigkeit zu epistemischer Unselbständigkeit verkehrt, wo in Informationsform zwischen Wissen und Meinung nicht mehr unterschieden wird bzw. dieser Unterschied nicht mehr kenntlich ist, öffnet sich in überraschender Weise in einer Gesellschaft, die sich selbst als Informationsgesellschaft bezeichnet, eine kulturökologische Nische für eine neue *Dummheit*.[20] Diese Dummheit ist nicht mehr die dumpfe Dummheit des Ungebildeten und Verstockten, aber sie teilt mit der Dummheit im üblichen Sinne die habituelle Nicht-Existenz von Wissen im hier definierten Sinne. Sie ist eine Dummheit auf hohem Niveau, gibt sich nur dem auf Wiederherstellung einer ursprünglichen Wissenswelt Dringenden wirklich zu erkennen und fällt im übrigen nur deshalb nicht sonderlich auf, weil sie, technologisch gesehen, ungeheuer erfolgreich ist.

Das klingt natürlich polemisch und ist auch polemisch gemeint. Polemik ist ja nicht nur etwas Unsachgemäßes, sie ist auch der Stachel im Fleisch einer allzusehr von sich selbst überzeugten Kultur, auf welchem intellektuellen Niveau auch immer. In diesem Falle geht es darum, die Dynamik einer Welt, die sich als Informationswelt versteht, und einer Gesellschaft, die nach Meinung ihrer soziologischen und politischen Konstrukteure eine Informationsgesellschaft werden soll, deutlich zu machen. Diese kommt nicht nur in einer wachsenden epistemischen Unüberschaubarkeit (bei gleichzeitigem Fortschritt in der Integration des Wissens) zum Ausdruck, d. h. etwa darin, daß auch für den Informationsbereich gilt, was man allgemein über begrenzte Aufnah-

20 Vgl. J. Mittelstraß, Bibliothek und geisteswissenschaftliche Forschung, in: R. Landwehrmeyer/K. Franken/U. Ott/G. Wiegand (Eds.), Bibliotheken im Netz. Funktionswandel wissenschaftlicher Bibliotheken durch Informationsverarbeitungsnetze, München/New York/London/Oxford 1986, 36ff.

mekapazitäten im Umgang mit der modernen Welt sagt: »Wir leben mit mehr Menschen zusammen, als wir ertragen können, und wir leben mit mehr Dingen zusammen, als wir beherrschen können«[21]; wir leben auch mit mehr Informationen zusammen, als wir verarbeiten können. Die Dynamik dieser Welt bringt sich vielmehr auch darin zur Geltung, daß sich ihre Wissensstrukturen verändern. Auf den Strömen der Information entfernen wir uns immer weiter von den Quellen, die das Wissen sind. Und in dieser Entwicklung droht das politische Prinzip des Teilens und Herrschens (›divide et impera‹) auch zu einem epistemischen Prinzip zu werden, droht (noch einmal) der Verlust des Wissens.

Gemeint ist hier die zunehmende Partikularisierung des Wissens, die in einem seltsamen Gegensatz zur zunehmenden ›technologischen‹ Integration des Wissens steht. Diese Integration führt nicht, was man vermuten könnte, zu einer neuen (oder alten) Einheit des universal orientierten Wissenden, sondern gerade im Gegensatz dazu zur Kreation des *Experten*. Die Informationswelt ist eine *Expertenwelt*; in ihr herrscht nicht die Leibnizsche Monade, in der sich auch in Wissensdingen ein Universum spiegeln soll, sondern der Spezialist, in dem sich fast nichts mehr oder nur noch (frei nach Schiller) eine geteilte Erde spiegelt. Wer immer mehr von immer weniger weiß, ist auf die Rückseite der Universalität geraten; er sucht sie im Detail, das für ihn nun das Ganze ist.

Das aber kann unter Orientierungsgesichtspunkten nicht gutgehen, zumindest ist auch hier eine neue Unübersichtlichkeit (Habermas) die Folge. Wo die Informationswelt zur Expertenwelt wird, ist das Ideal der Einheit des Wissens, auch wenn es ›technologisch‹ noch weiter verfolgt wird, gesellschaftlich funktionslos geworden. Allenfalls lebt es wie sein eigener Schatten in Form des so genannten Generalisten weiter, der sich als die Hoffnung des Politikers angesichts der Herrschaft der Experten und seiner eigenen Verzwergung auf der Seite des Sachverstandes im politischen Raum festzusetzen sucht. Die Ordnung des Wissens in den Kategorien Universalität und Fachlichkeit, d. h. in einer Form der Zuständigkeit für das Ganze und seine Teile (einige Teile), wird blaß. Und erneut ist es der Begriff der Information, der nicht nur auf

21 Y. Friedman, zitiert bei P. Atteslander: Mehr oder weniger Demokratie? Durch die neuen Medientechniken droht eine gefährliche Überinformation, DIE ZEIT, Nr. 52, 20. 12. 1985, 42.

der Verursacherseite steht, sondern auch Entlastung, entlastende Orientierung verspricht.
Das Entscheidende ist hier das Stichwort *Orientierung*. Wenn das Wissen, auch das wissenschaftliche Wissen, nicht nur der Entdekkung des Unentdeckten, der Besiedlung des Unbekannten, dem Ausmessen der wirklichen und vieler möglicher Welten dient, sondern auch der Orientierung in einer Welt, in der wir wirklich leben und deren Probleme keine ausgedachten Probleme sind, dann muß auch ein Informationswissen, d. h. Wissen in Informationsform, seinen wohlbestimmten Platz in einer derartigen Ordnung finden. Und hier lautet nun die These, daß Informationen im strengen Sinne nicht orientieren, daß sie aber zu den Voraussetzungen oder Grundlagen der Orientierung gehören. Maßgebend für diese Bestimmung ist, daß Informationswissen in erster Linie ein Faktenwissen ist, d. h. ein Wissen darüber, was der Fall ist und wie etwas der Fall ist. Demgegenüber läßt sich ein Orientierungswissen als ein Zwecke- und Zielewissen definieren, d. h. als ein Wissen darüber, was (begründet) der Fall sein soll und wie etwas (begründet) der Fall sein soll. Informationswissen ist daher auch im Unterschied zum Orientierungswissen ein *Verfügungswissen*, d. h. ein (instrumentelles) Wissen um Ursachen, Wirkungen und Mittel. Als solches ist es wie dieses ein *positives* Wissen, kein *regulatives* Wissen. Regulatives Wissen ist nach den hier getroffenen Unterscheidungen kein Verfügungswissen, sondern ein Orientierungswissen. Oder noch anders, den ›Ort‹ des Informationswissens im System des Wissens verdeutlichend, formuliert: Informationswissen ist Teil eines Verfügungswissens und dient dem Orientierungswissen.
Diese begrifflichen Unterscheidungen machen deutlich, daß die Beschwörung einer Informationsgesellschaft ins Leere geht, wenn mit ihr nicht nur eine *informierte*, sondern auch eine *orientierte* Gesellschaft gemeint sein sollte. Wenn Informationen der Orientierung dienen, aber nicht selbst schon die Orientierung sind, dann bedarf auch eine Gesellschaft, die sich als Informationsgesellschaft bezeichnet, der Ergänzung eines Informationswissens durch ein Orientierungswissen. Wie dies zu gewinnen ist, ist daher auch keine Frage, die sich über noch mehr Informationswissen beantworten läßt. Mit anderen Worten: Die Informationswelt ist keine Orientierungswelt, auch wenn in rationalen Kulturen jede Orientierungswelt, d. h. eine Welt, die nicht nur Was- und

Warum-Fragen, sondern auch Wozu-Fragen zu beantworten sucht, (zunehmend) Elemente eines Informationswissens enthalten muß.

An dieser Stelle sei auch noch einmal die in einer Informationswelt, nämlich als Expertenwelt, offen zutage tretende kulturelle Dichotomie zwischen dem Spezialisten und dem Generalisten ins richtige Licht gesetzt. Wer sich in dieser Dichotomie bewegt, d. h. glaubt, sich in der Alternative zwischen dem zu eng geschnittenen Hemd des Experten und dem zu weit geschnittenen Hemd des Generalisten entscheiden zu müssen, resigniert zu früh. Auch gilt es hier keineswegs, eine epistemische Einheitsgröße Medium* zu entwickeln. Es gibt nämlich nicht etwa zu viele Spezialisten und zu wenig Generalisten, sondern zu wenig Spezialisten mit generellen Kompetenzen und zu viele Generalisten ohne spezielle Kompetenzen. Der Spezialist, der nur ein Spezialist ist, ist in jeder Welt, nicht nur in einer Informationswelt, ein armer Wicht. Das gleiche gilt für den Generalisten, der, ganz gleich in welcher Welt, nichts wirklich genau weiß.

Das trifft im übrigen für die Wissenschaft ebenso zu wie für das normale Berufsleben. Auch in der Wissenschaft ist nicht so sehr der Spezialist der Wissenschaftler der Zukunft (obgleich gerade die Wissenschaft das Spezialistenimage pflegt), sondern der Grenzgänger, d. h. der Wissenschaftler, der sich aus den üblichen disziplinären und fachlichen Grenzen löst und diese Grenzen in interdisziplinär oder besser transdisziplinär orientierter Forschung überschreitet. Dieser Wissenschaftler ist aus der Sicht seiner Disziplin oder seines Faches ein Generalist (er fügt sich den disziplinären oder fachlichen Gepflogenheiten nicht, bricht in Richtung Nachbars Garten auf), aus der Sicht des Wissenschaftssystems insgesamt ein Spezialist (er arbeitet, wo niemand siedelt, kennt sich in Dingen aus, die niemand kennt). Die Universalität der Wissenschaft gewinnt gerade auf diese Weise ihre eigentümliche Wirklichkeit: sie ist das Neue, das die Wissenschaft überall sucht und das sie selber ist, solange sie sucht; und sie ist das niemals wirklich eingelöste Versprechen, die Natur und den Geist vollständig zu begreifen.

Der Prozeß der Wissensbildung ist ein *offener* Prozeß, wie der der Orientierung. Beide sind zudem in einer rationalen Kultur aufeinander bezogen, und keiner kann an die Stelle des anderen treten. Das gleiche gilt von einer Informationswelt, die eine Expertenwelt ist, und einer Orientierungswelt, die keine Expertenwelt ist. Auch hier kann die eine Seite nicht für die andere sprechen, vor allem dann nicht, wenn das Wissen in der oberflächlichen Selbstwahrnehmung einer Informationswelt und einer Informationsgesellschaft seine epistemische Selbständigkeit verliert, d. h., wenn Wissen und Meinung im Medium der Information ununterscheidbar werden. In diesem Falle werden allerdings epistemische Probleme auch zu Orientierungsproblemen.

4. KI und Urteilskraft

Wo heute Probleme des Wissens und der Orientierung in einem wissenschaftstheoretischen und informationswissenschaftlichen Rahmen diskutiert werden, fällt auch das Stichwort KI. KI-Forschung, d. h. Forschung über künstliche Intelligenz, sucht nicht nur die Leistungsfähigkeit von Informationstechnologien im Sinne der Erweiterung eines Informations- und Expertenwissens zu stärken, sondern bezieht auch Probleme eines Orientierungswissens ein. Der Phantasie scheinen dabei keine Grenzen gesteckt, science fiction ist allgegenwärtig, z. B. in den Worten eines Forschungschefs, mit denen dieser mit Blick auf die Entwicklung von Hochleistungsrechnern ›nach menschlichem Maß‹ seiner Phantasie die Zügel schießen läßt: »Der Fingertip-top könnte (...) noch per Sprache mit dem Benutzer kommunizieren. Für den Needle-tip-top sehe ich so recht noch keine Verwendung, aber der Braintop als direkt an das Nervennetz angeschlossenes Implantat könnte unsere linke Gehirnhälfte erheblich aufmöbeln, wenn in ihm nur das positive Wissen der Encyclopaedia Britannica, der Prädikatenkalkül als logische Gehhilfe und das Vokabular (einschließlich Grammatik) von so etwa 20 Sprachen gespeichert wären. (...) Unsere linke Gehirnhälfte könnte sich dann mit komplexeren rationalen Problemen befassen, und die rechte stünde natürlich völlig für die menschliche Seite, d. h. für Sport, Kultur und Kunst, Politik, Hobby, Philosophie und natürlich für die Liebe in allen Spielarten von agape bis zum eros pandemos zur Verfügung.«[22] Orientierungswissen, so steht zu vermuten, wäre

22 K. J. Schmidt-Tiedemann, Forschung 2000, Ms. Hamburg, Juni 1991 (MS-H 4886V/91), 3. Schmidt-Tiedemann war bis Juli 1991 Leiter der deutschen Philips-Forschung.

dann ebenfalls eine Sache der linken Gehirnhälfte, der Braintop wird's schon richten.

Sollen wir uns unsere Welt so einfach machen und so technologiegerecht? Für das Rationale, einschließlich einer Orientierungsrationalität, sorgten die Informationstechnologien, für das Irrationale wir selbst? Der Braintop als die Zukunft der Vernunft auf dem Wege in das nächste Jahrtausend? Auch unser Forschungschef scheint daran nicht recht zu glauben, jedenfalls findet er nach diesem phantastischen Ausblick sehr schnell zu den materialen Problemen der Softwareentwicklung, der Physik und der Materialforschung (Stichwort Halbleiterentwicklung) zurück. Technologien bleiben eben auch dann noch Werkzeuge in der Hand des Menschen, wenn der Mensch ihnen Leben nach seiner Art einzuhauchen sucht. Außerdem bewegen wir uns mit derartigen Phantasien im unbegrenzten Reich der Analogien. Die aber sind, z. B. wenn wir von KI als selbstbewußter Intelligenz sprächen, ohnehin eher das Geschäft des Schriftstellers und des Zauberers als des Wissenschaftlers, auch wenn analogische Ausschweifungen manchmal auch in der Wissenschaft im Sinne des zeitweiligen Beiseiteschiebens von Gewohnheiten, desgleichen von methodischem Gehorsam und intellektuellen Bequemlichkeiten, sehr fruchtbar sein können. Wer das Unmögliche nicht berührt, wird auch im Möglichen durchschnittlich bleiben.

In diesem Zusammenhang seien zwei Mißverständnisse kurz erwähnt, die sich der suggestiven Kraft der Intelligenzmetapher verdanken. Das erste Mißverständnis artikuliert sich in der Annahme, die neuen ›intelligenten Maschinen‹ könnten ihren instrumentellen Charakter verlieren und sich als ›künstliche‹ Intelligenz der Kontrolle durch die natürliche, d. h. die menschliche Intelligenz entziehen. Wenn es der eigentliche Sinn dieser intelligenten Maschinen ist, »eine spezifische Tätigkeit des menschlichen Gehirns zu optimieren und zu beschleunigen«, dann, so lautet hier die Annahme, werde schon aus dieser Definition klar, »daß, wenn denn die Aufgabe dieser Maschinen die Verbesserung und Beschleunigung von Tätigkeiten des menschlichen Gehirns ist, kein menschliches Gehirn dies jemals kontrollieren« könne[23].

23 W. Zimmerli, Die ›neuen‹ Technologien und die Aufgaben von Geisteswissenschaften und Philosophie, in: Neue Technologien und die Herausforderung an die Geisteswissenschaften. Referate und Diskus-

Was hier als sogenanntes ›informationstechnologisches Paradox‹[24] Klarheit beansprucht, ist in Wahrheit eine Unklarheit. Richtig ist, daß große Programmsysteme schwer zu übersehen und oft auch fehlerhaft sind, doch handelt es sich hierbei um keine prinzipielle Grenze unseres Umgangs mit dieser neuen Technologie ›intelligenter Maschinen‹, eine Grenze, über die hinaus nur die Maschinen selber führen. Geschwindigkeit (und auf nichts anderes hebt das erwähnte ›informationstechnologische Paradox‹ ja ab) ist nämlich auch in diesem Falle keine Hexerei, und im übrigen etwas durchaus Vertrautes: Selbst alte mechanische Rechenmaschinen rechnen schneller als das menschliche Gehirn. So gilt allgemein und nicht erst für die neuen Maschinen: wir überschauen zwar nicht jeden einzelnen Schritt, aber wir überschauen das Programm der Maschine. Auch Maschinen der Zukunft, die ihre Programme selbst verändern und sich in diesem Sinne ›intelligent‹, nämlich sich neuen Problemlagen anpassend, verhalten, werden dies nach Programmen tun, d. h. in einer auch dann noch kontrollierbaren Weise. Die Zauberlehrlingsvorstellung, der Rechner mache sich selbständig, ist unrealistisch und selbst Ausdruck einer noch immer mythischen Phantasie.

Es kommt aber nicht darauf an, die sogenannte Intelligenz der sogenannten intelligenten Maschinen zu mystifizieren, sondern z. B. darauf, Sprachen zu entwickeln, die eine übersichtliche Struktur derartiger Systeme erzeugen und es damit auch ermöglichen, sie auf Korrektheit zu testen. Die moderne Entwicklung in diesem Technologiesektor geht ganz unmythisch in diese Richtung, wobei Innovationen vor allem beim Entwurf neuer Rechnerarchitekturen (wie etwa im Falle optischer Rechner oder des Übergangs von sequentiell arbeitenden Rechnern zu Parallelrechnern) und neuer Softwarekonzeptionen, aber auch von Theorien der Wissensverarbeitung und Informationsverarbeitung in biologischen Systemen (einschließlich Netzwerktheorien) erwartet werden dürfen. KI bedeutet in diesem Sinne keine neuen Monster, sondern Erweiterung unserer technischen Möglichkeiten in eine Richtung, die man (auch mit der gebotenen Nüchternheit) durch-

sionen eines Kolloquiums in der Villa Vigoni vom 16./17. Juni 1986, Bonn 1987 (Bundesminister für Bildung und Wissenschaft, Schriftenreihe Studien zu Bildung und Wissenschaft 54), 101.

24 Ebd.

aus mit dem Terminus intelligentes Verhalten in Verbindung bringen kann, z. B. wenn es um die Entwicklung von Heuristiken zur Auffindung von Substitutionen bei Integrationsaufgaben geht.
Das zweite Mißverständnis hängt eng mit dem ersten zusammen. Es betrifft die Vorstellung, daß in Entscheidungszusammenhängen die künstliche Intelligenz zunehmend an die Stelle der natürlichen, menschlichen tritt. Auch hier handelt es sich im wesentlichen um einen Mythos, der viel Unkenntnis mit viel Phantasie verbindet. So gibt es durchaus Programme, von denen sich sagen ließe, daß sie Entscheidungen treffen, z. B. Programme, die Kosten-Nutzen-Probleme lösen. Doch sind derartige Entscheidungen ebenso wie Rechenschritte programmgebunden und daher, richtiger formuliert, im Grunde auch nur das ›Material‹ von Entscheidungen, nicht diese selbst. Rechner verarbeiten Informationen, sie modellieren auch Entscheidungen, aber sie entscheiden im strengen Sinne nicht selbst, ebensowenig wie sie im strengen Sinne selbst *denken*. Das ist von Joseph Weizenbaum, einem der Väter des Konzepts der Künstlichen Intelligenz, einmal wie folgt formuliert worden: »Die weit verbreitete Vorstellung von Managern, die ihren Computern Fragen von der Form eingeben: ›Was sollen wir jetzt tun?‹ und dann auf die ›Entscheidung‹ des Computers warten, ist weitgehend falsch. In Wirklichkeit sieht es so aus, daß die Menschen die Verarbeitung von Informationen, auf denen Entscheidungen gegründet sein müssen, enorm komplexen Computersystemen überlassen haben.«[25] Im Grunde handelt es sich hier, bei der Rede von Entscheidung, um ein semantisches Problem. Und hinter semantischen Problemen und ihren Lösungen stehen allemal Konventionen, nicht empirische Zwänge.
Im übrigen ist, wenn in diesem Zusammenhang auch vom Denken gesprochen wird bzw. davon, daß Rechner nicht denken, ein emphatischer Begriff von Denken und damit auch von Intelligenz oder Vernunft gemeint. Die Intelligenzanalogie trägt durchaus, wenn nicht dieser Begriff, sondern der Begriff einer natürlichen Intelligenz auf niedrigerem Niveau gemeint ist, die künstlich modellierbar ist. Das verdeutlicht z. B. der Forschungsansatz der kognitiven Psychologie, mentale Abläufe nach dem Rechnerparadigma zu modellieren. Also kommt es hier wie auch in anderen

25 J. Weizenbaum, Die Macht der Computer und die Ohnmacht der Vernunft, Frankfurt 1977, 63.

Fällen darauf an, die richtigen Unterscheidungen zu treffen, in diesem Falle die Unterscheidung, welcher Bereich der natürlichen Intelligenz künstlich, d. h. nach dem Rechnerparadigma modellierbar ist und welcher nicht. Kants *noumenaler* Bereich der Vernunft und der Ideen oder das, was die klassische Metaphysik als intellektuelle Anschauung bezeichnet, ist es gewiß nicht, und diese Bereiche meint auch die KI-Forschung nicht. Analogien zwischen derartigen Bereichen und ›künstlicher‹ Intelligenz bzw. Analogien, die der Vernunft ein Maschinenherz (und ein Maschinenhirn) geben, sind immer problematisch, wenn nicht falsch. Sie entsprechen in der wissenschaftstheoretischen Debatte um das Leib-Seele-Problem der sogenannten Identitätstheorie, die Gehirnzustände und psychische Vorgänge einschließlich des Denkens als identisch ansieht und eine durchaus sinnvolle, kontingente, aber wahrscheinlich empirisch falsche Annahme darstellt.[26] Intelligente Rechner mögen für die meisten Menschen ein Rätsel sein, der vernünftige Mensch, wie ihn die Philosophie mit einem Autonomiebegriff zu bestimmen sucht, ist es für den Rechner gewiß ebenso.[27]

Das soll allerdings nicht bedeuten, daß alles in Ordnung ist und die Philosophie mal wieder, als sei in der Wissenschaft nichts geschehen, von vornherein recht hat. Tatsächlich hat sich die epistemische Struktur der modernen Welt, ob diese sich nun als Informationswelt bezeichnet oder anders, geändert. In welcher Weise, ist zuvor dargestellt worden. Dabei ist es nicht so sehr die Nähe, in die Vernunft und Denken zu KI und modernen Informationstechnologien geraten, die bedenklich ist. Bedenklich sind vielmehr die wachsende Unschärfe des Orientierungsbegriffs, klassisch ausgedrückt: das unklare Verhältnis zwischen (theoretischem) Verstand und (praktischer) Vernunft, und ein sich anbahnender Verlust der Nachdenklichkeit und der Urteilskraft. Was zuvor über das Verhältnis von Wissen und Meinung im Medium des Informationsbegriffs gesagt wurde, wiederholt sich im Verhältnis von Information und Nachdenklichkeit bzw. Urteilskraft.

Gemeint ist, daß sich in Form der modernen Informationstechno-

26 Vgl. M. Carrier/J. Mittelstraß, Geist, Gehirn, Verhalten. Das Leib-Seele-Problem und die Philosophie der Psychologie, Berlin/New York 1989, 85-120 (engl. Mind, Brain, Behavior. The Mind-Body Problem and the Philosophy of Psychology, Berlin/New York 1991, 81-113).

27 Vgl. J. Weizenbaum, a.a.O., 279.

logien Information an die Stelle des Nachdenkens und der Urteilskraft setzt. Natürlich muß auch jegliches Nachdenken und muß auch Urteilskraft informiert sein, aber Nachdenklichkeit und Urteilskraft können nicht in Information aufgehen. Eben dieses Mißverständnis setzt sich heute in vielen Köpfen fest. Nicht in den Köpfen der Nachdenklichen – die werden auch diese Rattenfängerattacke überstehen und unbeschädigt davonkommen –, aber in den Köpfen derjenigen, die zur intellektuellen Bequemlichkeit neigen, die lieber denken lassen als selber denken, die Wissen als ein Produkt ansehen, das auf dem Markte ist, nicht als etwas, das sich im eigenen Kopf bildet, die der künstlichen Intelligenz mehr vertrauen als der eigenen natürlichen. Nachdenklichkeit und Urteilskraft, die zum Wesen des Verstandes und der Vernunft gehören, scheinen entbehrlich zu werden.

Eben das aber ist ein Irrtum, wie es ein Irrtum ist, daß sich ein Verfügungswissen an die Stelle eines Orientierungswissens setzen kann. Wo eine Welt beginnt, ihr Wissen in wuchernden Bilder- und Informationswelten aufzulösen, sind nicht etwa weniger Nachdenklichkeit und weniger Urteilskraft vonnöten, sondern im Gegenteil: nur sie sind es, die das ›Projekt der Moderne‹, das im Kern ein Aufklärungsprojekt ist, auf Kurs halten können. Also kommt es auch darauf an, die Wahrnehmungsfähigkeiten, die Erfahrungsfähigkeiten und die (eigenen) Denkfähigkeiten nicht auf dem Altar einer Welt zu opfern, die dem einzelnen das Denken abnimmt und damit nur in eine neue Unselbständigkeit, nicht nur in eine epistemische, sondern auch in eine orientierungsmäßige, führt. Wo sich Bilder und Informationen an die Stelle von Wirklichkeiten und Wissen, gemeint ist hier wieder epistemische Selbständigkeit, zu setzen beginnen und Expertenkleinkram die Kammern des Bewußtseins besetzt, ist es um Nachdenklichkeit und Urteilskraft schlecht bestellt. Experten, wie wir sie heute definieren, haben keine universale Urteilskraft (die die Tradition auch als Bildung definierte), Bilder haben keine diskursive und Informationen haben keine synthetische Kraft.[28] Wer sich auf sie verläßt, hat nach Kant seine Mündigkeit verloren.

28 Vgl. dazu J. Mittelstraß, Der Flug der Eule. 15 Thesen über Bildung, Wissenschaft und Universität, in: ders., Der Flug der Eule. Von der Vernunft der Wissenschaft und der Aufgabe der Philosophie, Frankfurt 1989 (suhrkamp taschenbuch wissenschaft 796), 55 ff.

Was in dieser Situation nottut, was auch eine Informationswelt braucht, wenn sie nicht unter ihrer eigentlichen Leistungsfähigkeit bleiben will, ist daher auch die Wiedergewinnung der epistemischen Selbständigkeit des Denkens und jenes verbindenden Elements zwischen Verstand und Vernunft, Wissen und vernünftigem Leben, das schon Kant in der Urteilskraft sah. Alles, was wir in Zukunft an Einsichten, Einfällen, realistischen Visionen, Innovationen benötigen, setzt nicht nur den Fortschritt des technologischen Wissens voraus, sondern vor allem den vertrauten Umgang mit Problemen, neuen Situationen, neuen Anforderungsprofilen, paradox formuliert: den vertrauten Umgang mit dem Unbekannten, dessen Konturen in der Gegenwart sichtbar werden. Eben das aber besagt Urteilskraft. Urteilskraft ist ein Vermögen, das sich nicht aus Lehrbüchern, Rezeptbüchern oder Betriebsanleitungen speist, das den Schritt vom Wissen zum Können lenkt, für den es keine Instruktionen gibt, vom Allgemeinen zum Konkreten, für den es keine Regeln gibt, vom gelösten Problem zum ungelösten, von der Information zum Wissen. Urteilskraft: das ist der sichere Instinkt des Verstandes, der greift, nicht nur berührt, verändert, nicht nur beschreibt, das Wesentliche, ohne daß es den Dingen oder den Informationen auf der Stirn stünde, erfaßt, sich aneignet, Wege weist, orientiert.
Damit ist wiederum klar, daß sich Urteilskraft nicht lehren und lernen läßt, schon gar nicht in den üblichen Informationstechnologieformen. Sie will vielmehr ebenso wie die Vernunft herausgelockt werden, sich selbst gewahr werden, sie will geübt sein. Urteilskraft und Vernunft stellen sich ein, indem man sie gebraucht, wie Erfahrung und Einsicht, nicht als Eingebung oder Gnade, also gewissermaßen auf der Rückseite unserer Rationalitäten, sondern als ein selbst erworbenes produktives Können. Als die eigentlich orientierenden Vermögen stellen Urteilskraft und Vernunft insofern auch die Zukunft des Denkens und einer Informationswelt dar, die gerade hinsichtlich ihrer technologischen Kraft und ihrer zunehmenden Perfektibilität auf selbstbewußte und begründete Orientierungsleistungen angewiesen bleibt. Ohne klug beratende Urteilskraft und ohne klug beurteilende Vernunft auch keine Zukunft des Wissens und keine Zukunft einer Welt, die in wirklicher oder eingeredeter Orientierungslosigkeit zu versinken droht. Mit ihrem technischen Verstand hat sich die moderne Welt, zuletzt in Form einer Informationswelt, selbst auf die Probe gestellt; nur

mit der Wiederkehr des Wissens, dem selbstbewußten Geschwister von Vernunft und Urteilskraft, wird sie diese Probe auch bestehen.

Gestörte Verhältnisse?
Zur gesellschaftlichen Wahrnehmung von Wissenschaft

Vorbemerkung

Die moderne Welt ist keine natürliche Welt, sondern eine wissenschaftliche, eine durch wissenschaftliche (und technische) Rationalitäten bestimmte Welt. Wohin wir auch gehen – die Wissenschaft war immer schon da; was wir auch wissen – die Wissenschaft weiß es besser; was wir auch tun – die Wissenschaft beeinflußt unsere Handlungspläne und führt unsere Hand. Ohne Wissenschaft wäre die Welt heute unbewohnbar, und ohne Wissenschaft hätte die moderne Welt keine Zukunft.

Dennoch ist Wissenschaft, ebenso wie die Technik, die selbst ein wissenschaftliches Fundament besitzt, ins Gerede gekommen. Ihr Bild schwankt zwischen Zustimmung und Ablehnung; Akzeptanz ist zum Zauberwort gesellschaftlicher Beurteilung geworden. In unterschiedlicher Weise. Während es in den 60er und 70er Jahren die Frage nach der *gesellschaftlichen Relevanz* von Wissenschaft war, die die Debatten um die Rolle der Wissenschaft in der modernen Welt in der Öffentlichkeit und in den Hochschulen bestimmte, ist es heute die Frage nach dem *gesellschaftlichen Schaden* von Wissenschaft, die an ihre Stelle getreten ist. Wissenschaft, die nicht nur Probleme löst, sondern auch Probleme erzeugt, ist in den Mittelpunkt gesellschaftlicher Wissenschaftskritik gerückt. Die Verwandlung der (natürlichen) Welt in die Welt des modernen Menschen stößt in dem Maße auf Widerstände, in dem die Folgen des erkennenden, bauenden, wirtschaftenden und verwüstenden (wissenschaftlichen) Verstandes bedrohlicher und unübersichtlicher werden. Fortschritt, wissenschaftlicher und technischer Fortschritt, ist ein ambivalenter Begriff geworden.

1. Aneignung

Zu den wissenschaftsinduzierten Problemen der modernen Welt gehört, daß diese Welt im Unterschied zu vergangenen Welten, deren *kulturelle* Form (wie im Falle der griechischen und der christlichen Welt) stark war, ihre Orientierung vornehmlich in ihrer *technischen* Form sucht. Wissenschaftliche und technische Rationalitäten verselbständigen sich gegenüber nicht-technischen, ›kulturellen‹ Rationalitäten. Für die einen stehen die Natur- und Ingenieurwissenschaften mit ihrem Programm einer *Aneignung der Zukunft*, für die anderen die Geisteswissenschaften mit ihrer Beschränkung auf eine *Aneignung der Vergangenheit*. Die moderne Welt hat eine Janusgestalt: mit ihrem technischen Gesicht blickt sie nach vorne, mit ihrem kulturellen Gesicht blickt sie zurück.

Die Probleme der modernen Welt beruhen aber nicht nur in der Verselbständigung wissenschaftlich-technischer Rationalitäten, sondern auch darin, daß der moderne Mensch mit diesen Rationalitäten nicht nur der *Urheber* der modernen Welt ist. Er *gehört ihr* auch. Der Aneignung der alten Welt durch den Menschen und seinem Programm einer Aneignung der Zukunft folgt die *Aneignung des Menschen durch die moderne Welt*. Aus dem *Subjekt* des Fortschritts wird (zumindest partiell) ein *Objekt* des Fortschritts. Einerseits aus dem schon genannten Grunde: Rationalitäten, die der Mensch in Gang gesetzt hat, indem er sich selbst zum rationalen Subjekt machte, verselbständigen sich. Andererseits tritt sich der Mensch in diesen Rationalitäten, seinen weltschaffenden Rationalitäten, nur um so mächtiger selbst gegenüber. Die Welt, als wissenschaftlich-technische Welt ein Produkt, ein Artefakt des Menschen, nimmt selbst produktive Züge an. Sie arbeitet am Menschen, verändert seine Umwelt, verändert ihn.

Fortschritt, der sich in diesen Aneignungsstrukturen zur Geltung bringt, hat kein *Maß* in sich selbst. Er geht, wohin er will. Er verändert unsere Welt, orientiert unsere Welt, aber er führt auch in Orientierungsprobleme. Dabei stehen wissenschaftliche Entwicklungen mit technologischen Entwicklungen in einem gegenseitigen Abhängigkeitsverhältnis. Der Fortschritt der einen treibt den Fortschritt der anderen voran und umgekehrt. Ein Maß dieser Bewegung ist nicht erkennbar. Wenn es ein inneres Maß der Wissenschaft und der Technik geben sollte, dann dies, über jedes Maß hinauszugehen. Maß bedeutet stets auch Begrenzung und Einschränkung. Wissenschaftliche und technische Rationalitäten definieren sich aber gerade durch die Vorläufigkeit jeder Begrenzung.

Damit steht in der modernen Welt nicht die *Leistungsfähigkeit* wissenschaftlicher und technischer Rationalitäten in Frage, sondern die ›*innere Vernunft*‹ dieser Rationalitäten, eben ein Maß, das nicht nur in wissenschaftlicher und technischer Dynamik, sondern auch in Verträglichkeiten und Zuträglichkeiten mißt. Rationalität allein, gerade in ihrer wissenschaftlichen und technischen Form, ist – wie heute immer deutlicher wird – noch keine hinreichende Bedingung für eine humane Welt. Die philosophische Tradition hat dies durch die Unterscheidung zwischen *Vernunft* und *Verstand* auszudrücken versucht. Verstand sorgt für Rationalität, die die Welt verändert, Vernunft für Normativität, die Veränderungen nach einem vernünftigen Maß beurteilt und lenkt.

Mit einem derartigen Maß sieht es heute nicht gut aus. Die Wege der Wissenschaft in Forschung und Anwendung werden schmaler, unübersichtlicher, gefährlicher. Die ›innere‹ Maßlosigkeit der Wissenschaft erfaßt auch ihre Folgen. Schon jetzt ist ein Punkt erreicht, an dem die Anstrengungen, mit den Folgen wissenschaftlicher Forschung fertigzuwerden, nicht weniger groß sind als die Anstrengungen, die hinter dieser Forschung und ihren Resultaten stehen. Laufen uns die Folgen davon?

Zu den Folgen wissenschaftlicher und technischer Rationalitäten, die die Welt nicht nur bewohnbar, sondern ein Leben in dieser Welt auch unüberschaubar, problembesetzt machen, gehören die folgenden[1]:

1. Im *Fortschritt*, vor allem im sogenannten technologischen Wandel, ist kein Subjekt mehr erkennbar. Technologischer Wandel, der zur Dynamik der modernen Welt gehört, ist ein weitgehend anonymes Geschehen geworden. Der Fortschritt ist für den einzelnen undurchschaubar, er erfolgt hinter seinem Rücken. Darum läßt er sich auch weder einfach anhalten, noch lassen sich in ihm Verantwortlichkeiten streng zuteilen. Verantwortung wird zur

1 Ausführlichere Darstellung, unter Betonung ethischer Probleme, in: J. Mittelstraß, Das ethische Maß der Wissenschaft, Rechtshistorisches Journal 7 (1988), 193-210. Vgl. ferner: ders., Fortschritt und Eliten. Analysen zur Rationalität der Industriegesellschaft, Konstanz 1984 (Konstanzer Universitätsreden 150).

Verantwortung gegenüber Entwicklungen, für die es im strengen Sinne gar keine Verantwortlichen mehr gibt. Die Folge ist, daß Verantwortungsstrukturen überhaupt blaß werden.

2. *Wissen* und *Information* treten auseinander. Die moderne Welt gefällt sich mehr und mehr in dem Gedanken, eine Informationswelt zu sein. Auch das schafft Probleme. Information, die auf Wissen beruht, setzt sich zunehmend auch an die Stelle des Wissens. Der moderne Mensch durchschaut immer weniger, was ihm in Form von Informationen zur Verfügung steht. Die Folge ist rationale Unselbständigkeit. Und das bedeutet eben auch: In dem Maße, in dem Informationsstrukturen wachsen und das eigene, selbst erworbene und selbst beherrschte Wissen abnimmt, wächst die Undurchsichtigkeit derjenigen wissenschaftlich-technischen Verhältnisse, in denen der moderne Mensch lebt. Der moderne Mensch wird zu einem Informationsriesen – und einem Wissenszwerg.

3. Moderne Gesellschaften bilden sich zu *Expertokratien* um. Der Experte wird zum Symbol einer Welt, die sich zunehmender Verwissenschaftlichung und Technisierung verdankt. Er allein scheint imstande zu sein, das Wissen mit der Praxis, der gesellschaftlichen wie der individuellen, zu verbinden. Das aber fördert den Schein, alle Probleme seien stets ›technisch‹ lösbare, eben in die Zuständigkeit von Experten fallende Probleme. Hier wachsen Mißverständnisse. Sie entstehen, wenn sich der Mensch allein im Spiegel einer Welt betrachtet, die er mit seinen wissenschaftlich-technischen Rationalitäten geschaffen hat. Diese Welt aber erklärt den ganzen Menschen nicht.

4. Die *Aneignung der Natur* in der Verwandlung der (natürlichen) Welt in die Welt des modernen Menschen führt nicht nur zu Umweltproblemen, sondern auch zum Verlust der Natur, unter anderem als Orientierungsinstanz. Wie Natur ist und wie Natur sein soll, wird der modernen Welt mit ihren Aneignungsstrukturen zunehmend zum Rätsel. Nicht nur ökonomisches, sondern auch biologisches und ökologisches Wissen sagt nicht, wie ›natürlich‹ die Natur sein soll. Es sagt nur, wie Natur relativ zu den Zwecken des Menschen und deren Verwirklichung ist. Natur wird paradoxerweise selbst zu einem Artefakt, dessen Rückverwandlung in Natur nicht mehr zu gelingen scheint.

5. Neben die Aneignung der Natur, die ihre eigenen Probleme (›Umweltprobleme‹) mit sich führt, tritt die *Aneignung der eige-*

nen Natur des Menschen. Mit der stürmischen Entwicklung der biologischen Forschung (Stichwort ›Gentechnologie‹) gerät der Mensch allmählich in die Lage, sich selbst zu verändern, also das mit seiner eigenen Natur zu tun, was er mit der ›äußeren‹ Natur seit langem tut. Was einmal als unverfügbar galt, beginnt sich durch mögliche Eingriffe in die genetische Identität des Menschen in zumindest teilweise technisch verfügbare Elemente aufzulösen. Darin liegt eine ganz neue, bedrohliche Qualität des wissenschaftlichen und technologischen Fortschritts. Der Mensch wird nicht nur ideologisch, sondern auch biologisch manipulierbar. Nirgendwo in der modernen Welt wird deutlicher, daß aus dem Subjekt des Fortschritts dessen Objekt zu werden beginnt. Zugleich wird der Ruf nach einer neuen Ethik laut, die leisten soll, was die Wissenschaft selbst nicht mehr leistet. Die Wissenschaft, selbst ohne Maß, führt in ethische Probleme, sie löst sie nicht. Ein Beispiel dafür ist die Berührung von Gentechnologie und Reproduktionsmedizin, wenn jene in der Humangenetik angewandt wird. In allen hier genannten Fällen laufen wissenschaftliche und technische Rationalitäten den lebensweltlichen Orientierungen und ihrer Ethik davon. Ist eine neue Ethik der Wissenschaft die Antwort auf unsere Probleme?

2. Reparaturethik

Ein Wesen, das sich mit Hilfe von Wissenschaft und Technik seine Welt selbst macht und diese dauernden Veränderungen unterwirft, kann nicht auf die *Natürlichkeit* seiner eigenen Orientierungen, auch nicht in ethischen Dingen, hoffen. Diese Orientierungen sind nicht einfach da, schon gar nicht als Teil einer natürlichen Ausstattung des Menschen. Auch sie werden vielmehr durch den Menschen ›gemacht‹ – und sie verändern sich in dem Maße, in dem sich die moderne Welt, die vom Menschen gemachte Welt, verändert. Wer hier auf die Selbständigkeit ethischer Orientierungen gegenüber dem wissenschaftlichen und technischen Fortschritt vertraut, der muß diesem Fortschritt auch selbst ein Maß setzen. Schon aus einem einfachen Grund: Wissenschaftliche Rationalitäten unterliegen in ethischer Hinsicht Beurteilungen, die sie selbst, d. h. in Wissenschaftsform, nicht kontrollieren können. Anders ausgedrückt: Wissenschaftliche (und technische) Rationa-

lität sagt selbst nicht, was Wissenschaft (und Technik) tun darf und was nicht.
Sagt dies eine neue Ethik der Wissenschaft? Wie es scheint, eilen hier die Hoffnungen, die man gegenwärtig mit dem Projekt einer solchen Ethik verbindet, dessen Realisierungsmöglichkeiten weit voraus. Möglicherweise führt der Ruf nach einer Ethik der Wissenschaft sogar in eine falsche Richtung. Ethik ist nämlich keine Sache von Berufsständen; sie ist vielmehr immer *Bürgerethik*. Ethik läßt sich nicht gesellschaftlich teilen – in diesem Falle in eine wissenschaftliche Ethik als Sonderethik des Wissenschaftlers auf der einen Seite und in eine nicht-wissenschaftliche Ethik als Standardethik der Gesellschaft auf der anderen Seite. Es gibt strenggenommen keine geschlossenen ethischen Welten, in denen jeweils nur eine besondere Ethik gelten würde.
Diese Feststellung richtet sich nicht nur gegen überzogene Hoffnungen auf eine eigene Ethik der Wissenschaft, sondern auch gegen die Vorstellung, daß der Wissenschaftler für mehr verantwortlich sei als der Bürger. Der Wissenschaftler hat zwar in der Tat wegen der prinzipiellen Unkontrollierbarkeit des wissenschaftlichen Verstandes durch den außerwissenschaftlichen Verstand und wegen der Abhängigkeit moderner Gesellschaften von den Kompetenzen des wissenschaftlichen Verstandes eine besondere Verantwortung; aber diese Verantwortung schlägt sich eben nicht in einer Sonderethik nieder. Was statt dessen erforderlich ist, ist ein besonderes *Ethos*, wie es etwa im Berufsethos des Mediziners seit langem gesellschaftlich wirksam realisiert ist.
Alle Regeln, alle Normen, die man für eine Wissenschaftspraxis in Geltung setzen wollte, um deren Verantwortlichkeiten zu stärken und deren Vernunft zu sichern, wären im übrigen für die Katz, wenn es ein solches Wissenschaftlerethos nicht schon gäbe. Die Freiheit der Wissenschaft (in Forschung und Lehre) hat als Verfassungsgut und im Sinne der genannten Verantwortungsprobleme zur Bedingung, daß dieses Wissenschaftlerethos nicht korrupt ist. Und mehr läßt sich auch an dieser Stelle in Sachen Ethik der Wissenschaft nicht sagen. Deswegen muß aber auch die derzeitige Debatte um eine Ethik der Wissenschaft in mancher Hinsicht seltsam anmuten. Sie beschwört etwas, das eigentlich als allgemeine gesellschaftliche Orientierung immer schon da sein sollte, und das als eine Art parzellierte Theorie für unterschiedliche gesellschaftliche Bereiche, hier den wissenschaftlichen Be-

reich, nicht da sein kann. Hinzu kommt noch etwas anderes. Es macht sich eine naive Vorstellung breit, die Ethik mit einem Kochbuch verwechselt, das man nur aufschlagen muß, um zu erfahren, wie man sich richtig zu verhalten hat – wenn man also wissen will, wie lange ein Käsekuchen braucht und wie weit man es mit der Genforschung treiben darf.

Eine derartige Ethik gibt es nicht. Und Ethik entzieht sich auch der Vorstellung, sie lasse sich handhaben wie ein Werkzeug, das die Dinge wieder in Ordnung bringt, wenn sie einmal durcheinander geraten sind. Diese Vorstellung ist die Vorstellung von Ethik als einer *Reparaturethik*. Man scheint sie nicht zu brauchen, solange alles gutgeht, und wendet sie an, wenn sich Probleme ergeben, z. B. im wissenschaftlich-technischen Bereich. Ethik verliert hier den Anspruch, eine allgemeine Orientierung zu sein oder eine allgemeine Orientierung auszudrücken; sie wird zur Ersatzorientierung, wenn andere Orientierungen in Probleme führen. Das aber ist nicht nur auf dem Hintergrund unserer bisherigen Kultur ein merkwürdiger Umgang mit Orientierungen; eine derartige Vorstellung ist auch gefährlich – sie macht homo faber zum Herrn über homo sapiens – und naiv.

Daß sie nicht aus den Fingern gesogen ist, dafür lassen sich viele Beispiele anführen. So konstatiert etwa eine Publikation des VDI »eine gesteigerte Nachfrage nach ethischen Richtlinien mit möglichst weitgehend operationalisierten und konkreten Aussagen durch Naturwissenschaftler und Ingenieure«[2] und stellt sich gleichzeitig, gewissermaßen als das zu erledigende Programm, diese Operationalisierung und Konkretisierung als eine »Art Checkliste für die Berücksichtigung außertechnischer Werte und Maßstäbe bei technischen Projekten und Objekten«[3] vor. Diese Checkliste wäre selbst ein Programm, in das man nur Werte und Maßstäbe eingeben müßte, um vernünftige, d. h. auch ethisch gerechtfertigte, Entscheidungen zu bekommen. Technokratischer – und naiver – dürfte sich mit Ethik kaum umgehen lassen. Der Mensch als ethisches Wesen wird entbehrlich; an seine Stelle tritt eine Checkliste. Ethik als Informationssystem und als Reparaturinstanz – homo faber in wonderland!

2 A. Huning, Einleitung, in: G. Ropohl u. a., Maßstäbe der Technikbewertung. Vorträge und Diskussionen, ed. VDI, Düsseldorf 1978, 1.

3 A.a.O., 3.

Zur Ehrenrettung einer derartigen Vorstellung ließe sich allenfalls anführen: besser eine Ethik, die spät kommt (vielleicht ja auch zu spät), als eine, die gar nicht kommt. Aber muß man sich mit so wenig begnügen? Ist die moderne Welt schon so aus dem Gleise, daß nur derartige technische Maßnahmen sie wieder hineinheben können? Wie dem auch sei: Ethik, in diesem Sinne als eine Reparaturethik verstanden, setzt nicht mehr auf den Menschen, sondern auf einen eigentümlichen Wertepositivismus und auf Richtlinien, die wie DIN-Normen das moderne Leben, auch und gerade das wissenschaftliche Leben, bestimmen sollen. Eine solche Reparaturethik aber hat ihre eigentliche ethische Perspektive verloren – und unsere wirkliche Welt wohl auch.

3. Mißverständnisse und gestörte Verhältnisse

Auch in einem weniger dramatischen, weit eher alltäglichen Rahmen der gesellschaftlichen Wahrnehmung von Wissenschaft ist das Verhältnis zwischen Wissenschaft und Gesellschaft nicht einfach und nicht klar. Gestörte Verhältnisse bestimmen auch dort das Bild der Wissenschaft, wo in erster Linie nicht eine gesellschaftliche Schadensvermutung, sondern Neugierde und gesellschaftliche Vermittlung dieses Bild bestimmen. Und hier ist die Lage nahezu paradox. Einerseits: Kaum jemals zuvor ist der Wissenschaft und ihrer Entwicklung so viel öffentliche Aufmerksamkeit gewidmet worden wie in unseren Tagen. Eine Zweck-, vielleicht sogar eine Liebesehe zwischen Wissenschaft und Medien erscheint perfekt. Große Tages- und Wochenzeitungen rücken in ihren Ausgaben ganze Informationsseiten über wissenschaftliche Entwicklungen ein, Rundfunk und Fernsehen berichten ausführlich aus der Welt der Wissenschaft. Wissenschaft ist (wer wollte das in der modernen Welt bezweifeln) wichtig – aber offenbar auch unterhaltsam, jedenfalls ein Element der modernen Medienwirklichkeit. Andererseits: Es herrscht ob dieser Aufmerksamkeit nicht nur eitel Freude, vor allem auf seiten der Wissenschaft. Wissenschaft erscheint oft auf diese Rolle nicht recht vorbereitet, der Wissenschaftler unsicher darüber, wie er sich angesichts dieser öffentlichen Aufmerksamkeit verhalten soll. Es ist, als wäre jemand ungeschminkt auf die Bühne geraten oder eine Umarmung zu heftig ausgefallen. Woran liegt diese geteilte Freude?

Vorderhand wohl daran, daß öffentliche Aufmerksamkeit und wissenschaftliche Arbeit nicht den gleichen, sondern eigenen Gesetzen und Zielen folgen. Die eine, die Öffentlichkeit, schmückt sich gegenüber der Wissenschaft mit Informationsidealen, Relevanz- und Schadenserwartungen, schlichter Neugier, die andere, die Wissenschaft selbst, mit Erkenntnisidealen und dem Glanz der Wahrheit, der nach alter Vorstellung auf ihrer Arbeit liegen soll. Zwei Welten scheinen sich hier gegenüberzustehen, auch wenn die eine längst nicht mehr aus schlichter wissenschaftlicher Ignoranz und die andere längst nicht mehr aus Kolonien von Elfenbeintürmen besteht.

Doch diese Beschreibung ist nicht fair. Sie verbirgt z. B., daß Wissenschaft ohne öffentliches Verständnis (ganz abgesehen von öffentlicher Unterstützung) nicht leben kann, und Öffentlichkeit in der modernen Welt ohne Wissenschaft nicht nur ihr ökonomisches Fundament, sondern auch einen wesentlichen Teil ihrer *medialen Struktur* verlöre: öffentliche Kommunikationsstrukturen in der modernen Welt sind ja weitgehend selbst, unmittelbar oder mittelbar, Produkte wissenschaftlicher Arbeit. Daß ein öffentliches Interesse an Wissenschaft nicht nur in Relevanz- und Schadenskategorien denkt, sondern auch deren Wahrheitsrhetorik häufig mißtraut, ist in diesem Zusammenhang weit eher ein Element der Aufklärung als ein Element der Ignoranz: auch für die Wissenschaft sind in der Regel ›handfestere‹ Interessen und Orientierungen an die Stelle der Suche nach reiner Wahrheit und reiner Erkenntnis getreten. Außerdem geht es in der modernen Welt und ihren erwähnten Aneignungsstrukturen um ein gemeinsames Interesse von Gesellschaft und Wissenschaft, das kritische Interesse an dem Bestand und der Zukunft dieser modernen Welt. Das eine bedarf eines hohen Maßes von Problemlösungs- und Problemvermeidungswissen, das andere besonnener Planung und rationaler Vision. Im Folgenden, aus der Sicht des Wissenschaftlers, sieben Stichworte zu Freud und Leid der Beziehung zwischen Wissenschaft und Öffentlichkeit.

1. *Der Wissenschaftler ist unsicher geworden.* Nicht nur, weil er auf die ihm zugedachte Rolle im öffentlichen Meinungs- und Informationsspiel nicht richtig vorbereitet ist, sondern weil die Aufmerksamkeiten, welche die Öffentlichkeit seiner Arbeit schenkt, oft Moden oder den Wegen einer kurzlebigen tagespolitischen Aktualität folgen. Mal ist die Physik, z. B. mit ihren Teilchen-

beschleunigern, ›in‹, mal die Biologie, z. B. mit ihren gentechnologischen Möglichkeiten, mal die kognitive Psychologie und die Informatik, z. B. mit ihren rationalen Träumen von einer künstlichen Intelligenz. Wissenschaft ist interessant – wie eine Erstbesteigung im Himalaya und der Abstieg zur »Titanic«.
Unklar ist vielfach auch, ob in Beurteilungszusammenhängen, die nach dem Wissenschaftler rufen lassen, *Einsichten* oder *Ansichten* gefragt sind, wobei es vor allem Ansichten sind, die sich vorzüglich ›vermarkten‹ lassen. Das Mediengeschäft – so erscheint es dem Wissenschaftler oft (und nicht nur diesem) – ist selbst nicht primär an Erkenntnis, an Wahrheit interessiert; es ist eitel, auf Sensationen, zumindest ›Neuigkeiten‹ aus, aus ökonomischen und anderen Gründen zu Kompromissen gezwungen. Eine nackte Frau als Aufreißer z. B. für einen Bericht über Agrarchemie oder Zellbiologie ist längst nichts Ungewöhnliches oder Unvorstellbares mehr. Da darf es nicht wunder nehmen, daß sich der Wissenschaftler, dessen Arbeit auf diese Weise vorgestellt wird, häufig unwohl fühlt. Nicht weil ihm paradiesische Kleiderordnungen fremd oder unwillkommen wären, sondern weil er sich auf eine penetrante, seiner Arbeit fremde Weise in Anspruch genommen sieht – ›instrumentalisiert‹ sieht, wie das heute im gelehrten Jargon heißt – für Dinge, die er selbst mit seiner Arbeit nicht verbindet.
2. *Zwischen Wissenschaft und Öffentlichkeit herrschen Verständnisprobleme.* Diese treten einerseits zwischen Wissenschaft und staatlicher Wissenschaftsverwaltung auf und betreffen vor allem Gesichtspunkte der Finanzierbarkeit und Organisierbarkeit im Wissenschaftswesen, andererseits zwischen Wissenschaft und Medien und betreffen vor allem die alte Frage, wie verständlich Wissenschaft ist und sein kann. Die zweite Frage, die Frage nach der Verständlichkeit der Wissenschaft, sei hier hervorgehoben, zumal sich mit ihr der Umstand verbindet, daß sich auch die Wissenschaft häufig von der Öffentlichkeit wenig verstanden fühlt. Dieses gegenseitige Unverständnis gilt gemeinhin als ein Ärgernis, ist aber im Grunde etwas ganz Normales und, zumindest in Teilen, auch Unvermeidbares. Es ist schließlich ein Unverständnis, das schon in der Familie beginnt – wenn nämlich Ehepartner oder heranwachsende Kinder, mit Blick auf die Tätigkeit des wissenschaftlichen Mitglieds der Familie, nicht gerade überaus verständnisvoll fragen, was das Ganze soll und ob man sich nicht, wenn

denn darauf zu antworten versucht wird, etwas verständlicher ausdrücken wolle. Verständlichkeit für alle aber läßt sich eben nicht beliebig herstellen. Schwierige Dinge, vor allem wenn sie in einem voraussetzungsreichen Wissenszusammenhang stehen, lassen sich nicht beliebig vereinfachen, Fachterminologien nicht in allen Teilen in umgangssprachliche Formen und Verständlichkeiten transformieren. Wer dennoch darauf besteht – und das sind dann häufig auch die Medien – steuert sich selbst in eine Enttäuschung, die die Wissenschaft in diesem Falle nicht zu verantworten hat.

Jeder Bürger lebt in vielen Welten, z. B. in der Familienwelt, der Berufswelt, der politischen Welt, der Kulturwelt, der Unterhaltungswelt. Zu diesen Welten, die die moderne Wirklichkeit der Gesellschaft ausmachen, gehört auch die wissenschaftliche Welt. In ihr leben jedoch nicht alle, sondern nur wenige. Sie dennoch allen wenigstens in gewissen Grenzen vertraut zu machen, ist eine Aufgabe der Wissenschaftsberichterstattung und der Wissenschaften selbst. Schließlich geht es in einer wissenschaftsgestützten modernen Welt nicht nur darum, die Grenzen des Verständlichen durch die wissenschaftliche Arbeit immer weiter ins Unverständliche vorzuschieben, sondern auch darum, das für den Wissenschaftler Verständliche dem Nicht-Wissenschaftler verständlich zu machen – in den zuvor erwähnten Grenzen, die durch das Wesen der wissenschaftlichen Arbeit und durch ihre voraussetzungsreichen theoretischen Formen bestimmt sind. Also: in Sachen Verständlichkeit mehr Gelassenheit – auf beiden Seiten. Die eine, die Wissenschaftlerseite, sollte sich um Verständlichkeit bemühen – zumal Unverständlichkeit nicht selten auch ein fein zurechtgeschneidertes Kleid ist, das viel Leere und Bedeutungslosigkeit verbirgt. Die andere, die Medienseite, sollte Unverständlichkeiten in Kauf nehmen, die nur ein intensives wissenschaftliches Studium verständlich machen könnte.

3. *Zwischen der öffentlichen Vermittlung naturwissenschaftlich-technischen Wissens einerseits und ›geisteswissenschaftlichen‹ Wissens andererseits herrschen Ungleichgewichte.* Die Welt, die gemeint ist, wenn aus der Welt der Wissenschaft berichtet wird, ist zumeist die Welt der neuesten Abfangjäger, der Hinterachskonstruktionen, der gigantischen Beschleuniger, der schwarzen Löcher, der Teleskope, die sich an die Geburtssekunde des Alls herantasten. In einer technischen Kultur ist das gewiß nicht über-

raschend. Und doch: Sind Lebensformen (und ihre Erforschung), Gedanken über das Gute, das Gerechte und das Vernünftige (so altväterlich diese Formulierungen auch klingen mögen), Produktions- und Rezeptionsformen in Literatur und Kunst (und deren Erforschung) wirklich lebensfremder und weniger relevant als Ovulationsuhren, digitale Tonwiedergaben, Innenohrprothesen oder die Antwort auf die Frage, warum es nachts dunkel wird? Wohl kaum. Das aber heißt: Zwischen Reports über naturwissenschaftliche Entdeckungen und technische Entwicklungen einerseits und dem Feuilleton unserer Zeitungen und Rundfunk- wie Fernsehprogramme andererseits klafft eine Lücke. Die Geisteswissenschaften finden sich zumeist beim Theater und bei Vernissagen wieder, in denen häufig leider auch eine wissenschaftliche Halbbildung Triumphe feiert, abgehakt unter ›kulturellem Leben‹ und Freizeitspaß für Intellektuelle.

Es kommt noch etwas anderes hinzu. Geisteswissenschaftliches Wissen erscheint in der öffentlichen Berichterstattung häufig wie ein Spielball von Amateurwissenschaftlern, als etwas, das nicht so sehr dargestellt und berichtet, als vielmehr auf manchmal recht eigenwillige Weise weitergesponnen wird. Zu den eigentümlichen Erfahrungen, die der Geisteswissenschaftler mit den Medien immer wieder macht, gehört, daß sich sein ›Berichterstatter‹ als der Klügere darzustellen sucht, der mit souveränem Blick durchschaut, was faul ist in der geisteswissenschaftlichen Forschung, der rezensiert selbst dort, wo er nur darzustellen beansprucht. Da spielt dann häufig auch Ironie, als berichte man aus der Sicht des Weltgeistes, eine große Rolle. Mit ihr schafft der ›Berichterstatter‹ den Adressaten gewissermaßen auf seine Seite; auf der anderen Seite steht die Wissenschaft im Regen. Offenbar wird hier vor allem Zugehörigkeit, und zwar überlegene Zugehörigkeit zu einer Welt demonstriert, die als wissenschaftliche Welt kaum mehr erkennbar ist.

Natürlich hat das seinen Grund nicht nur in den Informations- und Darstellungsformen der Medien, sondern auch in vielen Formen der geisteswissenschaftlichen Arbeit. Diese überschreitet häufig selbst die Schwelle zum Feuilleton, sucht ihre Methodenideale im Belletristischen, wird literarisch. Ein Beispiel dafür sind viele Formen der modernen französischen Philosophie, die sich von den traditionellen methodischen Formen der Philosophie abwenden und sich literarischen Formen angleichen. In diesen aber fühlt sich nahezu jeder kompetent. Aus Gedanken werden Einfälle, aus Begriffen Meinungen. Außerdem ist der Wind des Geistes, der nach landläufiger Meinung überall wehen soll, manchmal eben auch nur ein schwaches Lüftchen. Also: Mehr Distanz gegenüber Geisteswissenschaften, die ihr wissenschaftliches Kleid gegen ein literarisches Kleid getauscht haben, und mehr, und zwar solide Aufmerksamkeit den Geisteswissenschaften dort, wo diese selbst solide sind.

4. *Die Wissenschaft übernimmt in der Öffentlichkeit gelegentlich eine falsche Rolle.* Eine solche Rolle ist z. B. die des Experten, vor allem in medienwirksam organisierten öffentlichen ›Anhörungen‹ (Beispiel: Gorleben). Wissenschaft wird hier, gewissermaßen auf dem Markte, als Expertenwissen gehandelt und damit (fatalerweise) gleichzeitig als ein Wissen, das sich spektakulär widerspricht. Denn nicht wissenschaftliche Einigkeit, sondern wissenschaftlicher Streit bestimmt die Szene. Da trumpft jede Partei mit ihrem wissenschaftlichen Experten auf, und jede Gruppierung. Jede beliebige Meinung, so muß es dem verdutzten Zeitgenossen erscheinen, läßt sich wissenschaftlich begründen.

Ein solches Rollenspiel im öffentlichen Meinungsstreit ist für die Wissenschaft ruinös. Diese verliert nicht nur den Glanz einer innigen Nähe zur Wahrheit – was ja möglicherweise ein Stück wünschenswerter Aufklärung über die Menschlichkeit auch der Wissenschaft sein könnte. Wissenschaft erscheint vielmehr auch als ein Reich von Besserwissern und, so der Eindruck schließlich, von blanker Unwissenheit. Was sich selbst so spektakulär widerspricht, kann schließlich seinem Wesen nach nicht Wissen, sondern nur Nicht-Wissen, eben Unwissenheit sein. Auch ist in derartigen Zusammenhängen die Grenze zwischen seriöser angewandter Wissenschaft und vordergründiger Politikberatung oft kaum noch erkennbar. Wo jede Meinung ihren wissenschaftlichen Berater findet, wird Wissenschaft selbst zur Meinung; sie gleicht sich jenem politischen Prozeß der Meinungsbildung an, den sie der mit dem Begriff des wissenschaftlichen Sachverstandes verbundenen ursprünglichen Intention nach eigentlich zugunsten eines begründeten Wissens überwinden sollte.

In dieser Situation gibt es dann im Grunde nur noch Verlierer: die Wissenschaft, die als ein weiteres, unzuverlässiges Moment im politischen Streit erscheint; die Öffentlichkeit, die sich einer von ihr bisher als verläßlich eingeschätzten Orientierungsinstanz beraubt sieht. ›Wem kann man eigentlich noch glauben?‹ – ist eine Frage, die sich neuerdings nicht nur an Politiker, Wirtschaftsfachleute, an die Presse und an die Rundfunk- und Fernsehmedien richtet, sondern zunehmend auch an die Wissenschaft. Wissenschaft, gegen den Zweifel und gegen die Unwissenheit gesetzt, wird paradoxerweise häufig selbst ein Element des Zweifels und ein Element der (wieder wachsenden) Ungewißheit. Da hilft in Zukunft nur Zurückhaltung – Zurückhaltung der Wissenschaft in einer expertenhungrigen politischen Kultur, Zurückhaltung der Politik in einer auf falsche Verwissenschaftlichung aller Verhältnisse versessenen Welt und Zurückhaltung der Medien in ihren Darstellungsgewohnheiten in Sachen Wissenschaft.

5. *Wissenschaftliches Wissen gerät in seinen öffentlichen Darstellungsformen in eine gefährliche Nähe zur Information.* Den Hintergrund bildet der im wesentlichen wieder tagespolitisch motivierte Einfall, das Wesen der modernen Welt in einer Informationswelt und die Zukunft der modernen Gesellschaft in einer *Informationsgesellschaft* zu sehen. Dabei wird übersehen, daß etwa die Beschwörung einer Informationsgesellschaft im Grunde nur den Mangel kompensiert, keine im engeren Sinne mehr wissende Gesellschaft zu sein. Aufklärung, auch wissenschaftliche Aufklärung, verdünnt sich zu bloßer Kenntnis, Wissen, in Informationsformen gepreßt, und Meinung werden, wie zuvor unter dem Gesichtspunkt von Aneignungsstrukturen hervorgehoben, ununterscheidbar. Traditionellerweise verbindet sich mit dem Begriff des Wissens der Begriff der *Begründung*, der begründeten Kenntnis, mit dem Begriff der Meinung der Begriff des Vorläufigen, des Unbegründeten, der unbegründeten Kenntnis. Dabei bedeutet Wissen, nicht nur begründete Kenntnisse *haben*, sondern diese Kenntnisse auch *lehren* können. Lehren-Können ist das entscheidende Kriterium, um zwischen Wissen und Meinung zu unterscheiden. Wer zu lehren vermag, was er an Kenntnissen besitzt, verfügt über Wissen. Wer nicht zu lehren, nur weiterzugeben vermag, was er an Kenntnissen besitzt, verfügt über Meinung – selbst dann, wenn das, was er kennt, bei einem anderen Wissen ist.

Pointiert formuliert: Während Wissen Gegensatz von Nicht-Wissen und daher auch von Dummheit ist, gilt dies von Information nicht in allen Fällen. Gemeint ist das ebenfalls zuvor schon Hervorgehobene: Wir durchschauen immer weniger, was uns in Form von Informationen zur Verfügung steht. Charakteristischerweise fordert Information nicht so sehr Verarbeitungs- und Wissensbildungskapazität, als vielmehr Vertrauen, Vertrauen in undurchschautes ›fremdes‹ Wissen. Wissen kann man sich nur als Wissender aneignen, Informationen muß man glauben.

In dieser Situation wird das Verhältnis zwischen Öffentlichkeit (im Spiegel der Medien) und Wissenschaft schwierig. Die Frage ist, ob Wissenschaft primär einen steigenden und von der Öffentlichkeit, nicht nur der politischen, angemahnten Informationsbedarf decken soll, oder ob sie Lernformen installieren und institutionalisieren soll, z. B. in Formen von Weiterbildung, die wieder die Chance eröffnen, aus Information Wissen zu machen. Hier werden die eigentlichen Aufgaben der Wissenschaft bzw. der Hochschulentwicklung in Zukunft wohl vor allem in der zuletzt genannten Alternative, der Transformation von Information in Wissen, liegen. Auch dazu aber bedarf sie der Mitwirkung durch eine aufgeklärte Öffentlichkeit, die nicht schon verlernt hat, zwischen Wissen und Information zu unterscheiden.

6. *Die Öffentlichkeit, die Gesellschaft konsumiert, zumal in einer technischen Kultur, Wissenschaft. Sie sollte ihre Aufgabe aber auch in der Steigerung wissenschaftlicher Produktivität, z. B. durch Druck auf Wettbewerbsstrukturen, sehen, Strukturen, die in der Wissenschaft oft schlecht ausgebildet sind.* Ein Weg, diese Aufgabe wahrzunehmen, könnte darin bestehen, daß die Medien nicht nur über wissenschaftliche Entdeckungen und Ergebnisse sowie über Forschungstrends berichten, sondern auch kompetent und kritisch über forschende Institutionen, z. B. Fächer und Fakultäten einzelner Hochschulen – auch vergleichend. Was ist in der Biologie in Freiburg los, was in der Physik in München, in der Mathematik in Bonn, der Geschichte in Göttingen? So könnten entsprechende Fragen lauten. Fächer- und Hochschulprofile würden so deutlicher zutage treten, auch für die Wissenschaft selbst, die es in Deutschland gewohnt ist, von ausgeglichenen institutionellen Erscheinungsformen auszugehen.

Natürlich ist das weniger eine Aufgabe für eine Tageszeitung als etwa für Wochenzeitungen und Journale, die sich die Berichterstattung über Wissenschaft direkt zur Aufgabe gemacht haben. Ziel einer derartigen Berichterstattung muß im übrigen keine Bundesliga der Fächer und Hochschulen sein, aber eine deutlichere Wahrnehmung von Unterschieden, Ungleichheiten, schwachen und exzellenten Plätzen. Für die Repräsentation einzelner

Wissenschafts- und Hochschulbereiche könnte dies zweifellos unangenehm sein, doch warum nicht? Auch ein Blick von außen – wie etwa sieht ein anerkannter amerikanischer Ökonom die Ökonomie, ein anerkannter englischer Philosoph die Philosophie in Deutschland? – wäre, professionell geschärft und verständlich vorgetragen, nützlich in dem genannten, auch hier Aufklärung intendierenden und einen vernünftigen Wettbewerb initiierenden Sinne. Warum, an die Adresse der wissenschaftsinteressierten Medien gewandt, diese Aufgabe nicht übernehmen?

7. *Medien und Wissenschaft sind gegenüber Moden nur schlecht isolierbar.* So fördern die Medien in ihrer Wissenschaftsberichterstattung derzeit den Eindruck, daß es auch in den Hochschulen um nichts anderes als ökonomisches Know How und High Tech geht. Umgekehrt beginnen sich die Hochschulen in ihrem eigenen Selbstverständnis auf eine derartige Orientierung einzustellen. Diese Orientierung ist zu einseitig, sie ist modisch. Da hat im Grunde nur ein Zauberwort das andere abgelöst. Auch hier lautete es zunächst *gesellschaftliche Relevanz*. Über deren Herrschaft in den Köpfen der Politiker und Wissenschaftler, in den Seminaren und Instituten, drohte Wissenschaft in ihren Grundlagenaspekten und Forschungsfreiheitsgraden gefährlich zu verarmen. Nun ist es *Produktrelevanz*, die neben der Parole vom gesellschaftlichen Schaden der Wissenschaft das Feld, vor allem in der öffentlichen Diskussion, beherrscht.

Mit der ›Produktrelevanz‹ ist es dabei wie mit der ›gesellschaftlichen Relevanz‹. Auch in ihrem Namen droht die Grundlagenforschung und die (zumindest rhetorisch) noch immer hoch geschätzte Freiheit der Forschung auf der Strecke zu bleiben. Denn was sich nicht über seine Produkte, d. h. in einem auch noch auf den ersten Blick erkennbaren materiellen Verwertungsprozeß, auszuweisen vermag, gerät in den Verdacht, nichts anderes als ein aufwendiges Spiel zu sein. Etwas, das der Gesellschaft teuer zu stehen kommt, ohne von ihr benötigt zu werden. Die Geschichte der Wissenschaften und der modernen Gesellschaft lehrt, daß eben dies aber ein Irrtum ist.

Und noch etwas gerät ins Hintertreffen, wenn ›Produktrelevanz‹ das wissenschaftliche Feld und das wissenschaftliche Selbstverständnis beherrscht – nämlich das, was auch heute noch, bezogen auf wissenschaftliche Verhältnisse, unter dem Stichwort *Bildung* ausdrückbar ist. Bildung hier nicht als Träumerei über abendländischen Werten oder als Erinnerung eines Gymnasiasten verstanden, sondern als ein, und zwar wesentliches, *Orientierungselement* im Leben rationaler Gesellschaften. Diese Gesellschaften haben nämlich nicht nur eine *technische Form*, sondern auch eine *kulturelle Form*. Die Wissenschaften sind Teil *beider* Formen, der technischen und der kulturellen. So ist Physik nicht nur ein technikermöglichendes Wissen, sondern auch selbst Kultur, d. h. Teil jener denkenden und forschenden Anstrengungen, in denen sich eine rationale Kultur, wie sie die moderne Welt darstellt, selbst verwirklicht. In den Geisteswissenschaften wiederum unterzieht sich die moderne Welt der Anstrengung, sich ihrer kulturellen Form zu vergewissern. Und diese Vergewisserung, das Wissen einer Kultur von sich selbst, ist zur Stabilisierung und Fortbildung moderner Gesellschaften ebenso wichtig wie ein wissenschaftsgestütztes technisches Können. Anders ausgedrückt: Die technische Vernunft sagt, was moderne Gesellschaften *können*; die geisteswissenschaftliche Vernunft sagt, was moderne Gesellschaften *sind*. Eben dies aber war und ist ein Element der *Bildung*.

Auch aus diesen Umständen resultiert eine Erwartung des Wissenschaftlers gegenüber der öffentlichen Darstellung von Wissenschaft. Diese Erwartung betrifft ein Verständnis für die besonderen Eigenheiten und Erfordernisse, nicht nur die finanziellen, eines Systems, das sich nicht durchgängig, oft sogar überhaupt nicht, an den Vorstellungen von Industrieforschung (mit ihrer Produktorientierung) oder von Großforschungseinrichtungen messen läßt. Sie betrifft ferner ein Verständnis für die besonderen ›Lebensformen‹ des Wissenschaftlers, die sich nicht mit den Maßen des kirchlichen Jahres oder den von Tarifverträgen messen lassen; für die (noch einmal) partielle ›Unverständlichkeit‹ eines Wissens, das nicht überall zu allerlei Brauchbarem wie Teflonpfannen und Btx führt.

Anwendbarkeit ist überhaupt ein gefährliches Kriterium in einer Kultur, die ihre besondere Form gerade vielem Unanwendbaren, Dingen mit Selbstzweckcharakter, rationaler Neugierde verdankt. Dazu gehören in der Wissenschaft nicht nur spezielle Forschungsprogramme, sondern sogar große Teile ganzer Disziplinen, z. B. der Mathematik und der Philosophie. Diese haben die europäische Rationalität wesentlich geprägt und prägen diese Rationalität, die zu einer Weltkultur geworden ist, auch heute noch, ohne auf direkte Verwertungszusammenhänge verweisen zu können.

Schlußbemerkung

Die Wissenschaft – das unbekannte Wesen. So möchte es manchmal scheinen, wenn man sie allein unter den Gesichtspunkten gesellschaftlicher Relevanz, gesellschaftlicher Schäden und Produktrelevanz betrachtet. Wissenschaft löst sich dann in anwendungsnahe Rationalitäten auf; ihr eigentümliches Forschungsprofil wird blaß. Hinzu tritt eine Verständlichkeitserwartung, die wiederum nur durch Anwendungsnähe, nicht durch das, was Forschung wirklich ist und immer war – nämlich das Gehen neuer Wege, der Schritt ins Unbekannte hinaus –, erfüllt wird. Verständnisvolle Kooperation zwischen Wissenschaft und Gesellschaft, Forschung und Öffentlichkeit muß daher auch das Geltenlassen vieler Unverständlichkeiten einschließen, den langen Atem, den eine moderne Gesellschaft ebenso braucht wie die Wissenschaft, die zum eigentlichen Motor der modernen Welt geworden ist.

Dabei ist es so, daß sich diese Welt wohl auch in Zukunft im Dilemma von Fortschritt und seinen Folgen, darunter vielen ungewollten Folgen, einzurichten hat. Patentlösungen, die nur noch vom gesellschaftlichen Nutzen, nicht mehr vom gesellschaftlichen Schaden der Wissenschaft und dem von ihr vorangetriebenen Fortschritt sprechen ließen, gibt es nicht, weder wissenschaftliche noch politische. Auch Technik- und Wissenschaftsfolgenabschätzung, die derzeit in hohem gesellschaftlichem Ansehen steht, leistet diese Lösungen nicht. Sie ist eine Kunst ohne Meister. Nicht weil es hier an der richtigen wissenschaftlichen Ausbildung fehlte, sondern weil wir es mit der Unüberschaubarkeit von Entwicklungen zu tun haben, die auch der wissenschaftliche Verstand weder theoretisch noch prognostisch, d. h. geleitet durch Theorien der Wissenschaftsentwicklung und Deutungen gegenwärtiger Zustände, zu beherrschen vermag. Die Fragen ›wohin geht die Wissenschaft?‹ und ›wohin geht die (wissenschaftliche) Forschung?‹ sind, strenggenommen, trotz der Beachtung von Forschungstrends und Forschungsprogrammen, unbeantwortbar.

Das bedeutet nicht, daß wissenschaftlicher Fortschritt ein unabwendbares, nicht steuerbares Schicksal der modernen Welt wäre. Neben ein *Forschungsgebot*, ohne dessen Befolgung die moderne Welt keine Zukunft hätte, tritt ein *Ethikgebot*. Aus den zuvor genannten Gründen. Ein unüberschaubarer wissenschaftlicher Fortschritt führt auch in unüberschaubare Verantwortungsfelder.

Fortschritt ist nicht nur für die theoretische, sondern auch für die praktische Vernunft (Ethik und Politik eingeschlossen) eine unendliche Aufgabe. Allein ihre Erfüllung oder, bescheidener ausgedrückt, allein die beharrliche Annäherung an die Erfüllung dieser Aufgabe birgt die Chance dafür, daß die moderne Welt, deren Wesen wissenschaftliche und technische Rationalitäten sind, nicht nur eine Zukunft hat, sondern daß die zukünftige Welt auch eine menschliche Welt sein wird.

Exzellenz und Durchschnittlichkeit

»Der Forscher will Aufgaben lösen, die eigentlich für ihn zu schwer sind.« Liest man diesen Satz von Maier-Leibnitz, dem früheren Präsidenten der Deutschen Forschungsgemeinschaft, als eine Definition des Forschens, ist er richtig. Mißt man jedoch an dieser Definition die Wirklichkeit des Forschens, sieht es nicht gut um diese aus. Da überwiegen häufig die kurzgesteckten Ziele, die Verarbeitung dessen, was man schon weiß, das Rechnen hinter dem Komma, das nur selten revolutionäre Neuerungen bringt. In vielen Bereichen hat sich die Forschung behaglich eingerichtet, weil auch so ganz gut zu leben ist, und auch so die erstrebte Reputation nicht ausbleibt. Wie anders auch wäre es zu erklären, daß in vielen Fällen mit dem Erreichen der Professur der Fluß der Publikationen jäh abnimmt, oder daß in den Fachgesellschaften häufig nicht gerade deren leistungsstärkste Mitglieder das Sagen haben. Wer in der scientific community etwas werden will, muß nicht unbedingt etwas Hervorragendes leisten. Woran liegt das? Dazu im Folgenden sechs thesenhafte (der Deutlichkeit halber wohl nicht immer gerechte) Bemerkungen.

1.

Unser Bildungssystem tut sich schwer, zu besonderen Leistungen zu motivieren und besondere Leistungen zu honorieren. Das gilt auch für den Hochschulbereich. Der Grund ist ein recht eigentümlicher. Es sieht so aus, als habe das politische Programm einer Demokratisierung der Gesellschaft auch die Wissenschaft erreicht, und zwar so, daß nunmehr der Eindruck entsteht, der politische Grundsatz, daß alle gleich sind, habe auch etwas mit wissenschaftlicher Qualität zu tun. Das ist natürlich Unsinn – politische Gleichheit mit wissenschaftlicher Ungleichheit durchaus verträglich –, aber auch nicht einfach nur Ideologie. Die Verhältnisse sind schwieriger, sie schließen nämlich einen veränderten Wissenschaftsbegriff ein. Gemeint ist das Folgende:
Zu den hervorstechenden Merkmalen moderner Industriegesellschaften gehört die *Verwissenschaftlichung* der Lebenswelt. Eben diese Verwissenschaftlichung aber schlägt auch auf die Wissenschaft zurück. Diese nimmt, wie die Welt, die sie schafft, selbst

›industrielle‹ Züge an. Ihr Produktionsprozeß gleicht sich dem wirtschaftlichen an, mit Konsequenzen auch für den Wissenschaftler als forschende Person. Nach Helmut Plessner (1924), der in diesem Sinne von einer ›Industrialisierung‹ der Wissenschaft spricht, ist der moderne Forscher »im einzelnen Falle vielleicht als genialer Kopf unschätzbar, als Individualität jedoch prinzipiell ersetzbar. Die Logik der Problementwicklung hält seine Wissenschaft in Gang wie der Produktionsplan einen Betrieb. (...) In Rücksicht auf die Forschungsarbeit können die Menschen prinzipiell einander vertreten«[1]. Wie es scheint, hat damit das politische Prinzip der Gleichheit seine Analogie auch im Leben der Wissenschaft gefunden, ist das Prinzip Gleichheit zum organisierenden Prinzip auch der modernen Wissenschaftsform geworden.

Doch dieser Schein täuscht. Es sind auch heute immer noch *Köpfe*, nicht Betriebseinheiten oder Kollektive, die den wissenschaftlichen Fortschritt in Gang halten; der Vergleich mit den Produktionsplänen eines Betriebs trifft auf die wissenschaftliche Forschungspraxis nur bedingt zu. Oder anders ausgedrückt: Wissenschaft unter betriebswirtschaftlichen Bedingungen oder den üblichen Formen der Industrieforschung – mit festen Zielen (dem gesuchten Produkt), festen Terminen und kalkulierten Ressourcen – geht nicht. Das Werden einer wissenschaftlichen Einsicht, einer wissenschaftlichen Entdeckung ist in der Regel ›unordentlicher‹, unübersichtlicher. Motor ist zumeist der überragende Einzelne. Was wäre auch die moderne Physik ohne Planck und Einstein, die moderne Mathematik ohne Hilbert? Die *Dynamisierung der Wissenschaft* – ein Begriff, unter dem die moderne Wissenschaftstheorie den Primat von Innovationen in einem offenen Wissensbildungsprozeß bestimmt – geht nicht ohne derartige Köpfe, wird von der Produktionsplanmetapher nicht erfaßt.

Das aber bedeutet nicht Gleichheit, sondern Ungleichheit als dynamisches Prinzip der Wissenschaftsentwicklung (ohne daß davon Gleichheit als dynamisches Prinzip der politischen Entwicklung betroffen wäre). Ungleichheit oder leistungsbezogene Differenzierung läßt sich in diesem Falle sogar quantitativ erfas-

1 H. Plessner, Zur Soziologie der modernen Forschung und ihrer Organisation in der deutschen Universität – Tradition und Ideologie, in: ders., Diesseits der Utopie. Ausgewählte Beiträge zur Kultursoziologie, Düsseldorf/Köln 1966, 132/128.

sen: 75% aller Wissenschaftler produzieren lediglich ein Viertel aller veröffentlichten wissenschaftlichen Arbeiten – wobei wir unterstellen dürfen, daß die scientific community hinreichend zwischen Qualität und Quantität zu unterscheiden versteht. Nur, diese für den Forschungsprozeß und für die Wissenschaftsentwicklung konstitutive (leistungsbezogene) Ungleichheit wird vielfach nicht mehr wahrgenommen. Das mit dem Stichwort ›Industrialisierung‹ beschriebene Phänomen schleift in der Wissenschaft produktive Ungleichheiten ein. Durchschnitt wird auch hier zur Normalität. Darum:

2.

Wo die wissenschaftliche Arbeit, was heute weitgehend der Fall ist, als Arbeit wie jede andere angesehen wird, gerät der individuelle wissenschaftliche Leistungswille unter die Bedingungen einer an Durchschnittlichkeit orientierten gesellschaftlichen Normalität. Neben die ›Industrialisierung‹ der Wissenschaft tritt ihre *Ökonomisierung*. Gemeint ist hier eine auf individuelle Entlastung gerichtete ökonomische Denkweise. Diese sowie zunehmend sogenannte ›gewerkschaftliche Orientierungen‹ interferieren heute bedenklich mit der traditionellen Wissenschaftlermentalität, die, um noch einmal an den Satz von Maier-Leibnitz zu erinnern, Aufgaben zu lösen sucht, die eigentlich zu schwer sind. Auf einmal ist auch in der Wissenschaft Arbeitszeitverkürzung, vorgezogenes Rentenalter und Urlaubsvermehrung ein Thema. Mit ihm wiederum gerät die eigentliche ›Idee‹ der Wissenschaft, die dieses komplizierte Spiel habitualisierten Forschens und institutioneller Konformitäten bewegt, zunehmend aus dem Blick – wie übrigens auch das Bewußtsein, ohnehin zu den Privilegierten zu gehören, zu denjenigen nämlich, deren Hobby auch ihr Beruf ist.

Worauf es also ankommen wird, um wissenschaftliche Exzellenz und die Bereitschaft zu entsprechenden Anstrengungen stark zu machen, ist die Wiedergewinnung der Einsicht, daß nicht die gesellschaftlichen Verhältnisse die Lebensform des Wissenschaftlers bestimmen sollen, sondern, jedenfalls in seiner wissenschaftlichen Arbeit, das, was ich zuvor die Idee der Wissenschaft genannt habe. Diese Idee hat mit der Vorstellung, daß die wissenschaftliche Arbeit Arbeit wie jede andere ist, wenig zu tun. Sie spiegelt sich etwa darin, daß viele Wissenschaftler Arbeitsbelastungen von oft mehr als 70 Wochenstunden ohne Murren auf sich nehmen, und eben dies als zu ihrer *Lebensform*, der wissenschaftlichen Lebensform, gehörig ansehen. Diese ist durch die übliche Bedürfnisstruktur der Gesellschaft, über die wir Normalität zu definieren pflegen, nicht erklärbar. Sie aber ist es auch, die derzeit, zum Schaden der Leistungsfähigkeit der Wissenschaft, blaß zu werden droht. Tatsächlich vermitteln die ›hohen Schulen‹ im strengen Sinne kaum mehr Lebensformen, mit denen sich der Einzelne zu identifizieren vermöchte. Wissenschaft droht zum Job zu werden, der sich der herrschenden gesellschaftlichen Arbeits- und Bedürfnisstruktur anzupassen sucht.

3.

Verstärkt werden derartige Tendenzen durch das staatliche Regelungswesen, das nur allzu häufig die Bedingungen wissenschaftlicher Arbeit mit den Regelungsbedürfnissen üblicher Art verwechselt. Wissenschaft gerät damit nicht nur unter ökonomische, sondern auch unter *bürokratische* Kategorien. Zugleich verstärkt sich der Eindruck, auch wissenschaftlicher Fortschritt lasse sich planen, wie in anderen gesellschaftlichen Sektoren geplant wird. Vielleicht *planen*, aber *machen* sicher nicht. Das kann nur die Wissenschaft, die Forschung selbst, und zwar nicht selten gerade unter Verletzung von Gleichheitsgrundsätzen, auf die das staatliche Regelungs- und Erlaßwesen in der Regel zielt. Gemeint sind hier exklusive Zugriffsmöglichkeiten auf personelle und Sachmittel, besondere Arbeitsbedingungen, Freistellungen von institutionellen Zwängen. All dies ist tolerabel, wenn es durch außerordentliche Leistung und Belastung begründet ist und von den potentiell Benachteiligten im Hinblick auf jene Umstände zugestanden wird. Ein derartiges, Ungleichheit anerkennendes Zugeständnis gibt es noch immer, aber es wird im Zuge der ›Industrialisierung‹ der Wissenschaft mit ihrem eingeschränkt ökonomischen Arbeitsbegriff und ihren Regelungserfordernissen immer brüchiger.

Übrigens gab es eine Zeit, in der an deutschen Universitäten wissenschaftliche Originalität und forschende Rastlosigkeit nicht gefragt, ja auf dem Erlaßwege sogar untersagt waren. Man unterrichtete, wie Kant, auf ministerielle Anweisung nach ausgesuchten Lehrbüchern; nach Karl Ernst von Baer (1835), einem der Vorväter der Evolutionstheorie, schrieben die Statuten der Universität Königsberg noch zu seiner Zeit vor, »die Decane sollten bei der

Durchsicht der Dissertationen dafür sorgen: *ne quid novi insit*«[2]. Dazu paßt Kants ironische Beschreibung der oberen Fakultäten seiner Zeit: Der »biblische Theolog« schöpft »seine Lehren nicht aus der Vernunft, sondern aus der Bibel, der Rechtslehrer nicht aus dem Naturrecht, sondern aus dem Landrecht, der Arzneigelehrte seine ins Publicum gehende Heilmethode nicht aus der Physik des menschlichen Körpers, sondern aus der Medicinalordnung«[3]. Den Oberschulämtern und den sie kontrollierenden Ministerien sei das auch hier noch einmal[4], nicht ohne Grund, in Erinnerung gerufen. Denn wer vorschreibt, was die Wissenschaft lehren soll, der schreibt, wenn denn gute Lehre stets aus guter Forschung entsteht, auch vor, was sie forschen soll.

4.

Zu dem über das wuchernde Erlaßwesen Gesagten paßt der Hinweis auf eine Art *Schulmentalität*, die sich in den Hochschulen vielfach eingestellt hat. Dazu gehören z. B. feste Karrieremuster, deren Karikatur – der ›Aufstieg‹ von der studentischen Hilfskraft über den Assistenten und Privatdozenten zum C3-Professor mit (allerdings noch etwas schwach ausgebildeten) Aufstiegschancen nach C4, alles am selben Ort, versteht sich – recht wirklichkeitsnahe Züge trägt. Dazu gehört ferner, daß die Habilitation heute nahezu schon zum normalen Bestandteil eines Assistenten- oder Angestelltenlebens geworden ist. Das heißt auch hier, daß etwas, was einmal Ausweis besonderer Leistungsfähigkeit war, heute überraschend eher ein Element der Normalität geworden ist. Das aber kann nicht mit rechten Dingen zugehen, ist doch schwer vorstellbar, daß Höchstleistungen, die Habilitationen nun einmal sein sollen, zum Alltag einer Nachwuchskarriere gehören.
Hier ist wohl zu vermuten, daß unsere Hochschulen kein Schüt-

2 K. E. v. Baer, Reden gehalten in wissenschaftlichen Versammlungen und kleinere Aufsätze vermischten Inhalts 1, St. Petersburg 1864, 151.

3 I. Kant, Der Streit der Fakultäten [1798], Gesammelte Schriften, ed. Königlich Preußische (später: Deutsche) Akademie der Wissenschaften (zu Berlin), Berlin 1902 ff. (im folgenden zitiert als Akad.-Ausg.), VII, 23.

4 Vgl. J. Mittelstraß, Fortschritt und Eliten. Analysen zur Rationalität der Industriegesellschaft, Konstanz 1984 (Konstanzer Universitätsreden 150), 32.

telsieb mehr sind, eher ein warmes Nest. Zwar, für die meisten, nur auf Zeit, doch so, daß über all dem in diesem Falle angenehm Geregelten die Lust auf das Ungeregelte, Neue, Unüberschaubare schnell vergeht. Eben diese Lust aber ist eine unabdingbare Voraussetzung für eine *innovative Dynamik*, die das eigentliche Wesen der Forschung und damit auch großer Leistungen ist. In einem bestimmten Sinne bevorzugen daher auch große Leistungen ›unordentliche‹ Verhältnisse. Einfälle, Einsichten, Entdeckungen folgen fast nie den ausgetretenen Pfaden der Wissenschaft, und sie folgen übrigens fast nie den Wegen reinen Spezialistentums. Vielmehr liegen sie meist quer zu beiden, indem sie – daher auch die Rede von wissenschaftlichen ›Revolutionen‹, die der Motor von Wissenschaftsentwicklungen sind – das Wissen einer Disziplin neu und anders definieren.

Zugegeben: es klingt immer schlecht, wenn einer, dessen Arbeitsplatz und dessen Pension gesichert ist, ein Etablierter also, ein verdienter- oder unverdientermaßen Erfolgreicher für mehr Ungewißheit, Unübersichtlichkeit, Risiko plädiert. Da läßt sich gut reden, wird man sich sagen lassen müssen. Und doch. Wenn es denn wahr sein sollte, daß bequeme Verhältnisse Bequemlichkeit mehren, den Hunger nehmen, auch den auf Erfolg, Erfolg, den man zwingen muß, der nicht geplant und auf Bestellung kommt, dann wäre es schlecht, zu schweigen, den Dingen ihren Lauf zu lassen. Auch nutzt es heute in der Forschung nicht mehr, nur gut zu sein – das sind unter den gegenwärtigen Hochschulbedingungen viele –, man muß exzellent sein, um weiterzukommen. Daß dies manchmal auch ganz anders aussieht, Durchschnittlichkeit die Szene bestimmt, liegt wiederum an jener eigentümlichen, unter den Stichwörtern ›Industrialisierung‹ und ›Ökonomisierung‹ beschriebenen Tendenz der wissenschaftlichen Arbeit, Arbeit wie jede andere, und geregelt wie diese, zu werden.

5.

In einer Vorlesungsankündigung Kants aus dem Jahre 1765 heißt es, der Zuhörer einer philosophischen Vorlesung solle »nicht *Gedanken*, sondern *denken* lernen; man soll ihn nicht *tragen*, sondern *leiten*, wenn man will, daß er in Zukunft von sich selbst zu *gehen* geschickt sein soll. (...) Der den Schulunterweisungen entlassene Jüngling war gewohnt zu *lernen*. Nunmehr denkt er, er werde *Philosophie lernen*, welches aber unmöglich ist, denn er soll jetzt *philosophieren lernen*«[5]. Was hier vom Denkenlernen und vom Philosophierenlernen gesagt wird, gilt auch vom *Forschenlernen*. Auch hier steht es nicht immer zum besten. So denken wir oft zu sehr in *Ausbildungskategorien*, bewegen Stoffmassen zwischen uns und den Studenten, schaffen Orientierungen an dem, was wir längst wissen, anstatt (auch) an dem, was wir noch nicht wissen, woran wir arbeiten, was möglicherweise das Wissen von morgen ist. Lehrbuchwissen schiebt sich vor den Blick einfallsreicher Unwissenheit, dem allemal die Zukunft gehört.

Auch das aber ist ein Moment zunehmender *Verschulung*. Es ist der Weg des Studenten, eingezwängt in durchgeregelten Prüfungs- und Studienordnungen, die jeden Lernschritt reglementieren, zum Praktikums- und Korrekturassistenten, also jemandem, dessen Tätigkeit dann wieder zu großen Teilen darin besteht, das Lernen zu beaufsichtigen. In dieser Luft, auf diesem Boden gedeiht Forschung nicht. Hinzu kommt, daß wir auch in der Forschung meist Anpassung lehren – Anpassung an das Bewährte, an das Übliche, Vorbereitete, Überschaubare, an das, was man selber denkt. Die Lust, recht zu behalten, alles schon zu wissen, stellt sich der Lust, dieses Recht auch anderswo, im noch nicht Gewußten, zu suchen, mit neuen Fragen und auf neuen Wegen, meist erfolgreich in den Weg. So ist es eigentlich gar nicht so merkwürdig, daß sich große wissenschaftliche Leistungen oft mit den Namen von Einzelgängern verbinden (Kopernikus, Newton, Leibniz, Einstein). Doch muß diese Merkwürdigkeit, ohne daß die Alternative die großbetriebliche Organisation der Wissenschaft wäre, ein wesentlicher Bestandteil unserer Forschungspraxis bleiben? Wohl nicht. Ein großer Teil unserer Forschungsressourcen und damit unserer Innovationspotentiale bliebe sonst unzureichend genutzt.

6.

In diesem Zusammenhang ist neuerdings häufig von mangelnden *Wettbewerbsstrukturen* die Rede (so 1985 in den Empfehlungen des Wissenschaftsrates zum Wettbewerb im deutschen Hochschulsystem). Wichtig ist dabei vor allem der Gesichtspunkt, daß Wettbewerb nicht nur die wissenschaftlichen *Subjekte*, sondern

5 I. Kant, Nachricht von der Einrichtung seiner Vorlesungen in dem Winterhalbenjahre von 1765-1766, Akad.-Ausg. II, 306.

auch die wissenschaftlichen *Institutionen* bewegt. Dieser Wettbewerb der Institutionen ist im deutschen Hochschulsystem nur schwach ausgebildet, im Unterschied etwa zum amerikanischen oder englischen System, in dem nicht nur Fakultäten, sondern auch Hochschulen miteinander konkurrieren (um Reputation, Studenten und Mittel). Damit fehlt aber wieder ein wesentliches Element wissenschaftlicher Dynamik – die leistungsabhängige und leistungsfördernde Ungleichheit zwischen Institutionen. Oder anders ausgedrückt: Die Leistungsbereitschaft findet derzeit im deutschen Hochschulsystem auch in dieser Hinsicht nicht den institutionellen Halt, den sie braucht, um sich tatsächlich zu entfalten. Das ist möglicherweise ein falsches Bild. Vielleicht ist es auch zu viel Halt, Halt im Bestehenden, der diese Entwicklung hin zu institutionellen Wettbewerbsstrukturen verhindert.

Im übrigen ist es so, daß die Wissenschaft selbst häufig qualitätssichernde Markt- oder Konkurrenzstrukturen außer Kraft gesetzt hat. Als Beispiel sei der Publikationssektor genannt. Dieser expandiert noch immer, trotz steigender Kosten. Faktisch ist es heute so: was geschrieben wird, wird auch gedruckt. Zwar gibt es in den meisten Disziplinen herausragende Publikationsorgane (meist Zeitschriften mit einem scharfen Gutachtersystem), doch haben auch diese die allgemeine Erosion der Publikationsstandards nicht aufhalten können. Von einem Wettbewerb um den Zugang zur wissenschaftlichen Öffentlichkeit kann kaum die Rede sein. Eben dies aber ist etwas, das im Grunde die Wissenschaft selbst zu verantworten hat. Sie wird zugleich zunehmend ›unlesbar‹ – nicht aus Gründen der Unverständlichkeit, sondern der Masse ihrer Publikationen.

Diese Bemerkungen handelten unter den Stichworten Industrialisierung, Ökonomisierung, Bürokratisierung, Verschulung in der wissenschaftlichen Praxis vor allem von Umständen, die der Ausbildung eines besonderen Leistungswillens entgegenstehen. Vielleicht ist dabei vor allem der Gesichtspunkt, daß der individuelle Leistungswille unter Bedingungen einer an Durchschnittlichkeit orientierten gesellschaftlichen Normalität gerät, der wichtigste. Auch Achill wird müde, wenn er ständig gegen schwächere Läufer antreten muß (wofür heute z. B. die erwähnte üppige Habilitationspraxis sorgt). Dies zu sehen und zu ändern, ist in erster Linie eine Aufgabe der Wissenschaft selbst.

Wird die Wissenschaft immer älter?

1.

Von der Wissenschaft sagt man, daß sie ewig jung sei, jedenfalls solange ihr etwas Neues einfällt, solange sie das ungelöste Problem mehr liebt als das gelöste, das Ungewisse mehr als das Gewisse, den Schritt über das Gewußte hinaus mehr als die Vermessung des Gewußten. Daß die Wissenschaft jung ist, besagt, daß sie eine Zukunft hat, daß ihre Kraft wächst, daß sie, obwohl die moderne Welt und der moderne Mensch ihr Werk sind, immer – oder immer noch – am Anfang steht. Sie zieht ihre Entdeckungslust, ihre kluge Neugierde aus der Vorstellung, daß nichts wirklich entschieden, wirklich gewußt, wirklich entdeckt ist, daß Wahr und Falsch im Forschungsprozeß die Rolle von Hase und Igel spielen, daß unser Nichtwissen mit wachsendem Wissen nicht etwa weniger wird, sondern selbst beständig wächst – weil jede Einsicht immer auch Einsicht in das ist, was sie nicht weiß, was sie nicht ist, was sie nicht leistet. Eben das bedeutet, daß die Wissenschaft nicht nur an der langen Geschichte des homo sapiens gemessen, sondern auch ihrem Wesen nach jung ist.

Von den Wissenschaftlern kann man das nicht immer sagen, und wie es scheint: zunehmend weniger. Wer heute unter den Wissenschaftlern nach wirklich jungen Leuten sucht, trifft auf erstaunlich viele alte. Nicht nur unter den Professoren, bei denen man sie wohl auch erwartet, sondern auch unter den vermeintlich Jungen, dem wissenschaftlichen Nachwuchs, den Assistenten und Dozenten. Wissenschaft scheint eine Sache des gesetzten Alters zu sein; die Wissenschaftler werden immer älter.

Damit will ich natürlich nicht sagen, daß auch die Wissenschaftler bisher offenbar nichts gegen ihren eigenen natürlichen Alterungsprozeß ausrichten konnten, sondern daß eine Altersstruktur die Wissenschaft bestimmt, die sie in ihren Subjekten, den wissenschaftlichen Subjekten, zu einer Angelegenheit der Fortgeschrittenen – gemeint ist: der im Alter Fortgeschrittenen – macht. Die ewige Jugend, die eben der Wissenschaft bescheinigt wurde, wirft wenig Glanz auf deren Träger. Woran liegt das?

2.

Der Erklärungen sind viele; das gesamte Hochschulsystem scheint mit der Zeit verschwenderisch umzugehen. Auf lange Schul- und Gymnasialzeiten, allgemeine Wehr- und Zivildienstpflichten (für den männlichen Teil der Studenten) folgen immer länger werdende Fachstudienzeiten, Promotionszeiten, Habilitationszeiten. Hinzu kommen eine verzerrte Altersstruktur, hervorgerufen durch die besonderen Umstände der Hochschulexpansion in den 60er und 70er Jahren und, damit verbunden, die Ungnade der späten Berufung betagter Privatdozenten. Was sich da an Jahren anhäuft, bis der einzelne seinen Platz erreicht, auf den hin er studiert, promoviert wird, sich habilitiert, sich als Privatdozent bereithält, macht die wissenschaftliche Ausbildung fast schon zum eigentlichen Lebenswerk, zur Mitte des akademischen Lebens, weil sie auch an die Lebensmitte führt, und häufig weit darüber hinaus. Verschärft wird diese Situation noch dadurch, daß auch noch das Ende der Berufszeit immer mehr nach vorne rückt. Zwischen wachsender Ausbildungslebenszeit und vorrückender Ruhestandslebenszeit wird die Berufslebenszeit, zumal die wissenschaftliche, eingedrückt. Sie gerät, wenn diese Entwicklungen sich fortsetzen sollten, allmählich zur ›uneigentlichen‹ Lebenszeit. Der Beruf als Übergangsphase von der Ausbildung zum Ruhestand.

Wovon mancher Werktätige, dessen Sinnen und Trachten, gewerkschaftlich wirkungsvoll gestützt, vor allem auf Arbeitszeitverkürzung, Urlaubsvermehrung und vorgezogenes Rentenalter geht, noch träumen mag – für die Wissenschaft ist das ein Alptraum. So von der allgemeinen Bedürfnisstruktur der Gesellschaft eingeholt zu werden, bedeutet für die Wissenschaft, ein gut Stück des eigenen Wesens zu verlieren. Zu diesem Wesen gehört, daß die Grenze zwischen Arbeit und Leben, auch dem privaten, verschwimmt, Wissenschaft zur *Lebensform* wird, die Idee eines theoretischen Lebens, von dem schon Aristoteles sagte, daß es die höchste Form der Praxis sei, Konturen gewinnt (übrigens mit einer Arbeitszeitordnung, die eine 80-Stunden-Woche normal erscheinen läßt). Kein Zweifel: Wissenschaft und gesellschaftliche Arbeit bewegen sich auseinander. Aber rechtfertigt das diesen verschwenderischen Umgang mit Zeit und Jugend in Qualifikations- und Karrierezusammenhängen? Schauen wir uns diesen Umgang im Hochschulalltag einmal näher an.

3.

An deutschen Universitäten wird heute häufig studiert, als sei das Studium selbst schon eine relativ dauerhafte Berufung. Deutsche Hochschulabsolventen sind heute mit durchschnittlich 27 bis 28 Jahren, bei Promotion mit durchschnittlich 31 bis 34 Jahren, wesentlich älter als ihre Kommilitonen im Ausland; jene beenden ihre Ausbildung, wenn diese bereits mehrere Jahre Berufstätigkeit hinter sich haben. Das Schlimme ist dabei nicht, daß mancher Student in diesen Berufungskategorien zu denken scheint, zumal dann nicht, wenn seine Berufsaussichten wenig realistische Berufungselemente erkennen lassen, sondern daß die Universitäten ihrerseits wenig tun, um die zeitlichen Gewichte wieder richtig zu hängen. Die Überalterung im Fachstudium ist nicht so sehr eine individuelle als vielmehr eine *institutionelle* Fehlentwicklung. Empfehlungen des Wissenschaftsrates von 1986, die eine ›Planstudienzeit‹ von 4 Jahren plus 3 Monaten für Abschlußprüfungen, grundsätzlich für alle Studiengänge geltend, vorsehen[1], trafen auf auffallende Zurückhaltung; Stellungnahmen von seiten der Westdeutschen Rektorenkonferenz und einzelner Fakultätentage zeigen, wie Heinz Heckhausen, der ehemalige Vorsitzende des Wissenschaftsrates es formuliert, daß eine entsprechende Verantwortung der Universitäten »nur erst zögernd und zurückhaltend angenommen wird. Statt dessen wird die Aufmerksamkeit gern auf universitätsexterne Ursachen abgelenkt. Wollte man es diesen Organen der universitären Selbstverwaltung und des akademischen Eigeninteresses allein überlassen, hochschulabhängige Ursachen der Überalterung abzubauen, so würde sich nicht viel bewegen«[2].

Heckhausen illustriert zugleich die hausgemachten Verspätungen durch Hinweis auf die große Variation der mittleren Fachstudienzeiten im Universitätsbereich. So betrug 1985 die Variationsbreite der Fachstudienzeiten für das Diplom in Chemie zwischen 5,5 Jahren (Regensburg, Würzburg, Konstanz) und mehr als 7,5 Jahren (Heidelberg, Aachen, Bochum, Tübingen). Diese erstaunliche Varianz, die sich durch Überlast, schlechte Studienbedingungen

1 Wissenschaftsrat, Empfehlungen zur Struktur des Studiums, Köln 1986.

2 H. Heckhausen, Die Überalterung der Hochschulabsolventen, in: Der Arbeitgeber Nr. 9/39 (1987), 336.

oder andere Umstände von Forschung und Lehre nicht erklären läßt, ist keineswegs nur ein ›chemisches‹ Problem. Ähnliche Verhältnisse bestimmen die Lage in anderen Disziplinen und Fächern. So liegen die Variationsbreiten der Fachstudienzeiten für das Maschinenbaudiplom zwischen 4,8 Jahren (Kassel) und 7,5 Jahren (TU Berlin), für das wirtschaftswissenschaftliche Diplom zwischen durchschnittlich 4,8 Jahren (Gießen, Marburg, Kassel) und 6,6 Jahren (FU Berlin).
Nicht Fächererfordernisse, veränderte Studiengewohnheiten oder externe Faktoren, darunter etwa numerus-clausus-bedingte Warteschleifen vor dem Beginn des Studiums, bestimmen hier so sehr das Tempo der Verspätung, sondern eine Art institutioneller Wildwuchs in der Ordnung des Studiums und der Prüfungen. Auch dafür gibt es natürlich Gründe, die unter anderem auch etwas mit der Hochschulexpansion seit den 60er Jahren und der mit ihr verbundenen Vermehrung des Lehrpersonals, dadurch wieder bedingt der Lehr- und Prüfungsinhalte, zu tun haben, ferner mit überlastbedingten Wartezeiten bei Praktika und anderen Lehrkomponenten. Doch diese allein erklären eine institutionelle Fehlentwicklung nicht, die in längeren Fachstudienzeiten und in der Überalterung der Hochschulabsolventen zum Ausdruck kommt.

4.

Mit den Promotionszeiten verhält es sich nicht anders. Deren Tendenz ist ebenfalls steigend. Nach Berechnungen des Wissenschaftsrates bewegt sich das mittlere Promotionsalter heute zwischen 31 und 34, bald 35 Jahren (übrigens ohne signifikante Unterschiede zwischen männlichen Studierenden mit Wehr- bzw. Zivildienstzeiten und weiblichen Studierenden ohne diesen institutionellen Nachteil). Dabei lag es 1985 in den Sprach- und Kulturwissenschaften bei 34 Jahren, in den Naturwissenschaften bei 31 Jahren und in den Rechts-, Wirtschafts- und Sozialwissenschaften bei 32 Jahren. Die Gesamtdauer des Studiums bis zum Abschluß der Promotion beträgt zwischen 9,7 Jahren (Humanmedizin) und 12,9 Jahren (Ingenieurwissenschaften); Promovierte haben im Durchschnitt 10,7 Jahre mit ihrer Ausbildung verbracht. Die reinen Promotionszeiten (statistisch schwer auszumachen) dürften im Durchschnitt der Fächer zwischen 4 und 5 Jahren liegen.

Da ist es auch nicht sonderlich tröstlich, daß die Promotion allgemein gesehen an Bedeutung verliert. Offenbar weil einerseits ihr Ansehen in der Berufswelt zurückgeht und andererseits innerhalb der Universitätsausbildung forschungsorientierte Leistungsanforderungen ›vorverlagert‹ werden, nämlich in die Diplomphase. Das Diplom (bzw. ein äquivalenter Abschluß) hat an Bedeutung gewonnen, die Promotion an Bedeutung verloren. Der Anteil der Abschlüsse mit Promotion hat von 1970 bis 1984 mit Ausnahme der Ingenieurwissenschaften (Anstieg von 15 auf 18%) abgenommen; in Mathematik und Naturwissenschaften von 55 auf 28%, in den Sprach- und Kulturwissenschaften von 57 auf 8%.[3] Die Promotionsintensität, gemessen an der Relation der Zahl der Promotionen zur Zahl der Diplom-, Staats- und Magisterprüfungen, ist also (trotz eines absoluten Anstiegs der Promotionen von 1975 bis 1985 um 32%) geringer geworden, die Doktoranden sind älter geworden. Sie werden im Durchschnitt zu einem Zeitpunkt promoviert, in dem sich der wissenschaftliche Nachwuchs früher habilitierte.

5.

Das ist allerdings lange her; auch die Habilitationszeiten sind in den Sog akademischer Zeitverschwendung geraten. Das mittlere Habilitationsalter beträgt heute 40 Jahre, 1985 in den Naturwissenschaften 38,1 Jahre, in den Rechts-, Wirtschafts- und Sozialwissenschaften 38,9 Jahre und in den Sprach- und Kulturwissenschaften 40,6 Jahre. Noch in den 60er und 70er Jahren betrug es (wiederum nach Berechnungen des Wissenschaftsrates) über alle genannten Wissenschaftsbereiche hinweg 36 Jahre. Der Habilitand ist zum Zeitpunkt der Habilitation schrecklich gealtert. Vor 125 Jahren war er noch um die 27 Jahre alt, zur Jahrhundertwende um die 30 Jahre. Der Habilitierte sucht heute seinen Platz im Hochschulsystem zu einem Zeitpunkt, an dem seine Vorgänger schon an ihren Erinnerungen eines Hochschullehrers zu arbeiten begannen.

3 H. Heckhausen, a.a.O., 338.

Das spiegelt sich, wie nicht anders zu erwarten, auch im Alter bei der Erstberufung. Es ist bei den C3- und C4-Professoren von 1977 bis 1983 um 1,5 Jahre gestiegen. Dabei waren von den heutigen C4-Professoren zum Zeitpunkt ihrer Erstberufung 1983 nur 18,3% 34 Jahre und jünger, 39,1% 35 bis 39 Jahre, 29,3% 40 bis 44 Jahre und 13,5% 45 Jahre und älter. Bemerkenswert ist, daß das Alter der C3-Professoren zum Zeitpunkt ihrer Berufung noch höher lag. Im Heisenberg-Programm, einem Programm für den habilitierten Hochschullehrernachwuchs, das von seinen Bewerbern erwartet, daß sie jung für ihre Leistungen sind, und das daher ebenfalls ein guter Indikator für die Altersentwicklung des Hochschullehrernachwuchses ist, lag das Durchschnittsalter bei der Aufnahme in das Programm 1979 bei 35,2 Jahren, 1985 bei 36,7 Jahren. Die ursprünglich vorgesehene Altersgrenze von 33 Jahren erwies sich alsbald als eine gutgemeinte, an einer gestrigen Normalität orientierte Illusion.

Im Habilitationswesen ist so auch vielleicht am deutlichsten eine gravierende Fehlentwicklung erkennbar. Bei 40jährigen von (wissenschaftlichem) Nachwuchs zu reden, macht uns zu unfreiwilligen Ironikern, ihnen noch große Chancen im Berufsleben auch außerhalb der Hochschulen vorzumachen, ist unverantwortlich. Das Alter der Privatdozenten ist heute das wohl untrüglichste Zeichen für die Überalterung der Universität.

6.

Es ist schon absurd: Akademisch Ausgebildete geraten vielfach in ihr viertes Lebensjahrzehnt, bevor sie in einem Beruf außerhalb der Hochschulen Fuß fassen, wissenschaftlicher Nachwuchs gerät mit der Habilitation bereits in das fünfte Lebensjahrzehnt. Wo das mittlere Absolventenalter bei 27 bis 29 Jahren, das mittlere Habilitationsalter bei 40 Jahren liegt, ist ein Ausbildungssystem aus den zeitlichen Fugen geraten, ist das passiert, was man, noch einmal, die Verwandlung der Ausbildung in das eigentliche Lebenswerk nennen könnte. Was ist das für eine seltsame ›Jugend‹, die da zur Ablösung des Alters bereitsteht.

Nur schwachen Trost spendet da die Auskunft der Experten für Lebenszeitfragen, daß sich in der Ordnung des menschlichen Lebens – nicht der biologischen und der rechtlichen, sondern der

Hochschulkarriere Gestatten Sie, Herr Professor, daß ich vorstelle: ich heiße Privatdozent Dr. August Müller – mein Sohn, Privatdozent Dr. Wilhelm Müller – mein Enkel, Privatdozent Dr. Erwin Müller – mein Urenkel, Privatdozent Dr. Kurt Müller (aus: Uni-Info Konstanz Nr. 169, 16. 11. 1987, 19).

soziologischen und der psychologischen Ordnung – seit langem zwischen die Phase der Jugend im engeren Sinne und die Phase des Erwachsenen eine weitere Phase schiebt, die Phase der ›Jungerwachsenen‹ oder der ›Altjungen‹. Solange diese Phase, in der die Jugend ein wenig alt sein darf und das Alter ein wenig jung sein kann, unter Qualifikationsgesichtspunkten nur der Ausbildung zugeschlagen wird, besagt auch diese Ordnung des Lebens nur, daß wir immer älter werden, bis wir tun, was wir gelernt haben, und sind, wozu wir gelernt haben. Und das gilt in ganz besonderem Maße im wissenschaftlichen bzw. Universitätsbereich. Mit der Jugend der Wissenschaft kontrastiert auf eine seltsame Weise das Alter ihrer Subjekte.
Hier ist allerdings auch der richtige Ort, darauf hinzuweisen, daß wissenschaftliche Leistung keine Funktion der Altersentwicklung

ist. Auch den Alten fällt schließlich noch etwas ein – seien sie nun stolze Inhaber von Professorenpositionen oder betagte Privatdozenten, die ihre Hoffnung in die auch für Professoren geltenden biologischen Prozesse setzen. Newton war immerhin schon 45 (für seine Zeit alt), als die »Principia« erschienen, Kepler war 48, als er sein 3. Gesetz entdeckte, Darwin 50, als »On the Origin of Species« (endlich) fertig wurde. Kant schließlich war 57, als seine »Kritik der reinen Vernunft« erschien und die philosophische Welt veränderte. Und trotzdem: Wer lange dient, sich bereithält, neben den längst Berufenen dahinaltert, wird müde. Frustration stellt sich ein, die ein schlechter Arbeiter ist, und Schwermut, die zwar nicht selten zur Lebensform auch großer erfolgreicher Geister gehört, in diesem Falle sich aber aus dem Lebenspessimismus einer steckengebliebenen Karriere speist. Wir sind alles andere als weise und richten doch die Wissenschaft so ein, als sei sie ein Hort der Alten, von denen man noch am ehesten glauben möchte, daß sie auch weise sind.

7.

Nun wäre es nicht fair, die betagte Jugend des Hochschullehrernachwuchses diesem selbst allein anzulasten. Dem ›subjektiven‹ Hang zu längeren Promotions- und Habilitationszeiten kommen ›objektive‹ Verhältnisse, ihn institutionell noch verschärfend, entgegen. Gemeint ist die derzeit verzerrte Altersstruktur der Professoren. Die Gruppe der Professoren wird heute durch die 50- bis 60jährigen geprägt, hervorgerufen durch den ›Verjüngungsschub‹ in der Expansionsphase der 60er und 70er Jahre und noch einmal kräftig angeschoben durch die großzügigen Überleitungen von Wissenschaftlern des Mittelbaus auf Professorenstellen im Zuge der Änderung der Personalstruktur. 1983 betrug (erneut nach Berechnungen des Wissenschaftsrates) der Anteil der unter 35jährigen unter den Professoren (nur C3 und C4) nur noch 0,7% (gegenüber 4,8% aller Professoren 1960), der Anteil der 35- bis 40jährigen 5,1% (gegenüber 11,5% 1960), der Anteil der 50- bis 55jährigen 21,6% (gegenüber 17,7% 1960), der Anteil der 55- bis 60jährigen 18,0% (gegenüber 17,3% 1960), der Anteil der 60- bis 65jährigen aber nur noch 9,1% (gegenüber 13,3% 1960) und der Anteil der 65jährigen und Älteren nur noch 1,1% (gegenüber

6,8% 1960). Älter als 50 Jahre waren unter den Professoren (1983 nur C3/C4): 1960 55,1%, 1966 45,9%, 1977 29,3% und 1983 48,8%. Daraus aber ergeben sich derzeit objektiv schlechte Chancen für den älteren Hochschullehrernachwuchs.

Im einzelnen gibt es große fächerspezifische Unterschiede. In den Sprach- und Kulturwissenschaften beträgt der Anteil der unter 40jährigen 4,9%, der Anteil der über 50jährigen 50,2%; in den Naturwissenschaften macht der Anteil der unter 40jährigen 6,6% aus, der Anteil der über 50jährigen 45,3%; in den Rechts-, Wirtschafts- und Sozialwissenschaften sind jünger als 40 Jahre 9,9% und älter als 50 Jahre 36,2%. Als Beispiele für eine höhere Auflösung dieser Prozentzahlen seien in der Gruppe der Sprach- und Kulturwissenschaften die Germanistik, die Anglistik und die Philosophie angeführt[4]: In der Germanistik ist bei den C3- und C4-Professoren die Gruppe der 40- bis 45jährigen die stärkste. Über 50% der C4-Professoren sind über 50 Jahre alt, über 10% zwischen 60 und 65 Jahre alt. Ein besonders hohes Durchschnittsalter, nämlich 38,8 Jahre, weisen hier übrigens die wissenschaftlichen Mitarbeiter auf. In der Anglistik sind bei den C4-Professoren die Jahrgänge zwischen 40 und 60 in etwa gleich stark besetzt, über 10% sind über 60. Hingegen sind bei den C3-Professoren 60% zwischen 40 und 50 Jahre alt. Erneut weist die Gruppe der wissenschaftlichen Mitarbeiter ein hohes Durchschnittsalter, nämlich 39,5 Jahre, auf. In der Philosophie sind bei den C4-Professoren 50,6% zwischen 50 und 60 Jahre alt, bei den C3-Professoren 58,5% zwischen 45 und 55 Jahre alt. Lediglich 12,1% der C4-Professoren und 19,1% der C3-Professoren sind unter 45. Das Durchschnittsalter der C4-Professoren beträgt 52,8 Jahre, der C3-Professoren 50 Jahre. Schlechte Aussichten für den Hochschullehrernachwuchs derzeit, gute Aussichten in den 90er Jahren. Allein in der Philosophie werden bis 1995 46,5% aller C4-Professoren ihre Lehrstühle räumen.

Doch dazu gleich. Für den Augenblick sei festgehalten, daß Platon mit seiner Vorstellung einer Herrschaft der klugen Greise seine helle Freude an dieser Entwicklung gehabt hätte, die für die kommenden Jahre in den Universitäten ein wahres Eldorado der Alten verspricht.

4 Quelle: Statistik des Wissenschaftsrates.

8.

Diese Verwandlung der Universität in ein Altenheim (und sei es auch nur auf Zeit) wäre, trotz Platon, auch noch aus einem anderen Grunde mißlich. Denn wenn es richtig ist, was der Präsident der Deutschen Forschungsgemeinschaft, der Biologe Hubert Markl, unlängst feststellte[5], daß nämlich der wissenschaftliche Nachwuchs derzeit nicht nur zahlenmäßig größer denn je ist, sondern auch besser ausgebildet denn je, dann hieße es für die Universitäten und die moderne Gesellschaft insgesamt, in der wir leben, eine riesige Chance vertun, wenn dieser Umstand nicht genutzt würde, d. h., wenn man es nicht verstünde, den wirklich Jungen unter den Wissenschaftlern eine institutionelle Chance zu geben. In der Grundlagenforschung, so Markl weiter, könnte das nach Jahren der Überlastung durch Lehraufgaben gar zu einem ›qualitativen Sprung‹ führen. Deshalb sollte aber auch von den Universitäten (endlich) getan werden, was zu den Voraussetzungen einer derartigen Entwicklung gehört: Eine Organisation des Fachstudiums, die ein zügiges Studieren (etwa nach dem Strukturmodell des Wissenschaftsrates) erlaubt, eine Promotionsförderung, die zum richtigen Zeitpunkt greift und forschungsorientierte Studienphasen mit der Promotion verbindet, Druck auf den wissenschaftlichen Nachwuchs, zumal den Habilitanden, den eigenen Status mit der geeigneten und dafür vorgesehenen Lebenszeit wieder in Harmonie zu bringen.

Vielleicht gelingt es bei jenem ins Auge gefaßten qualitativen Sprung, nur nebenbei gesagt, auch die Disziplinen wieder stärker aufeinander zuzubewegen. Solange z. B. dem Naturwissenschaftler der Geisteswissenschaftler das seltsame Wesen und dem Geisteswissenschaftler der Naturwissenschaftler das unbekannte Wesen ist, wird die Zerreißprobe moderner Gesellschaften wie der unseren zwischen ihrer eher technisch-positiven Form und ihrer eher reflexiv-kulturellen Form in den Wissenschaften, in den Universitäten eher geübt, denn bestanden. Sie zu bestehen, wird aber ein wesentliches Moment des Fortschritts unserer Gesellschaft sein.

5 H. Markl, Der Nachwuchs ist besser denn je, VDI-Nachrichten, Bonn 25. 12. 1987.

9.

Stimmungen gründen in Erfahrungen, die man macht. Daß die Zukunft für den wissenschaftlichen Nachwuchs dunkel ist, ist eine solche Stimmung. Sie orientiert sich an überalterten Privatdozenten, Berufungsblockaden, ungünstiger Altersstruktur derer, die es geschafft haben. Doch eben diese Erfahrung wird sich schnell ändern. In den 90er Jahren wird sich – vorausgesetzt, daß sich auch die allgemeine Hochschulsituation normal entwickelt, das System der Hochschulen (in der schönen Sprache der Bildungsexperten) nicht ›zurückgefahren‹ wird – auch die Lage des wissenschaftlichen Nachwuchses normalisieren. Altersbedingte Erneuerungsraten unter einem Prozent werden dann der Vergangenheit angehören. Stagnation wird durch rapide ansteigende Emeritierungszahlen behoben: 60% aller C3- und C4-Professuren stehen in den nächsten 15 Jahren zur Wiederbesetzung an.
So werden nach einer Modellrechnung des Wissenschaftsrates, die von der Annahme ausgeht, daß der Bestand der C3- und C4-Professuren konstant bleibt, und freiwerdende C2-Professuren nicht berücksichtigt, in den 5-Jahres-Perioden 1986 bis 1990 jährlich 513 Professuren (= 3,2% des Bestandes) freiwerden, 1991 bis 1995 731 Professuren (= 4,5% des Bestandes), 1996 bis 2000 744 Professuren (= 4,6% des Bestandes) und 2001 bis 2005 810 Professuren (= 5,0% des Bestandes). Im Zuge dieser Entwicklung werden die meisten Disziplinen bereits in der zweiten Hälfte der 90er Jahre wieder eine normale, d. h. unverzerrte Altersstruktur aufweisen. Für die zuvor als Beispiel genannte Germanistik liegt der Anteil der jährlich freiwerdenden C4-Professuren bereits jetzt bei 3,9% (Gesamtbestand 1983 277 C4-Professuren), für die Anglistik bei 3,0% (Gesamtbestand 1983 194 C4-Professuren); für die Philosophie wurde bereits erwähnt, daß bis 1995 46,5% aller C4-Professuren zur Wiederbesetzung anstehen.
Selbst wenn nicht alle Professuren wieder zur Verfügung stehen sollten und in einzelnen Fällen auch Verlagerungen in andere Bereiche (Umwidmungen) erfolgen sollten, wird sich die allgemeine Lage schnell ändern. Düstere Stimmungen des wissenschaftlichen Nachwuchses werden ihre derzeitige Erfahrungsbasis verlieren. Während heute für ältere Privatdozenten die Chance einer Berufung nur noch gering ist, wird sie für diejenigen, die jetzt oder demnächst vor der Entscheidung stehen, mit der Promotion und

einer späteren Habilitation die Hochschullehrerlaufbahn anzutreten, groß sein. Staat und Universitäten sollten sich intensiv bemühen, diese Einsicht denjenigen zu vermitteln, die sie nutzen sollen, bzw. diejenigen Verhältnisse dauerhaft zu sichern (und dazu gehört auch eine Reform der Altersstrukturen von Studium und wissenschaftlicher Qualifikation), die diese Einsicht Wirklichkeit werden lassen. Denn ohne junge Nachwuchswissenschaftler, die in einem normalen Altersaufbau, d. h. einer von einer gleichmäßigen Besetzung aller Altersklassen bestimmten Altersstruktur, jung in Professorenpositionen gelangen, wird schließlich auch die Wissenschaft selbst, auf die entwickelte Gesellschaften wie die unsere auf Gedeih und Verderb angewiesen sind, ihre Dynamik verlieren, wird auch sie, die uns ewig jung erscheint, alt werden.

Geistes- und Sozialwissenschaften im System der Wissenschaft

Wir leben in einer selbstreflexiven Kultur. In einer Kultur, die von sich weiß und die über sich nachdenkt, die ihr *rationales Wesen* kennt. Das unterscheidet sie von mythischen Kulturen. Diese Kulturen wissen nicht, daß sie mythisch sind. In mythischen Kulturen lebt man, man erforscht sie nicht.

Ausdruck der Selbstreflexivität einer Kultur sind vor allem die Geistes- und Sozialwissenschaften. Mit ihnen erforscht sich in Wissenschaftsform eine Kultur selbst – nicht irgendeine Kultur, sondern eine, die selbst neben anderen Rationalitäten durch geisteswissenschaftliche und sozialwissenschaftliche Rationalitäten konstituiert ist. Geistes- und sozialwissenschaftliche Rationalitäten sind daher auch selbstreflexiven Kulturen nicht äußerlich; sie gehören zu ihrem Wesen. In ihnen erkennt sich eine rationale Kultur selbst. Auch ein Nachdenken über die Geistes- und Sozialwissenschaften gehört zu dieser selbstreflexiven Struktur. Was als Wissenschaft Ausdruck des Wesens einer Kultur ist, weiß auch von sich selbst. Die iterative Struktur, die jeder Form von Reflexivität eigentümlich ist, erfaßt auch die Geistes- und Sozialwissenschaften.

Das ist in einem bestimmten Sinne trivial, weil wir jegliches Wissen als selbstgewisses Wissen zu definieren pflegen, macht aber meine Aufgabe nicht leichter. Soll es doch nicht nur darum gehen, zu zeigen, wie sich die Geistes- und Sozialwissenschaften selbst sehen, was sie von sich selbst wissen, sondern auch darum, was sie leisten bzw. leisten sollen. Es gehört zu den Eigentümlichkeiten unserer Kultur, allgemeiner gesprochen: der modernen Welt, daß darüber keine befriedigende Klarheit herrscht. Das aber bedeutet – wenn das zuvor über das Wesen rationaler, wissenschaftsgestützter Kulturen Gesagte zutrifft –, daß sich diese in wesentlichen Dingen nicht sicher sind. Es bedeutet ferner, daß Irritationen, die in jüngerer Zeit von den Geistes- und Sozialwissenschaften ausgehen, nicht herbeigedachte und in diesem Sinne hausgemachte Irritationen sind, etwas, das – wie man hofft – mit dem Zeitgeist kommt und geht, sondern daß sie etwas sind, das selbst zum gegenwärtigen Wesen rationaler Kulturen, der modernen Welt, gehört. Also geht es auch, wenn von dem Selbstbewußtsein und von der Leistungsfähigkeit der Geistes- und Sozialwissenschaften im System der Wissenschaft die Rede sein soll, nicht nur um diese, sondern um die moderne Welt selbst.

1. Gibt es ein System der Wissenschaft?

Die Rede von einem System der Wissenschaft suggeriert geordnete Verhältnisse. Man stellt sich eine Ordnung vor, in der alle Wissenschaften hinsichtlich ihrer Gegenstände und Methoden ihren Platz gefunden haben, in der Kompetenzen abgesteckt und wissenschaftssystematisch legitimiert sind. Dies aber ist heute schwerlich der Fall, wovon übrigens auch der laute Ruf nach Interdisziplinarität zeugt: Interdisziplinarität soll in erster Linie ein unsicher gewordenes Denken in Disziplinaritäten stabilisieren, ein ›System‹ der Wissenschaft wird gewissermaßen zwischen den Disziplinen, nicht mehr in ihnen gesucht.
Das Problem liegt vielleicht gar nicht so sehr in den Disziplinen selbst, sondern in Hoffnungen, die sich mit dem Begriff des Systems an dieser Stelle verbinden.[1] Dieser Begriff hat eine philosophische und eine wissenschaftliche Geschichte. Philosophisch verbindet er sich insbesondere mit der idealistischen Philosophie, auf die wir gleich mit den Geisteswissenschaften wieder stoßen werden, wissenschaftlich mit der Geschichte der Astronomie. So ist nach Hegels bekanntem Diktum das Wahre nur als System wirklich[2] und die Philosophie, die hier noch die späteren sogenannten Geisteswissenschaften umfaßt, selbst ›System in der Entwicklung‹[3]. In der Astronomie tritt die Bezeichnung ›Weltsystem‹ (systema mundi) bis ins 18. Jahrhundert hinein für astronomische

1 Ich beziehe mich im Folgenden, auch wenn im einzelnen von Problemen der Sozialwissenschaften die Rede ist, auf eine frühere ausführlichere Ausarbeitung: Sozialwissenschaften im System der Wissenschaft, in: M. Timmermann (Ed.), Sozialwissenschaften. Eine multidisziplinäre Einführung, Konstanz 1978, 173-189.
2 G. W. F. Hegel, Phänomenologie des Geistes, in: ders., Werke in zwanzig Bänden, Redaktion E. Moldenhauer/K. M. Michel, Frankfurt 1969-1979 (im folgenden zitiert als Werke), III, 28.
3 Vorlesungen über die Geschichte der Philosophie, Werke XVIII, 47.

Modelle auf. ›System‹ bedeutet hier einen in bestimmter (meist hypothetisch) geordneter Weise dargestellten Teil der physischen Welt, eben der planetarischen Welt. Und während auf den philosophischen Begriff des Systems der Verdacht spekulativer Architektonik fällt – z. B. ist nach Kierkegaard der Philosoph des Systems ein Mensch, »der ein Schloß baut, aber im Schuppen nebenan wohnt«[4] –, ist es sein astronomischer Nachbar, der sich in der Sprache der Wissenschaften bis heute behauptet hat. Beispiele: das ›Linnésche System‹ (ein nach Merkmalen der Geschlechtsorgane geordnetes System der Pflanzen) oder die Rede von physikalischen Systemen (etwa thermodynamischen Systemen) und sozialen Systemen (deren umfassendstes die Gesellschaft ist).

Von dieser Bedeutung macht auch der Begriff eines Systems der Wissenschaft Gebrauch. Hier sind es nicht physische oder soziale Entitäten, die in einen geordneten Zusammenhang treten, sondern die Wissenschaften selbst – unter Gesichtspunkten ihrer Gegenstände, ihrer Methoden und ihres Aufbaus. Eben dies aber ist heute weniger denn je der Fall. Im strengen Sinne gibt es jenen ›himmlischen‹ Zusammenhang, wie ihn der ursprüngliche astronomische Systembegriff zur Grundlage hatte, unter den Wissenschaften nicht, und deshalb wohl auch keinen ›natürlichen‹ Ort, der ihnen, gewissermaßen als nachgeordnetem Teil des Schöpfungswerkes, zukäme.

Der Grund dafür ist einfach. Wissenschaftliche Disziplinen sind nichts Naturgegebenes, sondern etwas durch die Wissenschaftsgeschichte Entstandenes. Ihre Grenzen sind in erster Linie nicht theoretische oder durch Gegenstände bestimmte Grenzen, sondern *historische* Grenzen. Sie sind darüber hinaus *erkenntnistheoretische* Grenzen: Wie wir die Welt ansehen, so sieht sie uns an. Eine einfache Vernunft der Tatsachen, der dann auch die Organisation der Wissenschaft folgen könnte, gibt es nicht. Oder um im astronomischen Bilde zu bleiben: es geht bei einer gesuchten Ordnung der Wissenschaften untereinander nicht um die Angabe von Abständen, Helligkeiten und Exzentrizitäten, sondern um die die wissenschaftliche Entwicklung, auch die disziplinäre Entwicklung, leitenden wissenschaftlichen Selbstverständnisse. Ein anderer Systembegriff ist angezeigt. Nicht der astronomische und

4 Zitiert nach M. Heidegger, Schellings Abhandlung über das Wesen der menschlichen Freiheit, ed. H. Feick, Tübingen 1971, 29.

nicht der Hegelsche, eher schon ein von Kant ins Auge gefaßter Begriff: »Unter der Regierung der Vernunft dürfen unsere Erkenntnisse überhaupt keine Rhapsodie, sondern sie müssen ein System ausmachen, in welchem sie allein die wesentlichen Zwecke derselben unterstützen und befördern können. Ich verstehe aber unter einem System die Einheit der mannigfaltigen Erkenntnisse unter einer Idee.«[5]

Wissenschaft als System wird hier von Kant über einen *Vernunftzweck* definiert. Auch damit ist nichts anderes gemeint, als daß nicht Gegenstände, Methoden und theoretische Grenzen die einzelnen Wissenschaften für sich und gegenüber anderen Wissenschaften hinreichend bestimmen, sondern die Intentionen oder die leitenden wissenschaftlichen Selbstverständnisse, die sich in der wissenschaftlichen Arbeit verwirklichen. Auch der in der neueren Diskussion dominante Begriff des Erkenntnisinteresses besagt nichts anderes, desgleichen der Kantische Begriff des Vernunftinteresses. Dieses gibt sich in den Wissenschaften seine methodische Form.

Wer also die Frage nach dem Ort der Geistes- und Sozialwissenschaften im System der Wissenschaft zu beantworten sucht, ist wohlberaten, nicht nach theoretischen oder gegenstandsbezogenen Grenzen Ausschau zu halten, sondern nach wissenschaftsleitenden Erkenntnis- oder Vernunftinteressen. Sie bestimmen denn auch die Dynamik der Wissenschaftsentwicklung, nicht eine Welt – eine physische, soziale oder geistige Welt –, die sich nach einer ihr immanenten Ordnung Zug um Zug zu erkennen gibt. Wäre dies so, müßte übrigens das wissenschaftliche Erkennen irgendwann einmal an sein natürliches Ende kommen, was schwer vorstellbar ist. Wissenschaftliches Erkennen ist Teil unserer rationalen Orientierungsbemühungen, mit deren Ende auch eine rationale Kultur am Ende wäre. In Hegelscher Terminologie haben wir es hier nicht mit ›schlechter‹, sondern mit ›wahrhafter‹ Unendlichkeit zu tun, mit dem ›Unendlichen der Vernunft‹.[6]

Unter ein ›unendliches‹ Erkenntnis- oder Vernunftinteresse fallen dabei sowohl der Gesichtspunkt faktischer Selbstverständnisse der Wissenschaften – hier die Frage: wie verstehen sich Geistes- und Sozialwissenschaften selbst? – als auch Gesichtspunkte ihrer

5 Kritik der reinen Vernunft B 860.
6 Wissenschaft der Logik I (Die objektive Logik), Werke V, 149.

vernünftigen Entwicklung. Über die übliche Definition der Sozialwissenschaften als jener Disziplinen, »die es vorwiegend mit den Wechselwirkungen von Mensch und Gesellschaft zu tun haben«[7], stellt sich die gewünschte systematische Einheit der sozialwissenschaftlichen Einzeldisziplinen untereinander wie gegenüber den anderen Wissenschaften ebensowenig ein wie im Falle der Geisteswissenschaften über eine Aufzählung kultureller Phänomene, die sie zu Forschungsgegenständen haben. Bestimmungen dieser Art bleiben oberflächlich – wie eine Definition der Naturwissenschaften als Disziplinen, die die Natur erforschen, oberflächlich wäre (als hätten wir es nämlich im Falle von Kaltluftfronten, die die Meteorologie erforscht, und im Falle von Neutronenbahnen, die die Elementarteilchenphysik erforscht, in gleicher Weise mit Natur zu tun).
Auf dem Hintergrund dieser behutsamen Annäherung an den Begriff eines Systems der Wissenschaft, in dem die Geistes- und Sozialwissenschaften ihren verläßlichen Ort finden könnten, im Folgenden einige genauere Analysen – womöglich auch einige Synthesen – im Problemfeld dieser beiden Disziplinen.

2. Das idealistische Erbe

Über den Geistes- und Sozialwissenschaften ruht ein wissenschaftsideologischer Fluch, den Ende der 60er Jahre Charles P. Snow mit seiner Rede von den zwei Kulturen, der naturwissenschaftlichen und der geisteswissenschaftlichen (›literarischen‹), in die Welt gesetzt hat. Nach Snow ist das Verhältnis beider Kulturen zueinander durch wechselseitige Ignoranz gekennzeichnet, wobei die Geisteswissenschaften schlechter wegkommen als die Naturwissenschaften. Diese »haben die Zukunft im Blut«[8], jene offenbar die Vergangenheit. Trotz aller Einseitigkeiten und Vereinfachungen, in deren Rahmen sich die ›literarische‹ Kultur auf der Seite der ›Antiintellektuellen‹ wiederfindet, hat Snow irgendwo

7 Die Universität Konstanz. Bericht des Gründungsausschusses, Konstanz 1965, 17.
8 C. P. Snow, The Two Cultures and a Second Look. An Expanded Version of the Two Cultures and the Scientific Revolution, Cambridge ^{2}1964, 10 (dt. Die zwei Kulturen. Literarische und naturwissenschaftliche Intelligenz, Stuttgart 1967, 17).

auch recht, z. B. im Falle der Geisteswissenschaften. Diese verhalten sich in ihren Denkgewohnheiten – häufig, sei hier mildernd hinzugesetzt –, »als wäre die überlieferte Kultur die ganze ›Kultur‹, als gäbe es das Reich der Natur gar nicht. Als wäre die Erforschung seiner Ordnung weder nur ihrer selbst willen noch ihrer Folgen wegen interessant. Als wäre das wissenschaftliche Gebäude der physikalischen Welt in seiner geistigen Tiefe, Komplexität und Gliederung nicht die schönste und wunderbarste Gemeinschaftsleistung des menschlichen Geistes«.[9] Wichtiger und zutreffend ist aber die folgende Feststellung: »Unsere Gesellschaft (...) gibt nicht einmal mehr vor, eine gemeinsame Kultur zu besitzen.«[10]

Resignation vor einem Faktum, einer halbierten Kultur, deren Teile eigene Welten bilden? Oder Unfähigkeit, in einer gemeinsamen Welt zu leben? Ich plädiere an dieser Stelle für Unfähigkeit als Erklärungsprinzip sowie dafür, daß es sich bei der Rede von den zwei Kulturen um einen *Mythos* handelt, den sich das wissenschaftliche Bewußtsein selber schafft, um seine eigene Unfähigkeit besser zu verbergen. Es ist dies die Unfähigkeit der Wissenschaft, oder besser des Wissenschaftlers, ihr bzw. sein Tun als Ausdruck einer ungeteilten Rationalitätsidee zu begreifen. Und in diesem Punkte sind die Unfähigkeiten zwischen Naturwissenschaftlern und Geisteswissenschaftlern gut verteilt. Nicht nur diese tun sich schwer, die Naturwissenschaften als Ausdruck einer gemeinsamen Kultur zu begreifen, auch jene irren sich, wenn sie die Kultur der Geisteswissenschaften lediglich als gebildete und forschende Erinnerung an vergangene Kulturen darzustellen suchen. Nur was Köpfe nicht mehr zusammenhalten können, wird zur eigenen Welt, um die sich dann – paradox genug in wissenschaftlichen Verhältnissen – ein Meer von Unwissenheit legt.

Was dabei die Geistes- und Sozialwissenschaften betrifft, so liegen deren geteilte Rationalitäten bereits in ihrem gemeinsamen, nicht in allen Stadien glücklich verlaufenen Anfang beschlossen. Die historischen Fakten sind bekannt: Den Anfang bildet ein Über-

9 A.a.O., 14 (dt. 20f.).

10 A.a.O., 60 (dt. 63). Inzwischen hat Lepenies den beiden von Snow diagnostizierten Kulturen zu Lasten der geisteswissenschaftlichen bzw. (bei Snow) ›literarischen‹ Kultur noch eine weitere hinzugefügt, die Soziologie. Vgl. W. Lepenies, Die drei Kulturen. Soziologie zwischen Literatur und Wissenschaft, München 1985.

setzungsfehler. In der 1849 erschienenen deutschen Übersetzung von John Stuart Mills »System of Logic« (1843) wird der wissenschaftssystematische Ausdruck ›moral science‹ mit ›Geisteswissenschaft‹ übersetzt.[11] Dabei schließt ›moral science‹ bei Mill sowohl die normativ orientierten ›praktischen‹ Disziplinen der Moral, der Politik und der Ästhetik ein als auch die deskriptiv und nomologisch orientierten Disziplinen der Psychologie, der Ethologie und der Soziologie. Eben dies wird unter der Bezeichnung ›Geisteswissenschaften‹ unkenntlich. Mehr noch: die ›moralischen Wissenschaften‹ geraten mit dieser Bezeichnung unter eine fremde, nämlich eine ›idealistische‹ Systematik. Sie werden zu Teilen einer ›Wissenschaft des Geistes‹ und verlieren im Laufe der weiteren Entwicklung ihre ursprüngliche Bindung an die Tradition der klassischen ›praktischen‹ bzw. ›moralisch-politischen‹ Handlungswissenschaften, also der Ethik, Politik und Ökonomik, aber auch der Künste und der praxisstabilisierenden Techniken sowie der Jurisprudenz und Teilen der Theologie. Die deskriptiv und nomologisch orientierten ›sozialwissenschaftlichen‹ Disziplinen wenden sich ab und geraten unter dem Einfluß Comtes, Mills und Durkheims in ein positivistisches Lager. Zu dieser Entwicklung später mehr.

Im Augenblick interessiert vor allem der Umstand, daß eine ungeeignete Systematik die Geisteswissenschaften nicht nur aus einer gemeinsamen Rationalität mit den Naturwissenschaften, sondern auch mit den sich deskriptiv und nomologisch verstehenden ›Sozialwissenschaften‹ drängt. Verwirrung ist die Folge. Diese drückt sich unter anderem auch in den alternativen Bezeichnungen ›Kulturwissenschaften‹, ›Gesellschaftswissenschaften‹, ›Soziologie‹, ›moralisch-politische Wissenschaften‹ und ›geschichtliche Wissenschaften‹ aus. Sie wird im Verlauf positivismuskritischer Bewegungen, die sich in der ›deutschen Hermeneutik‹ (bei Droysen, Dilthey und Simmel) sowie im südwestdeutschen Neukantianismus (bei Windelband und Rickert) formieren, nur noch größer. Reduziert doch die von Windelband und Rickert

11 J.St. Mill, A System of Logic, Ratiocinative and Inductive. Being a Connected View of the Principles of Evidence and the Methods of Scientific Investigation, I-II, London 1843, [8]1972, dt. von J. Schiel: System der deductiven und inductiven Logic. Eine Darlegung der Principien wissenschaftlicher Forschung, insbesondere der Naturforschung, I-II, Braunschweig 1849, [4]1877.

schließlich vorgenommene Identifikation der Naturwissenschaften mit den nomothetischen, d.h. gesetzbildenden Wissenschaften und der Kultur- oder Geisteswissenschaften mit den idiographischen, d.h. Individualität beschreibenden Wissenschaften die Idee der Geisteswissenschaft auf die Idee einer *historischen Bildung*. Der Mythos von den zwei Kulturen hat seine ersten Seher gefunden. Einer der letzten wird dann ein ›Ende der Geisteswissenschaft‹ konstatieren, das »sich selbst mit logischer Notwendigkeit stufenweise entwickelt« habe.[12]

Damit sind auch wir am vorläufigen Ende zwar nicht der Geisteswissenschaften, aber einer unglücklichen Geschichte angelangt, in der sich eine ursprüngliche Einheit der wissenschaftlichen Rationalität zum Gegensatz von Natur und Geist und diesen zugeordneten Disziplinen verengt. Noch im 18. Jahrhundert war es vor allem der Begriff der *Kritik*, der eine Erinnerung an jene ursprüngliche Einheit mit sich führte. Diese lag, wie schon Aristoteles konstatierte, in der alle Disziplinen umfassenden *Urteilskraft*, die zugleich den ›umfassend Gebildeten‹ charakterisiert.[13] Auch der esprit critique, den Bayle in seinem Wörterbuch repräsentiert[14] und der später durch die (z.B. in der französischen Enzyklopädie realisierte) Idee eines esprit philosophique abgelöst wird, sucht diese Erinnerung noch zu bewahren, auch wenn ihr in der Pascalschen Unterscheidung zwischen einem esprit geometrique und einem esprit de finesse[15] in der Aufklärung eine ungewohnte Konkurrenz entsteht. Was von Pascal als Einspruch gegen eine zu weitgehende Identifikation von Rationalität mit wissen-

12 J. Kraft, Die Unmöglichkeit der Geisteswissenschaft, Hamburg 1934, ^{3}1977, 26.

13 Vgl. Aristoteles, de part. an. A1.639a6-10.

14 P. Bayle, Dictionnaire historique et critique, I-II, Rotterdam 1696/1697, I-III, ^{2}1702, I-IV, ^{3}1720. Bayle schließt terminologisch an die Cartesische Logik, d.h. an die sogenannte Logik von Port Royal (A. Arnauld/P. Nicole, La logique ou l'art de penser, I-III, Paris 1662) an, die ihrerseits die (ursprünglich stoische) Unterscheidung zwischen Dialektik als einer Lehre von der inventio (Topik) und einer Lehre vom iudicium (auch als κριτικά bezeichnet) bei P. Ramus (vgl. Scholae in liberales artes, Basel 1596, 315) durch den über die analytische Methode in der Geometrie gebildeten Begriff der Analyse ersetzt, und ergänzt diese Logik im Bereich einer historischen Kritik.

15 B.Pascal, Pensées Nr. 511f. (Oeuvres complètes, ed. L. Lafuma, Paris 1963, 575f.).

schaftlicher Rationalität gemeint war, gerät hier fälschlich zur Unterscheidung zwischen zwei wissenschaftlichen Rationalitätsparadigmen, der neuzeitlichen Physik und der humanistischen Gelehrsamkeit. Bis zur nach-idealistischen Unterscheidung zwischen Naturwissenschaft und Geisteswissenschaft ist es nicht mehr weit.

Es ist der deutsche Idealismus, der mit seiner Idee einer Wissenschaft des Geistes dieser Entwicklung wie schon der zuvor unter dem Stichwort ›moral science‹ beschriebenen terminologischen Entwicklung seine eigentliche Schärfe gibt. Dies allerdings erst, als der Atem Hegels über den wissenschaftlichen Feldern schwächer geworden war. Was wollte Hegel, bzw. unter welche Systematik gerät die Idee einer Geisteswissenschaft in der Philosophie Hegels?

In Hegels Terminologie gesprochen sind die Geisteswissenschaften Instanzen des objektiven und des absoluten Geistes. Des *objektiven*, insofern Recht, Staat und Sittlichkeit, ihrer Form und ihrem Inhalte nach, das *Dasein des Geistes* sind, auf das sich die Geisteswissenschaften richten, des *absoluten*, insofern Kunst, in der sich der absolute Geist ›anschaut‹, Religion, in der er sich ›vorstellt‹ und Wissenschaft bzw. Philosophie, in der er sich ›begreift‹, zu diesem Dasein hinzutreten. In der späteren Identifikation des objektiven mit dem absoluten Geist (bei Simmel und Freyer) wird der objektive Geist zum »Definiens der Kultur, insofern diese der Bildungsprozeß des subjektiven Geistes am objektiven Geist ist (›Strömung von Subjekten durch Objekte zu Subjekten‹)«[16]. Vor dieser Idee einer bildenden Kultur sind alle Wissenschaften gleich, gibt es keine Bildungswissenschaften, als welche die Geisteswissenschaften später, im Unterschied zu den Naturwissenschaften, mißverstanden werden. Bildung ist nach Hegel Konkretion der Sittlichkeit in einer rationalen Kultur. Nur insofern es dabei der »höchste Punkt der Bildung eines Volkes« ist, »den Gedanken seines Lebens und Zustandes, die Wissenschaft seiner Gesetze, seines Rechts und Sittlichkeit zu fassen«[17], fällt hier den Geisteswissenschaften eine besondere Rolle zu – sie

16 S. Blasche, Geist, objektiver, in: J. Mittelstraß (Ed.), Enzyklopädie Philosophie und Wissenschaftstheorie, Mannheim/Wien/Zürich 1980, 723.

17 Vorlesungen über die Philosophie der Geschichte, Werke XI, 116.

sollen ›begreifen‹, was auch in Form der Naturwissenschaften das ›Dasein des Geistes‹ ist.

Im übrigen erfaßt nach Hegel die Entwicklung des Geistes vom subjektiven über den objektiven zum absoluten Geist[18] auch die Natur, insofern diese selbst als ›Entwicklung zum Geist‹ angesehen wird. Natur erscheint als ›entäußerter Geist‹[19]; gegen den Anspruch der Naturwissenschaften, die ganze ›empirische Philosophie‹[20] der Natur zu sein, und gegen die sich bereits für Hegel abzeichnenden Tendenzen einer technischen ›Aneignung‹ der Natur wird die (mystische) Einheit von Natur und Geist beschworen.[21] Vergeblich, wie bald deutlich wird. Diese Einheit, die einmal die Einheit wissenschaftlicher Rationalitäten, auch der naturwissenschaftlichen, war, zeigt sich in den Gegenständen, hier Natur und Geist, nicht mehr.

Das ist nicht der einzige problematische Aspekt dieser ›Wissenschaft des Geistes‹; auch eine Bemerkung wie die, daß »das Geistige allein (...) das Wirkliche« sei[22], gehört dazu. Unter Bestimmungen wie diesen tun sich die Geisteswissenschaften verständlicherweise schwer, ihre Arbeit als Teil einer mit allen anderen Wissenschaften gemeinsamen Rationalität deutlich zu machen. Deshalb kann man ihnen auch den *Historismus*, die Flucht unter historische und philologische Methodenideale, nicht verübeln. Ihre Akademisierung im 19. Jahrhundert in Form der historischen und philologischen Wissenschaften bedeutet den Sieg dieses sich sowohl ideologisch als auch methodologisch auslegenden Historismus über eine ›Wissenschaft des Geistes‹. Zugleich ist dieser Historismus der Preis, den die Geisteswissenschaften zahlen, um nun auf ihre, nach-idealistische Weise zur Wissenschaft zu werden.

Und noch etwas anderes ist hier wichtig. Der idealistische Ursprung der Geisteswissenschaften in Deutschland bestimmt nachhaltig, im Unterschied etwa zur angelsächsischen Entwicklung

18 Vgl. Enzyklopädie der philosophischen Wissenschaften im Grundrisse [1830] III (Die Philosophie des Geistes), § 385, Werke X, 32, ferner § 444 (Zusatz), Werke X, 240.

19 Phänomenologie des Geistes, Werke III, 590.

20 Vgl. I. Kant, Kritik der reinen Vernunft B 868.

21 Vgl. Enzyklopädie der philosophischen Wissenschaften im Grundrisse [1830] II (Die Naturphilosophie), § 247 (Zusatz), Werke IX, 25.

22 Phänomenologie des Geistes, Werke III, 28.

der ›humanities‹, ihr theoretisches Selbstverständnis, und zwar ungeachtet des Umstandes, daß die Geisteswissenschaften durch den Historismus gegangen sind und unsere Probleme weit von Hegels Visionen entfernt sind. Es ist nicht nur die Terminologie, die hier nachwirkt (›Wissenschaft des Geistes‹, ›Geisteswissenschaft‹); es ist auch die Vorstellung, daß Kultur ein Produkt des Geistes ist und die Geisteswissenschaften selbst Teil dieser Kultur sind, die sie erforschen, die ihre idealistische Herkunft wirklich bleiben läßt. Insofern liegt auch heute noch der Schatten oder – je nach philosophischem Glaubensbekenntnis – das Licht der idealistischen Philosophie über den Geisteswissenschaften.

Deren gegenwärtige Probleme sind allerdings weit weniger ›philosophisch‹, als es dieser Umstand erwarten läßt. Einige dieser Probleme seien stichwortartig genannt:

(1) Probleme zunehmender *Isolationstendenzen*. Was sich im großen zwischen Natur-, Geistes- und Sozialwissenschaften an gegenseitiger Entfremdung eingestellt hat, wiederholt sich im kleinen zwischen den geisteswissenschaftlichen Disziplinen. Heute macht sich z. B. die Literaturwissenschaft ihre Philosophie (weitgehend) selbst, und die Sprachwissenschaft (als Linguistik) ihre Literatur. Die Disziplinen untereinander haben sich, trotz aller Interdisziplinaritätsrhetorik, immer weniger zu sagen.

(2) Verbunden mit diesen Isolationstendenzen sind Tendenzen *intradisziplinärer Isolation*. Die Linguistik grenzt sich gegenüber den Philologien ab, die empirische Erziehungswissenschaft gegenüber der Pädagogik, die allgemeine Literaturwissenschaft gegenüber der Literaturgeschichte. Eine ursprünglich gemeinsame Sprache zwischen diesen sich ausgrenzenden Disziplinen wird immer blasser. Babylon ist in den Geisteswissenschaften auf einmal überall.

(3) Geisteswissenschaftliche Disziplinen werden zunehmend von (nicht immer hinreichend gegen Moden isolierten) *Paradigmenwechseln* oder (irritierender noch) von *Paradigmengleichzeitigkeit* heimgesucht. In der Geschichte sind solche Paradigmen z. B. Sozialforschung und Narrativität, in der Philosophie z. B. Hermeneutik und Wissenschaftstheorie. Auch hier werden die gemeinsamen Vorstellungen blaß. Schulen wetteifern um das disziplinäre Definitionsmonopol.

(4) Mit ihrer unglücklichen Liebe zu ihren idealistischen Ursprüngen und ihrem ungeklärten Verhältnis zu den Naturwissen-

schaften geraten die Geisteswissenschaften in einen Zustand der *Undefinierbarkeit*. Die Auflösung der Disziplinaritäten erfaßt auch ihre Ortsbestimmungen in einem zumindest als Idee festgehaltenen System der Wissenschaft. Die sich darin ausdrückende Orientierungskrise macht sich in einer fast schon ärgerlichen, und auf ihre Weise eitlen reichen Produktion von Wozu- und Was-ist-Literatur bemerkbar. Droht den Geisteswissenschaften ein Saurierschicksal? Allein die Eastern Division der American Philosophical Association zählt über 3000 Philosophen (im alten Griechenland brachte eine Handvoll von ihnen mehr zustande).

(5) Mit dem Umstand, daß die Geisteswissenschaften nicht nur Kultur erforschen, sondern auch selbst Kultur sind, kommen diese immer schlechter zurande. Die geschichtlichen Maße werden zu groß, das Resultat sind *Depotenzierungsphänomene*. Wer ständig mit Riesen (unseres geistigen Kulturwerdens) umzugehen hat, wird entweder selbst einer oder ein Zwerg. Neben das drohende Saurierschicksal tritt eine Zwergenmisere. Der ›normale‹ Geisteswissenschaftler stellt heute nur noch eine schwache Erinnerung an ein Wissenschaftlerideal dar, wie es im 18. Jahrhundert etwa der ›philosophe‹ eindrucksvoll vertrat[23], und wie es natürlich auch wieder in Hegels Bestimmung zum Ausdruck kommt, wonach »Geist, der sich (...) als Geist weiß, (...) die Wissenschaft« ist; »sie ist seine Wirklichkeit und das Reich, das er sich in seinem eigenen Elemente erbaut«.[24] Statt Reiche Spezialisteninseln – das ist heute die Wirklichkeit nicht nur der Geisteswissenschaften.

3. Das positivistische Erbe

Im Unterschied zu den Geisteswissenschaften haben sich die Sozialwissenschaften, wenn man auf ihre dominanten Entwicklungen sieht, erfolgreich ihrer idealistischen Herkunft entledigt. Dabei haben ihnen die Geisteswissenschaften sogar geholfen, insofern diese das ursprüngliche System der ›moral sciences‹, das auch die deskriptiven und nomologischen Sozialwissenschaften einschloß, nicht zu bewahren vermochten. Die idealistische Pola-

23 Vgl. J. Mittelstraß, Neuzeit und Aufklärung. Studien zur Entstehung der neuzeitlichen Wissenschaft und Philosophie, Berlin/New York 1970, 7ff.

24 Enzyklopädie des Geistes, Werke III, 29.

risierung von Natur und Geist treibt, trotz aller idealistischen ›Versöhnungs‹-Programmatik, diese Wissenschaften in das *positivistische* Lager.

Der Geist des Positivismus verbindet sich historisch mit der Idee einer ›positiven Philosophie‹ bei Comte. Das Positive, das sind nach Comte Tatsachen und die sie darstellenden Sätze und Satzzusammenhänge. Diese machen, in Absetzung von den philosophischen Konstruktionen der Vergangenheit, das eigentliche Fundament der wissenschaftlichen Theoriebildung aus. In den konzeptionellen Vorstellungen Comtes hat sich der Mensch im ›positiven‹ Stadium seiner intellektuellen Entwicklung vom philosophischen Schein eines Denkens in Systemen befreit; er sieht seine Aufgabe als Vernunftwesen, d. h. als Subjekt der Wissenschaft, nunmehr darin, empirische Gesetzmäßigkeiten festzustellen. Das gilt auch für die Erforschung der sozialen Welt. In der Evolution des positiven Wissens, in deren Rahmen jede erreichte Stufe die Verfügbarkeit der jeweils vorausliegenden Stufe voraussetzt, tritt die Soziologie, als Paradigma der Sozialwissenschaften aufgefaßt, nach Astronomie, Physik, Chemie und Biologie als die letzte der ›positiven‹ Disziplinen ihren wissenschaftlichen Gang an.

Wie man sieht, hat auch Comte keine Probleme mit einem System der Wissenschaft, das sich jetzt um die Soziologie erweitert. Dieses System liegt gewissermaßen in der Naturgeschichte der Wissenschaften selbst beschlossen, als deren ›kosmologische‹ Idee. Und da sich in der Neuzeit am Himmel der Wissenschaften alles um eine physikalische Sonne dreht, muß sich auch die Soziologie, wenn sie ›wissenschaftlich‹ werden will, entsprechend dieser Vorstellung selbst als Teil der Naturwissenschaften, nämlich als ›soziale Naturwissenschaft‹, darstellen können. Eben dies charakterisiert die Entstehung der modernen Sozialwissenschaften aus dem Geiste des Positivismus.

Dieser Positivismus beruht wissenschaftstheoretisch gesehen auf drei Elementen: (1) auf einem methodologischen Monismus – das, was eine Wissenschaft weiß, weiß sie auf Grund einer allen Wissenschaften gemeinsamen Methodologie, (2) auf einer Orientierung an den methodologischen Standards der Naturwissenschaften, speziell der Physik – sie definieren die gemeinsame Methodologie, (3) auf einem kausalen Begriff der Erklärung, der analog zum Begriff des Naturgesetzes in den Naturwissenschaften die Bildung des Begriffs ›allgemeiner Gesetze der menschlichen Natur‹ (Mill) in den Sozialwissenschaften erlaubt.[25] Im Gegensatz zur idealistischen Idee der Geisteswissenschaften, nach der es der wissenschaftliche Geist stets mit dem *Geist* bzw. dessen Manifestationen, und damit mit sich selbst zu tun hat, richten sich die Sozialwissenschaften unter der Idee einer ›positiven Philosophie‹ auf *Natur*, deren Teil nach dieser Vorstellung auch der Mensch und seine Geschichte sind. Auch hier wird deutlich, daß es der (seinem Ursprung nach idealistische) Gegensatz von Natur und Geist ist, der eine wissenschaftssystematische Rolle zu spielen beginnt.

Mit diesem Gegensatz sind in der Entwicklung der Sozialwissenschaften, wie in der Entwicklung der Geisteswissenschaften, die Probleme schon programmiert. Der Umstand nämlich, daß sich die Beantwortung der Frage ›wie bewegt sich die gesellschaftliche Welt?‹ nicht nur an Naturkausalitäten im dargestellten Sinne orientieren kann, sondern auch *zweckrationale* Zusammenhänge in Rechnung stellen muß, läßt positivistische Konzeptionen an ihre theoretischen Grenzen stoßen. Auch wirkt sich dabei ein in den Grenzen einer ›positiven Philosophie‹ unvermeidlicher Verlust des *historischen Bewußtseins* aus, das wiederum in den nachidealistischen Geisteswissenschaften allzu uneingeschränkt die wissenschaftliche Szene beherrscht. Max Webers Begriffe des ›zweckrationalen Handelns‹ und einer ›verstehenden Soziologie‹ markieren diesen Sachverhalt methodologisch, während ihn die Auflösung rein kausalistischer Kategorien zugunsten teleologischer oder dialektischer Kategorien in der Marxschen Gesellschafts- und Geschichtstheorie faktisch bereits überschritten hat. Institutioneller Ausdruck all dieser Probleme ist die Geschichte des Methoden- und Werturteilsstreits in den Sozialwissenschaften.

Auf diesen Streit will ich hier nicht näher eingehen. Er führt die Sozialwissenschaften – in seiner dritten Runde, dem sogenannten Positivismusstreit – auf das schwierige Problem der Begründbarkeit von Normen, hier sozialer Normen, und verhindert gleichzeitig in seiner Form als Methodenstreit eine Lösung dieses Problems. Ein Streit um Methoden läßt sich nämlich auf Dauer nur methodisch beilegen. Es gehört aber zu den Besonderheiten dieses

25 Vgl. G. H. v. Wright, Explanation and Understanding, London/Ithaca N. Y. 1971, 4 ff. (dt. Erklären und Verstehen, Frankfurt 1974, 18 ff.).

Streits, daß eine solche Möglichkeit unter anderem gerade bestritten wird.

Die unter diesen Umständen eigentümliche Folgenlosigkeit eines derartigen Umstandes für die sozialwissenschaftliche Forschung und die sie leitenden Selbstverständnisse liegt nicht etwa an wissenschaftstheoretisch auf diesem Felde noch unentwickelten Verhältnissen oder einer besonderen sozialwissenschaftlichen Verdrängungsvirtuosität, sondern an der selbst methodisch ausgebildeten Möglichkeit, das, was die Sozialwissenschaften wissen, auch ohne eine Entscheidung hinsichtlich des offenen Problems einer Begründbarkeit von Normen in Form eines empirischen Erklärungs- und Prognosewissens zu sichern. Der Grund liegt in der Unterscheidung zwischen Verstehen und Erklären bzw. in der Tatsache, daß unter bestimmten Umständen das Erklären an die Stelle des Verstehens treten kann.

Im sozialwissenschaftlichen Falle richtet sich das Verstehen auf praktische Handlungsorientierungen, also auf Zwecke und Handlungsregeln, das Erklären auf Handlungsregelmäßigkeiten, d. h. auf empirische Gleichförmigkeiten sozialer Handlungszusammenhänge. Auch praktische Handlungsorientierungen können dabei zum Gegenstand empirischer Erklärungen werden, solange nur *von* diesen Orientierungen, nicht *über* sie, nämlich in dann normativer Absicht, gesprochen wird. Von Handlungsorientierungen zu sprechen, sie zu erforschen, bedeutet hier, daß diese auf Erfahrungssätze zurückgeführt werden, die besagen, daß wenn eine Situation gewisse Bedingungen erfüllt, Individuen oder Gruppen dann in bestimmter Weise, d. h. mit bestimmten Orientierungen ›im Sinn‹ handeln werden. So ist eine im engeren Sinne naturalistische Vorstellung vermieden – es wird nicht behauptet, daß der Mensch nur als Teil der Natur und soziale Prozesse nur als Teil einer Naturgeschichte (der Gesellschaft) aufgefaßt werden können –, zugleich aber auch eine normative Vorstellung, die es mit der Ausarbeitung begründeter Systeme von (sozialen) Handlungsregeln zu tun hat. Der Verzicht auf eine derartige Ausarbeitung ist der Preis, den die Sozialwissenschaften im Unterschied zur älteren Idee der praktisch-moralischen Handlungswissenschaften heute zahlen, um den Status einer Erfahrungswissenschaft, noch immer orientiert an der Idee einer ›positiven Philosophie‹, zu halten.

Die Sozialwissenschaften wären deshalb in ihrer gegenwärtigen

Form aber auch überfordert, wollte man sie dennoch mit der Aufgabe einer Ausarbeitung begründeter Systeme von (sozialen) Handlungsregeln betrauen. Sie wären ferner nur für Enttäuschungen gut, wenn man in ihnen einen einheitlichen Theoriebegriff und ein einheitliches Erkenntnisinteresse zu finden suchte. Im ersten Falle gilt wohl noch immer, was vor gut 20 Jahren Paul F. Lazarsfeld, ein gewiß unverdächtiger sozialwissenschaftlicher Zeuge, einmal formuliert hat: »Wir haben im strengen Sinne des Wortes heute noch keine systematische Theorie in den Sozialwissenschaften; worüber wir verfügen, sind Forschungsverfahren und eine Anzahl von Verallgemeinerungen auf relativ niedrigem Abstraktionsniveau.«[26] Auch ein noch so großes Vertrauen in die Rasanz sozialwissenschaftlichen Fortschritts muß nicht befürchten lassen, daß wir es bei dieser Einschätzung nur noch mit sozialwissenschaftlicher Archäologie zu tun haben. Es geht hier ja auch nicht etwa um eine Beurteilung der Instrumente und Techniken etwa der empirischen Sozialforschung (z. B. Skalierungsverfahren, Soziometrie, Befragungsmethoden), die heute als hochentwickelte Werkzeuge zur Verfügung stehen, sondern um den methodischen Status von Theoriebildungen, die deren Einsatz- und Interpretationsrahmen bilden.

Im zweiten Falle, der Frage nach einem einheitlichen Erkenntnisinteresse, ließe sich auf den Umstand verweisen, daß es noch immer theoretische Großalternativen, z. B. die marxistische Gesellschaftstheorie auf der einen Seite und ›bürgerliche‹, ihrerseits wieder durch theoretische Alternativen gekennzeichnete Gesellschaftstheorien auf der anderen Seite, sind, die um ein Erklärungsmonopol ringen. Deren Streit läßt sich offenbar zu keiner methodisch entscheidbaren Lösung bringen, weshalb z. B. von Kuhn, dessen wissenschaftstheoretische Vorstellungen[27] heute auch in den Sozialwissenschaften beachtet werden, schon behauptet wurde, daß sich die Sozialwissenschaften überhaupt noch in einem vor-paradigmatischen Zustand befinden, d. h., dieser Kuhnschen Terminologie nach, den Status einer normalen Wissenschaft

26 P. F. Lazarsfeld, Wissenschaftslogik und empirische Sozialforschung, in: E. Topitsch (Ed.), Logik der Sozialwissenschaften, Köln/Berlin 1965, 37.

27 Th. S. Kuhn, The Structure of Scientific Revolutions, Chicago 1962, ^{2}1970 (dt. Die Struktur wissenschaftlicher Revolutionen, Frankfurt 1967, rev. ^{2}1976 (mit Postskriptum von 1969)).

noch gar nicht erreicht haben. Ein anderer Wissenschaftstheoretiker, G. H. v. Wright, vertritt demgegenüber die These, daß es in den Sozialwissenschaften prinzipiell keine universellen Paradigmen geben könne und daß dies der entscheidende Umstand sei, in dem sich die Sozialwissenschaften von den Naturwissenschaften unterscheiden: »Was die Marxisten ›bürgerliche Sozialwissenschaft‹ nennen, ist wahrscheinlich mehr von Paradigmata geformt, als jemand, der in der traditionellen akkumulativen Auffassung von Wissenschaft als einem konstant wachsenden Komplex von Tatsachen und Theorien großgeworden ist, zugeben will. Man kann daher mit einer gewissen Berechtigung von parallelen Typen von Sozialwissenschaften sprechen (...). Sie unterscheiden sich weniger in konträren Auffassungen über Tatsachen als in den Paradigmata, die sie für ihre Beschreibungen und Erklärungen akzeptieren. Dieser Unterschied in den Paradigmata zeigt einen Unterschied in der *Ideologie*.«[28]

Sozialwissenschaftliche Theorie und Empirie haben es in der Tat mit ideologischen Verhältnissen zu tun – ›ideologisch‹ hier im schlichten Sinne von ›bestimmt durch gesellschaftliche Rahmenorientierungen‹. Daraus folgt aber noch keine Eigenschaft von Theoriebildungen. Eben dies aber ist die Behauptung, mit der man es hier sowie im Rahmen des Methoden- und Werturteilsstreits zu tun hat. Es wird behauptet, daß sich sozialwissenschaftliche Theoriebildungen gegenüber Befangenheiten durch ideologische Verhältnisse, die sie zum Gegenstande haben, nicht freihalten können. Ein Streit der Theorien untereinander, von dem sich Popper und seine Anhänger im Namen eines empfohlenen Theorienpluralismus eine allmähliche Annäherung an die wissenschaftliche Wahrheit erwarten, wäre in Wirklichkeit ein Streit von Ideologien. Und dieser Streit, so wird behauptet, ist per definitionem methodisch nicht entscheidbar, allenfalls durch Ideologiekritik in eine nächste Runde überführbar – worüber sich der geisteswissenschaftliche Historismus freut. Er hat es immer schon gewußt: ein Erkennen der ›geschichtlichen Welt‹ steht unter den Bedingungen seines Gegenstandes und reproduziert insofern nur die historischen Voraussetzungen, die ihm selbst zugrunde liegen.[29]

28 G. H. v. Wright, a.a.O., 203 (dt. 177).
29 Vgl. meine Darstellung in: P. Janich/F. Kambartel/J. Mittelstraß, Wissenschaftstheorie als Wissenschaftskritik, Frankfurt 1974, 119f., 128ff.

Träfe diese Vorstellung vom theoretischen Status der Sozialwissenschaften zu, wäre die Situation fatal und keineswegs wesentlich verschieden von der Situation der Geisteswissenschaften, sofern diese einem hermeneutischen Historismus folgen. Bliebe es letzten Endes doch allein undurchschauten Bildungsprozessen überlassen, wo man theoretisch steht: z. B. auf dem Boden von behavioristischen oder teleologischen Handlungstheorien, marxistischen oder liberalistischen Bedürfnistheorien, oder, eine Stufe höher, Konflikt- oder Integrationstheorien, oder, noch eine Stufe höher, Systemtheorien, auf deren Niveau höchster Allgemeinheit – daher leider oft auch höchster Unverbindlichkeit – selbst sogenannte bürgerliche und marxistische Methodenideale wieder enger zusammenrücken. Die entscheidende Frage ist, ob die Vorstellung einer notwendig ideologischen Basis sozialwissenschaftlicher Theorie und Empirie wirklich akzeptiert werden muß. Damit sind wir aber im Grunde wieder bei der Frage angelangt, die auch den Methoden- und Werturteilsstreit in den Sozialwissenschaften bewegt: der Frage, welche Rolle Normen in der sozialwissenschaftlichen Theorie und Empirie spielen.

In jedem Falle sind hier Skylla und Charybdis der Sozialwissenschaften auf dem Wege zu einer grundlagenfesten Wissenschaft benannt. Auf der einen Seite droht mit der Ideologiethese die Mythologie, auf der anderen Seite mit der positivistischen These die Physik. Wer hier hindurch will, muß nicht nur einen mittleren Kurs steuern, er muß auch wissen, daß er durch eine falsche, historisch aufgerichtete Alternative steuert. Anders ausgedrückt: die Wirklichkeit, mit der sich die Sozialwissenschaften forschend befassen, ist weder rein ideologisch noch reine Natur. Wäre sie das eine oder das andere, machte auch die Rede von einem Vernunftinteresse, dem die Wissenschaften nach dem anfangs Gesagten in einer rationalen Kultur folgen, keinen Sinn, weil dieses Interesse dann selbst ja der einen oder der anderen Seite zugeordnet werden müßte. Aufgabe auch einer empirischen Sozialwissenschaft ist es daher nicht nur, unser Wissen von den (nur eingriffsfrei gültigen) Gesetzen sozialer Prozesse zu vergrößern, sondern auch, gesellschaftlich relevante Handlungsweisen auf die in ihnen wirksamen Orientierungen hin, in diesem Sinne also empirisch-hermeneutisch, zu analysieren.[30] Die Idee einer Erfahrungswissenschaft der

30 Näher ausgeführt in meiner in Anm. 1 genannten Arbeit.

sozialen Welt muß, auch vor dem Hintergrund eines noch nicht entschiedenen Methoden- und Werturteilsstreits, um die Idee einer kritisch verstehenden Sozialwissenschaft erweitert werden. Habermas' kluge, auf die Wissenschaftsgruppe der Geisteswissenschaften und der Sozialwissenschaften bezogene Unterscheidung zwischen historisch-hermeneutischen Wissenschaften, systematischen Handlungswissenschaften (Ökonomie, Soziologie, Politik) und kritischer Sozialwissenschaft[31] – gegen Verarmungstendenzen im Rahmen der positivistischen Idee einer Einheitswissenschaft und gegen übersteigerte Universalitätsansprüche der Hermeneutik gewandt – hat nach wie vor wissenschaftssystematischen Bestand.

4. Orientierung und Ethik

Überforderungen der Sozialwissenschaften entsprechen in der gegenwärtigen Diskussion auch Überforderungen der Geisteswissenschaften. Was die Sozialwissenschaften, vermeintlich aus wissenschaftstheoretischen Gründen, nicht können, nämlich begründete Systeme von (sozialen) Handlungsregeln auszuarbeiten, wird den Geisteswissenschaften zugewiesen. Nicht ohne Grund, wenn man deren idealistische Form betrachtet. Positivismus und Idealismus schieben sich die Bälle zu; nur treffen will keine Seite so recht.

Die modernen Stichwörter an dieser Stelle sind Orientierung und Ethik. Es wird die Vorstellung vertreten, die Geisteswissenschaften könnten, wenn sich denn vor diesem Anspruch die Sozialwissenschaften unter Hinweis auf ihre erfahrungswissenschaftliche Würde bedauernd zurückziehen, die Rolle von *Orientierungswissenschaften* übernehmen oder eben die Rolle einer (um ihre historischen und disziplinären Bezüge erweiterten philosophischen) *Ethik*. Schließlich formieren sich auch die Kompetenzen des objektiven und des absoluten Geistes bei Hegel um das Recht und die Sittlichkeit.

Doch so klar, wie die Dinge hier scheinen, sind sie nicht. Nicht nur, weil die Geisteswissenschaften in Wahrheit eine nach-ideali-

31 Vgl. H. Habermas, Erkenntnis und Interesse, in: ders., Technik und Wissenschaft als ›Ideologie‹, Frankfurt 1968, 146-168, hier 157ff.

stische Entwicklung sind, die durch den Historismus gegangen ist, sondern auch, weil es mit dem hier beanspruchten Begriff der *Anwendung*, bezogen auf geisteswissenschaftliche Verhältnisse, seine Probleme hat. Dazu der Hegelianer Joachim Ritter: »Während die Naturwissenschaften das Schicksal haben, daß man in der Frage nach ihrer gesellschaftlichen Funktion bei ihrer praktischen Anwendbarkeit stehenbleiben kann (gleichgültig, ob man damit der ihnen selber zugehörigen Bestimmung gerecht wird oder nicht), ist dies bei den Geisteswissenschaften nicht möglich. Sie sind die Wissenschaften, die im Horizont der uns überhaupt zugänglichen geschichtlichen Zeit die Geschichte selbst, Sprache, Kunst, Dichtung, Philosophie, die Religionen, aber ebenso auch Dokumentationen persönlichen Lebens in historischer und hermeneutischer Methode zum Gegenstand haben und vergegenwärtigen. Es liegt so zutage, daß sie sich bereits ihrem Gegenstand nach jeder Definition durch praktische Anwendbarkeit und Verwertbarkeit widersetzen. Was sie erkennen und so auch ihr Erkennen selbst sind nicht praktikabel.«[32]

Diese schroffe Stellungnahme bedarf sicher mancher Erläuterung; auch sind hier die Geisteswissenschaften in ihrer kultur*vergegenwärtigenden* Funktion wohl allzu eingeschränkt beschrieben. Man kann die Dinge auch anders sehen. Man kann die systematischen Kompetenzen der Geisteswissenschaften betonen, dabei vor allem die Philosophie aus der ihr bei Ritter zugemuteten hermeneutischen Internierung holen – und doch die den Geisteswissenschaften zugedachte Rolle von Orientierungswissenschaften und Ethik erheblich einschränken. Ich habe das schon auf der Jahresversammlung der Westdeutschen Rektorenkonferenz 1986 in Heidelberg darzulegen versucht[33] und will die wesentlichen Argumente hier kurz wiederholen.

Wer von Orientierungswissenschaften spricht, setzt stillschweigend eine Unterscheidung voraus, nämlich die zwischen einem Wissen, das orientiert, und einem Wissen, das die Verfügungsgewalt des Menschen über die Welt, einschließlich der Welt des Menschen, vergrößert, kurz: zwischen einem *Orientierungswis-*

32 J. Ritter, Die Aufgabe der Geisteswissenschaften in der modernen Gesellschaft [1963], in: ders., Subjektivität. Sechs Aufsätze, Frankfurt 1974, 1980, 120.

33 Wissenschaft als Kultur, Heidelberger Jahrbücher XXX (1986), 51-71.

sen und einem *Verfügungswissen.* Orientierungswissen ist ein *regulatives* Wissen, d. h. ein Wissen um Ziele, Zwecke und Maximen, Verfügungswissen, wie es zumal die modernen Natur- und Technikwissenschaften ausbilden, ist ein *positives* Wissen, d. h. ein Wissen um Ursachen, Wirkungen und Mittel. Dieses Wissen konstituiert in wesentlichen Aspekten die moderne Welt, nämlich in Form von wissenschaftsgestützten technischen Kulturen.

Wissen nach Art des Verfügungswissens löst vielfältige Probleme, aber nicht alle Probleme. So muß zum positiven Wissen ein *handlungsorientierendes* Wissen, eben ein Orientierungswissen hinzutreten, wenn nicht allein Fragen, was wir tun *können*, sondern auch Fragen, was wir tun *sollen*, beantwortet werden sollen. Ohne ein derartiges handlungsorientierendes Wissen, wie es auch begründete Systeme von (sozialen) Handlungsregeln darstellen, entstehen Orientierungsdefizite, wird das Können, das sich im Verfügungswissen zur Geltung bringt, orientierungslos. Also gehört beides im Grunde zusammen: Verfügungswissen und Orientierungswissen. Die Rationalität, die moderne entwickelte Gesellschaften brauchen, muß nicht nur Probleme des Könnens, sondern auch Probleme des Sollens lösen. Ist das zweite bei Absenz der Sozialwissenschaften die Aufgabe der Geisteswissenschaften?

Es ist gewiß auch eine Aufgabe der Geisteswissenschaften, und zwar unter einer aufklärerischen Perspektive. Wissenschaftliche Rationalitäten, zumal im Rahmen positiver Wissenschaften, sind stets *begrenzte* Rationalitäten. Wo das in modernen Gesellschaften übersehen wird, haben wir es erneut mit einem Mythos zu tun, nämlich dem Mythos von der vollständigen wissenschaftlichen Erkennbarkeit der Welt. Diesen Mythos schafft sich das wissenschaftliche Bewußtsein aus zwei Gründen: um seinen Anspruch auf Allzuständigkeit zu wahren und um nicht auf die in einem tieferen Sinne wissenschaftliche Unverständlichkeit des Lebens – ungeachtet aller unbestrittenen Erklärungsleistungen etwa der Biologie – zu stoßen. Oder wissen wir denn schon, was Leben ist, auch das individuelle, subjektive, wenn wir es in naturwissenschaftlichen Kategorien erfassen, die sich auf molekulare, intrazelluläre, organismische und ökologische Sachverhalte beziehen? Wenn wir dies meinen sollten, machen wir uns in Wahrheit etwas vor. Auch die Ergänzung derartiger Kategorien, etwa durch sozialwissenschaftliche oder psychologische, bringt in der gewünschten Richtung nicht weiter. Oder erklären Sozialwissenschaften und Psychologie *Lebensformen*, auch individuelle? Wohl kaum. Also ist die Unterscheidung zwischen einem Verfügungswissen und einem Orientierungswissen auch aus wissenschaftssystematischen Gründen angezeigt.

Trotzdem wäre es vorschnell und zu einfach, die Wissenschaft in verfügende und orientierende Wissenschaften zu zerlegen. Eine derartige Zerlegung machte sogenannte Orientierungswissenschaften nicht nur zu Sehern unter vermeintlich Blinden, sie würde auch, wie im Falle der Sozialwissenschaften, schnurstracks in Überforderungen führen. Zudem ist Orientierung nichts, was sich disziplinär aufteilen ließe, hier im Sinne einer Identifikation von Geisteswissenschaft und Orientierungswissenschaft. Wer, so müßte man ja gleich fragen, orientiert, wenn die Geisteswissenschaften etwa die Naturwissenschaften orientierten, innerhalb der Geisteswissenschaften etwa die Assyriologie? Oder ist diese, unter Gesichtspunkten eines Orientierungswissens, von sich aus besser dran als die Physik? Man sieht, in welche Verlegenheiten eine derartige Zerlegung orientierender und verfügender Kompetenzen führt.

Im übrigen ist es so, daß wir auch gar keine besonderen Orientierungswissenschaften brauchen. Was wir brauchen, sind Wissenschaften, die neben ihrer Rolle als *Produktions*faktor auch wieder eine Rolle als *Orientierungs*faktor im Leben moderner Kulturen spielen. Um das zu leisten, müssen sich alle Wissenschaften – nicht nur z.B. Philosophie und Geschichte, sondern z.B. auch Physik und Ökonomie – wieder als integraler Bestandteil einer rationalen Kultur begreifen. Was wir brauchen, ist ferner nicht nur ein Orientierungs*wissen*, sondern auch ein Orientierungs*können*. Es wäre ein Mißverständnis, Antworten auf Fragen nach dem, was wir tun sollen, wohin es gehen soll, was uns in einer Welt auseinanderstrebender Rationalitäten Identität wieder greifbar, sinnlich werden läßt, nur in dem zu suchen, was als Wissen aufgeschrieben ist oder im Kopfe des Fachmanns, des Experten nunmehr für Orientierungsfragen, steckt. Orientierung ist allemal etwas *Konkretes*, nichts Abstraktes, etwas, das man kann, das man tut, nicht etwas, das man weiß, wie man das Periodensystem der chemischen Elemente weiß. Anders ausgedrückt: Nicht der, der viel weiß, ist der, der Orientierungsfragen beantwortet, sondern der, der lebensformbezogen für sich schon die geheimnisvolle

Grenze zwischen Wissen und Können überschritten hat. Das machte übrigens auch schon den idealistischen Begriff der *Bildung* aus, ein Umstand, der in der ihrerseits reichlich kurzsichtigen Identifikation der Geisteswissenschaften mit sogenannten Bildungswissenschaften meist unberücksichtigt bleibt.

Damit zur Ethik bzw. zu der Frage, ob die Geisteswissenschaften, wenn sie denn nicht besondere Orientierungs- und Bildungswissenschaften sind, Ethik sind. Auch hier gelten die im Zusammenhang mit dem Begriff der Orientierung gemachten Einschränkungen. Die Geisteswissenschaften enthalten im strengen Sinne ebensowenig wie die anderen Wissenschaften eine Ethik, auch wenn ihre Gegenstände – historische, literarische, philosophische Gegenstände – häufig ethische Dimensionen haben und der Blick des Geisteswissenschaftlers oft eine ethische Optik hat. ›Ethisch‹ hier nicht im Sinne einer ausgearbeiteten ethischen Theorie, sondern so, daß es in der geisteswissenschaftlichen Forschung um *Gestalten des Lebens* geht. Diese werfen stets einen ethischen Schatten, vor allem in Kulturen wie den modernen Industriekulturen, in denen das Verfügungswissen über ein Orientierungswissen hinauszuwachsen droht.

Zu dieser ethikrelevanten Entwicklung gehört der Umstand, daß Wissenschaft nicht nur Probleme löst, sondern auch Probleme schafft, die ihrerseits durch Wissenschaft allein nicht lösbar sind. Ich nenne in aller Kürze drei dieser Probleme:

(1) In modernen wissenschaftsgestützten technischen Kulturen ist im Fortschritt, gemeint ist hier vor allem der technologische Wandel, *kein Subjekt mehr erkennbar*. Technologischer Wandel vollzieht sich in gewisser Weise anonym, für den einzelnen undurchschaubar, hinter seinem Rücken. Das aber bedeutet unter anderem, daß Verantwortungsstrukturen aus Handlungsstrukturen nicht mehr direkt ableitbar sind. Verantwortung wird zur Verantwortung gegenüber Entwicklungen, für die es im strengen Sinne gar keine Verantwortlichen gibt. Damit wird sie aber in technischen Kulturen zu einer Leistung, die der einzelne für weitgehend anonyme Prozesse übernehmen muß. Probleme dieser Art haben Kulturen, die Wissenschaft und Technik nicht zu ihrem Wesen haben, nicht.

(2) Technische Kulturen eignen sich bekanntlich *Natur*, d. h. ihre natürliche Umwelt, an. Wenn diese Aneignung zu Problemen führt, ist es wichtig zu wissen, wie Natur, wie Umwelt auch in

technischen Kulturen sein soll. Eben das wissen wir nicht. Wie Natur ist und wie sie sein soll, bleibt technischen Kulturen mit ihren Aneignungsstrukturen im Grunde ein Rätsel. Wir haben, ehrlich gesagt, keine Theorie der Natur oder der Umwelt, die uns genau sagte, wie wir uns ›richtig‹ gegenüber der Natur oder der Umwelt verhalten sollen. Was wir haben, ist ein ökonomisches, biologisches und ökologisches Wissen, das sagt, was zu tun ist, wenn wir schon wissen, wie Natur, wie unsere Umwelt sein soll. Eben dies aber, noch einmal, wissen wir nicht.

(3) Angesichts der Entwicklung der biologischen Forschung gerät der Mensch zum ersten Mal in die Lage, sich selbst, d. h. seine *eigene Natur* zu verändern, also das mit sich selbst zu tun, was er mit der ›äußeren‹ Natur seit langem tut. Darin aber liegt eine ganz neue Qualität des wissenschaftlichen und technologischen Fortschritts. Die alten Beurteilungsmaßstäbe reichen hier nicht mehr aus. Diese klammerten den Menschen gewissermaßen aus; nunmehr schließen sie ihn ein. Auch der Mensch wird zum *Objekt* des Fortschritts; er hört auf, allein das *Subjekt* des Fortschritts zu sein. Letztendlich handelt es sich dabei auch hier um ein ethisches Problem, erkennbar etwa in der – hoffentlich so durchzuhaltenden – Entscheidung, die Gentechnologie zu therapeutischen Zwecken einzusetzen, nicht aber dazu, den Menschen durch Eingriffe in seine Erbsubstanz zu verändern, also im Sinne von: Therapie ja, Eugenik nein.

Soweit die Beispiele. Die Frage ist, ob der Wissenschaftler Probleme dieser Art, die er durch seine Arbeit schafft, auch selbst verantworten muß und ob ihm die Geisteswissenschaften dabei im Sinne einer Ethik helfen können. Und wieder muß die Antwort negativ ausfallen. Hier, im Falle einer wissenschaftlichen Verantwortung wissenschaftsinduzierter Probleme, hat sich der Wissenschaftler etwas aufreden lassen, das im Grunde Sache der Politik und damit Sache aller Bürger ist. Darunter dann auch des Wissenschaftlers, aber eben nicht in seiner Rolle als Wissenschaftler, sondern in seiner Rolle als Bürger. Es ist eben nicht das Problem, daß wir eine Wissenschaft haben, die ihre Konsequenzen nicht verantwortet, sondern daß wir in politischen Formen leben, die mit ihrem schwindenden Orientierungswissen ihrem wachsenden wissenschaftlichen und technologischen Verfügungswissen nicht mehr nachkommen. Die Wissenschaft steht dabei nach dem über das Verhältnis von Verfügungswissen und Orientierungswissen Gesagten nicht außerhalb von Orientierungserfordernissen, aber sie hat keinen exklusiven Zugang zu Orientierungsantworten, auch nicht im Falle einer geisteswissenschaftlichen Ethik.

Der Grund ist vermutlich ein einfacher: Ethik ist immer *Bürgerethik*, sie läßt sich nicht gesellschaftlich teilen – etwa in eine wissenschaftliche Ethik, als Sonderethik des Wissenschaftlers, und eine nicht-wissenschaftliche Ethik, als Standardethik der Gesellschaft. Diese Feststellung richtet sich gegen die Vorstellung, daß der Wissenschaftler der bessere Bürger sei – von der Wissenschaft seit Platon immer wieder einmal ins gesellschaftliche Spiel gebracht –, aber eben auch gegen die Vorstellung, daß der Wissenschaftler für mehr verantwortlich ist als der Bürger. Der Wissenschaftler hat zwar wegen der prinzipiellen Unkontrollierbarkeit des wissenschaftlichen Verstandes durch den außerwissenschaftlichen Verstand und wegen der Abhängigkeit moderner Gesellschaften von den Kompetenzen des wissenschaftlichen Verstandes eine besondere Verantwortung, doch schlägt diese sich nicht in einer Sonderethik, sondern im Erfordernis eines besonderen *Ethos* nieder.

Alle Regeln, alle Normen, die man für eine Wissenschaftspraxis in Geltung setzen wollte, um deren Verantwortlichkeiten zu stärken und deren Vernunft zu sichern, wären ja für die Katz, wenn es nicht ein solches Wissenschaftlerethos schon gäbe und dieses schon wirksam wäre. Anders ausgedrückt: die Freiheit der Wissenschaft (in Forschung und Lehre) hat als Verfassungsgut und im Sinne der genannten Verantwortungsprobleme zur Bedingung, daß es so etwas wie eine Einheit von Intellekt und Ethos, Verstand und Vernunft gibt bzw. daß das Wissenschaftlerethos nicht korrupt ist. Mehr läßt sich an dieser Stelle nicht sagen, auch nicht zugunsten der Geisteswissenschaften, die zwar auch in diesem Falle besondere Wahrnehmungskompetenzen und häufig eine ethische Optik haben, aber keine eigene Ethik, die zu ›heilen‹ vermöchte, was der wissenschaftliche Verstand an Problemwunden im Leben moderner Gesellschaften schlägt.

5. Die kulturelle Form

Eine einfache Antwort auf die Frage nach der Leistungsfähigkeit und dem Leistungssoll – so recht nach dem Geschmack einer expertenhungrigen Kultur – gibt es also weder im Falle der Sozialwissenschaften, noch im Falle der Geisteswissenschaften. Das ist auch nicht verwunderlich, wenn man sich klarmacht, daß Geistes- und Sozialwissenschaften *Teile* einer rationalen Kultur sind, nicht etwas, das dieser Kultur – sie beobachtend, analysierend, orientierend – einfach gegenüberstünde. Sie gehören in diesem Sinne, wie anfangs hervorgehoben, zum *rationalen Wesen* unserer Kultur, deren Selbstreflexivität sie darstellen. Das wiederum läßt sich auch so ausdrücken, daß moderne Gesellschaften nicht nur eine *technische Form*, sondern auch eine *kulturelle Form* haben. In den Geistes- und Sozialwissenschaften unterziehen sich moderne Gesellschaften der Anstrengung, sich ihrer kulturellen Form zu vergewissern.

Diese Vergewisserung, das Wissen einer Kultur von sich selbst, und zwar in Wissenschaftsform, ist zur Stabilisierung und Entwicklung moderner Gesellschaften ebenso wichtig wie ein wissenschaftsgestütztes technisches Können. Joachim Ritter, der hier schon einmal zu Worte kam, spricht an dieser Stelle von der ›realen Geschichtslosigkeit‹ der modernen Gesellschaft[34], gemeint ist ihre technische Form, und von den Geisteswissenschaften als dem ›Organ‹, das diese Gesellschaft hervorbringt, um »ihre Abstraktheit und Geschichtslosigkeit aus(zu)gleichen«[35]: »Was der menschliche Geist im Gange seiner Geschichte gebildet und geschaffen hat, rufen sie als die Summe der Erfahrungen, die der Mensch mit sich und der Welt gemacht hat, für die Gesellschaft in ihre Zeit zurück, dem realen Prozeß entgegen, in dem diese Gesellschaft, um den Menschen zum Menschsein zu befreien, als die Macht der Entzweiung in die geschichtliche Welt einbricht, sie umwälzt und von sich abtrennt.«[36]

Dabei muß es auch an dieser Stelle um mehr als um bloße geschichtliche Vergegenwärtigung gehen. Die geisteswissenschaftliche und die sozialwissenschaftliche Vernunft sagen nicht nur, wie

34 A.a.O., 130.
35 A.a.O., 132.
36 Ebd.

die Gesellschaft war, als sie noch nicht die moderne Gesellschaft war, sondern auch, wie die moderne Gesellschaft *ist* – im Unterschied zur technischen Vernunft, die sagt, was eine moderne Gesellschaft *kann*.[37] Ohne ein Bewußtsein davon, was sie sind, können moderne Gesellschaften gerade in ihrem eigentümlichen (technischen) Können orientierungslos werden. Aussteigerphänomene und wachsende Anfälligkeiten gegenüber einer Remythisierung der Gesellschaft, z. B. in Form von Jugendsekten und islamischen Gesellschaften, sind dafür ein Beleg. Außerdem muß wohl vor allem mit geisteswissenschaftlichem Wissen einer Entwicklung technischer Kulturen entgegengewirkt werden, in der Orientierung allein zur Privatsache zu werden droht. Diese Entwicklung ist eine Folge des wissenschaftsgestützten technologischen Wandels: die *Invarianten* der menschlichen Kultur haben es unter den Beschleunigungsgesetzen der modernen Welt, bezogen auf deren Wandel, immer schwerer, sich in ihrer orientierenden Rolle zu behaupten. Auch dem aber dienen die Geisteswissenschaften.

Geisteswissenschaftliche Orientierungen stehen daher auch nicht isoliert einer Welt gegenüber, die sie nicht ›gemacht‹ haben; sie sind vielmehr damit befaßt, sich in dieser Welt als Teil ihres Wesens zu erkennen zu geben. Die Geisteswissenschaften, und in gewissem Grade auch die Sozialwissenschaften, sind, noch einmal, der ›Ort‹, an dem sich moderne Gesellschaften ein Wissen von sich selbst verschaffen – nicht im Sinne eines positiven Wissens nach Art der positiven Wissenschaften, sondern im Sinne eines orientierenden Wissens, ohne deshalb gleich den wissenschaftssystematischen Status von Orientierungswissenschaften beanspruchen zu müssen. Insofern hat aber auch keine Gesellschaft Geisteswissenschaften so nötig, wie gerade die (geschichtslose) technische Gesellschaft.[38]

Unterstrichen wird dieser Umstand noch dadurch, daß wir in einer Welt, eben der modernen Welt, leben, in der die *Theorie*

37 Auch hier schließe ich noch einmal an meinen in Anm. 33 genannten Vortrag an.

38 Dies ist, neben Ritters Analysen, auch die These Marquards. Vgl. O. Marquard, Über die Unvermeidlichkeit der Geisteswissenschaften, in: Westdeutsche Rektorenkonferenz. Dokumente zur Hochschulreform 56/1985 (Jahresversammlung Bamberg 1985: Anspruch und Herausforderung der Geisteswissenschaften), Bonn 1985, 47-67.

bzw. die Wissenschaft das eigentlich Wirkliche zu sein scheint. Sie erklärt nicht nur, was ist, sondern *macht* auch das, was ist, nämlich die Wirklichkeit der modernen Welt. Mit anderen Worten: die moderne Welt ist selbst ein *Artefakt*, gemacht durch die Arbeit der Wissenschaften. Praxis, die einmal als das jede Theorie Fundierende galt, erscheint hier als etwas Abgeleitetes, durch Theorie Installiertes, durch Theorie am Leben Gehaltenes.[39] Hegels Vorstellung von der eigentlichen Wirklichkeit des Geistes verschafft sich auf eine eigentümliche Weise Ausdruck gerade in einer Welt, deren Bewußtsein schon lange nicht mehr das idealistische ist. Um so unabdingbarer aber sind in dieser Welt die Geistes- und Sozialwissenschaften. Nicht nur in der Rolle von Erfahrungswissenschaften, wozu als Objekt auch die historische Erfahrung gehören mag, sondern auch in der Rolle von Sinnwissenschaften. Was zuvor als die kulturelle Form einer Gesellschaft bezeichnet wurde, betrifft Erfahrungs- und Sinnstrukturen. Sie begreifbar zu machen und weiterzuentwickeln, darin liegt noch immer die gemeinsame Aufgabe und das gemeinsame Können der Geistes- und Sozialwissenschaften bzw. die in einem tieferen Sinne geisteswissenschaftliche Einheit der Geistes- und Sozialwissenschaften.

39 Auch das ist übrigens schon bei Ritter nachzulesen: Mit der modernen Gesellschaft hat sich »das im klassischen Theoriebegriff vorausgesetzte Verhältnis von Praxis und Wissenschaft umgekehrt. Nicht die Praxis gibt in der Einheit mit der Erfahrung des Daseins der theoretischen Wissenschaft den Welthorizont vor, sondern die Erschließung einer Wirklichkeit, die der unmittelbaren Erfahrung des Daseins überhaupt unzugänglich ist, durch die Wissenschaft ist die Bedingung dafür, daß die moderne gesellschaftliche Praxis allererst möglich wird.« Die Theorie hat »ihren Ort gewechselt (...). Sie ist für die Gesellschaft an die Stelle der natürlichen und geschichtlichen Wahrnehmung und Erfahrung getreten. Sie hat da, wo die Gesellschaft zur Welt des Menschen wird, die elementare Funktion übernommen, die Wirklichkeit für sie erkennend zugänglich zu machen und offenzuhalten, damit diese Wirklichkeit überhaupt die der Gesellschaft zu sein vermag« (a.a.O., 136f.).

Nachweise

Die Leonardo-Welt. Technologischer Fortschritt und Umwelt, in: Pharmazeutische Zeitschrift 135 (1990), Nr. 31, 9-16. Festvortrag auf dem Pharmacon-Kongreß (XXVIII. Internationaler Fortbildungskurs für praktische und wissenschaftliche Pharmazie) der Bundesapothekerkammer am 20. Mai 1990 in Meran.

Zur wissenschaftlichen Rationalität technischer Kulturen, in: Physikalische Blätter 40 (1984), H. 3, 64-68. Vortrag vor dem Vorstandsrat der Deutschen Physikalischen Gesellschaft (4. Tag der Deutschen Physikalischen Gesellschaft) am 25. November 1983 in Bad Honnef.

Zukunft Forschung. Perspektiven der Hochschulforschung in einer Leonardo-Welt, in: Essener Hochschulblätter. Ausgewählte Reden im Studienjahr 1988/89, Essen (Universität GH Essen) 1990, 15-41. Festrede zum Dies academicus am 26. April 1989.

Die Wissenschaften und das Neue, in: R. Schmitt/H. Altner/D. Burkhardt (Eds.), Wissenschaft ohne Grenzen? Geistes- und Naturwissenschaftler stellen sich der Verantwortungsfrage, Regensburg (Mittelbayerische Druckerei- und Verlagsgesellschaft mbH) 1991, 113-131. Überarbeitete Fassung eines Vortrags auf dem von der Österreichischen Forschungsgemeinschaft veranstalteten Österreichischen Wissenschaftstag 1989 am 24. Oktober 1989 in Wien (abgedruckt in: M. Horvat/M. Peterlik/W. Waldhäusl (Eds.), Universitäre Leistung. Ziele und Bewertung, Wien (Österreichische Forschungsgemeinschaft) 1990, 15-31).

Die Stunde der Interdisziplinarität?, in: J. Kocka (Ed.), Interdisziplinarität. Praxis – Herausforderung – Ideologie, Frankfurt (Suhrkamp Verlag) 1987 (suhrkamp taschenbuch wissenschaft 671), 152-158. Vortrag anläßlich eines Symposions über »Ideologie und Praxis der Interdisziplinarität. Schelskys Konzept und was daraus wurde« im Zentrum für interdisziplinäre Forschung (ZiF) am 24./25. Januar 1986 in Bielefeld.

Ethik in einer Leonardo-Welt, in: Zeitschrift für Gastroenterologie/German Journal of Gastroenterology, Verhandlungsband 26 (ed. H. Goebell/W. F. Caspary, Ergebnisse der Gastroenterologie 1990), Gräfelfing (Demeter Verlag) 1991, 3-6; ferner in: Deutsche Gesellschaft für Gynäkologie und Geburtshilfe. Mitteilungen 15 (1991), Nr. 4, 233-238. Festvortrag auf der 45. Tagung der Deutschen Gesellschaft für Verdauungs- und Stoffwechselkrankheiten am 4. Oktober 1990 in Essen.

Zur Ethik der Naturforschung, Frankfurt 1986 (separate Veröffentlichung im Verlag der Polytechnischen Gesellschaft zu Frankfurt am Main). Vortrag auf Einladung der Polytechnischen Gesellschaft zu Frankfurt am Main am 12. Februar 1985 in Frankfurt.

Von der Freiheit der Forschung und der Verantwortung des Wissenschaftlers, in: Naturwissenschaften 77 (1990), H. 4, 149-157. Festvortrag zum 25jährigen Bestehen des Deutschen Krebsforschungszentrums (DKFZ) am 31. Oktober 1989 in Heidelberg.

Umwelt und Gesundheit. Von der Schwierigkeit, sich mit Umwelt- und Gesundheitsstandards in einer Kultur-Natur zurechtzufinden, in: Wiener klinische Wochenschrift 101 (1989), 563-571; ferner in: P. Grosdanoff u. a. (Eds.), Toxikologische und klinisch-pharmakologische Prüfungen. Anforderungen, Methoden, Erfahrungen, Perspektiven, Berlin/New York (Walter de Gruyter) 1990, 5-22. Festvortrag auf dem von der Österreichischen Akademie der Wissenschaften und der Biomedizinischen Forschungsgesellschaft veranstalteten Symposion »Toxikologische und pharmakologische Prüfungen im Rahmen der Gesundheits- und Umweltpolitik« am 16. Oktober 1988 in Salzburg.

Wirtschaftsethik oder der erklärte Abschied vom Ökonomismus auf philosophischen Wegen, in: P. Ulrich (Ed.), Auf der Suche nach einer modernen Wirtschaftsethik. Lernschritte zu einer reflexiven Ökonomie, Bern/Stuttgart (Verlag Paul Haupt) 1990, 17-38.

Der Verlust des Wissens, Erstveröffentlichung. Vortrag anläßlich der Verleihung des Arthur Burkhardt-Preises 1992 am 9. April 1992 in Stuttgart.

Gestörte Verhältnisse. Zur gesellschaftlichen Wahrnehmung von Wissenschaft, in: H. J. Schuster (Ed.), Handbuch des Wissenschaftstransfers, Berlin/Heidelberg etc. (Springer-Verlag) 1990, 43-55.

Exzellenz und Durchschnittlichkeit, in: Frankfurter Allgemeine Zeitung (FAZ), 26. Januar 1987, Nr. 21, 8 (unter dem Titel: Wissenschaft droht zum Job zu werden. Bereitschaft zur hervorragenden wissenschaftlichen Leistung: Voraussetzungen und Hindernisse). Vortrag auf dem von der Hoechst AG veranstalteten Symposion »Forschung in Deutschland. Was muß besser werden?« am 20. März 1986 auf Schloß Fuschl bei Salzburg.

Wird die Wissenschaft immer älter?, in: Konstanzer Blätter für Hochschulfragen 26 (1990), H. 3-4 (100-101), 28-35; Vorabdruck in: Beiträge zur Hochschulforschung 2/1988, München 1988 (Bayerisches Staatsinstitut für Hochschulforschung und Hochschulplanung), 117-131.

Geistes- und Sozialwissenschaften im System der Wissenschaft, in: Mitteilungen der Technischen Universität Carolo-Wilhelmina zu Braunschweig 23 (1988), H. 2, 20-29.

Register

suhrkamp taschenbücher wissenschaft
Philosophie

Adorno: Ästhetische Theorie. stw 2
– Drei Studien zu Hegel. stw 110
– Einleitung in die Musiksoziologie. stw 142
– Kierkegaard. stw 74
– Die musikalischen Monographien. stw 640
– Negative Dialektik. stw 113
– Philosophie der neuen Musik. stw 239
– Philosophische Terminologie. Bd. 1. stw 23
– Philosophische Terminologie. Bd. 2. stw 50
– Zur Metakritik der Erkenntnistheorie. stw 872

Adorno-Konferenz 1983. Hg. v. L. v. Friedeburg und J. Habermas. stw 460

Analytische Handlungstheorie, *siehe Beckermann und Meggle*

Angehrn u.a. (Hg.): Dialektischer Negativismus. stw 1034

Apel: Der Denkweg von Charles Sanders Peirce. stw 141
– Diskurs und Verantwortung. stw 893
– Transformation der Philosophie. Bd. 1/2. stw 164/165
– *siehe auch Kuhlmann/Böhler*

Apel (Hg.): Sprachpragmatik und Philosophie. stw 375

Apel/Kettner (Hg.): Zur Anwendung der Diskursethik in Politik, Recht und Wissenschaft. stw 999

Assmann/Hölscher (Hg.): Kultur und Gedächtnis. stw 724

Bachelard: Die Bildung des wissenschaftlichen Geistes. stw 668
– Die Philosophie des Nein. stw 325

Barth: Wahrheit und Ideologie. stw 68

Bateson: Geist und Natur. stw 691
– Ökologie des Geistes. stw 571

Batscha: »Despotismus von jeder Art reizt zur Widersetzlichkeit.« stw 759

Batscha (Hg.): Materialien zu Kants Rechtsphilosophie. stw 171

Batscha/Saage (Hg.): Friedensutopien. stw 267

Beckermann (Hg.): Analytische Handlungstheorie. Bd. 2: Handlungserklärungen. stw 489
– *siehe auch Meggle*

Benjamin: Gesammelte Schriften I–VII. stw 931-937
– *siehe auch Tiedemann*

Berkeley: Schriften über die Grundlagen der Mathematik und Physik. stw 496

Biervert/Held/Wieland (Hg.): Sozialphilosophische Grundlagen ökonomischen Handelns. stw 870

Bloch: Werkausgabe in 17 Bänden. stw 550-566
– Bd. 1: Spuren. stw 550
– Bd. 2: Thomas Münzer als Theologe der Revolution. stw 551

201/1/8.92

201/2/8.92

suhrkamp taschenbücher wissenschaft
Philosophie

Bungard/Lenk (Hg.): Technikbewertung. Philosophische und psychologische Perspektiven. stw 684
– *siehe auch Lenk*
Cassirer: *siehe Braun/Holzhey/ Orth (Hg.)*
Castoriadis: Durchs Labyrinth. Seele, Vernunft, Gesellschaft. stw 435
– Gesellschaft als imaginäre Institution. stw 867
Condorcet: Entwurf einer historischen Darstellung der Fortschritte des menschlichen Geistes. stw 175
Cramer/Fulda/Horstmann/Pothast (Hg.): Theorie der Subjektivität. stw 862
Danto: Analytische Philosophie der Geschichte. stw 328
– Die Verklärung des Gewöhnlichen. stw 957
Davidson: Handlung und Ereignis. stw 895
– Wahrheit und Interpretation. stw 896
Picardi/Schulte (Hg.): Die Wahrheit der Interpretation. Beiträge zur Philosophie Donald Davidsons. stw 897
Deleuze: Foucault. stw 1023
Deleuze/Guattari: Anti-Ödipus. stw 224
Demmerling/Kambartel (Hg.): Vernunftkritik nach Hegel. stw 1038
Derrida: Vom Geist. stw 995
Descombes: Das Selbe und das Andere. stw 346
Dewey: Kunst als Erfahrung. stw 703
Dilthey: Der Aufbau der geschichtlichen Welt in den Geisteswissenschaften. stw 354
Materialien zur Philosophie Wilhelm Diltheys. Hg. von F. Rodi und H.-U. Lessing. stw 439
Duerr: Ni Dieu – ni mètre. stw 541
Dummett: Ursprünge der analytischen Philosophie. stw 1003
Durkheim: Soziologie und Philosophie. stw 176
Edelstein/Nunner-Winkler (Hg.): Zur Bestimmung der Moral. stw 628
Euchner: Naturrecht und Politik bei John Locke. stw 280
Ferguson: Versuch über die Geschichte der bürgerlichen Gesellschaft. stw 739
Fetscher: Rousseaus politische Philosophie. stw 143
Feyerabend: Wider den Methodenzwang. stw 597
Fichte: Ausgewählte politische Schriften. stw 201
– *siehe auch Batscha/Saage*
Fischer/Retzer/Schweitzer (Hg.): Das Ende der großen Entwürfe. stw 1032
Foerster: Wissen und Gewissen. stw 876
Forum für Philosophie Bad Homburg (Hg.): Die Ideen von 1789 in der deutschen Rezeption. stw 798
– Intentionalität und Verstehen. stw 856

201/3/8.92

suhrkamp taschenbücher wissenschaft
Philosophie

– Kants transzendentale Deduktion und die Möglichkeit von Transzendentalphilosophie. stw 723
– Martin Heidegger: Innen- und Außenansichten. stw 779
– Philosophie und Begründung. stw 673
– Realismus und Antirealismus. stw 976
– Zeiterfahrung und Personalität. stw 986
– Zerstörung des moralischen Selbstbewußtseins – Chance oder Gefährdung? stw 752
Foucault: Archäologie des Wissens. stw 356
– Die Ordnung der Dinge. stw 96
– Sexualität und Wahrheit 1. Der Wille zum Wissen. stw 716
– Sexualität und Wahrheit 2. Der Gebrauch der Lüste. stw 717
– Sexualität und Wahrheit 3. Die Sorge um sich. stw 718
– Überwachen und Strafen. stw 184
– Wahnsinn und Gesellschaft. stw 39
Frank, M.: Eine Einführung in Schellings Philosophie. stw 520
Frank, M. (Hg.): Selbstbewußtseinstheorien von Fichte bis Sartre. stw 964
Frank, M./Kurz (Hg.): Materialien zu Schellings philosophischen Anfängen. stw 139
Frank, Ph.: Das Kausalgesetz und seine Grenzen. stw 734
Friedeburg: *siehe Adorno-Konferenz*
Frisby: Georg Simmel. stw 926
Fulda/Horstmann/Theunissen: Kritische Darstellung der Metaphysik. stw 315
Furth: Intelligenz und Erkennen. Die Grundlagen der genetischen Erkenntnistheorie Piagets. stw 160
Gert: Die moralischen Regeln. stw 405
Gethmann (Hg.): Logik und Pragmatik. stw 399
Gethmann-Siefert/Pöggeler (Hg.): Heidegger und die praktische Philosophie. stw 694
Goodman: Tatsache, Fiktion, Voraussage. stw 732
– Weisen der Welterzeugung. stw 863
Goodman/Elgin: Revisionen. Philosophie und andere Künste und Wissenschaften. stw 1050
Haag: Der Fortschritt in der Philosophie. stw 579
Habermas: Erkenntnis und Interesse. stw 1
– Erläuterungen zur Diskursethik. stw 975
– Moralbewußtsein und kommunikatives Handeln. stw 422
– Nachmetaphysisches Denken. stw 1004
– Philosophisch-politische Profile. stw 659
– Der philosophische Diskurs der Moderne. stw 749
– Strukturwandel der Öffentlichkeit. stw 891

201/4/8.92

suhrkamp taschenbücher wissenschaft
Philosophie

– Texte und Kontexte. stw 944
– Theorie und Praxis. stw 243
– Zur Logik der Sozialwissenschaften. stw 517
– Zur Rekonstruktion des Historischen Materialismus. stw 154
– *siehe auch Honneth/Joas*
– *siehe auch McCarthy*
Hahn: Empirismus, Logik, Mathematik. stw 645
Hampe/Maaßen (Hg.): Prozeß, Gefühl und Raum-Zeit. stw 920
– Die Gifford Lectures und ihre Deutung. stw 921
Hare: Freiheit und Vernunft. stw 457
– Die Sprache der Moral. stw 412
Harman: Das Wesen der Moral. stw 324
Hausen/Nowotny (Hg.): Wie männlich ist die Wissenschaft. stw 590
Haussmann: Erklären und Verstehen: Zur Theorie und Praxis der Geschichtswissenschaft. stw 918
Hegel: Werke in 20 Bänden. stw 601-621
– Bd. 1: Frühe Schriften. stw 601
– Bd. 2: Jenaer Schriften. stw 602
– Bd. 3: Phänomenologie des Geistes. stw 603
– Bd. 4: Nürnberger und Heidelberger Schriften. stw 604
– Bd. 5: Wissenschaft der Logik I. stw 605
– Bd. 6: Wissenschaft der Logik II. stw 606
– Bd. 7: Grundlinien der Philosophie des Rechts. stw 607
– Bd. 8: Enzyklopädie der philosophischen Wissenschaften I. stw 608
– Bd. 9: Enzyklopädie der philosophischen Wissenschaften II. stw 609
– Bd. 10: Enzyklopädie der philosophischen Wissenschaften I-II. stw 610
– Bd. 11: Berliner Schriften. stw 611
– Bd. 12: Philosophie der Geschichte. stw 612
– Bd. 13: Ästhetik I. stw 613
– Bd. 14: Ästhetik II. stw 614
– Bd. 15: Ästhetik III. stw 615
– Bd. 16: Philosophie der Religion I. stw 616
– Bd. 17: Philosophie der Religion II. stw 617
– Bd. 18: Geschichte der Philosophie I. stw 618
– Bd. 19: Geschichte der Philosophie II. stw 619
– Bd. 20: Geschichte der Philosophie III. stw 620
– Bd. 21: Registerband von H. Reinicke. stw 621
Materialien zu Hegels ›Phänomenologie des Geistes‹. stw 9
Materialien zu Hegels Rechtsphilosophie. Bd. 1/2. stw 88/89
– *siehe auch Horstmann*
– *siehe auch Jakobson/Gadamer/Holenstein*
– *siehe auch Jamme/Schneider*

201/5/8.92

suhrkamp taschenbücher wissenschaft
Philosophie

– *siehe auch Kojève*
– *siehe auch Lukács*
– *siehe auch Taylor*
Hegselmann/Merkel (Hg.): Zur Debatte über Euthanasie. stw 943
Heidegger: *siehe Forum für Philosophie Bad Homburg*
– *siehe Gethmann-Siefert/Pöggeler*
Hobbes: Leviathan. stw 462
Höffe: Ethik und Politik. stw266
– Die Moral als Preis der Moderne. stw 1046
– Politische Gerechtigkeit. stw 800
– Sittlich-politische Diskurse. stw 380
– Strategien der Humanität. stw 540
Hoerster: Abtreibung im säkularen Staat. stw 929
Hogrebe: Metaphysik und Mantik. stw 1039
– Prädikation und Genesis. stw 772
d'Holbach: System der Natur. stw 259
Holenstein: Roman Jakobsons phänomenologischer Strukturalismus. stw 116
– Menschliches Selbstverständnis. stw 534
Hollis: Rationalität und soziales Verstehen. stw 928
Holzhey (Hg.): Ethischer Sozialismus. stw 949
Holzhey/Rust/Wiehl (Hg.): Natur, Subjektivität, Gott. Zur Prozeßphilosophie Alfred N. Whiteheads. stw 769
Honneth: Kritik der Macht. stw 738
– Die zerrissene Welt des Sozialen. stw 849
Honneth/Jaeggi (Hg.): Theorien des Historischen Materialismus 1. stw 182
– Arbeit, Handlung, Normativität. Theorien des Historischen Materialismus 2. stw 321
Honneth/Joas (Hg.): Kommunikatives Handeln. stw 625
Horstmann (Hg.): Dialektik in der Philosophie Hegels. stw 234
Husserl: *siehe Jamme/Pöggeler*
Jakobson/Gadamer/Holenstein: Das Erbe Hegels II. stw 440
Jamme/Pöggeler (Hg.): Phänomenologie im Widerstreit. stw 843
Jamme/Schneider (Hg.): Mythologie der Vernunft. Hegels »ältestes Systemprogramm des deutschen Idealismus«. stw 413
– Der Weg zum System. Materialien zum jungen Hegel. stw 761
Janich (Hg.): Entwicklungen der methodischen Philosophie. stw 979
Kambartel: Philosophie der humanen Welt. stw 773
Kant: Band I: Vorkritische Schriften bis 1768/1. stw 186
– Band II: Vorkritische Schriften bis 1768/2. stw 187
– Band III/IV: Kritik der reinen Vernunft 1/2. 2 Bde. stw 55

201/6/8.92

suhrkamp taschenbücher wissenschaft
Philosophie

- Band V: Schriften zur Metaphysik und Logik 1. stw 188
- Band VI: Schriften zur Metaphysik und Logik 2. stw 189
- Band VII: Kritik der praktischen Vernunft. stw 56
- Band VIII: Die Metaphysik der Sitten. stw 190
- Band IX: Schriften zur Naturphilosophie. stw 191
- Band X: Kritik der Urteilskraft. stw 57
- Band XI: Schriften zur Anthropologie, Geschichtsphilosophie, Politik und Pädagogik 1. stw 192
- Band XII: Schriften zur Anthropologie, Geschichtsphilosophie, Politik und Pädagogik 2. Register. stw 193

Kopper/Malter (Hg.): Immanuel Kant zu ehren. stw 61

Materialien zu Kants Rechtsphilosophie. stw 171

– *siehe auch Batscha/Saage*

– *siehe auch Böhme*

Kempski: Schriften 1-3. stw 922-924

- Brechungen. stw 922
- Recht und Politik. stw 923
- Prinzipien der Wirklichkeit. stw 924

Kenny: Wittgenstein. stw 69

Kienzle/Pape (Hg.): Dimensionen des Selbst. stw 942

Kierkegaard: *siehe Theunissen/Greve*

– *siehe Adorno*

Klibansky/Panofsky/Saxl: Saturn und Melancholie. stw 1010

Kojève: Hegel. Eine Vergegenwärtigung seines Denkens. stw 97

Koppe (Hg.): Perspektiven der Kunstphilosophie. stw 951

Koselleck: Kritik und Krise. stw 36

Kosík: Die Dialektik des Konkreten. stw 632

Kracauer: Geschichte – Vor den letzten Dingen. stw 11

Kripke: Name und Notwendigkeit. stw 1056

Kuhlmann/Böhler (Hg.): Kommunikation und Reflexion. Zur Diskussion der Transzendentalpragmatik. stw 408

Lange: Geschichte des Materialismus. 2 Bde. stw 70

Leist (Hg.): Um Leben und Tod. stw 846

Lenk: Philosophie und Interpretation. stw 1060

- Zur Sozialphilosophie der Technik. stw 414
- Zwischen Sozialpsychologie und Sozialphilosophie. stw 708
- Zwischen Wissenschaft und Ethik. stw 980
- Zwischen Wissenschaftstheorie und Sozialwissenschaft. stw 637

– *siehe auch Bungard/Lenk*

Locke: Zwei Abhandlungen über die Regierung. stw 213

201/7/8.92

suhrkamp taschenbücher wissenschaft
Philosophie

Lorenzen: Grundbegriffe technischer und politischer Kultur. stw 494
– Methodisches Denken. stw 73
Luhmann/Spaemann: Paradigm lost: Über die ethische Reflexion der Moral. stw 797
Lukács: Der junge Hegel. 2 Bde. stw 33
Mandeville: Die Bienenfabel oder Private Laster, öffentliche Vorteile. stw 300
Marquard: Schwierigkeiten mit der Geschichtsphilosophie. stw 394
McCarthy: Kritik der Verständigungsverhältnisse. stw 782
McGuinness: Wittgensteins frühe Jahre. stw 1014
McGuinness/Habermas/Apel u.a.: »Der Löwe spricht ... und wir können ihn nicht verstehen«. stw 866
McGuinness/Schulte (Hg.): Einheitswissenschaft. stw 963
Meggle (Hg.): Analytische Handlungstheorie. Bd. 1: Handlungsbeschreibungen. stw 488
– *siehe auch Beckermann*
Menke: Die Souveränität der Kunst. stw 958
Merleau-Ponty: Die Abenteuer der Dialektik. stw 105
Millar: Vom Ursprung des Unterschieds in den Rangordnungen und Ständen der Gesellschaft. stw 483
Mises: Kleines Lehrbuch des Positivismus. stw 871
Mittelstraß: Der Flug der Eule. stw 796
– Leonardo-Welt. stw 1042
– Die Möglichkeit der Wissenschaft. stw 62
– Wissenschaft als Lebensform. stw 376
Morris: Pragmatische Semiotik und Handlungstheorie. stw 179
Moscovici: Versuch über die menschliche Geschichte der Natur. stw 873
Münch (Hg.): Kognitionswissenschaft. stw 989
Neurath: Wissenschaftliche Weltauffassung, Sozialismus und Logischer Empirismus. stw 281
Niehues-Pröbsting: Der Kynismus des Diogenes und der Begriff des Zynismus. stw 713
Oelmüller: Die unbefriedigte Aufklärung. stw 263
Pannenberg: Wissenschaftstheorie und Theologie. stw 676
Peirce: Naturordnung und Zeichenprozeß. stw 912
– Schriften zum Pragmatismus und Pragmatizismus. stw 945
– *siehe auch Apel*
Peukert: Wissenschaftstheorie - Handlungstheorie - Fundamentale Theologie. stw 231
Piaget: Einführung in die genetische Erkenntnistheorie. stw 6
– Weisheit und Illusionen der Philosophie. stw 539
– *siehe auch Furth*
Picardi/Schulte: *siehe Davidson*

201/8/8.92

suhrkamp taschenbücher wissenschaft
Philosophie

Plessner: Die verspätete Nation. stw 66
Polanyi, M.: Implizites Wissen. stw 543
Pothast: Die eigentlich metaphysische Tätigkeit. stw 787
– Die Unzulänglichkeit der Freiheitsbeweise. stw 688
Pothast (Hg.): Freies Handeln und Determinismus. stw 257
Putnam: Vernunft, Wahrheit und Geschichte. stw 853
Quine: Grundzüge der Logik. stw 65
– Theorien und Dinge. stw 960
– Wurzeln der Referenz. stw 764
Rawls: Eine Theorie der Gerechtigkeit. stw 271
Ricœur: Die Interpretation. stw 76
Riedel: Für eine zweite Philosophie. stw 720
– Urteilskraft und Vernunft. stw 773
Riedel (Hg.): Materialien zu Hegels Rechtsphilosophie. Bd. 1/2. stw 88/89
– Hegel und die antike Dialektik. stw 907
Riegas/Vetter (Hg.): Zur Biologie der Kognition. stw 850
Ritter: Metaphysik und Politik. stw 199
Rodi: Erkenntnis des Erkannten. stw 858
– *siehe auch Dilthey*
Ropohl: Technologische Aufklärung. stw 971
Rorty: Kontingenz, Ironie und Solidarität. stw 981
– Der Spiegel der Natur. stw 686
Rusch/Schmidt (Hg.): Konstruktivismus: Geschichte und Anwendung. DELFIN 1992. stw 1040
Sandkühler (Hg.): Natur und geschichtlicher Prozeß. Studien zur Naturphilosophie F. W. J. Schellings. stw 397
Schadewaldt: Die Anfänge der Philosophie bei den Griechen. stw 218
Scheidt: Die Rezeption der Psychoanalyse in der deutschsprachigen Philosophie vor 1940. stw 589
Schelling: Ausgewählte Schriften. 6 Bde. stw 521-526
– Bd. 1: Schriften 1794-1800. stw 521
– Bd. 2: Schriften 1801-1803. stw 522
– Bd. 3: Schriften 1804-1806. stw 523
– Bd. 4: Schriften 1807-1834. stw 524
– Bd. 5: Schriften 1842-1852. 1. Teil. stw 525
– Bd. 6: Schriften 1842-1852. 2. Teil. stw 526
– Philosophie der Offenbarung. stw 181
– Philosophische Untersuchungen über das Wesen der menschlichen Freiheit. stw 138
Materialien zu Schellings philosophischen Anfängen. Hg. von M. Frank und G. Kurz. stw 139
– *siehe auch Frank*

201/9/8.92

suhrkamp taschenbücher wissenschaft
Philosophie

– siehe auch Frank/Kurz
– siehe auch Sandkühler
Schleiermacher: Hermeneutik und Kritik. stw 211
Schlick: Allgemeine Erkenntnislehre. stw 269
– Fragen der Ethik. stw 477
– Philosophische Logik. stw 598
– Die Probleme der Philosophie in ihrem Zusammenhang. stw 580
Schmidt, S. J. (Hg.): Der Diskurs des Radikalen Konstruktivismus. stw 636
– Gedächtnis. stw 900
– Kognition und Gesellschaft. Der Diskurs des Radikalen Konstruktivismus 2. stw 950
Schmidt-Biggemann: Theodizee und Tatsachen. stw 722
Schnädelbach: Philosophie in Deutschland 1831-1933. stw 401
– Vernunft und Geschichte. stw 683
– Zur Rehabilitierung des animal rationale. stw 1043
Scholtz: Zwischen Wissenschaftsanspruch und Orientierungsbedürfnis. stw 966
Schopenhauer: Sämtliche Werke in 5 Bänden. stw 661-665
– Bd. 1: Die Welt als Wille und Vorstellung I. stw 661
– Bd. 2: Die Welt als Wille und Vorstellung II. stw 662
– Bd. 3: Kleinere Schriften. stw 663
– Bd. 4: Parerga und Paralipomena I. stw 664
– Bd. 5: Parerga und Paralipomena II. stw 665
Materialien zu Schopenhauers ›Die Welt als Wille und Vorstellung‹. Hg. v. V. Spierling. stw 444
Schulte: Chor und Gesetz. stw 899
Schulte (Hg.): Texte zum Tractatus. stw 771
Schwemmer: Ethische Untersuchungen. stw 599
– Handlung und Struktur. stw 669
– Philosophie der Praxis. stw 331
– Die Philosophie und die Wissenschaften. stw 869
Searle: Ausdruck und Bedeutung. stw 349
– Geist, Hirn und Wissenschaft. stw 591
– Intentionalität. stw 956
– Sprechakte. stw 458
Serres: Der Parasit. stw 677
Siep: Praktische Philosophie im Deutschen Idealismus. stw 1035
Simmel: Aufsätze 1887-1890. Über sociale Differenzierung (1890). Die Probleme der Geschichtsphilosophie (1892). stw 802
– Einleitung in die Moralwissenschaft I. stw 803
– Einleitung in die Moralwissenschaft II. stw 804
– Aufsätze und Abhandlungen 1894-1900. stw 805
– Philosophie des Geldes. stw 806

201/10/8.92

Composition Nord Compo
Impression Novoprint
à Barcelone, le 14 janvier 2020
Dépôt légal : janvier 2020
1er dépôt légal dans la collection : juin 2019

ISBN 978-2-07-285805-5./Imprimé en Espagne.

367010